U0595006

# 现代质量管理与产品检验

李 宁 郭 妍 王 崇 **主编**

齐 绩 王景嘉 田桂英 **主审**

吉林科学技术出版社

**图书在版编目（CIP）数据**

现代质量管理与产品检验 / 李宁，郭妍，王崇主编
. -- 长春 : 吉林科学技术出版社 , 2021.6
ISBN 978-7-5578-8330-0

Ⅰ . ①现… Ⅱ .①李… ②郭… ③王… Ⅲ .①产品质
量—质量检验 Ⅳ .① F273.2

中国版本图书馆 CIP 数据核字 (2021) 第 125308 号

# 现代质量管理与产品检验

主　　编　李　宁　郭　妍　王　崇
出 版 人　宛　霞
责任编辑　隋云平
封面设计　长春美印图文设计有限公司
制　　版　长春美印图文设计有限公司
幅面尺寸　170 mm×240 mm
开　　本　16
字　　数　410千字
印　　张　27.25
印　　数　1—1 500册
版　　次　2021年6月第1版
印　　次　2022年5月第2次印刷

出　　版　吉林科学技术出版社
发　　行　吉林科学技术出版社
地　　址　长春市净月区福祉大路5788号
邮　　编　130118
发行部电话 / 传真　0431-81629529　81629530　81629531
　　　　　　　　　　81629532　81629533　81629534
储运部电话　0431-86059116
编辑部电话　0431-81629518
印　　刷　保定市铭泰达印刷有限公司

书　　号　ISBN 978-7-5578-8330-0
定　　价　110.00元

版权所有　翻印必究　举报电话：0431-81629508

# 内容简介

本书介绍了现代质量管理的整体状况，包括现代质量管理基础知识、质量管理模式、常用的质量管理方法和支撑现代质量管理的技术基础内容，是示例性研究和应用七十余种现代质量管理和技术方法的专著。目前，我国已处在高质量发展时期，但是还有部分半自动化和人工操作生产的产品不合格品率徘徊在 0.3% 左右，与质量缺陷率控制在"6σ"水平的差距很大。为控制工序质量的离散性，缩小这些差距，当务之急是针对发展质量问题，研究、学习、应用科学的质量与技术的理论和方法，减少不良品率、提高生产质量水平、降低成本，支撑我国完整工业体系有序发展、壮大。

# 序

    2018 年我国制造业的规模占全世界的 **29.4%**，由此创造的经济效益十分巨大，这样伟大的成就得益于我国形成的完整工业体系。在现代化、集约化工业生产活动中，一部分产品自动化生产的程度很高，加工的产品质量也很好，还有相当部分产品靠人工操作设备生产，仅具备半自动化生产的能力，也带来了工序能力的离散和产品质量的差异。我们经历了数十年的综合性产品质量检验，对各类产品质量的经验和问题积累了大量的信息，回顾过去、审视现在、展望未来，人类在生产过程中进行质量控制总是依据产品质量检验数据进行的，这些检测数据还是企业作为产品出厂销售的依据。目前，我省半自动化和手工操作的生产企业不合格品率仍徘徊在 0.3% 左右，而最好企业的质量缺陷率能控制到 "6σ" 水平，二者相比差距巨大，也说明产品质量具有很大的改进空间。

    当下，我国处于高质量发展时期，如何在经济发展中把全面提高产品质量的问题摆在突出位置，就是要针对实际进一步研究应用科学的质量管理方法和科学技术，减少不良品率、降低成本、提升产品质量水平，夯实我国工业体系的技术基础，支撑我国工业体系更加有序发展。产品质量的技术基础是生产过程质量控制方法、产品质量检验和抽样、标准化和计量工作，这些质量管理中的有效方法，无论现在还是将来只能应用、传承和发展，不能弱化。技术基础始终是我国特有的工业体系成长进程的基本保证，这一工业体系也是在基础科学进步的道路上发展起来的。为使这些技术基础工作在现代经济社会中发挥更好的作用，吉林省产品质量监督检验院组织人员编写《现代质量管理与产品检验》一书，研究了常用的七十多种现代质量管理和随机抽样技术的方法，供企业界和产品质量管理的同仁们借鉴，在振兴吉林中应用并传承，有利于进一步提高全省工业产品的质量水平，共同担当起促进高质量发展的历史重任。

吉林省产品质量监督检验院院长　张川洲

2021 年 7 月 1 日

# 目　录

# 第一章　基础知识

## 1.1 引起产品质量差异的因素

人类的生产活动是从漫长的手工业生产逐步发展到现代化大生产的，但是无论是手工业时代还是现代化大生产的当今，人们无论使用多么精密的机器，加工出一批批产品的质量特性值也不可能完全一致。即使是同一操作者在同样的条件下加工生产的产品的特性值，也不可能绝对一致，或多或少的总会产生差异，哪怕是微小的变化总会存在。经过分析产生这些差异的主要原因是由人的因素、设备的因素、材料的因素、加工方法的因素和环境的的因素引起。这些因素的相互作用，形成了生产过程的质量差异。人们进一步把影响质量差异的因素做分类，形成了偶然性原因和异常性原因。

### 1.1.1 偶然性波动

偶然性波动是指生产过程随机性常态的系统性影响因素，如同一批原材料特性的微小差异，设备的微小差异，加工者操作带来的随机性变化，检验人员读取数据的角度变化等。这些差异虽然对于单项而言都是微小的，但是客观上难以识别和掌握，这些微小的变化难以控制，总会客观存在的，我们把这些难以避免的因素称为生产过程中影响产品质量的偶然性波动。一般情况下，企业通过控制原材料质量、设备精度、加工者操作能力和检验人员的技能，会把偶然性波动因素控制在质量允许的范围。

### 1.1.2 异常性波动

在生产实践中，产品质量突然变差，在质量管理活动中把这类现象称为"产品质量的异常波动"。常常是设备调整不正确、机床和刀具的严重磨损、原料的变化、操作者换岗等原因造成。这些原因对产品质量的影响较大，构成了生产过程的系统性质量波动，统称为异常性波动。异常性波动是质量管理不允许的波动，是质量控制的对象。对于异常性波动就要及时收集、归类、整理数据，查找"人、机、料、法、环"方面存在的实际问题，把异常波动控制在最低限度，采取措施消除异常性原因产生的异常波动。控制生产过程中的异常性波动，是我们质量管理的主要工作内容。

# 1.2 主要的术语和定义

## 1.2.1 质量

我国制定了《产品质量法》、《标准化法》、《计量法》、《食品安全法》、《农产品质量安全法》、《特种设备安全法》等一些列法律法规，还颁布了《中华人民共和国食品安全法实施条例》、《工业产品质量责任条例》等条令条例，用于保护产品质量。质量关系着国计民生，不仅影响到国家能否繁荣富强，还直接影响人民能否健康地生活。在产品生产环节进行质量管理，着眼点是使生产的产品符合消费者的预期愿望，从而获得消费者的信任，使消费者满意并得到消费者的忠诚，达到企业获得长久效益的目的。质量就是从适合使用或满足顾客满意的适用性出发进行的定义，是一组固有特性满足要求的程度。我们对质量概念的描述应掌握"特性"、"要求"和"程度"三要素，即某种事物的"特性"满足某个群体的"要求"和"程度"，"程度"越高，质量就好，反之则差。

（1）对象

质量概念描述的对象或主体是质量特性的产品。早期的质量仅局限在产品，后来延伸到服务，现今还扩展到过程，比如产品质量、工程质量、工作质量、服务质量、过程质量、医疗质量等。

（2）固有的特性

质量定义中的特性指的是可区分的特性，是产品、过程、服务要求固有的特性，包括：

（a）技术或理化特性：这些特性可测量，如零件的孔径、机器的灵敏度、洗衣机的抗电击穿强度。

（b）心理方面的特性：人们对产品总是有心里需求的，比如人们对不同口味食物的偏好、对服装款式的选择、对汽车品牌、观感、功能的侧重程度差别都是很大的。

（c）时间的特性：寿命、可靠性或平均无故障工作时间 MTBF 属于时间特性范畴。不管是耐用消费品还是非耐用消费品，人们总是希望购买的产品即满足使用功能要求，还要经久耐用，如机电类产品、地板产品、鞋类产品等，哪怕是日常生活中用的各类刷子，也都希望耐磨耐用。产品的时间特性在标准中都有具体的规定。

（d）安全的特性：电器应具有绝缘功能，不可伤人；食品安全不损害人体健康；儿童玩具所有可触摸到之处应结实耐用，玩耍者不可随手摘下放到嘴里，也不可划伤手脚等。

（e）合法的特性：如满足环保要求、医疗卫生要求、特定要求等。

（3）质量要求提出

质量的要求应由各种相关方提出，如顾客、股东、供应商、合作伙伴、法规等，有时是明确的，有时是法规和国家强制性措施规定的，如食品卫生、新冠疫情中的医用口罩和一般防护性口罩规定。

（4）宏观质量管理

我国的宏观质量管理在强化，国家于 2013 年启动的国家质量奖以及诸多省、市陆续建立省长、市长质量奖，有效地激励企业开展产品质量提升，也促进了名牌产品的培育和成熟；从国家层面一直到各级政府都开展了产品质量、工程质量、服务质量双随机的监督抽查工作，全社会质量意识不断提升，人们享受着日益提升的产品质量及售后服务。

### 1.2.2 质量管理

企业管理是企业的职能管理 + 专业管理。质量管理是为了实现组织的质量目标而进行的计划、组织、领导和控制活动。ISO9000 对质量管理的定义："在质量方面指挥和控制组织的协调一致的活动"。质量方面的指挥和控制活动包括：制定质量方针和质量目标、质量策划、质量控制、质量保证和质量改进。

# 1.3 质量管理过程

### 1.3.1 朱兰三步曲

质量管理是针对产品的生产过程进行的，每类产品生产都有自己的路径，一般的过程离不开实施质量管理要制定的质量计划、实施质量控制和找出影响质量问题进行的质量改进，这一典型过程被总结成质量管理的 3 个过程，国际上在质量管理领域也称为"朱兰三步曲"，具体见表 1-1。

表 1-1　质量管理的 3 个过程

| 质量计划 | 质量控制 | 质量改进 |
|---|---|---|
| （1）设定质量目标 | （1）评价实际效果 | （1）提出改进的必要性 |
| （2）识别顾客群 | （2）实际效果与目标对比 | （2）做好改进的基础工作 |
| （3）确定顾客需要 | （3）对差异采取措施 | （3）确定改进项目 |
| （4）开发应对顾客需要的产品特征 - 高端 | | （4）建立项目小组 |
| （5）开发能够生产这种特征产品的过程 | | （5）为小组提供资源、培训和激励，以便诊断原因并设计纠正措施 |
| （6）建立过程控制措施，将计划转入实施阶段。 | | （6）建立控制措施，巩固成果 |

## 1.3.2 PDCA 循环

### 1.3.2.1 四段八步的特点

质量管理中的 PDCA 循环是国际上公认的解决质量问题的模式，即"计划、实施、查核、处置"共 4 段 8 个步骤，简称质量管理的 4 段 8 步，目前已经成为经典的质量管理过程，模式见图 1-1。

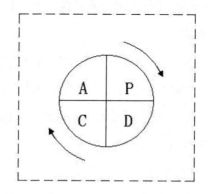

图 1-1　PDCA 循环基本模型

Plan：

第一步：分析质量现状，找出问题。

第二步：分析质量问题中各种影响因素；一般应召集有关人员共同分析原因，充分发扬民主，集思广益，可以将分析结果用因果图显示出来，主次原因更加清晰，要解决的主要问题也就明确了。

第三步：制定行动计划；一般用 5W1H 方法配合（Why 为什么要制定措施和计划；What 预期要达到什么目标；where 在何处执行计划；Who 谁执行；When 何时完成；How 怎样完成）。

第四步：研究改进措施，建立检测指标，使 5W1H 得到落实，如用什么样的方法比较好。

Do：

第五步：按计划分配任务，落实责任，开展活动。

Check：

第六步：总结执行计划结果，分清那些对哪些错了找出问题，可用调查表、排列图、直方图、控制图等工具。

Action：

第七步：总结经验，巩固措施，用将成功的内容修改原有制度，达到标准化，防止再次发生同类问题。

第八步：将未解决的问题或新出现的问题转入下一ＰＤＣＡ循环解决，同时为下一次循环提供资料和依据。

推动PDCA循环的关键是总结处置，就是把成功的经验和失败的教训总结出来，通过A阶段把PDC的作用进行合理处置，才能进一步指导生产实践，保证PDCA循环不断地循环，质量水平得到不断地提升。QC小组的成果发表会具有典型的4段8步活动的特点。

### 1.3.2.2 大环套小环的循环

PDCA循环的四个过程，不是运行一次就完结，而是不停地循环运行。一个循环解决了一部分质量问题，可能还有问题没解决，或者出现了新的问题，经过下一个PDCA循环的四个过程继续解决。好多企业在日常质量管理活动中，成功的运用PDCA循环4段8步等活动的过程，大环套小环的循环，小环是大环的分解，大环促进小环的循环，相互作用，提高产品质量。见图1-2。

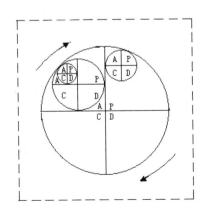

图1-2　PDCA循环示意图

### 1.3.2.3 阶梯式上升

PDCA 循环一次，产品质量就会有一定的提高。就像一个旋转的车轮，每转动一次就前进一步，又像在上楼梯，每循环一次就上升一个阶梯，解决一个新的问题，达到一个新的目标，激励人们不断地解决质量问题。阶梯式上升的 PDCA 循环见图 1-3。在生产实践中，无数个企业利用 PDCA 循环解决大量的质量问题，不仅提高了加工质量，还降低了质量成本，提升了企业的质量管理水平。

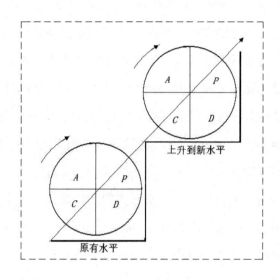

图 1-3　阶梯式上升的 PDCA 循环

# 1.4 质量管理发展阶段

第一阶段：质量检验—自 18 世纪末工业革命后到 20 世纪初，工厂制度开始建立，企业依靠经验进行生产管理，在质量控制方面，主要依靠手工操作者的工艺和经验进行检测。对批量生产产品 100% 检验，从批中挑出废品，起到事后把关作用，这就是仅仅控制了产品质量形成过程中的"最终检验的一个点"，几乎没有预防作用。

第二阶段：统计质量控制—自 1924 年开始，美国贝尔实验室统计学家休哈特开始研究将统计方法用于质量控制，发明了控制图理论，与罗米格一起提出批产品抽样检验。特别是二战期间美国政府提倡该技术广泛用于军火生产管理，确保产品质量符合标准要求，人们通过对工序波动进行分析，确定产生缺陷原因，加以消除，使生产过程保持稳定。由于数理统计方法得到在生产过程的应用，这一时期称为"统计质量控制 SQC"阶段。

第三阶段：全面质量管理"TQM"—自 1956 年美国通用电气公司的菲根堡姆首先发表全面质量管理论文，定义是"为了在最经济的水平上和充分满足顾客要求的条件下进行市场调研、设计、制造和售后服务，把企业内各部门的研制质量、维持质量和提高质量的活动成为一体的一种有效的体系"。他认为质量管理不能局限在制造过程，制造过程的问题只占全部质量问题的 20% 左右，80% 的问题是制造以外产生的，解决问题仅靠统计质量方法也是不够的，必须考虑满足顾客需求的各方面，包括原料的采购、及时送货、售后服务及顾客关系的建立等，全面质量管理观点在全世界得到传播，日本推进的最快。我国 1978 年北京内燃机总厂聘请日本质量专家石传馨讲学，产品质量得到全面提高，成为全国学习的典型。引入全过程、全员和全面质量管理。开始进行全员质量教育培训，强化质量意识，产品质量和服务质量都得到提高。现场学习新老 7 种工具，QC 小组应运而生，形成的人人参加质量管理活动的氛围，企业重视一线的操作实践和务实严谨的工匠精神。1987 年 ISO 发布关于质量管理体系 9000 族标准，我国开始对国际先进的质量管理方法广泛进行宣传和培训，在中央电视台开播全面质量管理讲座，许多大学开设质量管理专业课程，群众性参与质量控制活动如火如荼，我国的质量管理工作进入了历史上发展的快车道。

第四阶段：推行卓越绩效模式—进入 21 世纪，我国基于日本在 20 世纪 50 年代设立戴明奖那样的国家质量奖、美国在 20 世纪 80 年代设立马尔科姆.波多里奇那样的国家质量奖和欧洲在 20 世纪 90 年代设立的欧洲质量奖评价准则，我国于 2004 年发布了 GB/T19580 卓越绩效评价准则，将质量的含义上升为"管理的质量"，评价标准用定量打分显示企业管理质量的成熟度，包含的内容构成了"卓越绩效模式"，被公认为当代先进的管理模式。我国于 2013 年设立首届"中国质量奖"的评价依据为 GB/T 19580 和 GB/Z 19579 国家标准，这是我国的管理质量向国际先进水平迈进了一大步，对企业综合管理效果从过程和结果两方面用绩效衡量管理的成熟度是否卓越。卓越绩效模式为企业带来了现代管理的新视野、新理念、新方法、新模式，只有不断提升管理方面的质量水平，方能获得卓越绩效。

# 第二章 质量管理主要模式

## 2.1 概述

自 1949 年我国建国以来，随着国民经济的发展，产品质量管理经历了从传统的质量管理逐步发展到全面质量管理、再发展到质量体系管理和卓越绩效管理阶段。经历了数十年的努力，我国已经发展成具有健全产业链的工业体系，这是我国社会主义经济建设的伟大成就，举世瞩目。其中的大部分企业都根据自身产品的实际，逐渐形成了适应对路的质量管理模式，特别是规模以上的企业已经形成了质量管理体系化，有的产品质量达到国际先进水平，企业的质量管理与国际上优秀企业不分高低。实践表明，现代企业在具有技术领先的核心技术时，还必须采用先进的质量控制方法，建立起科学的质量管理体系，在市场竞争中方能立于不败之地。

## 2.2 传统的质量管理

### 2.2.1 结构模式

自古以来的质量管理是伴随着产品而产生的。在 1949 年我国建国初期，国家的工业产品生产管理和质量管理以学习苏联的模式为基础，并结合我国的实际，逐步形成了以职能管理为主的产品质量生产过程传统的质量管理架构。重点是企业以对原材料的"进货检验",对半成品的"工序检验"和对产成品的"成品出厂检验"为质量管理的重点控制为主,以生产和技术管理达到产品质量的复合性。传统质量管理结构图如图 2-1 所示,由 4 个一级类目:由"生产计划管理"、"技术管理"、"产品质量检验"、"供销" 4 个一级类目和 11 个二级类目构成。

### 2.2.2 一级类目内容

(1)计划类目

图 2-1 展示了我国传统质量管理中强调安排生产计划要均衡,质量目标在生产计划中体现,常常以"优等品、一等品、合格品"、"不合格品率"展现在年度计划和季度计划、月计划中。多数企业在本类目中还包括设备管理,主要是机械设备的和工装要服从生产计划安排进行大修、中修、小修,使设备的能力满足生产需求。

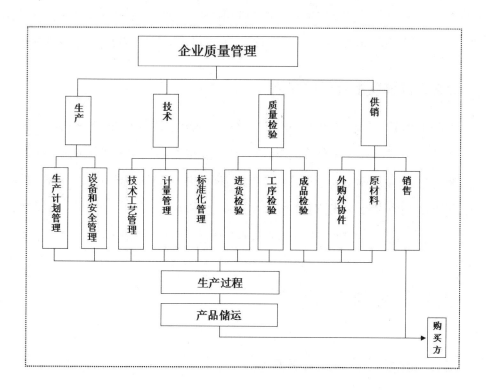

图 2-1 传统的质量管理结构图

11

（2）技术类目

技术类目包含"技术"、"工艺"、"计量"和"标准化"四个二级类目。主要规定了产品原材料、生产过程半成品加工技术要求、出厂质量技术要求和生产工艺要求，在产品生产过程中处处都可体现出靠技术实现的质量特性。计量和标准化是技术基础工作。计量是产品加工质量参数准确度的基础保证；标准化包括建立产品标准、工艺、工装标准，并在生产过程进行准确的实施。

（3）质量检验类目

质量控制依靠对"原材料进货检验"、半成品的"工序检验"和"成品检验"。成品检验出合格品或不合格品，对不合格品进行返工、返修，合格后挂合格证出厂，不合格的要标注"处理品"销售，有安全隐患的要做必要技术处理。

（4）供销类目

以前，多数企业都设有处理供应和销售的内设机构，质量管理注重原材料的定点配套和产品在国家的统购统销，多属于以销定产；现在，产品的售后服务中有"包修"、"包退"和"包换"的"三包"政策，就是企业对用户应履行质量保证责任。

### 2.2.3 传统质量管理的特点

传统的质量管理结构图的一级、二级类目内容仍是现代质量管理的核心保留类目，管理上的结构模式以职能分工要素排列构成，重点关心那些直接影响产品质量的人和事方面的质量职能。计划类目具有综合经济效果、质量指标和成本效率指标的特点，提倡质量目标满足标准规定的复合性，形式比较单一，与顾客需求衔接不明确，不能完全满足市场经济条件下质量管理应有效体现对顾客和市场的综合性竞争能力。

# 2.3 全面质量管理

## 2.3.1 全面质量管理体系模型

在国际上，人们把全面质量管理简称 TQM。我国从上世纪 70 年代末至 80

年代初广泛在工业生产领域推行全面质量管理,并写入《工业产品质量责任条例》中。自此,我国的产品不良品率明显下降,整体产品质量得到了有效的提高。全面质量管理的推行普遍提升了企业全员的质量意识,是一次全国性的质量教育和质量培训,为改革开放的国民经济发展奠定了基础。1994 年 ISO 8402 对全面质量管理简称 TQM,并定义为:"一个组织以质量为中心,以全员参与为基础,目的在于让顾客满意和本组织所有成员及社会受益而达到长期成功的管理途径"。按照这个定义,TQM 是以质量为中心、全体员工参与质量管理、持续改进、达到顾客满意、服务社会和员工收益的管理方式,全面质量管理模型见图 2-2。

## 2.3.2 全面质量管理主要要素

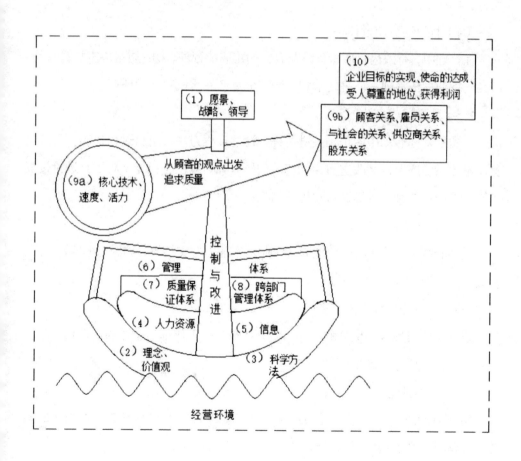

图 2-2 全面质量管理体系模型

（1）以顾客为关注焦点

全面质量管理以顾客为关注焦点，建立顾客关系管理系统，明确定位产品的顾客群是谁，了解顾客需求；

（2）高层领导作用

在高层领导下，建立科学的理念、价值观和质量管理方面科学的方法；

（3）注重全员参加

全面质量管理把人力资源和信息看做企业至关重要的基础，注重人的能力，调动发挥全员的才智，有延续至今的"群众性质量管理小组活动班组建设、看板管理、QC 成果发表会、6S 管理、三本柱管理"等等，鼓励创新方法和工匠精神；

（4）有效运行质量体系

在管理中，有效运行质量体系及有关的跨职能管理，如：质量成本核算管理、产品交货期责任管理、环境要求和生产安全及产品质量安全管理；

（5）建立过程方法

在质量管理活动中应识别关键过程，建立过程方法，进行过程控制，有效运行质量体系使质量控制改进贯穿始终。如研究如何应用选择老 7 种工具进行过程控制，采用新 7 种工具等进行过程策划等；

（6）和谐的社会关系

在核心技术、效率和应变能力的企业基本能力的支持下，确保与顾客、员工、社会、供应商和股东的健康关系；

（7）企业的目标人人有责

建立企业目标，层层分解至人，使全体员工的工作都与企业的目标相关联，最后实现企业目标。参见海尔的"人单合一"方法。

（8）持续改进

坚持持续改进，广泛开展 PDCA 循环，促进质量工作沿着 PDCA 循环的螺旋上升路径，产品质量得到提高。

# 2.4 ISO 9000（GB/T 19000）质量管理体系模式

## 2.4.1 主要内容

我国已将 ISO 9000 转化为 GB/T 19000《质量管理体系 基础和术语》。主要内容包括：质量管理体系理论说明、质量管理体系要求与产品要求、质量管理体系方法、质量管理体系过程方法、质量方针和质量目标、最高管理者在质量管理体系中的作用、文件、质量管理体系评价、持续改进、统计技术的作用、质量管理体系与其他管理体系的关系、质量管理体系与卓越模式的关系等。

## 2.4.2 模型图

以顾客满意为目标，通过产品和服务形成 ISO 9000 基于过程的质量管理体系模式见图 2-3。ISO 9000 系列标准确立了以满足顾客及相关方要求而建立质量管理过程，通过过程将顾客及相关方的要求转换为其满意的产品。ISO 9000 这一质量管理模式是对于产品形成过程进行有效的质量管理，在全世界得到了广泛的认同和应用。实践证明按 ISO 9000 建立的质量管理体系并能持续有效运行，会提升顾客满意度，从而给企业带来良好的效益。

从图 2-3 可以清晰地看出，ISO 9000 模式的输入主要是顾客需求，同时兼顾其他相关方的需求，如法律和社会要求；输出是顾客满意，也要使其他相关方满意。而按照顾客要求达到顾客和其他相关方满意是靠产品实现过程达到的。在产品实现过程中必须注重管理职责、资源管理、测量分析和改进，保证质量管理体系按照 PDCA 循环的规律进行质量控制持续改进、持续使顾客和其他相关方满意，赢得市场，使组织获得持续成功。

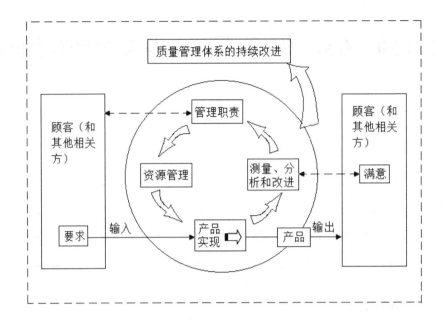

图 2-3　ISO 9000 质量管理体系模式

# 2.5 卓越绩效管理模式

## 2.5.1 结构模型

GB/T19580 卓越绩效评价准则给出了卓越绩效管理模式，是当代管理的最高水准，国内外很多知名的企业都在导入卓越绩效管理模式。

我国推行的卓越绩效管理模式主要内容包括质量和经营管理的核心理念、体系架构和评价与推进方法。这里的绩效是指过程的输出结果，即通过与目标、标准、以往结果和其它组织相比较，对过程、产品和服务进行评价的结果。绩效包含效率和效果两个层次的意义，效率是以产出投入的比率来衡量，提高效率是指以较少的投入得到较多的产出；效果是指达成组织目标的情况。绩效可以用财务的和非财务的指标进行表述。

目前实施卓越绩效管理依然是一种管理热潮，一方面世界各国通过卓越绩效管理模式推动企业管理提升市场竞争力，另一方面企业借助质量奖标准《卓越绩效评价准则》进行卓越绩效自我和外部评价，实现自我改进，卓越绩效模式见图2-4。

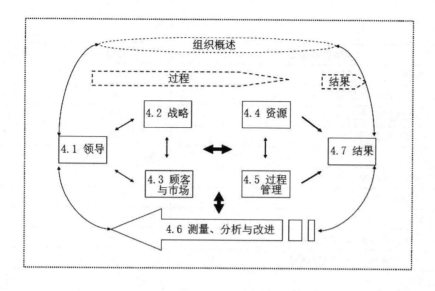

图 2-4 卓越绩效模式

## 2.5.2 强调 9 个理念

领导层可运用以下理念引导组织追求卓越：远见卓识的领导；战略导向；顾客驱动；社会责任；以人为本；合作共赢；重视过程与关注结果；学习、改进与创新；系统管理。

## 2.5.3 定量考核过程和结果

（1）考核要求

企业运用该管理模式建立卓越绩效经营管理体系时，通过"领导"、"战略"、"顾客与市场"、"资源"、"过程"、"结果"建立"测量指标体系，进行日常管理和绩效考核，监测绩效指标的完成。GB/T 19580 通过设置 7 个类目、7 个总则、10 个提要、46 个着重方面、67 个详细要求（…abc）、115 项指标，设置 1000 分的评价计分系统见表 2-1，按 7 个类目和 23 个条目作为评分项赋分，企业综合管理成熟度的定量评分规定，显示出管理到极致是可以定量化的。每次评分时都从是否达到 50% 的成熟度作为起点增、减得分。

表 2-1　评价计分系统表

| 类目和条目 | 分值 | 得分 |
|---|---|---|
| 4.1 领导 | 110 | |
| 　4.1.2 高层领导的作用 | 50 | |
| 　4.1.3 组织治理 | 30 | |
| 　4.1.4 社会责任 | 30 | |
| 4.2 战略 | 90 | |
| 　4.2.2 战略制定 | 40 | |
| 　4.2.3 战略部署 | 50 | |
| 4.3 顾客与市场 | 90 | |
| 　4.3.2 顾客和市场的了解 | 40 | |
| 　4.3.3 顾客关系与顾客满意 | 50 | |
| 4.4 资源 | 130 | |
| 　4.4.2 人力资源 | 60 | |
| 　4.4.3 财务资源 | 15 | |
| 　4.4.4 信息和知识资源 | 20 | |
| 　4.4.5 技术资源 | 15 | |
| 　4.4.6 基础设施 | 10 | |
| 　4.4.7 相关方关系 | 10 | |
| 4.5 过程管理 | 100 | |
| 　4.5.2 过程的识别与设计 | 50 | |
| 　4.5.3 过程的实施与改进 | 50 | |
| 4.6 测量、分析与改进 | 80 | |
| 　4.6.2 测量、分析和评价 | 40 | |
| 　4.6.3 改进与创新 | 40 | |
| 4.7 经营结果 | 400 | |
| 　4.7.2 产品和服务结果 | 80 | |
| 　4.7.3 顾客与市场结果 | 80 | |
| 　4.7.4 财务结果 | 80 | |
| 　4.7.5 资源结果 | 60 | |
| 　4.7.6 过程有效性结果 | 50 | |
| 　4.7.7 领导方面的结果 | 50 | |

（2）过程评分项的原则

标准将类目 4.1 至 4.6 的条款对应的 17 个评分项设定为具体的过程评分项，评分的原则按 ADLI 的 4 要素进行。ADLI 指：

（a）方法（Approach）：实施该过程所用何种方法？同时评价方法的适当性、有效性和系统性。

（b）展开（Deployment）：指方法对条款内容应用后达到的程度。

（c）学习（Learning）：指组织通过评价改进后，创新、改善的新方法。

（d）整合（Integration）：方法对组织系统性或单元性需求的适应程度。

过程类的评价赋分按 17 个评分项分别设定 6 个档次，每个档次设定了百分比得分的原则。最低档次的成熟度从 0 分至 5% 对应前述的 17 个评分项；最高档次的成熟度从 90% 至 100%。显然，《卓越绩效评价准则》设定的 17 个评分项对应的管理成熟度都有对应的内容做支撑，非常符合企业经营管理的实际。过程类定量评价的原则见表 2-2。

表 2-2 过程类评分原则

| 分数 | 过程 |
| --- | --- |
| 0% 或 5% | 没有系统的方法，信息是零散、孤立的。（A）<br>方法没有展开或略有展开。（D）<br>没有改进导向，已有的改进仅是"对问题的被动反应"。（L）<br>缺乏协调一致，各个方面或部门各行其是。（I） |
| 10%，15%，20% 或 25% | 开始有系统的方法，应对该评分条款的基本要求。（A）<br>方法在大多数方面或部门处于展开的早期阶段，阻碍了基本要求的实现。（D）<br>处于从"对问题的被动反应"到"改进导向"转变的早期阶段。（L）<br>主要靠联合解决问题来使方法与其它方面或部门达成协调一致。（I） |
| 30%，35%，40% 或 45% | 有系统、有效的方法，应对该评分条款的基本要求。（A）<br>方法已得到展开，尽管某些方面或部门的展开尚属早期阶段。（D）<br>开始系统地评价和改进关键过程。（L）<br>方法与在应对组织概述和其他过程条款时所确定的基本组织需要初步协调一致。（I） |

| 分数 | 过程 |
|---|---|
| 50%, 55%, 60% 或 65% | 有系统、有效的方法，应对该评分条款的总体要求。（A）<br>方法得到很好的展开，尽管某些方面或部门的展开有所不同。（D）<br>进行了基于事实且系统的评价、改进和一些创新，以提高关键过程的有效性和效率。（L）<br>方法与在应对组织概述和其它过程条款时所确定的组织需要协调一致。（I） |
| 70%, 75%, 80% 或 85% | 有系统、有效的方法，应对该评分条款的详细要求。（A）<br>方法得到很好的展开，无明显的差距。（D）<br>基于事实且系统的评价、改进和创新已成为关键的管理工具；存在清楚的证据，证实通过组织级的分析和分享，方法得到不断完善。（L）<br>方法与在应对组织概述和其它过程条款时所确定的组织需要实现了整合。（I） |
| 90%, 95% 或 100% | 有系统、有效的方法，全面应对该评分条款的详细要求。（A）<br>方法得到完全的展开，在任何方面或部门均无明显的弱点或差距。（D）<br>基于事实且系统的评价、改进和创新已成为全组织的关键管理工具；有证据表明通过分析和分享，在整个组织中方法得到不断完善和创新。（L）<br>方法与在应对组织概述和其它过程条款时所确定的组织需要实现了很好的整合。（I） |

（3）结果类评分原则

"结果类"评分项是条款 4.7 项下 6 个评分项设定的赋分要求，评分的原则按 LeTCI 的 4 要素进行。综合绩效结果 LeTCI 指：水平（Le）、趋势（T）、比较（C）、整合（I）。

（a）水平（Levels）：组织当前的绩效水平。

（b）趋势（Trends）：指组织近年绩效水平呈上升、持平、下降的发展趋势。

（c）比较（Comparisons）：指组织与标杆或竞争对手比较，或与行业比较绩效的的结果。

（d）整合（Integration）：绩效结果与过程中确定的关键顾客、产品和服务、绩效指标要求支持和适应程度。

结果类评分的原则见表 2-3。

表2-3　结果类评分原则

| 分数 | 结果 |
| --- | --- |
| 0%或5% | 没有报告结果，或结果很差。（Le）<br>没有显示趋势的数据，或大多为不良的趋势。（T）<br>没有对比性信息。（C）<br>在对于达成组织使命、愿景和战略目标重要的任何方面，均没有报告结果。（I） |
| 10%，15%，20%或25% | 结果很少，在少数方面有一些早期的良好绩效水平。（Le）<br>有一些显示趋势的数据，其中部分呈不良的趋势。（T）<br>没有或极少对比性信息。（C）<br>在对于达成使命、愿景和战略目标重要的少数方面，报告了结果。（I） |
| 30%，35%，40%或45% | 在对该评分条款要求重要的一些方面，有良好的绩效水平。（Le）<br>有一些显示趋势的数据，其中多半呈有利的趋势。（T）<br>处于获得对比性信息的早期阶段。（C）<br>在对于达成使命、愿景和战略目标重要的多数方面，报告了结果。（I） |
| 50%，55%，60%或65% | 在对该评分条款要求重要的大多数方面，有良好的绩效水平。（Le）<br>在对达成组织使命、愿景和战略目标重要的方面，呈有利的趋势。（T）<br>与有关竞争对手和（或）标杆进行对比评价，部分指标具有良好的相对绩效水平。（C）<br>结果对应了大多数关键的顾客、市场和过程要求。（I） |
| 70%，75%，80%或85% | 在对该评分条款要求重要的大多数方面，有良好到卓越的绩效水平。（Le）<br>在对达成使命、愿景和战略目标重要的大多数方面，呈可持续的有利趋势。（T）<br>与有关竞争对手和（或）标杆进行对比评价，多数乃至大多数指标具有非常好的相对绩效水平。（C）<br>结果对应了大多数关键的顾客、市场、过程和战略实施计划要求。（I） |
| 90%，95%或100% | 在对该评分条款要求重要的大多数方面，有卓越的绩效水平。（Le）<br>在对达成使命、愿景和战略目标重要的所有方面，呈可持续的有利趋势。（T）<br>在多数方面都表明处于行业领导地位和标杆水准。（C）<br>结果完全对应了关键的顾客、市场、过程和战略实施计划要求。（I） |

（4）推行卓越绩效管理模式的效果

组织推行卓越绩效管理模式的效果是以不间断为前提，这样管理的成熟度才会逐年提升，并能获得持续成功。过程和结果的效果示意见图 2-5。

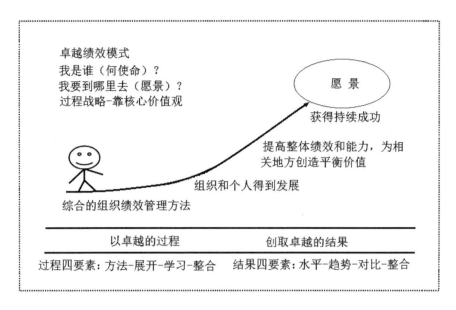

图 2-5　过程和结果的效果图

### 2.5.4 绩效的有效性

卓越绩效管理模式着眼于绩效的有效性，这个管理模式强调并考核的绩效包括：

（1）顾客和市场的绩效；

（2）财务的绩效；

（3）资源的绩效；

（4）过程有效性的绩效；

（5）领导方面的绩效；

（6）产品和服务的绩效。

### 2.5.5 绩效管理重点要素

（1）企业绩效管理的 5 要素

该管理模式自始至终对绩效进行管理,特别是对绩效实现过程各要素的管理,是基于企业战略基础之上的一种管理活动，也是通过对企业战略的建立、目标分解、业绩评价，并将绩效结果用于企业日常管理活动中，以激励员工业绩持续改进并最终实现组织战略以及目标的一种正式管理活动。把企业绩效管理好，应重点管理5个要素：

（a）明确的战略；

（b）可衡量的目标；

（c）与目标相适应的高效组织结构；

（d）透明而有效的绩效沟通、评价；

（e）反馈迅速而广泛的绩效成绩应用。

（2）5要素特点

采用5要素法在确定可衡量的目标时应综合考虑以下内容：

（a）均衡全面地考虑顾客及其他相关方的利益；

（b）具有先进性；

（c）结合企业实际的可行性；

（d）定量指标的可测量性；

（e）与组织的长短期发展方向一致。

2013年我国首届"中国质量奖"采用GB/T 19580卓越绩效评价准则评选，"海尔集团"和"中国航天科技集团"获得第一届"中国质量奖"；我省的长春轨道客车有限公司等企业获得第一届"中国质量奖提名奖"。这些企业都开始导入了卓越绩效管理，管理的成熟度较高，业绩突出。无论是申报的资料还是现场都属于名副其实的国际化企业，相当部分的企业都掌控国际标准的话语权。可以说海尔的"人单合一"管理特色达到管理卓越、绩效卓越。参加评审的企业在技术、人才资源、管理和高层领导理念及竞争思维都是国际化的，发展势头始终良好。卓越绩效的管理模式能对企业原有经营管理锦上添花。深圳有很多新科研单位和企业建厂的管理就定位于采用绩效卓越模式。

# 2.6 服务业的管理模式

## 2.6.1 服务标准体系

随着我国第三产业的日益发展，服务业无论在国民经济总量的比例还是服务项目的全覆盖，特别是服务总体水平的有效提升各方面，服务业管理俨然发展为标准化、体系化。服务企业的管理可选择以上管理模式，也可用 GB/T 24421 服务业组织标准化工作指南系列国家标准，对服务业组织开展工作提出全面系统科学的管理模式。

（1）服务标准体系结构

GB/T 24421.1《服务企业组织标准化工作指南 第 1 部分：基本要求》，GB/T 24421.2《第 2 部分：标准体系》，GB/T 24421.3《第 3 部分：标准编写》，GB/T 24421.4《第 4 部分：标准实施及评价》和 GB/T 19273《企业标准体系 评价与改进》给出了服务标准体系总体结构模型见图 2-6。服务业标准体系包括服务行业企业的全部管理内容，如"服务标准化基础管理、人财物的保障管理、服务项目和内容的服务提供管理和岗位工作职责管理"等内容。可见，四个分体系将服务企业标准化管理的内容一览无余。适用于所有的生产性服务和生活性服务行业。

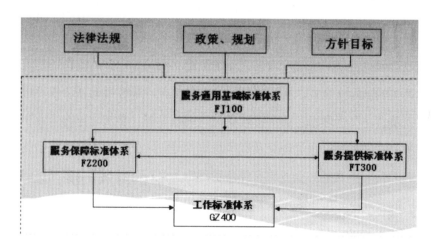

图 2-6　服务标准体系结构模型

（2）服务业管理体系有效运行

GB/T 4754《国民经济行业分类》把服务业分为 15 个门类、47 个大类、80 个中类、339 个小类，包括：交通运输、仓储和邮政服务；信息传输、计算机和软件业；批发和零售业；住宿和餐饮业；金融业；房地产业；租赁和商务服务业；科学研究、技术服务和地质勘探业；水利、环境和公共设施管理业；居民服务和其他服务业；教育；卫生、社会保障和社会福利业；文化、体育和娱乐业；旅游业；公共管理和社会组织；国际组织。旅游业标准体系是以吃住行游购娱六要素建立，核心涵盖旅游区、旅游产品、旅行社、旅游住宿、旅游交通、旅游购物和旅游文化娱乐，使旅游逐步达到服务标准化管理。现有长白山旅游景区、净月潭旅游景区、敦化六鼎山旅游景区等一批服务业单位，都按建立的服务标准体系开展运营，绩效水平不断提高。

## 2.6.2 服务业管理的最佳实践

### 2.6.2.1 检验机构服务标准体系

（1）质检技术机构归属

检验机构在 GB/T 4754《国民经济行业分类》归属于 M 7450 "科学研究和技术服务业" 门类中的 "质检技术服务"，并对 "质检技术服务" 给出了定义："通过专业技术手段对动植物、工业产品、商品、专项技术、成果及其他需要鉴定的物品所进行检测、检验、测试、鉴定等活动，还包括产品质量、计量、认证和标准的管理活动"。

（2）依据 GB/T 24421 建立服务管理模式

检验机构归属于 GB/T 4754 的 "科学研究和技术服务业"，依据 GB/T 24421《服务业组织标准化工作指南》系列国家标准立体性的体现出产品质量检验的标准化模式，检验机构服务标准体系总体结构图见图 2-7。

图 2-7 直观阐明了检验机构的服务基础标准、服务提供标准、服务保障标准、工作标准各体系所在地位、作用和相互关联关系，也表明了检验行业服务标准体系是检验检测技术服务过程的全部活动，形成了产品质量检验机构标准化模型。

### 2.6.2.2 在服务实现过程中建立服务方法

建立过程方法对检验的服务实现至关重要，主要的方法包括：

（1）确定服务质量要求，建立服务规范；

（2）建立检验服务标准体系运行模式；

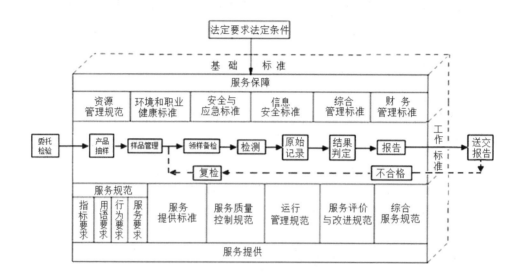

图 2-7　检验机构服务标准化模型

（3）建立与顾客接触窗口的服务规范；

（4）识别产品质量检验检测技术机构过程的输入和输出，建立服务保障和服务提供主要过程；

（5）确定将输入转化为输出的过程方法和重要检验环节带时间节点的的工作流程，如接受委托、签订检验协议、样品接收与管理、领样检验、样品预处理、检验环境和设备环境要求、原始记录、报告形成、检验、复检和送交报告等；

（6）标准的有效跟踪和实施；

（7）建立服务质量控制方法；

（8）建立顾客满意率或满意度的测评方法；

（9）开展产品质量检验检测技术机构管理创新活动，提升产品质量检验检测技术机构产品质量检验服务的质量水平。

# 2.7 企业的质量管理模式选择

　　企业领导有权选择企业的质量管理方式。人类经历近百年的经济活动，形成的质量管理模式主要包括以上 5 类，企业如何选择呢？

　　（1）普遍选择 ISO 9000 模式；

　　（2）全面质量管理模式；

　　（3）选择 GB/T19580 卓越绩效管理模式；

　　（4）传统的质量管理，按需要 +CCC、许可证等；

　　（5）服务业选择标准体系管理模式。

# 第三章　常用质量管理方法

## 3.1 质量数据

### 3.1.1 概述

解决生产过程各类异常性波动的质量问题，一般都从搜集质量问题的相关数据开始，对数据整理归类后再利用各种质量管理方法找出主要问题所在，进一步分析原因，采取措施解决，消除异常性原因产生的异常波动。通过近百年的生产实践，国内外的质量专家创造、归纳、总结了许多行之有效的方法。我国自上世纪 70 年代开始学习国外先进质量管理方法，结合我国生产实际，将生产过程中测得的质量数据用于新老 7 种工具进行质量控制，既能降低企业成本，还能有效地提高产品质量，企业也能获得效益。这些数据作为实施质量管理方法的基础，不但可应用在老 7 种工具，还能应用于新 7 种工具：

第一，用于质量控制的老 7 种工具，包括：调查表、排列图、因果图、直方图、控制图、分层法、散布图。在此基础上现在常用的还有流程图、工序能力计算、6 西格玛、顾客满意度测评等。在分析一类质量问题时经常把调查表、排列图、因果图、分层法测得的各类数据综合运用。

第二，用于质量策划的新 7 种工具，包括：关系图、KJ 法（亲和法）、系统图（树图）、矩阵图、矩阵数据分析法、过程决策程序图法、网络图。在此基础上还发展应用到标杆对比、头脑风暴法、质量战略、5S 管理等。

## 3.1.2 质量数据的分类

在生产实践中，产品质量和数据总是相伴而生。比如我们判断一批产品质量特性是否符合标准要求，往往要对质量特性进行测量，把测量的数据记录在案，用于判定产品质量合格与否。从不同的产品获得的测量数据具有不同的特征，人们把这些具有不同特征的数据划分为计量值、计数值两个类别。

### 3.1.2.1 计量值数据

计量值数据是指可以连续取值的数据，如预包装食品的净含量，材料的长度或重量，零件的直径等都是计量值。所谓连续取值是指在 2 个任意数之间的任何一点取值，即带小数点的数据取值，如在 0m ~ 0.6m 之间可取 0.2m、0.4m、0.6m 的数值。而在 0m ~ 2.0m 之间还可以取 0.2m、0.4m、0.6m 至 2.0m。随着需要和计量器具精度的提高，还可以取小数点后 3 位、4 位至更多位的数值，如图 3.1-1 所示。

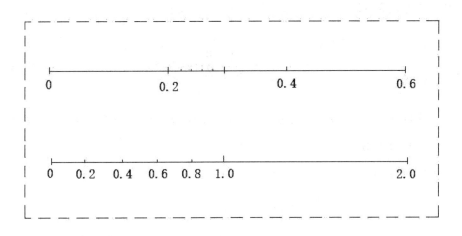

图 3.1-1　计量值数据示意图

### 3.1.2.2 计数值数据

在数理统计范畴应用的计数值数据是只能够读取整书的数值。如洗衣机的数量用 1 台、2 台、……、n 台数值计量，不可能用 0.2 台表达洗衣机的数量；还有铸件表面的疵点数、质量事故数、产品不合格品数等数值，只能用计数值表达数据。在统计抽样中，常用百单位产品不合格品数或百单位产品不合格数作为批质量表示方法，这些都属于计数值数据。

### 3.1.3 特征数据

在质量管理中经常使用的数理统计方法，常把数据的特征值分为两类：一类表示数据的所处的集中位置，如数据的均值、中位数等；另一类表示数据的分散程度，如极差、标准差等。

均值 $\bar{x}$ 是样本中所有数据观测值的算术平均。代表着数据取值相对集中的地方。$\bar{x}$ 的计算公式见式 3.1-1。

$$\bar{x} = \frac{1}{n}\sum_{i=1}^{n} x_i \qquad \cdots\cdots\cdots\cdots\cdots （式 3.1-1）$$

标准差 S 代表数据偏离观测平均值的一个度量，也是数据波动的度量。S 的计算公式见式 3.1-2。

$$S = \sqrt{\frac{1}{n-1}\sum_{i=1}^{n}(x_i - \bar{x})^2} \qquad \cdots\cdots\cdots\cdots （式 3.1-2）$$

例 3.1-1：有 5 个数据，分别是 1、3、4、6、8。计算平均值 $\bar{x}$、中位数 $\tilde{x}$、极差 R 和标准差 S。

（1）计算 $\bar{x}$

$$\bar{x} = \frac{1}{n}\sum_{i=1}^{n} x_i$$

$$= （x_1 + x_2 + x_3 + x_4 + x_5）/5 = （1+3+4+6+8）/5 = 4.4$$

（2）计算中位数 $\tilde{x}$

（a）将数据从小到大排序，如果数据总数为奇数，则排在中间的数为中位数 $\tilde{x}$。由于搜集到的数据为 1、3、4、6、8 是奇数，排在中间的数为 4，那么中位数 $\tilde{x}=4$。

（b）将数据从小到大排序，如果数据总数为偶数，则与排在中间的两个相邻数有关。比如搜集到的数据为：1、3、4、6、8、9，处理方法如下：

第一步，找出搜集到的数据 n 的 1/2 处数的位数：

n/2=3，"3" 表示第三位排序的位数；

第二步，找出 n/2 对应第三位排序位数对应的数值是 "4"；

第三步，找出搜集到的数据 n 的 "1+n/2" 处数的位数：

1+n/2=1+3=4，"4" 表示排序位数，既排在第四位的那个数；

第四步，找出 1+n/2 对应排序位数的数值是 "6"；

第五步，将第二步和第三步数值和除以 2，即为中位数 $\tilde{x}$：

$$\tilde{x}=[x_{(n/2)}/+x_{(1+n/2)}]/2$$
$$=(4+6)/2$$
$$=5$$

（3）计算极差 R

根据极差是一组数据中最大数值与最小数值之差，根据搜集到的示例 1 最大数值是 8，最小数值是 1，那么极差 R 为：

$$R = 8-1=7$$

（4）计算标准差 S

$$S = \sqrt{\frac{1}{n-1}\sum_{i=1}^{n}(x_i-\bar{x})^2}$$

$$S = \sqrt{\frac{(1-4.4)^2+(3-4.4)^2+(4-4.4)^2+(6-4.4)^2+(8-4.4)^2}{5-1}} = 2.70$$

# 3.2 调查表

对于生产中发生的诸如加工或检验的不合格项、废品分类统计、产品损失金额、质量事故等质量问题，若要查找原因、控制再发生，就要围绕发生的质量问题开展相关的调查，搜集相关数据，记录这些数据的表格就称为调查表。在应用调查表的过程中，应根据调查项目和质量特性的不同，采用不同的格式。把这张调查表的数据按照影响质量问题大小的频次作出一张图，就是质量问题大小的排列图，接着用因果图依次找出排列问题产生的原因，加以解决。调查表是搜集质量数据的记录表、承载表，这种利用调查表的质量管理方法是质量管理中最基础的方法。

例 3.2-1 铸造车间对 6 月份新投产的 600 件产品进行外观检查，了解产品外观质量情况。设计的不合格项目调查表见表 3.2-1。

表 3.2-1　不合格项目调查表

| 序号 | 不合格项目 | 检查结果 | 小计 |
|:---:|:---:|:---:|:---:|
| 1 | 表面缺陷 | 正正正正正正正一 | 36 |
| 2 | 砂眼 | 正正丁 | 12 |
| 3 | 畸形 | 正一 | 6 |
| 4 | 裂纹 | 下 | 3 |
| 5 | 其他 | 正一 | 6 |
| | 不合格数 | | 63 |

在铸件产品质量判定规则中规定：表面缺陷、砂眼和其他类有 3 个不合格为 1 个不合格品，做出废品项目调查表见表 3.2-2。

表 3.2-2　废品项目调查表

| 投料数 | 产量 | 废品量 | 废品率（％） | 废品项目 | | | | |
|---|---|---|---|---|---|---|---|---|
| | | | | 表面缺陷 | 砂眼 | 畸形 | 裂纹 | 其他 |
| 605 | 600 | 27 | 4.5 | 12 | 4 | 6 | 3 | 2 |

# 3.3 排列图

目的是找出影响质量 80% 的关键因素，把 80% 的关键因素中的质量问题按大小顺序依次排序列出。

## 3.3.1 排列图的步骤

第一步，确定要调查的问题及如何收集数据

（1）确定要调查的质量问题，如不合格项、损失金额、发生的事故等；

（2）确定问题要调查的时限，如：从 6 月 1 日至 8 月 1 日；

（3）确定哪些数据是必要的，如何将数据分类，如：按不合格发生的类型项目、加工机器、操作者、材料、操作方法分别归类，将不常出现的或没涵盖的项目放入其他项目；

（4）确定收集数据的方法，计入调查表。

第二步，设计一份调查表，把生产碳素笔的质量问题如漏水、间隙书写、滑动性、字迹清晰顺畅、笔杆表面毛刺、夹着力等数据记入，形成碳素笔质量问题调查表见表 3.3-1。

表 3.3-1　碳素笔质量问题调查表

| 不合格类型 | 记号 | 小计 |
|---|---|---|
| 漏水 | 正正下 | 13 |
| 间隙书写 | 正正正正正 | 28 |
| 笔杆表面毛刺 | 正正正正正正正正正正正正正正正下 | 88 |

| 不合格类型 | 记号 | 小计 |
|---|---|---|
| 夹着力 | 正正 | 9 |
| 滑动性 | 正正正正正正丁 | 32 |
| 其他 | 正正 | 10 |
| 合计 | | 180 |

第三步，把调查表转化为制作排列图的数据表（见表 3.3-2），计算：

（1）累计不合格数；

（2）各项不合格比率；

（3）累计不合格比率；

（4）制作表 3.3-2 时要把单项不合格项按从大到小的顺序依次列出。

表 3.3-2　调查表转化为制作排列图的数据表

| 不合格类型 | 不合格数 | 累计不合格数 | 本项比率（%） | 累积比率（%） |
|---|---|---|---|---|
| 笔杆毛刺 | 88 | 88 | 48.9 | 48.9 |
| 滑动性 | 32 | 120 | 17.8 | 66.7 |
| 间隙书写 | 28 | 148 | 15.6 | 82.3 |
| 漏水 | 13 | 161 | 7.2 | 89.4 |
| 夹着力 | 9 | 170 | 5.0 | 94.4 |
| 其他 | 10 | 180 | 5.5 | 100 |
| 合计 | 180 | | | |

第四步，其他项的数据是由多项数据很小的项合在一起，在最后栏列出，大小无所谓。这样，就把调查表转化为制作排列图的表，常称为"调查表法"，归类于老 7 种工具之中。

第五步，画排列图

画两根纵轴和一根横轴。左边纵轴标上件数（频数）的刻度，最大刻度为总件数（总频数）；右边纵轴标上累积比率（频率）的刻度，最大刻度为 100%。

左边总频数的刻度与右边总频率的刻度 100% 高度相等。在横轴上将要把各单项不合格项按频数从大到小的顺序依次列出。

第六步，在横轴上按频数从大到小的顺序依次画出矩形，矩形的高度代表个不合格项频数大小。

第七步，在每个直方柱上方标上单项值。

第八步，在每个直方柱上右边线标注不合格项累计比率数（％），描点。用直线将各点连接形成累积频数折线，即帕累托曲线。

第九步，在图上标记基本信息，如排列图名称、数据、单位、收集数据的实时间等，见图 3.3-1 左图。

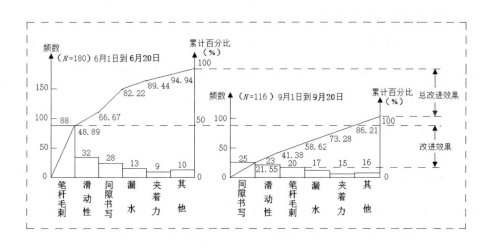

图 3.3-1　碳素笔不合格项目排列图

## 3.3.2 注意事项

（1）绘制图的要点

先找出关键的少数。一般情况下都将累积比率 80% 左右的不合格项作为影响质量关键的少数，列为影响质量的 A 类因素；累积比率在 80% ~ 90% 的不合格项作为影响质量的重要项，列为影响质量的 B 类因素，也称次要因素；把累积比率在 90% ~ 100% 的不合格项列为影响质量的 C 类因素，也称一般因素。

（2）正确分类

如果其他项占的比例很大，说明分类不当。

### 3.3.3 数据分层

#### 3.3.3.1 定义

将搜集到的数据按照需求分类整理，如按不同的机器设备、不同的操作者、不同的时间、不同的作业环境、不同的原料、不同的加工方法和不同操作者生产的产品分别进行数据分类统计处理，找出产生产品质量问题的原因。通常，分层法应与直方图、控制图配合使用。

#### 3.3.3.2 分层法的步骤

（1）收集数据；

（2）按照目的确定分层项目如：重量、长度、不合格品率、疵点等；

（3）确定分几层如：操作者1、操作者2、操作者3各为一层；

（4）按层归类数据；

（5）画出分层直方图或其他统计图表，进一步分析原因。

3.3.3.3 某食品车间2月份生产面包的不合格品率发生了上控制线临界状态，为了解甲、乙、丙3个工人加工面包的情况，对3月份1日至25日收集他们每人生产200个面包不合格品率数据，按3人加工面包数据分层统计，分别画出排列图、直方图，查找原因。

# 3.4 因果图

## 3.4.1 概述

因果图也称鱼骨图，把排列图中关键因素中的质量问题按人、机、料、法、环找出原因，主次因素分别用主骨、大骨、中骨和小骨作图，箭头由小骨指向中骨，由中骨指向大骨，由大骨指向主骨。是一种分析质量结果和可能原因关系的工具。常利用逻辑推理法、头脑风暴法和发散整理法绘制。

### 3.4.2 绘制程序

（1）确定质量问题的主骨

由排列图可以看到"笔杆毛刺、滑动性和间隙书写"不合格占82%，是因果图质量问题是主骨；

（2）班组所有人员都参加讨论，分析笔杆毛刺、滑动性和间隙书写不合格在人、机、料、法、环方面对碳素笔不合格的影响，见图3.4-1；

（3）制定了改进对策，明确责任人；

（4）积累改进数据；

（5）准备改进后效果验证；

（6）用改进后的数据再次制作排列图，获得改进效果。

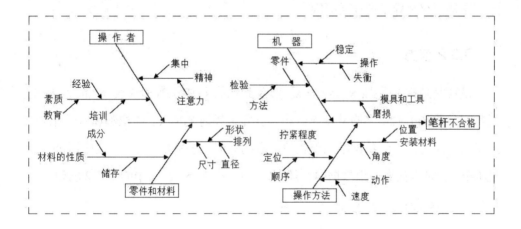

图 3.4-1 笔杆毛刺和滑动性不合格的因果图

将9月份改进后的数据再次制作排列图见图3.3-1右图。与改进前的排列图进行比较，3个月内笔杆毛刺不合格件数由88件减少到20件，滑动性不合格件数由32件减少到23件，间隙书写不合格件数由28件减少到25件，总不合格件数由180件降低到116件，说明第一个PDCA循环活动有一定的效果。

（7）将间隙书写质量问题输入到下一个PDCA循环解决。

# 3.5 直方图

## 3.5.1 概念

直方图是将收集到的工序质量特性数据作为样本，用一系列等宽的矩形表示数据，宽度表示数据范围的间隔，高度表示数值，变化的高度表示数据的分布情况，从而显示数据变化的规律。同时与公差进行比较，来判断和预测工序质量状况。作用如下：

（1）显示各种数值出现的频率；

（2）解释数据的中心、散步及形状；

（4）做直方图是为了分析和概括工序质量的分布中心和散布状况，观察确定工序是否存在异常波动及原因。

## 3.5.2 参数

设观测到样本数据：$x_1$、$x_1$、$\cdots x_n$。涉及到均值 $\bar{x}$、中位数和众数、标准差、极差。通常产品的加工质量多服从正态分布，在零偏差时均值 $\bar{x}$、中位数和众数相同。这里的众数是指一组数据中出现次数最多的数值。多数情况下一组数据中的众数是 1 个，有时众数在一组数据中有几个，如 1、2、3、5、2、1 中的 1 和 2 出现 2 次，1 和 2 是这组数据中的众数。

## 3.5.3 作图步骤

第一步 收集数据，最少不得少于 30 个，一般取 50 个以上。

已知外圆尺寸为 $\phi\,10^{+0.035}$mm 的零件，为调查该零件外圆尺寸的分布情况，从加工过程中随机抽取 100 个零件，测得尺寸直径 $\phi\,10^{+x}$ 的值列入表 3.5-1 中。

表 3.5-1　零件尺寸直径 ¢ $10^{+x}$ 的数据

| 序号 | 参数 | 序号 | 参数 | 序号 | 参数 | 序号 | 参数 | 序号 | 参数 |
|---|---|---|---|---|---|---|---|---|---|
| 1 | 19 | 21 | 13 | 41 | 15 | 61 | 10 | 81 | 17 |
| 2 | 19 | 22 | 17 | 42 | 17 | 62 | 16 | 82 | 17 |
| 3 | 26 | 23 | 14 | 43 | 9 | 63 | 11 | 83 | 14 |
| 4 | 11 | 24 | 17 | 44 | 13 | 64 | 19 | 84 | 17 |
| 5 | 20 | 25 | 17 | 45 | 20 | 65 | 16 | 85 | 16 |
| 6 | 11 | 26 | 24 | 46 | 21 | 66 | 27 | 86 | 5 |
| 7 | 17 | 27 | 30 | 47 | 8 | 67 | 16 | 87 | 17 |
| 8 | 16 | 28 | 15 | 48 | 14 | 68 | 22 | 88 | 13 |
| 9 | 14 | 29 | 27 | 49 | 17 | 69 | 16 | 89 | 29 |
| 10 | 15 | 30 | 15 | 50 | 9 | 70 | 17 | 90 | 8 |
| 11 | 19 | 31 | 13 | 51 | 8 | 71 | 19 | 91 | 27 |
| 12 | 26 | 32 | 24 | 52 | 1 | 72 | 9 | 92 | 3 |
| 13 | 20 | 33 | 15 | 53 | 5 | 73 | 12 | 93 | 22 |
| 14 | 7 | 34 | 29 | 54 | 9 | 74 | 13 | 94 | 29 |
| 15 | 10 | 35 | 16 | 55 | 10 | 75 | 19 | 95 | 13 |
| 16 | 15 | 36 | 15 | 56 | 14 | 76 | 13 | 96 | 25 |
| 17 | 14 | 37 | 9 | 57 | 16 | 77 | 8 | 97 | 16 |
| 18 | 7 | 38 | 8 | 58 | 13 | 78 | 5 | 98 | 13 |
| 19 | 9 | 39 | 16 | 59 | 19 | 79 | 14 | 99 | 29 |
| 20 | 18 | 40 | 14 | 60 | 18 | 80 | 13 | 100 | 10 |

第二步，求极差 R

$$R= x_{max}-x_{min}=30-1=29\mu m$$

第三步，确定分组的组数和组距。

（1）确定组数 K

一批数据分多少组，与个数有关，此时用经验公式计算 K：

$$K=1+3.3logn \quad \cdots\cdots\cdots\cdots\cdots\cdots\cdots\cdots（式 3.5-1）$$

这样计算出：K ≈ 10。

（2）确定组距 h

$$h=R/K=（x_{max}-x_{min}）/K=（30-1）/10 \approx 3\mu m \cdots\cdots（式\ 3.5\text{-}2）$$

有实践经验表明，组距也可按式 3.5-3 取：

$$h=\sqrt{n} \cdots\cdots\cdots\cdots\cdots\cdots（式\ 3.5\text{-}3）$$

第四步，确定各组界限和组中值

为避免数据点落在组限上，一般将组限值的最小数值（$x_{min}$）取测量值单位的1/2，可保证分组界限就能把最大值和最小值包括在内，此时下限值为$x_{min}$-（h/2），上限值为 $x_{min}$+（h/2）。在决定组限制，先从第一组起，方法如下：

（1）确定第一组的上下界限值。由于第一组的界限向下移动了半个组距，所以实际组距比开始选定的组数多 1 组，从而防止最大值落在组限之外。这样。第一组的上界限值就是第二组的下界限值，第二组的下界限值加上组距就是第二组的上界限，也是第三组的下界限值，以此类推，得到各组的组限。

（2）本例中，第一组的起止界限为 -0.5 ~ 3.5，第二组的起止界限为 3.5 ~ 6.5，第三组的起止界限为 6.5 ~ 9.5，9.5 ~ 12.5……。

（3）为计算需要，还要确定各组的中心值也称组中值 Z。Z 等于各组的上下界限值相加除以2，为作图时便于观察，常取整数。用 Z 作为各组数据的代表值。

第五步，制作频数分布表

将测得的原始数据按从小到大顺序分别归于相应的组中，统计各组数据个数即频数 $f_i$ 填入表中，避免数据重复或遗漏，详见表 3.5-2。

表 3.5–2　频数分布表

| 组号 | 组限 | 组中值 | 频数记录 | 频数 fi |
|------|------|--------|----------|---------|
| 1 | -0.5 ~ 3.5 | 2 | 一 | 1 |
| 2 | 3.5 ~ 6.5 | 5 | 一 | 1 |
| 3 | 6.5 ~ 9.5 | 8 | 正 | 5 |

续表

| 组号 | 组限 | 组中值 | 频数记录 | 频数 fi |
|:---:|:---:|:---:|:---:|:---:|
| 4 | 9.5 ～ 12.5 | 11 | 正正 +4 | 14 |
| 5 | 12.5 ～ 15.5 | 14 | 正正 +3 | 13 |
| 6 | 15.5 ～ 18.5 | 17 | 正正正正正 +2 | 27 |
| 7 | 18.5 ～ 21.5 | 20 | 正正正 +3 | 18 |
| 8 | 21.5 ～ 24.5 | 23 | 正正 +2 | 12 |
| 9 | 24.5 ～ 27.5 | 26 | 3 | 3 |
| 10 | 27.5 ～ 31.5 | 30 | 正 | 5 |
| 11 | 31.5 ～ 34.5 | 33 | 一 | 1 |
| 合计 | | | | 100 |

第六步，画直方图

以横坐标表示质量特性（加工尺寸），纵坐标表示频数或频率。在横坐标明各组组界，以组距为底，频数为高，画出 11 个直方柱，形成直方图，见图 3.5-1。

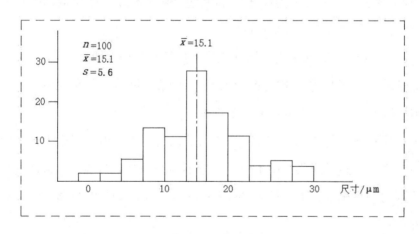

图 3.5-1　直方图

第七步，在直方图空白处标上有关数据

常常标注在图上的信息包括：收集数据的时间、数据量 n、$\bar{x}$ 和标准差 S。

## 3.5.4 直方图分析

3.5.4.1 通常会在生产中出现典型形状的直方图见图 3.5-2，产生的原因说

明如下:

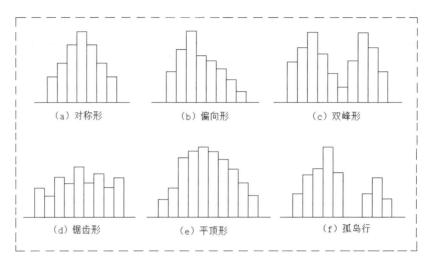

图 3.5-2  典型形状的直方图

（1）图 3.5-2 的（a）为标准型 正常生产中表现工序质量数据的直方图呈正态分布，以平均值为中心左右对称；

（2）图 3.5-2 的（b）为偏锋型 数据的平均值位于中间值的左或右，并在一侧陡然减少，而在另一侧平缓减少，左右明显不队称。此种现象多由于加工人员习惯性心理因素，产生的习惯性偏差；

（3）图 3.5-2 的（c）为双峰型 特点是频数分布于中心附近少，图中两侧各有一个峰状。此种现象多由于把平均值不同的两个分布混合，包括混料或多供货渠道的产品相混，不进行分检或不同工人将 2 次调整的机器加工产品混合的情况；

（4）图 3.5-2 的（d）为锯齿型 特点是频数分布呈相隔减少，整体看图形中间高，两侧大体对称。此种现象不是生产方面质量控制的原因，而是由于做频数分布表时分组过多或测量仪器不够精确，读数有误所引起；

（5）图 3.5-2 的（e）为平顶型 特点是各组间的频数变化不大，多由于刀具磨损或某些定位器件发生平移等原因所致，表示工序失控；

（6）图 3.5-2 的（f）为孤岛型 特点是频数分布使直方图的左端或右端形

成有小的直方图，如一个孤岛。多由于原材料发生变化或操作者操作的方法不当引起。

### 3.5.4.2 实际的直方图设计规格限的比较图例

在生产实践中，加工零件时都有尺寸公差规定，分别用上规格限 UCL 和下规格限 LCL 表示。实际的直方图与公差要求比较起来总会有一定的偏差，对比的典型图例见图 3.5-3。图 3.5-3 中"T"是公差要求，"B"是加工实际的 UCL 和 LCL 间的实际尺寸。

（1）直方图符合公差要求时见图3.5-3的（a），表明加工质量满足公差要求，T>B 是比较理想受控状态，不需调整；

（2）虽然 T>B，但直方图的 2 个中心线已有偏离见图 3.5-3 的（b），接近下限边缘，很容易超过公差下限而出现废品，此时要稍加调整，使 2 中心重合，能达到较理想的状态；

（3）直方图符合公差要求 T≈B，2 个中心也基本重合见图 3.5-3 的（c），但十几分部的范围 B 已接近公差上、下限，生产过程稍有变动，就可能出现废品，应采取措施缩小实际分布范围，使平均值接近规格的中间值；

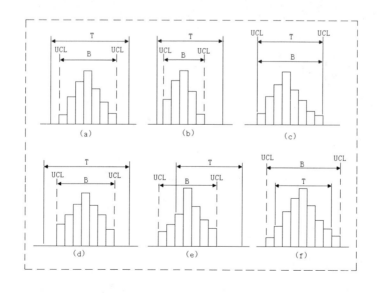

图 3.5-3　实际直方图对照公差比较的图例

（4）T>B 时见图 3.5-3 的（d），2 个中心也基本重合，工序能力很富裕，此种情况下采取措施，可以降低成本，增加生产能力；

（5）T>B 时见图 3.5-3 的（e），2 个中心严重偏离，表明要同时采取 c 和 d 的措施，使平均值接近规格的中间值，又要减少质量波动，也存在节约成本的潜力；

（6）T>B 时见图 3.5-3 的（f），2 个中心也基本重合，工序能力不足，产生两侧超差的严重问题。此时应考虑工艺有问题或设备有问题，甚至调整工艺，重新选择设备，提高工序能力。

### 3.5.5 注意事项

（1）直方图适用于计量值的数据；

（2）对搜集的数据要分层，可以根据需要预先设计表格；

（3）对数据应考虑修约规则；

（4）应考虑规格界限；

（5）在生产条件比较稳定时，综合沿用固定的组距来分组，便于比较，计算也方便。

# 3.6 控制图

### 3.6.1 概述

生产过程偶然性引起的随机波动是正常的，存在异常波动就要进行控制。控制图是用来发现生产过程的异常波动，起到"报警"的作用。GB/T17989 控制图系列标准对控制图的定义是：为监测过程，控制和减少过程变异，将样本统计量值序列化特定顺序描点给出的图。其中的"特定"通常是指按照时间顺序或样本获得顺序；控制图用于监测最终产品或服务的特性时最有效。在质量管理中，控制图被广泛应用于过程统计控制。有人说"质量管理始于控制图，终于控制图"。

　　控制图被用于在线监测，控制图上有中心线（CL, Central Limit）、上控制线（UCL, Upper Corntrol Limit）、下控制线（LCL, Lower Corntrol Limit），将抽取样本统计量数值在图上按时间顺序描点后连线即可。通常把基于加工产品质量特性的实际公差带定位于总体均值 μ±3σ 范围，且服从正态分布。由于生产在不停的进行，总体处于不断地积累中，实际上总体质量特性的均值 μ 是难以取得的，在实际工作中多用样本均值 x̄ 估算总体质量特性的均值 μ。数理统计表明，加工产品质量特性通常服从正态分布，正态分布随机变量值落在 x̄±3σ 范围的概率为99.73%，落在 x̄±3σ 范围之外的概率为0.27%，表示在检测1000个产品的特性值，有可能997个产品的特性值出现在（x̄-3σ）至（x̄+3σ）范围内，对应在小于（x̄-3σ）和大于（x̄+3σ）的产品总共也不超过3个。在产品质量控制过程中，这样的小概率事件是可能出现的，而且一旦出现，就认为生产过程发生异常，应采取措施进行控制。这种小概率随机分布与控制界限"x̄±3σ"关系，代表了随机变量正态分布与质量控制基本关系用图示形式表达，见图3.6-1。图3.6-1的CL也等于 x̄。

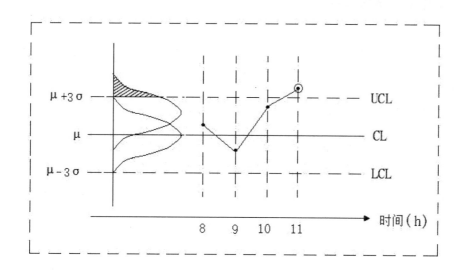

图 3.6-1　质量特性分布曲线与控制图关系图

图 3.6-1 是表示生产过程没有系统性因素的作用，仅有一些偶然性因素发生作用时，样本的测定值落在（$\bar{x}-3\sigma$）至（$\bar{x}+3\sigma$）范围内概率在 99.73%，样本的均值 CL 与总体 μ 值也基本是重合的，表示生产过程稳定。但是如果产品仅在随机因素下生产，产品的总体 μ 值即使有移动变化也是很小的，带来产品特性变化的散差也是在产品标准范围之内。但是如果产品生产过程发生了系统因素，产品的 $\bar{x}$ 值将有相对大的漂移变化，带来产品特性值会超出（$\bar{x}+3\sigma$）的上控制线，0.27% 的小概率发生了。这时观察代表产品质量状况的点子变化趋势，前 3 个都在界限内，只有第四个超出上控制线，说明产品特性发生异常，要找出产生的原因及时消除。我们常用控制图解决此类质量问题。

控制图可以判断产品生产过程是否处于稳定状态，由一条中心线和上控制线和下控制线及代表质量特性值的"点"构成。如果点落在上、下控制线以外，可判断过程异常波动，应找出原因进行控制。控制图本质上是样本分布的表现。

### 3.6.1.1 正常波动

点子基本在上、下控制线以内，包括点子靠近 2 条控制线附近。

### 3.6.1.2 异常波动

当点子落在上、下控制线以外，或点子靠近中心线附近数相差太大，或集中在中心线的点子太多，或生产中周期性或沿着某方向连续波动，都属异常波动。

### 3.6.1.3 控制图种类

控制图是监测工具，控制图只能监视异常波动的存在与否，不能自动识别和消除异常因素。异常因素的消除常归结于在 5M1E（人员、设备、原材料、工艺方法、测量和环境）方面找出影响质量的因素加以解决。控制图包括计量控制图和计数控制图。

## 3.6.2 计量值控制图

### 3.6.2.1 概述

计量值控制图主要包括：

（1）（x̄-R）均值 - 极差控制图

x̄ 图用来分析工序平均值变动，R 图用来分析工序散差的变化程度。x̄-R 广泛用于各种长度、重量、强度、成分表示计量值的质量控制中。

（2）（x̄-S）控制图

均值 - 标准差控制图也被广泛应用。

（3）（x-$R_n$）单值 - 极差控制图

每次只能读取 1 个数，数据不能成组，只能和移动极差并用。

（4）（x̄-R）中位数 - 极差控制图

此类控制图可以不计算平均值，数据处理简便，在现场很实用，检出力比 x̄-R 稍微低。

### 3.6.2.2 常用控制图的控制限

控制限是反应过程稳定性的指标，我们通常用用 $3\sigma$ 控制限做控制图，"$3\sigma$ 控制限"是将上、下控制限设定在与均值相差 $\pm3$ 倍标准差的位置。"$3\sigma$ 控制限"可以简化 x̄ 控制图、极差 R 控制图和标准差 S 控制图等控制限的计算。

警戒线的说明：经验说明，有时在 $3\sigma$ 控制限时，将过程均值 $\pm2\sigma$ 定为警戒线。

### 3.6.2.3 分析用控制图

一道工序开始应用控制图时，几乎不能恰巧处于稳态，此时控制线会很宽，公差带达不到 $\pm3\sigma$ 范围，应逐步调整到稳态后才能作为控制用控制图，这个过程的控制图称分析用控制图。当过程达到预期状态并经过一个阶段的考验后，可将其转为控制用控制图。

### 3.6.2.4 控制用控制图的观察与分析

将分析用控制图转为控制用控制图后，也会在生产过程出现异常，常规控制图在 GB/T 17989.2-2020 中将观察和判断控制图的是否异常状态的判定规则，在此具体归纳如下：

（1）只要点子处于控制界限就判为异常的控制图

如图 3.6-2 所示，这是在日常生产过程中常见的控制图，对于这类控制图说明控制过程存在异常，虽然应继续观察，同时应开始分析原因，采取具体的控制措施使点子不出控制界限。

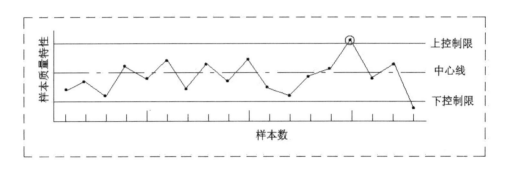

图 3.6-2　基本控制图

（2）单边链控制图

图 3.6-3 表示的是连续多点排在中心线一侧，说明控制异常。在继续观察的同时应立即分析原因采取措施；

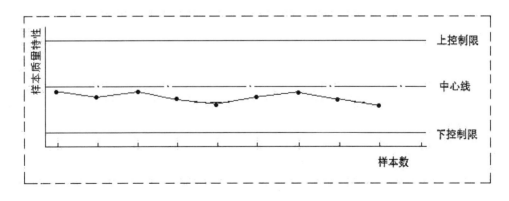

图 3.6-3　单边链控制图

（3）某区域集中的链

如图 3.6-4 所示，如果连续 3 点中有 2 个以上点落在 +3σ 线区域或 -3σ 线区域，应该注意观察，分析原因采取措施进行控制。

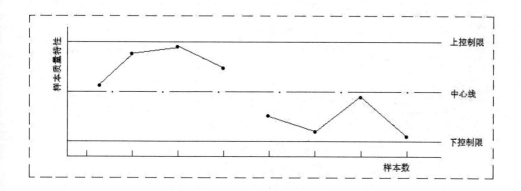

图 3.6-4　某区域集中链控制图

（4）点子连续集中区域控制图

连续 5 个点子中至少有 4 个落在 2σ 线区域及 C 区以外的情况见图 3.6-5，应该注意观察，分析原因采取措施进行控制。

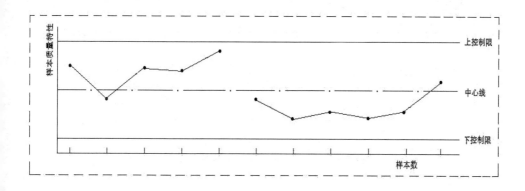

图 3.6-5　点子连续集中区域控制图

49

（5）递增或递减趋势控制图

连续 6 点子递增或递减见图 3.6-6。

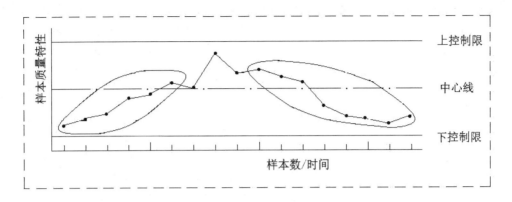

图 3.6-6　递增或递减趋势控制图

（6）连续 8 点子落在中心线两侧

连续 8 点子落在中心线两侧，但是无 1 个点子落在 ±1σ 区域内，见图 3.6-7。

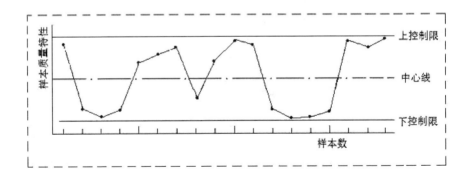

图 3.6-7　无点子落在 ±1σ 区域控制图

（7）连续 15 点子落在中心线两侧

连续 15 点子落在中心线两侧 ±1σ 区内，见图 3.6-8。

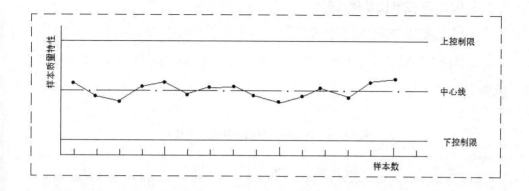

图 3.6-8　连续 15 点子落在中心线两侧 ±1σ 区内

（8）点子连续上下交替

连续 14 点子连续上下交替见图 3.6-9。

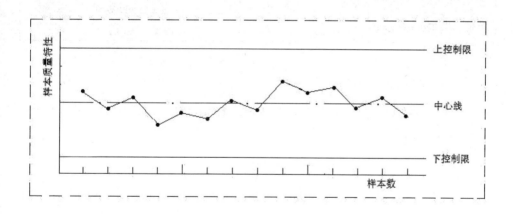

图 3.6-9　连续 14 点子连续上下交替

（9）连续 3 点中有 2 个以上点落在 2σ 界限外

GB/T17989.2 已经明确，如果连续 3 点中有 2 个以上点落在 2σ 界限外，$\bar{x}$ 图会发出信号，此时宜将 $\bar{x}$ 图上 3σ 控制限替换为中心线两侧 1.78σ 的控制限，其虚发警报的概率与常规控制图中点子落在 3σ 控制限外的概率相同，但对小到中等幅度过程偏移的检测概率会大大的增加。

### 3.6.2.5 控制图基础数据

（1）计量值控制图计算公式

计量值控制图计算公式见表 3.6-1。表中 $A_2$、$D_3$、$D_4$、$m_3A_2$、$d_2$ 可查表 3.6-2-1 或表 3.6-2-2。

表 3.6-1  计量值控制图计算公式汇总表

| 类　　别 | 统计量 | CL | UCL | LCL |
|---|---|---|---|---|
| $\bar{x} - R$ 平均值-极差控制图 | $\bar{X}$ | $\bar{x}$ | $\bar{\bar{x}} \pm A_2 \bar{R}$ 或 $\bar{\bar{x}} \pm A_3 \bar{S}$ | |
| | | $\bar{R}$ | $D_4 \bar{R}$ | $D_3 \bar{R}$ |
| $\bar{x} - S$ 平均值-标准差控制图 | $\bar{S}$ | $\bar{S}$ | $B_4 \bar{S}$ | $B_3 \bar{S}$ |
| | | $\bar{x}$ | $\bar{\bar{x}} \pm A_3 \bar{S}$ | |
| $\tilde{x} - S$ 中位数-极差控制图 | $\bar{R}$ | $\bar{R}$ | $D_4 \bar{R}$ | $D_3 \bar{R}$ |
| | | $\bar{\tilde{x}}$ | $\bar{\tilde{x}} \pm A_4 \bar{R}$ | |
| $X - R_m$ 单值-移动极差控制图 | $R_m$ | $\bar{x}$ | $\bar{x} \pm 2.260 \bar{R}_m$ | |
| | | $\bar{R}_m$ | $\bar{x} \pm 3.267 \bar{R}_m \, 0$ | |

（2）经验数据说明

在计量值控制图公式中下控制限经常有 UCL 为 0，通常可以理解为不予考虑下控制限 LCL。

（3）计量值控制图计算公式系数

计量值控制图计算公式部分系数见表 3.6- 2 -1（GB/T4091）和 3.6- 2 -2（GB/T17989.2）。

表 3.6-2-1  计量值控制图计算公式部分系数

| 系数＼n | 2 | 3 | 4 | 5 | 6 | 7 | 8 | 9 | 10 |
|---|---|---|---|---|---|---|---|---|---|
| A | 2.121 | 1.732 | 1.500 | 1.342 | 1.225 | 1.134 | 1.061 | 1.000 | 0.949 |
| $A_2$ | 1.880 | 1.023 | 0.729 | 0.577 | 0.483 | 0.419 | 0.373 | 0.337 | 0.308 |
| $A_3$ | 2.659 | 1.954 | 1.628 | 1.427 | 1.287 | 1.182 | 1.099 | 1.032 | 0.975 |
| $A_4$ | 1.880 | 1.187 | 0.796 | 0.691 | 0.548 | 0.508 | 0.433 | 0.412 | 0.362 |
| $B_3$ | 0.000 | 0.000 | 0.000 | 0.000 | 0.030 | 0.118 | 0.185 | 0.239 | 0.284 |

| 系数＼n | 2 | 3 | 4 | 5 | 6 | 7 | 8 | 9 | 10 |
|---|---|---|---|---|---|---|---|---|---|
| $B_4$ | 3.267 | 2.568 | 2.266 | 2.089 | 1.970 | 1.882 | 1.815 | 1.761 | 1.716 |
| $B_5$ | 0.000 | 0.000 | 0.000 | 0.000 | 0.029 | 0.113 | 0.179 | 0.232 | 0.276 |
| $B_6$ | 2.606 | 2.276 | 2.088 | 1.964 | 1.874 | 1.806 | 1.751 | 1.707 | 1.669 |
| $D_1$ | 0.000 | 0.000 | 0.000 | 0.000 | 0.000 | 0.204 | 0.388 | 0.547 | 0.687 |
| $D_2$ | 3.686 | 4.358 | 4.698 | 4.918 | 5.078 | 5.204 | 5.306 | 5.393 | 5.469 |
| $D_3$ | 0.000 | 0.000 | 0.000 | 0.000 | 0.000 | 0.076 | 0.136 | 9.184 | 0.223 |
| $D_4$ | 3.267 | 2.575 | 2.282 | 2.115 | 2.004 | 1.924 | 1.864 | 1.816 | 1.777 |
| $m_3A_2$ | 1.880 | 1.187 | 0.796 | 0.691 | 0.549 | 0.500 | 0.43 | 0.41 | 0.36 |
| $d_2$ | 1.128 | 1.693 | 2.059 | 2.326 | 2.534 | 2.704 | 2.847 | 2.970 | 3.087 |
| $E_2$ | 2.660 | 1.772 | 1.437 | 1.290 | 1.134 | 1.109 | 1.054 | 1.010 | 0.975 |

（4）表 3.6-2-1 数值与表 3.6-2-2 有差别

由于表 3.6-2-1 数值与表 3.6-2-2 有差别，故将 2 个表均列入。计量值控制图计算公式部分系数见表 3.6-2-2。

表 3.6-2-2　计量值控制图计算公式部分系数

| 系数＼n | | 2 | 3 | 4 | 5 | 6 | 7 | 8 | 9 | 10 |
|---|---|---|---|---|---|---|---|---|---|---|
| A | $\bar{x}$ 图 | 2.121 | 1.732 | 1.500 | 1.342 | 1.225 | 1.134 | 1.061 | 1.000 | 0.949 |
| $A_2$ | | 1.880 | 1.023 | 0.729 | 0.577 | 0.483 | 0.419 | 0.373 | 0.337 | 0.308 |
| $A_3$ | | 2.659 | 1.954 | 1.628 | 1.427 | 1.287 | 1.182 | 1.099 | 1.032 | 0.975 |
| $A_4$ | | 1.880 | 1.187 | 0.796 | 0.691 | 0.548 | 0.508 | 0.433 | 0.412 | 0.362 |
| $B_3$ | S 图 | - | - | - | - | 0.030 | 0.118 | 0.185 | 0.239 | 0.284 |
| $B_4$ | | 3.267 | 2.568 | 2.266 | 2.089 | 1.970 | 1.882 | 1.815 | 1.761 | 1.716 |
| $B_5$ | | - | - | - | - | 0.029 | 0.113 | 0.179 | 0.232 | 0.276 |
| $B_6$ | | 2.606 | 2.276 | 2.088 | 1.964 | 1.874 | 1.806 | 1.751 | 1.707 | 1.669 |
| $D_1$ | R 图 | - | - | - | - | - | 0.205 | 0.388 | 0.547 | 0.686 |
| $D_2$ | | 3.686 | 4.358 | 4.698 | 4.918 | 5.079 | 5.204 | 5.307 | 5.394 | 5.469 |
| $D_3$ | | - | - | - | - | - | 0.076 | 0.136 | 9.184 | 0.223 |
| $D_4$ | | 3.267 | 2.575 | 2.282 | 2.115 | 2.004 | 1.924 | 1.864 | 1.816 | 1.777 |

（5）$A_4$ 用于中位数控制图时，在表 3.6-2-1 和表 3.6-2-2 与 n 有相同的对应

关系。

例 3.6-1 为控制氢氧化钠蒸发浓度，计划在 12 天中每天收集 5 个数据为一组，做 $\bar{x}$-R 控制图，了解氢氧化钠蒸发浓度的质量控制情况。

解：

（1）收集数据

每天上午在 9：00、10：00、11：00 和下午 14：00、15：00 时，分别测量蒸发浓度数据，每天 5 个数据做为一组，一共连续取 12 组共 60 个数据。

（2）做调查表

将 60 个数据填入调查表，见表 3.6-3。

表 3.6-3　蒸发浓度数据调查表

| 组号 | 测量值 | | | | | $\bar{x}$ | R |
|---|---|---|---|---|---|---|---|
| | $x_1$ | $x_2$ | $x_3$ | $x_4$ | $x_5$ | | |
| 1 | 421 | 418 | 416 | 417 | 417 | 417.8 | 5 |
| 2 | 420 | 425 | 422 | 420 | 420 | 421.4 | 5 |
| 3 | 419 | 420 | 420 | 418 | 420 | 419.4 | 2 |
| 4 | 420 | 421 | 420 | 420 | 417 | 419.5 | 4 |
| 5 | 421 | 423 | 422 | 419 | 419 | 420.8 | 4 |
| 6 | 421 | 420 | 420 | 419 | 420 | 420.0 | 2 |
| 7 | 422 | 423 | 420 | 421 | 418 | 420.8 | 5 |
| 8 | 418 | 417 | 419 | 415 | 423 | 418.4 | 8 |
| 9 | 423 | 420 | 418 | 420 | 421 | 420.4 | 5 |
| 10 | 416 | 418 | 420 | 419 | 417 | 418.0 | 4 |
| 11 | 417 | 418 | 416 | 420 | 423 | 418.8 | 7 |
| 12 | 421 | 420 | 418 | 413 | 421 | 418.6 | 8 |

（3）计算各组的均值 $\bar{x}$

$\bar{x}_1$=（421+418+416+417+417）/5=417.8；

$\bar{x}_2 \sim \bar{x}_{12}$ 算的值列于 3.6-3 表中。

（4）计算 $\bar{\bar{x}}$ 和 $\bar{R}$

$\bar{\bar{x}}$= $\sum \bar{x}$/ 组数 =5033.6/12=419.48

$\overline{R}= \sum \overline{R}/$ 组数 $=59/12=4.92$

（5）计算控制界限和中心线

表 3.6-1 中，$\overline{x}$-R 平均值 - 极差控制图，上控制线 UCL=$\overline{x}$+$A_2\overline{R}$。式中的 $A_2$ 是一个随样本 n 的大小而变化的系数，可查系数表 3.6-2-1 或表 3.6-2-2 得到，此时 n=5，查的 $A_2$=0.577，这样：

$$UCL=\overline{x}+A_2\overline{R}=419.48+0.577 \times 4.92$$

$$=422.33$$

$$LCL=\overline{x}-A_2\overline{R}=419.48-0.577 \times 4.92$$

$$=416.63$$

$$CL= 419.48$$

（6）计算极差

对于 R 控制图，也要计算出对应的 R 值。将计算的 12 个"极差值"分别列于表 3.6-3 中。

（7）计算 UCL、LCL 和 CL

表 3.6-1 中，R 控制图的上控制线 UCL=$D_4\overline{R}$，式中的 $D_4$ 是一个随样本 n 的大小而变化的系数，可查系数表 3.6-2-1 或表 3.6-2-2 得到，此时 n=5，查的 $D_4$ 值是 2.115，这样：

$$UCL= D_4\overline{R}=2.115 \times 4.92$$

$$=10.41$$

同样查表 3.6-1，得 R 控制图的下控制线 LCL=$D_3\overline{R}$，式中的 $D_3$ 也是一个随样本 n 的大小而变化的系数，可查系数表 3.6-2-1 或表 3.6-2-2 得到，此时 n=5，查的 $D_3$ 无值，这样，R 控制图的下控制线 LCL 不予考虑。

$$UCL_R=10.41$$

$$CL_R= 4.92$$

$$LCL_R \text{ 不考虑。}$$

（8）画控制图

如果有条件可用坐标纸或控制图专用纸画 $\overline{x}$-R 平均值 - 极差控制图。一般先画出 x̄ 控制图，紧接着在 x̄ 控制图下对应画出 R 控制图，便于分析质量问题时，方便找出二者对应关联的问题及产生原因。

（a）画 x̄ 控制图

① 确定纵坐标标记"蒸发温度"值合适刻度，横坐标标记 12 个"组序号"的合适刻度；

② 对应纵坐标"蒸发温度"值确定 CL= 4.92 温度点、UCL=422.33 温度点和 LCL=416.63 温度点；

③ 沿横坐标确定 12 组的序号；

④ 将表 3.6-3 从第一组至第十二组的 x̄ 值分别对应打点，将 12 个点连成曲线，形成氢氧化钠蒸发浓度计量值控制图。见图图 3.6-10 为 x̄ 控制图；

⑤ 控制界限一律用虚线；

⑥ 标记数据，如在图上方纵坐标右侧位置标记"n=5"、作图时间等等。

（b）画 R 控制图步骤如下：

① 确定纵坐标标记 12 个"极差值"合适刻度，横坐标标记 12 个"组序号"的合适刻度；

② 沿横坐标确定 12 组的序号；

③ 画 R 控制图

将 12 个"极差值"分别对应打点，将 12 个点连成曲线，形成氢氧化钠蒸发浓度计量值 R 控制图。见图 3.6-10 的 R 控制图。

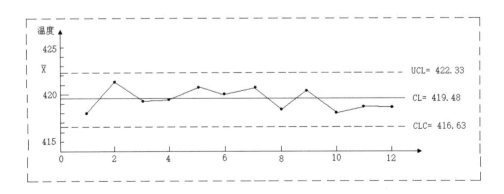

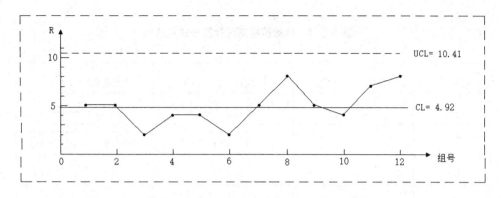

图 3.6-10　的 $\bar{x}$-R 控制图

## 3.6.3 计数值控制图

### 3.6.3.1 计数值控制图种类

计数值控制图主要包括计件和记点类控制图。计件类控制图包括 P 图和 $P_n$ 图，记点类控制图包括 C 图和 u 图：

（1）P 图

为不合格品率控制图，样本数量可以不一致，计算量相对大一些。

（2）$P_n$ 图

为不合格品数控制图，样本数量一致，现场人员理解快，易操作。

（3）C 图

为缺陷数控制图，由于计算简单，样本数量一致，现场人员理解快，易操作。

（4）u 图

为单位缺陷数控制图，由于计算难度相对大些，且样本数量可以不一致。

### 3.6.3.2 计数值控制图的控制限

计数值控制图计算公式见表 3.6-4。

表 3.6-4　计数值控制图计算公式汇总

| 类别 | 中心线（CL） | 上控制线（UCL） | 下控制线（LCL） |
|---|---|---|---|
| P | $\overline{P}$ | $\overline{P}+3\sqrt{\dfrac{\overline{P}(1-\overline{P})}{n}}$ | $\overline{P}-3\sqrt{\dfrac{\overline{P}(1-\overline{P})}{n}}$ |
| nP | $n\overline{P}$ | $n\overline{P}+3\sqrt{n\overline{P}(1-\overline{P})}$ | $n\overline{P}-3\sqrt{n\overline{P}(1-\overline{P})}$ |
| C | $\overline{c}$ | $\overline{c}+3\sqrt{\overline{c}}$ | $\overline{c}-3\sqrt{\overline{c}}$ |
| U | $\overline{u}$ | $\overline{u}+3\sqrt{\dfrac{\overline{u}}{n}}$ | $\overline{u}-3\sqrt{\dfrac{\overline{u}}{n}}$ |

### 3.6.3.3 用于不合格品率的计件值控制图

（1）计算控制中心线的不合格品率"$\overline{P}$"

在生产过程中，P 图是表达不合格品率的计件值控制方法。对于每一批产品，批质量表示方法用合格品、不合格品代表批产品质量状况，也就是常用的合格品率、不合格品率表示，对应的该类质量控制方法称不合格品率的计件值控制图。这里的不合格品率"p"指的是总体的不合格品率。但是由于总体的不合格品率难以得到，一般用 20 ~ 30 组抽样检验的样本数据计算控制中心线的不合格品率"$\overline{P}$"。通常我们用 N 代表总体，用 n 代表样本，用 $n_i$ 代表第 i 组抽样的样本数，i=1,2,3, ……; $n_q$ 代表抽样检验的总样本数；用 $d_i$ 代表第 i 组抽检样本中检验出的不合格品数，$d_q$ 代表抽检的总样本不合格品数；$\overline{P}$ 的计算公式为：

$\overline{P}=(d_1+d_2+d_3+d_4+\cdots+d_i)/(n_1+n_2+n_3+n_4+\cdots+n_i)$

（2）计算控制限

P 图的控制限公式如下：

$$UCL_P=\overline{P}+3\sqrt{\overline{P}(1-\overline{P})/n}$$

$$CL_P=\overline{P}$$

$$LCL_P=\overline{P}-3\sqrt{\overline{P}(1-\overline{P})/n}$$

例 3.6-2 汽车配件厂生产变速箱法兰轴，共抽取 30 组检测，每组检测 200 个产品，检测结果见表 3.6-5。

表 3.6-5　法兰轴的检测结果

| $n_i$ | 不合格品数 | $n_i$ | 不合格品数 | $n_i$ | 不合格品数 |
|---|---|---|---|---|---|
| 1 | 6 | 11 | 11 | 21 | 8 |
| 2 | 13 | 12 | 7 | 22 | 24 |
| 3 | 9 | 13 | 10 | 23 | 6 |
| 4 | 8 | 14 | 9 | 24 | 12 |
| 5 | 5 | 15 | 14 | 25 | 8 |
| 6 | 13 | 16 | 8 | 26 | 7 |
| 7 | 27 | 17 | 8 | 27 | 11 |
| 8 | 12 | 18 | 10 | 28 | 18 |
| 9 | 6 | 19 | 15 | 29 | 15 |
| 10 | 13 | 20 | 12 | 30 | 13 |

（1）计算检测样本总量 $n_q$

　　　$n_q = 200 \times 30 = 6000$ 个

（2）计算检测全部样本的不合格品总数 $d_q$

　　　$d_q = d_1 + d_2 + d_3 + d_4 + \cdots + d_{30}$

　　　$= 6+13+9+8+5+13+27+12+6+13+11+7+10+9+14+8+8+10+15+12+8+2$

　　　$+4+6+12+8+7+11+18+15+13$

　　　$= 320$

（3）计算检测的平均不合格品率 $\overline{P}$

　$\overline{P} = d_q / n_q = 320/6000 = 0.0533$

（4）计算控制限

$$UCL_P = \overline{P} + 3\sqrt{\overline{P}(1-\overline{P})/n}$$

$$= 0.0533 + 3\sqrt{0.0533(1-0.0533)/200}$$

$$= 0.1006$$

$$CL_p = \overline{P} = 0.0533$$

$$LCL_p = \overline{P} - 3\sqrt{\overline{P}(1-\overline{P})/n}$$

$$= 0.0533 - 3\sqrt{0.0533(1-0.0533)/200}$$

$$= 0.0056$$

由此得 p 图的控制限为：

$$UCL_p = 0.1006$$

$$CL_p = \overline{P} = 0.0533$$

$$LCL_p = 0.0056$$

（5）计算每组检测出不合格品的比例

p 图的特点就是计算每组产品检测出的不合格品在本组检测的 200 个样本中不合格品数所占的比例是多少。计算的第一组至第三十组每组的不合格品比例见表 3.6-6。

表 3.6-6　法兰轴各组不合格品数比例表

| 组号 | 不合格品数占比例 | 组号 | 不合格品数占比例 | 组号 | 不合格品数占比例 |
|---|---|---|---|---|---|
| 1 | 0.03 | 11 | 0.055 | 21 | 0.04 |
| 2 | 0.65 | 12 | 0.035 | 22 | 0.12 |
| 3 | 0.45 | 13 | 0.05 | 23 | 0.03 |
| 4 | 0.04 | 14 | 0.045 | 24 | 0.06 |
| 5 | 0.025 | 15 | 0.07 | 25 | 0.04 |
| 6 | 0.065 | 16 | 0.04 | 26 | 0.035 |
| 7 | 0.135 | 17 | 0.04 | 27 | 0.055 |
| 8 | 0.06 | 18 | 0.05 | 28 | 0.09 |
| 9 | 0.03 | 19 | 0.075 | 29 | 0.075 |
| 10 | 0.065 | 20 | 0.06 | 30 | 0.065 |

（6）画变速箱法兰轴 P 图

利用表 3.6-5 对 30 个法兰轴的检测结果和表 3.6-6 各组法兰轴不合格品数比

例表的数据，以纵坐标表示法兰轴不合格品数比例，横坐标表示法兰轴不合格品数样品组号，以及 UCLP=0.1006、 CLP=$\overline{P}$=0.0533、LCLP=0.0056 的数据，在控制图纸上打点画出变速箱法兰轴的 P 图见图 3.6-11。

由图 3.6-11 可见，第 7 个和第 22 个不合格法兰轴数据明显异常，应分析原因，加以控制。

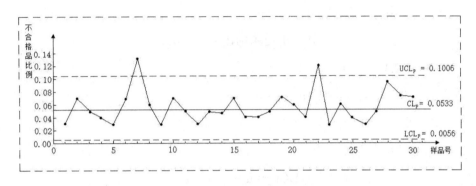

图 3.6-11　变速箱法兰轴 p 图

### 3.6.3.4 np 图

（1）概述

在生产过程中，用 np 图进行不合格品的监控也很有效。如前所述，p 表示不合格品率，n 表示样本量，人们设定了 n 不变时和 p 相乘为不合格品数的控制图。实际作图时，找出 $\overline{P}$ 和 np 的关系求出上下控制线，只要有测得数据可容易求出 np 图的上下控制线。

（2）np 图控制界限

$$UCL_P = n\overline{P} + 3\sqrt{n\overline{P}(1-\overline{P})}$$

$$CL_{nP} = n\overline{P}$$

$$LCL_{nP} = n\overline{P} - 3\sqrt{n\overline{P}(1-\overline{P})}$$

（3）重要说明

（a）在做 $n\overline{P}$ 图时，如果企业和相关行业已经给出批不合格品率值 $P_0$，应直接采用 $P_0$ 代替 $\overline{P}$。

（b）p 和 np 图的假设均基于二项式分布。

### 3.6.3.5 u图

（1）概述

u图是用于单位产品平均不合格数为控制对象的控制图，表达的是以单位产品不合格率。在控制图中u图服从泊松分布式展开，近似于正态分布。

（2）$\bar{u}$的计算

全部样本中总不合格数 $d_q$

$$d_q = d_1 + d_2 + d_3 + d_4 + \cdots\cdots + d_m$$

式中 i=1,2,3,……,m

全部样本总量 $n_q = n_1 + n_2 + n_3 + n_4 + \cdots\cdots + n_m$

$$\bar{u} = d_q / n_q =$$

（3）u图控制界限

$$UCL_u = \bar{u} + 3\sqrt{\bar{u}/n}$$

$$CL_u = \bar{u}$$

$$LCL_u = \bar{u} - 3\sqrt{\bar{u}/n}$$

### 3.6.3.6 c图

（1）概述

c图用于控制单位产品的不合格数或缺陷数。单位产品是指一台机器、一个部件、一定面积、一定长度的产品。单位产品划分是以人类的生产、生活实际需求发生的，如一双鞋子，一对耳环，一副轮胎，1米布、1台机器的表面等。c图代表的质量特性常常以划痕、擦伤、毛刺、疵点、砂眼、故障数、印刷行业的印刷差错数、邮政投递差错数等指标为基本数据为控制对象的图，表达的是以单位产品不合格数。

（2）c图控制界限

$$UCL_C = \bar{C} + 3\sqrt{\bar{C}}$$

$$CL_C = \bar{C}$$

$$LCL_C = \bar{C} - 3\sqrt{\bar{C}}$$

（3）如果给定规范的缺陷数 c0，c 图控制界限

$$UCL_C = C_0 + 3\sqrt{C_0}$$

$$CL_C = C_0$$

$$LCL_C = C_0 - 3\sqrt{C_0}$$

例 3.6-3 为控制配电柜设备表面涂层，对 22 台配电柜设备（k=22）的涂层进行检查，了解过程能力，要根据做出的 C 图进行质量控制。

（1）收集的数据

收集的数据见表 3.6-7。

表 3.6-7　配电柜设备表面涂层缺陷数

| 设备号 | 缺陷数 | 设备号 | 缺陷数 | 设备号 | 缺陷数 |
|---|---|---|---|---|---|
| 1 | 3 | 9 | 1 | 17 | 5 |
| 2 | 9 | 10 | 4 | 18 | 4 |
| 3 | 6 | 11 | 5 | 19 | 5 |
| 4 | 5 | 12 | 2 | 20 | 4 |
| 5 | 2 | 13 | 3 | 21 | 3 |
| 6 | 1 | 14 | 3 | 22 | 3 |
| 7 | 3 | 15 | 2 | 缺陷数合计：79 | |
| 8 | 2 | 16 | 4 | | |

（2）计算 $\bar{c}$

$\bar{c} = (c_1+c_2+c_3+c_4+\cdots\cdots+c_{22})/k$

$= (3+7+6+5+2+1+3+2+1+4+5+2+6+3+2+4+5+6+5+4+3+3)/22$

$=79/22$

$\approx 3.6$

（3）计算控制限

$$CL_C = \overline{C} + 3.6$$

$$UCL_C = \overline{C} + 3\sqrt{\overline{C}} = 3.6 + 3\sqrt{3.6} \approx 9.3$$

$$LCL_C = \overline{C} - 3\sqrt{\overline{C}} = 3.6 - 3\sqrt{3.6} = -2.1$$

下控制线 $LCL_c$ 的是 "-2.1"，显然不用考虑，此时，$LCL_c$ 可作为 "0" 处理。

（4）做 C 控制图

根据收集的配电柜设备表面涂层缺陷数及计算的 $CL_c = 3.6$，$UCL_c = 9.3$ 和 $LCL_c$ 不必考虑的条件，画出配电柜设备表面涂层缺陷数 C 控制图，具体见图 3.6-12。

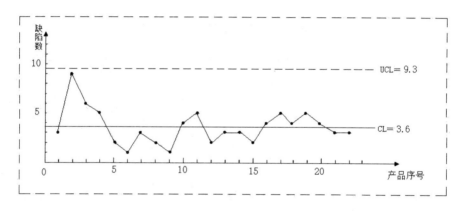

图 3.6-12　配电柜设备表面涂层缺陷数 C 控制图

图 3.6-12 表明检查的配电柜设备涂层缺陷值没有超过上控制线的情况，说明配电柜设备涂层的质量受控。

## 3.6.4 应用控制图注意事项

在生产过程中应用控制图进行质量管理和质量控制时，对控制图也许进行日常质量管理和监控，不能做了一次控制图就一劳永逸不再过问控制图的有效性，具体如下：

（1）顺序原则

作图时按时间顺序搜集数据，并在搜集每组数据之后及时计算出 $\bar{x}$ 值和 R 值，填入预先设计的调查表中，避免时间长将先期搜集的数据丢失；

（2）打点连线

在图上打好点子后，按照用直线连接各个点子，形成连续的控制图曲线；

（3）标记

对越出控制限的点，用圆圈将点子圈起来；

（4）重新作控制图

当控制图上频频出现异常点子，或生产条件发生变化，原来的控制图不能再用，应重新搜集数据画控制图。对于新控制图需在应用中观察实际效果；

（5）定期检查

对于一直使用的控制图，也应定期检查，核实工序是否还处于控制状态；

（6）数学分布

u 图和 c 图的假设均基于泊松分布。

# 3.7 散布图

## 3.7.1 适用范围

在质量管理活动中，经常遇到同时存在两个变量对产品质量起作用的问题，典型的是热处理过程中工作温度与淬火温度经常是对应的 2 个变量，但是二者存在一定的相关关系。应用散布图可以较方便的研究二者的相关关系。

## 3.7.2 散布图类别

在散布图中，两两相对的数据形成了点子云，我们研究的是若干数据形成点子云的分布特点，这些特点归纳为以下各类散布图。

（1）正线性相关散布图

X 和 y 组成两两相对的数据，当 y 值随着 X 值的增加而增加，则称二者近似为线性增长关系，称正线性相关散布图，见图 3.7-1。

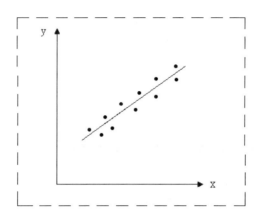

图 3.7-1　正线性相关散布图

（2）负线性相关散布图

当 y 值随着 X 值的增加而减少，则称二者近似为线性减少关系，称负线性相关散布图，见图 3.7-2。

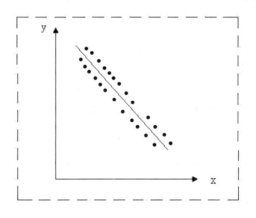

图 3.7-2　负线性相关散布图

（3）正二次相关散布图

当 y 值随着 $X^2$ 值的增加而增加，说明 y 与 X 存在二次相关增长关系，称正二次相关散布图，见图 3.7-3。

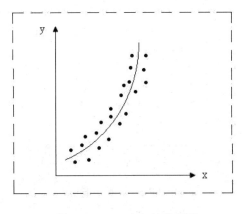

图 3.7-3　正二次相关散布图

（4）负二次相关散布图

当 y 值随着 $X^2$ 值的增加而减少，说明 y 与 X 存在二次相关增长关系，称负二次相关散布图，见图 3.7-4。

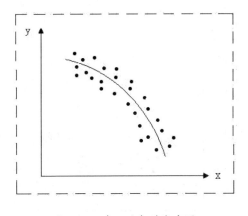

图 3.7-4　负二次相关散布图

（5）不相关散布图

有时将数据进行打点形成的点子云没有明显的规律，如图 3.7-5 所示，说明 y 值与 X 的变化无关，应寻找其他影响因素。

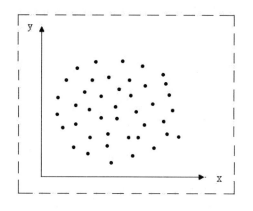

图 3.7-5　无关散布图

（6）孤岛散布图

图 3.7-6 表示的是散布图上的孤岛现象。出现这种现象的原因，多是测量时有不当之处，或者是记录数据存在差错，或者是对生产过程操作失误等。如果查明了原因，可把这些形成孤岛的数据点删除，如果原因不明则不能删除，应继续查明原因。

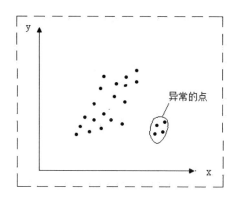

图 3.7-6　孤岛散布图

### 3.7.3 应用要点

（1）制作散布图时，选择的 X 与 y 是成对数据，一般在 30 对左右；

（2）不同性质的数据不能够做在一张图上，这样是没有效果的；即使有了结果也是不真实的；

（3）数据点重合时，可围绕数据点画同心圆打点；

（4）作图过程中，出现个别数据明显偏离分布趋势，可不予考虑。

# 3.8 流程图

### 3.8.1 流程图的概念

流程图是将产品生产过程的步骤用模型图表达的一种技术和管理。建立生产流程，一方面通过研究生产过程中各环节间的关系，明确关键环节，描述现有的生产过程每一个重点环节的时间节点，实现生产过程的定量化、流程化；另一方面可以发现故障或问题存在的潜在原因，动态的认知哪些环节薄弱，需要进行改进。对于一般的生产过程，输入是"要求"，输出是"产品"，中间的增值过程是该产品质量控制的核心内容。通常，一个过程的输出将直接成为下一个过程的输入，这些过程依靠过程方法实现连接。

### 3.8.2 流程图的标志

画流程图有固定图形标志，流程图的常用标志见图 3.8-1。

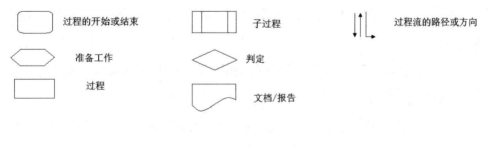

图 3.8-1　流程图标志

### 3.8.3 流程图的主要内容

我们按照对批产品进行检验的过程建立产品质量检验流程示意图，见图3.8-2。

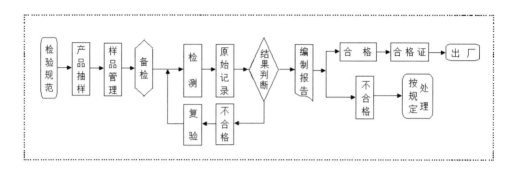

图 3.8-2  产品质量检验基本流程图

图 3.8-2 表明，产品质量检验过程是一组将输入转化为输出的相互关联或相互作用的检验活动。检验从产品质量标准开始作为检验全流程的输入，输出是产品出厂销售，这是一般的产品质量检验流程。输出还有一种情况就是在产品质量不合格时，通常要对不合格的批产品按规定处理，包括返工、返修和报废。一个检验过程的输出将直接成为下一个过程的输入，这些过程依靠过程方法实现连接。一般情况下，成品出厂检验技术流程要经过 11 个环节。实践中，还可能发生复验和复检 2 个例外环节。检验基本流程的主要环节包括：

—输入：各类产品质量检验应依据产品质量标准，确定产品质量特性作为检验项目。

—产品抽样：检验专业人员实施随机抽样。首先应根据批量、平均不合格品率等质量指标制定抽样方案，然后根据产品特点确定随机抽样方法。

—检验过程：检验专业人员通过专业技术，使用专业仪器设备和科学的检验检测方法，对样品的内在质量、使用功能进行检测，将测试数据与依据的技术标准比对后作出合格与否的检验结论，形成检验报告。其中测试是检验过程的主要环节，是检验机构人员在技术上按照规定的程序，对某给定产品、过程或服务确定一个或多个特性所进行的技术操作。

——复验（复测）：专业检验人员对测试样品的内在质量、使用功能进行测试过程中发现某项或多项指标异常或不合格时，对同一测试／测量对象或备样做相应指标项的重复性和再现性测试，属于专业检验人员的自主行为。GB/T 3358.2 的 1.2.34 对于"同一测试／测量对象"定义是："为特定目的而准备的，可认为是完全相同的样本"。

——输出：用带数据的检验报告形式明示该批产品依据标准检验后判定的"合格"或"不合格"。合格的批可以交付或出厂销售；对于"不合格"的批产品，有返工、返修价值的进行返工、返修；不可以返工、返修的不合格批，如果存在危及人体健康和人身财产安全的产品，应做报废处理；如果不存在前述的 2 类情况，又有使用价值可明示做处理品降价销售。但是做处理品销售的不合格产品不属于"三包"范围。

### 3.8.4 注意事项

制作和使用流程图时，应分别注意如下事项：

（1）制作时应分选流程的主要环节，而不是一个工序、一个生产过程的所有过程细小环节都包含在内；

（2）如果用时间节点把流程的主要环节一一表达出来，更加便于对流程的管理和控制。现在，电子商务的出现缩短了贸易距离和时间，时间将成为非常重要的指标，时间的改进会推动组织质量、成本和效率方面的改进。为了实现快速反应，要缩短产品更新周期和产品、服务的生产周期，实施同步工程和业务流程再造很重要，这不仅能提升劳动效率，还培养了员工快速反应的能力，以便胜任企业工作岗位和任务变化的需要，对提高单位绩效也会起到促进作用；

（3）建立一个流程不能一劳永逸，在使用过程中应根据生产实际检查其适用性，注重流程再造。

# 3.9 质量战略

## 3.9.1 概述

（1）战略和质量战略

是决定全局性的计划和谋略。是以未来为基点，为寻求和维持持久的竞争优势而做出的有关全局性的重大筹划与谋略，相信目前的行为可以掌握未来。在竞争的条件下，是企业发展方向性、长远性、全局性的谋略和行动。质量战略一般用中长期质量规划＋行动计划实现；质量战略是以企业战略的质量战略目标为核心，是部门或企业带全局性、长期性、根本性的质量谋略，在企业质量竞争条件下，所处的市场竞争环境及今后的发展趋势做正确预测的基础上制定，有时质量战略也是企业的战略，二者的制定程序、管理和应用方法大体是一致的。

近些年，国内外有发展前景的企业都在运用质量战略作为提升产品质量、赢得顾客和市场的很有效的质量策划方法。

（2）国家宏观的质量战略

我国的《质量发展纲要》是国家级的质量战略，质量发展是兴国之道、强国之策。改革开放以来，我国的经济发展与质量发展相同步，国家对产品、服务和市场、管理质量，制定了国家层面宏观的中长期质量战略目标和指标：

1991 年国务院提出"质量、发展效益年"

1996 年国务院制定"质量振兴纲要"（1996—2010）

2011 年国务院制定"质量发展纲要"（2011—2015）

2015 年国务院制定"质量发展纲要"（2015—2020）

质量反映一个国家的综合实力，是企业和产业核心竞争力的体现，也是国家文明程度的体现；既是科技创新、资源配置、劳动者素质等因素的集成，又是法治环境、文化教育、诚信建设等方面的综合反映。质量问题是经济社会发展的战略问题，关系可持续发展，关系人民群众切身利益，关系国家形象。质量战略是基于发展而开展的活动。

（3）广泛发挥的作用

在地区、行业和企业质量战略包括质量兴省、质量兴市、质量兴企的质量发展战略活动的开展，对地区、行业和企业的质量发展也起到一定的促进作用。

## 3.9.2 战略制定

### 3.9.2.1 基本要求

企业质量战略是总体战略的重要组成部分，首席质量官在企业质量战略管理中的位置和职责是仅次于企业法定代表人的，是制定质量战略的负责人。

（1）确定质量战略

质量战略指向是"产品、服务和管理"的质量发展前景，包括其质量战略的目标和指标，质量战略目标可以是定性的，质量战略的指标应是定量的，也是企业 KPI 的组成部分。

（2）质量战略的协调性

企业质量战略是在国民经济社会管理系统的控制下，对企业质量的全局进行长期的、纲领性的谋划。它是企业整体战略目标的一部分。与质量方面的法规层面、国家和行业质量发展纲要和产业政策相协调。质量战略由目标和质量指标构成，和企业整体战略具有一致性和协调性。如企业的战略定位于"国际化战略 - 开发国际领先的产品"的质量战略，需要企业的若干职能部门通力合作，包括各类资源配置、产品质量指标的确定、顾客和市场需求信息、原材料等级选用、新产品标准制定等要求必须分解到部门，再至具体人。质量是企业协同作战 + 定期绩效考核的结果。企业质量战略不可能是独立存在的，有时质量战略也是企业战略。

### 3.9.2.2 质量战略分类

#### 3.9.2.2.1 总体质量战略

选择哪些产品、服务或管理对企业发展有关键影响的质量因素，作为质量战略的目标和指标。

3.9.2.2.2 质量战略分类

（1）差异化战略

对特定的顾客和市场提供的产品或服务。

（2）增长战略

开发新产品的国际化战略、多元化战略、一体化战略。

（3）收缩战略

产品剥离战略或产品重组战略等。

（4）组合战略

同时实行以上两种或多种的战略。

（5）低成本扩张战略

应明确定位于低端市场或高端市场。

（6）品牌战略

优势在于以不同的设备、不同的品牌，甚至不同的原材料、不同的员工生产不同的产品。这里我们对品牌的特征说明如下：

（a）品牌是一种标志、名称、符号；

（b）一个商品或企业透过消费者生活中的认知、体验、信任及感情，挣得一席之地后建立的一种内涵与形成过程的关系；

（c）消费者对企业理念、行为、外在形象以及产品和服务质量的综合感知和认可程度；

（d）消费者对一个企业、一个产品所有期望的总结，是消费者在情感上和价值上的认同；

（e）是企业的无形资产；

（f）品牌是企业向目标市场传递企业形象、企业文化、产品理念等

有效要素并和目标群体建立稳固关系的一种载体和一种产品品质的担保及履行职责的承诺。根据世界品牌实验室（Word I dBr and Lab. ccom）制表，2009 年入选世界品牌数量达前 10 名的名录见表 3.9-1。

表 3.9-1　2009 年入选世界品牌数量达前 10 位名录

| 名次 | 国家 | 入选品牌数量 | 代表性品牌 |
|---|---|---|---|
| 1 | 美国 | 241 | 哈弗大学、可口可乐、微软、花旗银行、通用电器 |
| 2 | 法国 | 46 | 路易威登、欧莱雅、爱玛仕、家乐福、轩尼诗 |
| 3 | 日本 | 40 | 索尼、佳能、丰田、日立、松下 |
| 4 | 英国 | 39 | 牛津大学、维珍、渣打银行、泰晤士报、芝华士 |
| 5 | 德国 | 24 | 奔驰、宝马、西门子、汉莎航空、德意志银行 |
| 6 | 瑞士 | 22 | 劳力士、江诗丹顿、雀巢、瑞银集团、瑞士信贷 |
| 7 | 中国 | 18 | 中央电视台、中国移动、海尔、联想、华为 |
| 8 | 意大利 | 11 | 古奇、贝纳通、范思哲、菲亚特、法拉利 |
| 9 | 荷兰 | 10 | 壳牌石油、飞利浦、喜力、凡士林、帝斯曼 |
| 10 | 瑞典 | 8 | 诺贝尔、宜家、爱立信、沃尔沃、伊莱克斯 |

2009 年我国入选世界品牌的名录见表 3.9-2。

表 3.9-2　2009 年我国入选世界品牌的名录

| 09 年总排名 | 品牌英文 | 品牌中文 | 品牌年龄 | 行业 |
|---|---|---|---|---|
| 63 | CCTV | 中国中央电视台 | 51 | 传媒 |
| 70 | China Mobile | 中国移动 | 9 | 电信 |
| 91 | ICBC | 中国工商银行 | 25 | 银行 |
| 95 | STATE GRID | 国家电网 | 7 | 能源 |
| 110 | Haier | 海尔 | 25 | 数码与家电 |
| 135 | Lenovo | 联想 | 25 | 计算机办公设备 |
| 223 | Bank of Chins | 中国银行 | 97 | 银行 |
| 252 | CREC | 中国中铁 | 59 | 工程与建筑 |
| 278 | Life Insurance | 中国人寿 | 60 | 保险 |
| 350 | HUAWEI | 华为 | 21 | 通信与电子 |
| 353 | petrolcum | 中国石油 | 21 | 石油 |
| 376 | CHINA MERCHANTS BANK | 招商银行 | 22 | 银行 |
| 398 | Air China | 中国国际航空 | 21 | 航空服务 |

| 09 年总排名 | 品牌英文 | 品牌中文 | 品牌年龄 | 行业 |
|---|---|---|---|---|
| 419 | Sinopec | 中国石化 | 9 | 石油 |
| 425 | TsinGtac | 青岛啤酒 | 106 | 食品与饮料 |
| 430 | People's Daily | 人民日报 | 61 | 传媒 |
| 435 | CHINA TELECOM | 中国电信 | 7 | 电信 |
| 468 | TsinGhua TonGfanG | 清华同方 | 12 | 工业设备 |

（7）业务战略：决定如何在选定的业务领域、产品、服务或市场、管理类型与对手展开有效竞争。常见的质量竞争性战略包括：

（a）合作性战略；

（b）差异化战略。

（8）职能层质量战略：决定如何使组织的各职能部门管理更好地为上一级质量战略提供支持与服务。常见的职能层质量战略包括：

（a）人力资源战略；

（b）营销战略；

（c）研发战略等。

### 3.9.2.3 质量战略制定的关注点

（1）以顾客和市场为导向；

（2）收集信息，开展相关的环境分析；

（3）明确产品、服务和管理的质量发展目标；

（4）质量目标应体现和企业整体战略的一致性和整体性；

（5）由高层管理者主持开展的活动。

### 3.9.2.4 质量战略的程序

企业质量战略制定程序如图 3.9-3 所示。

3.9.2.4.1 一般步骤

质量战略管理是一个组织以现时质量管理为基础、明确未来质量发展方向的一个系统工程，制定程序如下：

（1）利用质量信息对企业的质量进行评估，明确优势、劣势和改进空间；

（2）制定质量目标和必要的指标；

（3）对质量目标和指标进行分解；

（4）实施质量战略；

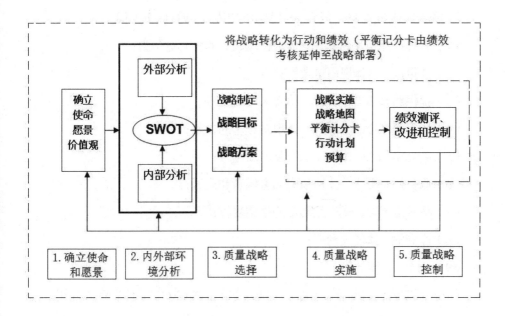

图 3.9-3　制定质量战略程序示意图

（5）评价质量战略；

（6）调整质量战略。

### 3.9.2.4.2 策划阶段

（1）顾客和市场的需求、期望以及机会；

（2）竞争环境及竞争能力；

（3）影响产品、服务及运营方式的重要创新或变化；

（4）人力资源及其他资源方面的优势和劣势；

（5）资源重新配置到优先考虑的产品、服务或区域的机会；

（6）经济、社会、道德、法律法规和其他方面的潜在风险；

（7）国内外经济形势的变化；

（8）组织特有的因素，包括品牌、合作伙伴和供应链方面的需要，组织的优势和劣势；

（9）可持续发展的要求和相关因素。

3.9.2.4.3 确定目标和指标

质量战略目标可分解、转化为可测量的指标，包括以下方面：

（1）主导产品市场占有率 - 体现市场领先的核心竞争力；

（2）质量成本 - 体现质量效率；

（3）提供顾客需要的产品 - 体现 KPI 的实现；

（4）顾客满意度、忠诚度 - 体现对顾客的贡献；

（5）新品销售额 - 体现高端产品的新领域；

（6）服务质量要求 - 体现争取顾客满意和忠诚；

（7）优等品率 - 体现产品质量的稳定受控；

（8）净利润 - 体现赢利性；

（9）成本 - 体现效率；

（10）所有者权益回报率（ROE）或投资回报率（ROI）- 体现资源使用效率；

（11）合同履约率 - 体现供方关系；

（12）员工福利、工资 - 体现对员工的贡献；

（13）税收、提供需要的产品和服务、就业机会 - 体现对社会的贡献。

### 3.9.2.5 战略分析

（1）目的

了解产品、服务、管理所处的环境和竞争地位，分析质量战略的类别，应进行总体环境分析、行业环境分析和竞争环境分析。某企业产品市场定位战略分析数据见表 3.9-1。

**表 3.9-1　产品市场定位战略分析数据表**

| 市场细分 | 目标消费群 | 影响其购买主要因素排序 | 滋补品牌系列 |
|---|---|---|---|
| 世界性品牌 | 高收入群 | 品味、品牌、文化内涵 | 豪华、精品系列 |
| 全国性品牌 | 中高收入群 | 品牌、质量、包装 | 优质产品系列 |
| | 中等收入群 | 质量、品牌、价格 | 优良产品系列 |
| | 中低收入群 | 价格、品牌、质量 | 中低档系列 |
| 区域性品牌 | 中等收入群 | 文化内涵、价格、质量、品牌等 | 物美价廉系列 |

（2）战略分析工具

（a）SWOT 分析；

（b）PEST 分析；

（c）五力模型；

（d）波士顿矩阵；

（e）利益相关者分析；

（3）SWOT 分析

SWOT 的含义是"优势"、"劣势"、"机会"和"挑战"，这是国际上战略制定过程中进行战略分析最有效的方法。具体见图 3.9-4。

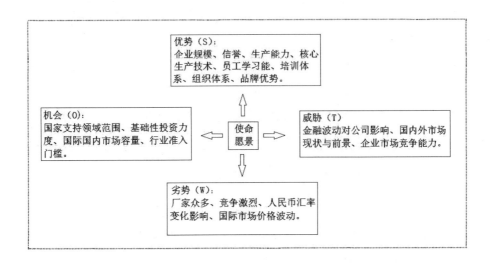

图 3.9-4　SWOT 战略分析方法示意图

进行 SWOT 分析时，企业相关人员集思广益把相关内容填入图 3.9-3 相关栏内，内容与企业总体的使命愿景密切相关。

（4）五力模型

我们在制定战略时，一定要把自己所在国内外行业、省内外行业乃至本地区行业的产品市场占有率、所处的排序位置、企业的优势和劣势及发展前景做透彻分析。"五力模型"是现代企业用于顾客和市场战略分析的工具。具体见图 3.9-5。

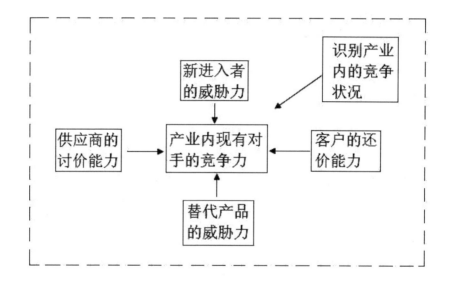

图 3.9-5 "五力模型"分析图

（5）内部环境分析工具

内部环境分析常常从企业的资源开始，分析基本能力和核心竞争力的竞争优势，其中也可包括外包方的能力，得出整体能力满足战略竞争能力的水平，从中发现优势和不足。内部环境分析常用图 3.9-6。

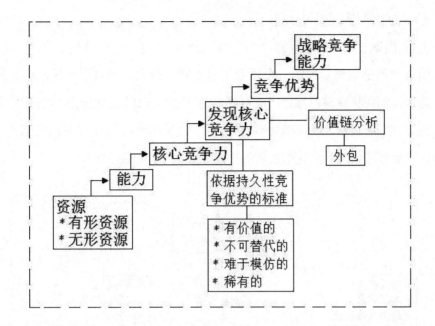

图 3.9-6　内部环境分析图

（6）战略分析的其它方法

（a）KSF 分析：

KSF 是关键成功因素（Key Successful Factors）之意，是影响企业产品、服务或管理在行业中地位、条件、能力或其它变量等关键质量因素，决定组织在竞争中的质量优势。

（b）CBI 分析：

CBI 是主要障碍分析（Critical Business Issue），是指影响组织发展的主要障碍，常指企业存在的重大质量问题。

### 3.9.3 战略部署

3.9.3.1 战略部署是将战略目标转化为日常生产经营可考核指标的过程。应是以数字支持文字叙述的计划。包括：

（1）明确战略部署的步骤；

（2）制定战略实施计划；

（3）战略实施计划的分层；

（4）质量方面的绩效预测。

绩效预测是策划管理的一个重要工具；建立收集竞争对手和标杆信息的渠道，重点是如何将战略目标转化成可测量的日常工作计划，将质量方针目标展开纵向到边，横向到底，以实现战略目标。并且把组织的日常工作计划与相关的主要绩效测量方法相协调。战略部署的平衡计分卡示意见图 3.9-7。

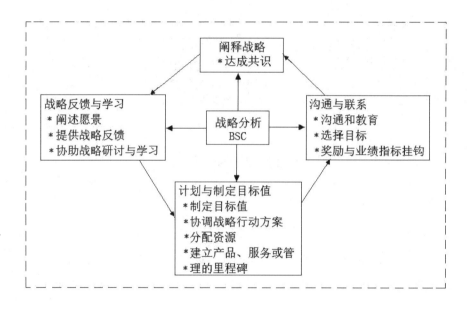

图 3.9-7　平衡计分卡

### 3.9.3.2 战略的行动计划

战略的行动计划是针对短期和长期战略目标采取的具体措施。行动计划包括活动完成所需资源的保证和时间期限等细节。制定行动计划是战略部署的关键阶段，贯彻落实行动计划包括各部门制定相应措施。行动计划的落实可能还需要对一些员工或招聘的新员工进行专门培训，确保组织内外部的一致性、连贯性和系统性。

### 3.9.3.3 质量战略部署的执行力

3.9.3.3.1 管理层的执行力

在激烈竞争的环境中，是执行力的差异化淘汰着一个又一个企业。在管理推进中，有时"错"比"对"更重要。因为只注重业绩效果，就把问题隐藏起来，问题不了了之，如此问题越来越多，问题越来越大，直到企业的问题积重难返，就等于连企业也没了。敢于面对问题的本质，应该有事就找人，没有不对的事，只有不对的人。

3.9.3.3.2 质量经理的执行力

每一单位的质量经理都是不可替代的中坚力量，是质量战略部署实施依靠的关键，质量经理如何带领第一线人员越砍爬坡应该重视下列认识方面的几个问题：

（1）工作中发现不了质量问题，就是最大的问题；

（2）终端的质量质量问题就是领导的问题；

（3）掩盖质量问题，就是制造危机；

（4）重复发生的质量问题就是作风的问题；

（5）没有质量问题，就没有机遇；

（6）你不去处理质量问题，质量问题一定处理你。

3.9.3.3.3 每个岗位人员的执行力

（1）日事日毕

（a）当日工作必须当日完成；

（b）找出存在的问题并按三不放过处理（原因、责任人、解决措施）；

（c）明确第二天工作重点。

（2）日清日高

（a）每天的工作必须有提高，今天要比昨天有提高，明天的目标要比今天高；

（b）日清文件是按"日清管理程序"和"日清表"进行清理；

（c）使用"岗位职责书"、"业务指导书"、"日清表"进行每日自我日清。

（3）生产现场日清

建立日清栏，主要包括质量标准、工艺文件、设备维护、物耗指标实现、生产计划均衡性、文明生产、劳动纪律等。

### 3.9.4 战略绩效预测

#### 3.9.4.1 预测绩效时应比较的对象

（1）竞争对手；

（2）主要标杆；

（3）组织目标；

（4）以往绩效。

战略绩效预测是对战略目标对应的未来绩效或未来目标实现结果的估计，是一种关键的管理诊断和战略策划工具。其方法可包括定量和定性的预测方法，如德尔菲法、回归分析、时间序列分析。

#### 3.9.4.2 德尔菲法

（1）背对背

采用背对背的方式征询专家小组成员的预测意见，经过几轮征询，使专家小组的意见趋于集中，最后做出符合市场未来发展趋势的预测结论。又名专家意见法，是依据系统的程序，采用匿名发表意见的方式，即专家组成员之间不得讨论，不发生横向联系，只能与调查人员发生联系，用来建立团队的沟通流程，可应对复杂任务难题的管理技术的定性方法，可预测某领域或评价各种指标体系的建立及具体指标的确定。

（2）应用范围

当我们在考虑产品、服务或管理的相关项目时，需要对项目的顾客和市场吸引力作出评价。先列出与市场吸引力有关的若干因素，包括整体市场规模、年市场增长率、历史毛利率、质量竞争力、对技术要求、对能源要求、对环境影响等。市场吸引力这一综合指标等于上述因素加权求和，每一个因素在构成市场吸引力时的重要性和该因素得分，需要由管理人员主观判断来决定。此时可以采用德尔菲法见图 3.9-8。

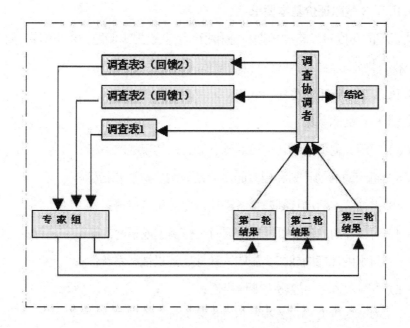

图 3.9-8 德尔菲法示意图

## 3.9.5 战略实施的评估与控制

### 3.9.5.1 建立战略评估组织

建立固有的战略评估组，组长由组织法定代表人或主要负责人担任，明确职责，包括：

（1）性质；

（2）评估实施；

（3）绩效评估系统；

（4）调整计划；

（5）评价。

### 3.9.5.2 战略评价的性质战略评价包括三项基本活动

（1）考察组织战略的内在基础；

（2）将预期结果与实际结果进行比较；

（3）采取纠正措施以保证行动与计划的一致。

### 3.9.5.3 战略评价基本要求

从管理的角度对战略的预期目标和指标或假设提出问题，引发对目标和价值观的审视，判定战略的有效性，推动整体战略的发展。

### 3.9.5.4 战略评价实施

（1）检查战略基础

（a）说明如何将战略转化成活动计划，以实现战略目标；

（b）组织的活动计划和相关的主要绩效测量方法和指标；

（c）贯彻落实活动计划包括各部门制定出相应措施；

（d）活动计划的落实可能还需要对一些员工或招聘的新员工进行专门培训；

（e）组织内外部的战略实施的一致性、连贯性和系统性；

（f）可利用资源与战略需求恰当性；

（g）战略所涉及的风险程度得到的控制性；

（2）定量测量企业绩效

各种指标被广泛地用做战略评价的定量标准，主要包括：

（a）产品、服务和管理的关键特性指标；

（b）顾客满意率；

（c）市场份额负债对权益比率；

（d）每股收益；

（e）销售增长率；

（f）资产增长率。

（3）纠正措施

采取纠正措施的步骤见图3.9-9。

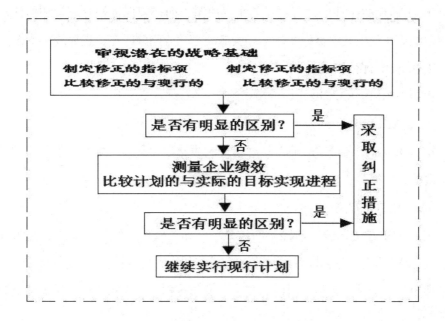

图 3.9-9 纠正措施示意图

（a）纠正性措施应当能够使企业更好地发挥内部优势，更好地利用外部机会，更好地回避、减少或缓和外部威胁以及更好地弥补内部质量劣势；

（b）为纠正措施制定明确的实施时间表和适当的风险允许度；

（c）纠正行动会加强组织在产业中的竞争地位。

（4）战略目标和指标的趋势对比

（a）将公司不同时期的业绩进行比较；

（b）将公司的业绩与竞争者的业绩进行比较；

（c）将公司的业绩与标杆的业绩进行比较；

（d）将公司的业绩与产业平均水平进行比较。

### 3.9.5.5 战略评估系统

（1）企业应建立战略评估系统，可以是专门的也可是企业绩效评价考核系统；

（2）评估系统应定期开展工作；

（3）质量战略评估活动必须做到经济；

（4）应能够真实地反映企业的经营质量的实际；

（5）质量战略评估过程不是要主导决策，而是要促进相互理解和信任，形成评估结论，找出战略目标、指标和实施的成功或问题所在，指导战略工作。

### 3.9.5.6 评估模式

遵照 GB/T19580 标准的评价模式结合实际评估：

（1）ADLI 方法

用 ADLI 方法评价"战略"过程管理的成熟度，及领导相关管理职能相互协调情况的综合得分；

（2）LeTCI 方法

用 LeTCI 方法评价"领导方面结果"，如"战略目标市现率"、"实施战略计划完成率"、"关键绩效指标达成率"等指标，达到结果与竞争对手、标杆比较得出的"水平、趋势、对比、整合"及领导相关管理职能相互协调情况的综合得分；

（3）定性 + 定量打分

该评价方法是采取定性 + 定量打分相结合的形式，确定战略制定、实施过程和效果的战略管理成熟度，找出战略管理的优势和改进机会。

### 3.9.5.7 评价类型

战略管理的有效性企业的战略是为未来发展而定，需要日常的测量分析与改进。战略管理不能是形式主义的、一成不变的。企业的战略和质量战略应当有明确的目标和指标，是由数字支持的文字，而不是文字支持的数字。其中：

（1）内部评价：组织确定战略机构人员。

（2）政府评价：质量奖评审。

（3）外聘评价：社会中介评价。

### 3.9.5.8 调整计划要求

（1）是指在特定关键质量指标没有达到预期的情况下，可采取的调整战略。只有那些非常重要的领域需要调整计划；在任何情况下，调整计划应当尽可能地简单。

（2）快速反应调整说明

（a）若商业情报显示主要竞争者正在从特定的市场退出，本公司将如何做？

（b）若市场对本公司新产品的需求超过原先计划，应采取何种措施以满足这一更大的需求？

（3）调整计划的7个步骤

（a）确认可能使现行质量战略失效的不利的事项；

（b）确定这些事项可能发生的环境条件及触发点；

（c）评价各种突发事项的影响，估计这些事项会带来产品、服务的质量方面害处；

（d）制定调整计划。要确保这些计划与现行质量战略的兼容性和经济上的可行性；

（e）评价各种调整计划对质量事项的作用；

（f）确定各关键突发质量事项的早期征兆并监视；

（g）对于那些确实已显现质量征兆的即将发生的事项，预先制定行动计划以获取时间优势。

## 3.9.6 质量战略中的首席质量官

（1）首席质量官的产生

在现代质量战略管理中，为明确企业质量管理者的职责，产生了企业的首席质量官，首席质量官受企业法定代表人或主要负责人授权，对本企业质量工作全面负责。首席质量官作为对企业质量安全工作全面负责的质量主管人员，一般应设在企业决策层，由企业法定代表人或主要负责人选拔任命，并授权其开展工作。

企业的质量管理、质量检验、质量安全等相关业务工作部门，应当隶属于首席质量官直接领导。

（2）首席质量官在质量战略中的职责

（a）是企业质量战略的首席责任人；

（b）负责组织制定和实施企业质量发展战略；

（c）负责组织制定和实施年度质量工作计划；

（d）负责制定组织实施质量安全保障措施；

（e）建立并组织实施质量管理方法；

（f）组织实施质量改进、攻关等群众性质量活动；

（g）组织实施质量成本管理和质量统计分析、质量教育培训；

（h）组织建立企业质量文化；

（i）负责企业质量战略内外部联系等。

（3）首席质量官工作权责

向企业决策层提出加强质量工作的措施建议；组织监督检查本企业各岗位质量工作责任制的贯彻落实；部署对原料进厂、生产过程、出厂检验的检查把关；主持本企业内质量考核，行使质量安全"一票否决"。企业发生重特大质量安全事故或者造成严重社会影响，首席质量官依法承担相应责任。

## 3.9.7 企业质量战略与质量规划

### 3.9.7.1 不同之处

企业质量规划是以质量战略为前提制定的，而企业的质量战略是企业战略的重要组成部分。

企业质量规划侧重于定量分析，是质量战略展开到实施部门的具体化。应具备"可实施"可"考核"符合企业实际需要的基本要求。2011 年国家把《质量发展纲要》的年度规划称"行动计划"，所以，质量规划是把质量战略有关质量目标和指标分解为年度可考核指标的实施计划，一般用矩阵图表示。

### 3.9.7.2 主要内容

（1）明确的项目和质量目标、指标值；

（2）实施的主体、归口部门（人）；

（3）过程明确，包括链接与配合部门；

（4）完成的时间进度；

（5）测量方法是详实的；

（6）内外部信息反馈渠道等。

### 3.9.7.3 编制年度、月质量计划

编制年度、月质量规划表下发实施，见表3.9-4。

表 3.9–4　年度、月质量规划表

| 质量项目 | 权重 | KPI | 实施部门 | 监管 | 评价人 | 测量方法 | 评价时间 |
|---|---|---|---|---|---|---|---|
| 新产品 | 40% | 新产品销售80台/月 | 技术科一车间 | 财务科计划科 | 技术分管经理 | 财务统计综合报表 | 月季年 |
| 交验合格率 | 30% | 98.0% | 一车间 | 生产科质检科 | 首席质量官 | | |
| 优等品率 | 30% | 85.0% | 一车间 | 生产科质检科 | | | |

### 3.9.7.4 编制质量规划要求

（1）质量规划与企业年度计划同时编制，应在实施年度前一季度开始，留有生产准备和资源配置时间；

（2）质量目标和指标来自于企业的质量战略；

（3）编制质量规划草稿应下发相关职能部门和实施机构征求意见；

（4）特别应考虑：市场需求、企业现有的能力和水平、竞争对手情况、标杆情况、测量方法和标准等。

### 3.9.7.5 实施

质量规划的实施要点：

（1）落实质量规划的实施责任单位和责任人；

（2）将规划内容设定到考核的 KPI 中；

（3）明确考核主管部门；

（4）及时或定期调度协调解决问题；

（5）信息畅通等。

# 3.10 顾客关系管理

## 3.10.1 建立顾客关系管理系统

顾客是接受产品和服务的个人或群体。企业经营是以顾客和市场为关注焦点，没有顾客和市场企业就会停产、倒闭。现代企业都在建立顾客和市场的管理理念: 企业应象管理资产一样对客户进行管理，做到像了解自己的产品一样了解客户，像了解库存变化一样了解客户的变化和需求，才能稳定现有市场和拓展新增市场。顾客关系管理系统模式见图 3.10-1。

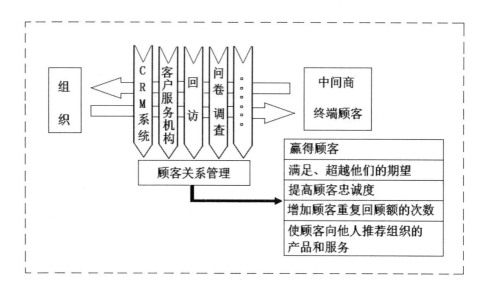

图 3.10-1　顾客关系管理系统

### 3.10.1.1 "以顾客为中心" 的经营理念特征

（1）企业将关注的重点由产品转向客户；

（2）企业将仅注重内部业务的管理转向到外部业务 "顾客关系的管理"；

（3）在处理顾客关系方面，从重视如何吸引新的顾客转向到全顾客生命周期的关系管理，其中很重要的一部分工作放在对现有顾客关系的维护上；

（4）企业开始将顾客价值作为绩效衡量和评价的标准。经验表明：维护住1%老顾客得到6%收益。

### 3.10.1.2 建立客户关系管理系统的关注点

（1）顾客关系管理系统

顾客关系管理（CRM），也称为客户关系管理，是企业为了获得顾客满意、留住顾客、挖掘潜在顾客、实现顾客忠诚并最终获得顾客长期价值而致力于与顾客建立长期良好的关系的活动和管理举措。CRM系统软件是最佳的顾客关系管理惯行的具体化包括：

（a）建立顾客关系

企业如何建立着眼于赢得顾客、满足并超越其期望、提高其忠诚与重复惠顾、获取良好口碑的顾客关系？

（b）接触方式

企业关键的顾客访问途径是如何供顾客查询信息、进行交易和提出投诉的？组织的关键顾客访问途径是什么？如何确定每种访问途径的关键顾客接触要求？如何确保将这些接触要求展开到顾客反应链中的所有人员和过程？

（c）明确投诉处理流程

组织如何处理顾客投诉？如何确保投诉能得到有效、迅捷的解决？如何使顾客的不满意及重复惠顾的流失减至最小（适用时）？如何积累和分析投诉信息以供整个组织及合作伙伴改进之用。

（d）共同发展

如何使组织在建立顾客关系与提供顾客访问途径方面的方法与经营需要及发展方向保持同步？

（2）顾客关系管理的目标

顾客关系管理的目标在于通过富有意义的交流沟通，理解并影响顾客行为，通过提供快速、周到、优质的服务来吸引和保持更多的顾客，通过优化面对顾客的工作流程以减少获取顾客和留住顾客的成本，创造更高的价值，最终实现赢得顾客、留住顾客和顾客忠诚的目的。

（3）电子化的顾客关系管理系统（CRM）

CRM系统本质上是一套人机交互的信息系统，它基于顾客导向的管理理念，借助信息处理技术和方法，将企业管理顾客关系的途径和方法集成起来，形成一个信息共享与知识管理的有机整体，它表现为人与信息处理设备、技术和方法的结合体，是以顾客导向经营管理的系统化，其中包含数据、信息、知识的转化、管理与共享的观念、技术和方法。主要环节包括：

（a）接入管理—通过电子商务、呼叫中心、网络、电子邮件、电话、传真等实现与顾客的交互、快速响应并提供技术支持；

（b）流程管理—实现营销、销售、服务等职能和过程的精细管理和工作自动化；

（c）决策支持—借助数据仓库、数据挖掘、决策支持、知识管理等技术，提供顾客关系管理和企业经营的决策支持。

（4）流程型CRM系统

流程型CRM通过对市场、销售、服务等企业的前端管理和各个业务流程进行重新规划和调整，以最佳的工作方法来获得最好的效果。注重工作流的管理，包括销售自动化以及利用呼叫中心的交互式顾客关怀。

（5）分析型CRM系统

它通过对流程型CRM和原有系统中获得的各种数据进行分析，把大容量销售、服务、市场及业务数据进行整合，使用数据仓库（DW）、数据挖掘（DM）、在线分析处理技术（OLAP）和决策支持技术，将数据转化为有用、可靠的信息和知识，为企业提供战略上和技术上的决策支持，为顾客服务和新产品的研发提供准确的依据，使得公司能够把有限的资源集中于各个有效的顾客群体，同这些顾客保持长期和有效益的关系。

（6）协作型CRM系统

这种解决方案实现了全方位的顾客交互服务和多渠道的顾客交流，如呼叫中心、面对面交流、网络等综合集成，使各种渠道融会贯通，以保证企业和顾客都能获得完整、准确和一致的信息，对顾客的要求做出适时的反应。

### 3.10.1.3 顾客关系管理系统化过程

（1）获取顾客信息，识别顾客；

（2）管理顾客沟通，了解需要和期望；

（3）掌握顾客满意度；

（4）研究顾客价值，确定顾客关系战略；

（5）分析差距，实施产品和服务改进；

（6）留住和造就忠诚的顾客。

### 3.10.1.4 成功的投诉管理系统

（1）解决顾客投诉时最关心的问题

解决顾客投诉时最关心的问题，建立投诉管理体系是投诉成功的一半，管理系统包括的重点内容见图 3.10-2。

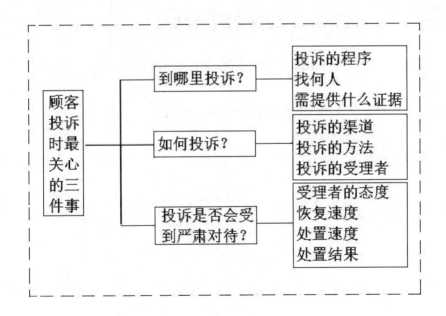

图 3.10-2 顾客投诉管理系统

（2）顾客期望的投诉管理体系

（a）具有明确、端正、可信的承诺和真诚的态度；

（b）透明的投诉管理体系；

（c）便利的投诉渠道；

（d）公平合理的投诉处置；

（e）积极的改进态度和有效的改进措施。

（3）建立投诉管理流程

接待和处理顾客投诉应按照流程进行，见图3.10-3。

### 3.10.1.5 顾客忠诚

忠诚客户表现的特点：

（1）再次或大量地购买；

（2）主动向亲友和他人推荐该品牌产品或服务；

（3）几乎没有购买其他品牌产品或服务的念头，能抵制其他品牌的诱惑；

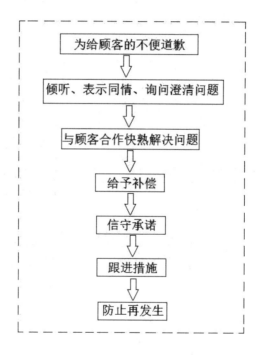

图 3.10-3  顾客投诉管理流程

（4）当发现产品或服务的缺陷时，能以谅解的心情主动向企业反映，求得解决，而且不影响再次购买；

（5）忠诚顾客的价值忠诚顾客随着往来时间的增加，往往会增加在这些公

司业务上的消费额;

（6）忠诚顾客的正面宣传是一种免费的广告资源;

（7）忠诚顾客的服务成本较小,吸引新的顾客则成本高昂;

（8）忠诚顾客对价格的敏感度较低,利润潜力更大;

（9）忠诚顾客与企业形成一种学习关系,相互了解,可以提高公司提供产品和服务的效率。

### 3.10.1.6 顾客忠诚的产生模型

顾客忠诚的产生模型见图3.10-4。

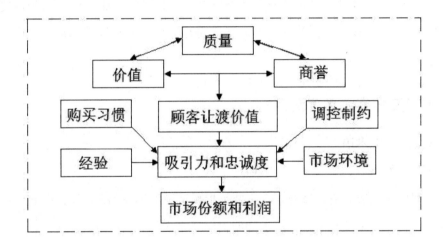

图 3.10-4 顾客忠诚的产生模型

### 3.10.1.7 满意度与忠诚度

"顾客忠诚度 = 吸引力 × 满意度 × 参与度",满意度是问题的起点,没有满意度,则无所谓忠诚。企业主动让顾客参与的要求是对待顾客像内部人或同事;意味着使顾客参与到企业的业务决策制定过程,听取其意见并依此而行动。对顾客的吸引力产生于顾客与企业打交道,事故科真诚地对组织有兴趣,对他们产生吸引力的关键是令顾客欣喜,经验表明"顾客欣喜 = 期望 + 1。"

### 3.10.1.8 顾客和市场的了解

企业对顾客和市场了解够不够的标准是企业能否回答下列问题:企业是否

有系统地细分市场及顾客群？企业能否因应「现在」及「潜在」市场，设立「主动」了解各类顾客的需求、期望及购买行为的方法及制度？是否对搜集得的资料作系统的整理、分析，并作为产品 / 服务设计、营销、过程改进及业务拓展的主要输入？企业是否基于细分顾客，建立差异化的顾客关系，明确差异化的顾客接触方式及要求？企业是否设立了顾客投诉处理系统，能及时跟进和解决问题，维持和发展良好的顾客关系？能否收集（包括主动）整合和分析投诉信息，用于产品、服务和管理的改进？企业是否基于细分顾客，建立测量顾客满意度及质量跟踪的系统方法，获得可用信息并进行分层，制订有的放矢的改进措施？是否设法获取竞争对手、标杆的顾客满意度信息，进行对比分析，以制订更有针对性的改进措施？顾客关系和顾客满意的方法是否与时俱进，并与战略规划和发展方向保持一致？

## 3.10.2 顾客满意度测评

### 3.10.2.1 术语

（1）顾客满意度

一般所说的顾客满意度测评，主要是指顾客满意指数测评。定量的表示用户（顾客）对某一事项已满足其需求和期望程度的感受。该指数是从约 5 万个电话调查回答中计算出来的，调查覆盖了 7 个经济领域中的 200 多家企业。对于大多数公司来说，针对每家公司调查了约 250 名顾客。

顾客满意指数测评基本结构模型以图 3.10-5 为例。其中圆内的内容为结构变量，圆外的箭头所指内容为观测变量。每个观测变量是我们进行顾客满意度测评问卷的具体内容，一般的评分采用了一个从 1 到 10 的标准，显然 1 最低，10 最高。

（2）服务对象

顾客泛指购买产品的服务对象。

（3）感知质量

顾客（委托方）在购买使用产品的实际感受。

（4）顾客期望

顾客（委托方）对其总体质量的估计和期望。

（5）满意度

顾客（委托方）对产品及服务满意程度的总体感受。

（6）顾客满意指数

是顾客（委托方）对产品和服务质量满足自身需求程度的总体态度。是在同一个测评体系下，通过特定的因果关系模型，运用已测定的顾客满意度各调查指标的数值和特定的计算方法得出的结果。

（7）顾客忠诚

顾客（委托方）对产品服务质量检验或服务的偏好程度。包括愿意重复购买或介绍他人购买的信任。

（8）结构变量

在顾客（委托方）满意度因果关系模型中，由若干个观测变量反映出来的、抽象的、不能直接测量的变量。

（9）观测变量

在顾客满意度因果关系模型中，反映对应结构变量，具体的、可以直接测量的变量。

### 3.10.2.2 测评总体要求

3.10.2.2.1. 测评顾客满意率

$$L=\left(\sum_{i=1}^{N_1}0.9A_i+\sum_{i=1}^{N_2}0.6B_i+\sum_{i=1}^{N_3}0.6C_i\right)/N\times100\% \quad \cdots（式3.10\text{-}4）$$

$A_i$：满意人次　　　　　　i=1、2、3、4 ------$N_1$

$B_i$：比较满意人次　　　　i=1、2、3、4 ------$N_2$

$C_i$：不满意人次　　　　　i=1、2、3、4 ------$N_3$

$N_1$：键入服务"满意"感受的服务对象总人次；

$N_2$：键入服务"比较满意"感受的服务对象总人次；

$N_3$：键入服务"不满意"感受的服务对象总人次；

$N$：键入服务感受的所有服务对象总人次见式5：

$$N= N_1 +N_2+ N_3 \quad\cdots\cdots\cdots\cdots\cdots\cdots\cdots （式 3.10-5）$$

### 3.10.3 测评顾客满意指数模型

（1）耐用消费品行业顾客满意指数测评基本模型

耐用消费品行业顾客满意指数测评基本模型见图3.10-5。

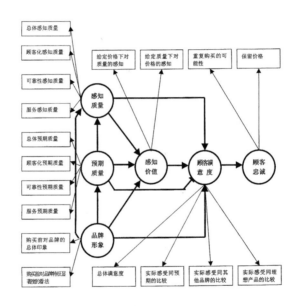

图 3.10-5 耐用消费品行业顾客满意指数测谭基本模型

（2）非耐用消费品行业顾客满意指数测评基本模型

非耐用消费品行业顾客满意指数测评基本模型见图3.10-6。

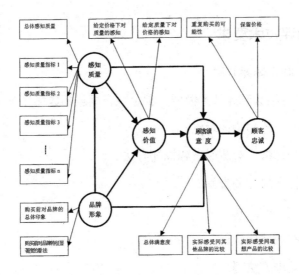

图 3.10-6　非耐用消费品行业顾客满意指数测评基本模型

（3）服务行业顾客满意指数测评基本模型

服务行业顾客满意指数测评基本模型见图 3.10-7。

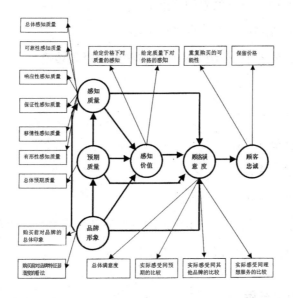

图 3.10-7　服务行业顾客满意指数测评基本模型

### 3.10.4 测评技术要求

#### 3.10.4.1 制定测评方案

按照顾客满意指数测评基本模型，制定顾客满意指数测评方案，主要包括：

（1）测评的目的和测评对象；

（2）确定抽样框、观测变量和抽样方法；

（3）设计样本量和调查问卷；

（4）实施调查的方式；

（5）问卷有效性确认；

（6）数据处理方法等。

#### 3.10.4.2. 建立测评指标体系

（1）第一级 顾客满意度指数；

（2）第二级 顾客满意度测评结构变量；

（3）第三级 顾客满意度观测变量；

（4）第四级 顾客满意度调查操作指标。

#### 3.10.4.3. 采用 10 分级量表加权方法进行量表转换

（1）非常满意 10 分；

（2）比较满意 8 分；；

（3）一般满意 6 分；

（4）较不满意 4 分；

（5）非常不满意 1 分。

3.10.4.4. 调查测评结构变量、观测变量和调查操作指标权重分配，应根据对工作重要程度和影响程度科学制定。

### 3.10.5 测评流程

测评的工作流程见图 3.10-8。

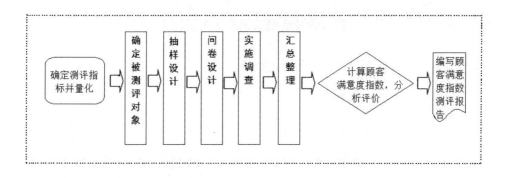

图 3.10-8　测评的工作流程

### 3.10.5.1 确定抽样方法

通常，在进行顾客满意度调查时，主要根据调查项目、顾客群分布、信度和样本量因素，将分层抽样方法、多阶抽样方法和简单随机抽样方法综合应用。在抽样方案中予以明确。

### 3.10.5.2 设计调查问卷

顾客满意度调查问卷的内容应结合实际需求设计，其中的调查项目为观测变量，它与模型的结构变量有着对应关系，示例见表 3.10-1。

在量表转换时应把顾客情绪纳入对应的问卷之中。

表 3.10-1　顾客满意度调查问卷示例

长春市用电、自来水、民用燃气、有线电视居民用户您好：

我们是吉林省质量管理监督协会调查员，对长春市居民用电、自来水、燃气和有线电视总体质量及服务质量的满意程度进行调查。耽误您一点时间，请您将感受、意见和建议填写到问卷中。谢谢！

测评单位全称：

年　月　日

## 顾客满意度调查问卷（A 供电）

1、请您对长春市电力行业形象进行评价：

　　□ 好　　　　□ 较好　　　　□ 一般　　　　□ 较差　　　　□ 差

2、长春市电力公司在您及您周围人中的口碑如何：

　　□ 好　　　　□ 较好　　　　□ 一般　　　　□ 较差　　　　□ 差

3、请您对长春市电力公司一年来供电可靠性（是否经常停电）进行评价：

　　□ 满意　　　□ 较满意　　　□ 一般　　　□ 较不满意　　　□ 不满意

4、请您对长春市电力公司一年来供电电压稳定程度进行评价：

　　□ 稳定　　　□ 较稳定　　　□ 一般　　　□ 较差　　　　□ 差

5、您对所接触的电力员工的服务质量（仪表、礼貌、服务规范等）是否满意：

　　□ 满意　　　□ 较满意　　　□ 一般　　　□ 较不满意　　　□ 不满意

6、请您对长春市电力公司营业厅服务设施是否方便、舒适，应公示的内容（电价、收费标准、服务程序等）是否清晰、正确给予评价：

　　□ 满意　　　□ 较满意　　　□ 一般　　　□ 较不满意　　　□ 不满意

7、您对 95598 电力热线应答服务是否满意：

　　□ 满意　　　□ 较满意　　　□ 一般　　　□ 较不满意　　　□ 不满意

8、您对电费等信息查询的方便性是否满意：

　　□ 满意　　　□ 较满意　　　□ 一般　　　□ 较不满意　　　□ 不满意

9、请您对抄表人员抄表是否按时及计量、计费的准确性给予评价：

　　□ 满意　　　□ 较满意　　　□ 一般　　　□ 较不满意　　　□ 不满意

10、您对目前电力公司采取的电费收费方式及您交费方便程度是否满意：

　　□ 满意　　　□ 较满意　　　□ 一般　　　□ 较不满意　　　□ 不满意

11、您对目前长春市电力公司通过媒体（报纸、电视、电台、电力公司网站等）预先公告停电通知是否满意：

　　□ 满意　　　□ 较满意　　　□ 一般　　　□ 较不满意　　　□ 不满意

12、您对长春市供电公司紧急服务（如抢修）是否及时和承诺的兑现是否满意：

　　□ 满意　　　□ 较满意　　　□ 一般　　　□ 较不满意　　　□ 不满意

13、相对于长春市电力公司的电费价格来说，其供电质量如何：

　　□ 物有所值　□ 较好　　　□ 一般　　　□ 有一定差据　　□ 差距较大

14、相对于长春市电力公司的供电质量来说，其供电价格如何：

　　□ 质价合理　□ 较合理　　□ 一般　　　□ 偏高　　　　□ 高

15、您对长春市电力公司总体供电质量（包括供电可靠性、稳定程度、服务质量等）满意程度：

　　□ 满意　　　□ 较满意　　　□ 一般　　　□ 较不满意　　　□ 不满意

16、请您对长春市电力公司目前供电质量与您心目中理想的供电质量相比较：

　　□ 超过较多　□ 稍超过要求　□ 达到要求　□ 有差距　　　□ 差距较大

17、您认为长春市电力公司目前供电质量同一年前相比让您：

　　□ 满意　　　□ 较满意　　　□ 一般　　　□ 较不满意　　　□ 不满意

18、与其他公用事业（供水、燃气、有线电视通信等）的服务质量相比，您认为长春市电力公司的服务水平：

　　□ 高　　　　□ 水平相当　　□ 一般　　　□ 较低　　　　□ 低

19、就供电质量和服务质量而言，您在近一年内因此引起抱怨或投诉次数情况：

　　□ 没有　　　□ 少　　　　　□ 较少　　　□ 较多　　　　□ 多

20、您对长春市电力公司对您的投诉的处理、反馈是否满意：

　　□ 满意　　　□ 较满意　　　□ 一般　　□ 较不满意　□ 不满意

21、长春市电力公司能够持续提高供电质量，提升您生活质量，对此您的信任度是：

　　□ 非常信任　□ 信任　　　□ 说不准　　□ 不太信任　□ 不信任

22、您是否会增加用电替代其它能源：

　　□ 肯定会　　□ 可能会　　　□ 说不准　　□ 不会

请您针对长春市电力公司供电质量和服务质量提出意见和改进建议：

_____

_____

_____

_____

_____

### 3.10.6 顾客满意程度与顾客情绪关系

测评过程中，被调查的顾客情绪与顾客满意程度关联关系如表 3.10-2。

表 3.10-2　顾客情绪与顾客满意程度关联关系

| 满意程度 | 主要特征 | 含　义 |
|---|---|---|
| 很不满意 | 愤慨、恼怒、投诉、反宣传 | 顾客在购买和消费了某种商品或服务后感到极大的失望，对于厂商感到愤慨、恼怒、难以容忍，不仅找机会投诉，而且还会利用一切机会进行反宣传以发泄心中的不满。 |
| 不满意 | 气愤、烦恼 | 顾客在购买和消费了某种商品或服务后感到气愤和烦恼。在这种状态下，顾客尚可勉强忍受，希望通过一定的方式进行弥补，在适当时候，也会进行反宣传，提醒自己的亲友不要去购买同样的商品或者服务。 |

| 满意程度 | 主 要 特 征 | 含 义 |
|---|---|---|
| 一般（无所谓满意不满意） | 无明显的抱怨或赞同感 | 顾客在购买和消费了某种商品或服务后感到与期望值相比虽有差距但还可以忍受，感觉不到明显的好处也不觉得特别差劲。 |
| 满意 | 称心、赞扬、愉快 | 顾客在购买和消费了某种商品或服务后产生的称心如意和赞美、愉快的心理状态。在这种状态下，自己的期望与现实基本相符，找不出大的遗憾所在。顾客不仅对自己的选择予以肯定，还乐于向亲朋好友推荐， |
| 很满意 | 激动、满足、感谢 | 顾客在购买和消费了某种商品或服务后所形成的激动、满足、感谢的状态。在这种状态下，顾客的期望不仅完全实现，没有任何遗憾，而且可能还大大超出了期望值。顾客不仅为自己的选择而自豪，还会利用一切机会向亲友宣传、介绍推荐，希望他人都来消费同种商品或服务。 |

## 3.10.7 顾客满意度测评报告

**3.10.7.1** 顾客满意度测评的结果是产生测评报告，测评报告主要应包含以下内容：

（1）说明（以长春市民用电业为例）

（a）抽样方法和形式 建立的抽样框为长春市居民用电的个人家庭用户，采用简单随机抽样方法进行面访、入户调查，形成的社会调查问卷来源服从随机抽样原则；

（b）采集的样本和有效样本 共发放 3600 份问卷，收回 3428 份，其中有效问卷 3138 份，占 87.17%。自二月二十二日发放问卷至形成调查报告，经历二个月多的时间。对有效问卷 3138 份观测变量的统计数据处理涉及九万个数据运算。

（c）对调查指标设定的分数制式 . 采用 10 分级量表加权方法进行量表转换。

如非常满意 10 分；比较满意 8 分；一般满意 6 分；较不满意 4 分；非常不满意 1 分；

（d）建立测评系统指标体系 测评系统由四级指标构成，如：

①第一级 顾客满意度指数；

②第二级 顾客满意度测评结构变量；

③第三级 顾客满意度观测变量；

④第四级 顾客满意度调查操作指标。

（e）计算结果的数据修约方式，测评结果数据保留 2 位小数的有效数据报告。

（f）测评精度 此次顾客满意度测量样本，所有的调查问卷都设有 23 个观测变量。随机调查的回答者对 23 个观测变量指标填写的结果服从正态分布。有 95% 的把握认为所得的顾客满意度测量结果与真实的满意度结果的精度或绝对偏差约为 0.4。

（2）结论

（a）顾客满意度、忠诚度得分；

（b）顾客满意度与忠诚度关联关系；

（c）对顾客满意度影响最大的结构变量；

（d）从观测变量层次综合分析出顾客的评价对满意度影响；

（3）结构变量和观测变量综合分析

把实际得分的观测变量与结构变量一一对应起来详细分析，找出观测变量对结构变量的影响程度、观测变量对满意度的影响程度，这些影响程度是定量的数值，供改进质量管理做参考依据。

### 3.10.7.2 总结归纳问题所在

通过该次系统的顾客满意测评活动，在提供顾客满意度测评报告同时，应将回收问卷系统分类、汇总，结合测评报告，梳理出被测评的产品或服务尚存在需要改进的不足，总结归纳问题所在，企业针对这些实际问题持续改进产品和服务质量，达到良性循环，提升绩效水平。

# 3.11 关系图

## 3.11.1 概述

关系图也称关联图，适合寻找各类错综复杂问题及其相互影响的因素，常常用箭头链接表示相互影响因素或因果关系的质量分析工具，是质量策划活动中经常应用的一种群体分析和解决问题的方法，用箭头线指向质量问题相关事物之间因果关系的图。这里的群体是指需多部门协作研究解决质量问题的效果更好。应用关系图时的氛围是群体成员不拘形式都能自由发表意见，主动思考各方面信息来源和问题产生的原因，从细微之处找出各种影响要素与质量问题的链接关系，有助于打破固有意见，形成崭新的因果关系指向。

## 3.11.2 应用范围

关系图常常应用于解决质量问题，进行分析策划阶段对某些质量信息进行定性分析处理中，具体包括：

（1）确定新产品市场定位时对市场调研的分析；

（2）在建立顾客关系系统时对市场调研的分析；

（3）对工序质量问题分析；

（4）对战略部署的展开分析；

（5）对错综复杂质量问题及其相互影响因素的分析等。

## 3.11.3 程序

（1）组成项目小组

单位按照项目确定相关人员，明确项目小组负责人。

（2）确定课题

确定项目主题及名称。

（3）收集资料

收集资料、数据，尽可能广泛收集信息，尤其是现场工人的意见。

（4）集思广益

小组人员集思广益，寻找原因，尤其是在小组人员意见基本一致时作图的效果更佳。

（5）制作卡片

用卡片简单明了的说明问题。分析归类时多问为什么，就可解决问题分析过程出现卡壳状态。

（6）查找原因

边讨论边画关联图，直到找出主要原因。

（7）作出主要原因区分标记

对于重点项目可用特殊字体或颜色等图示加以区别，做到不厌其烦，举一反三，重点突出。

（8）制定措施

制定措施应结合现场调查，使得措施具有实用性提出改进的措施，应形成文字资料。

（9）行动

采取措施尽快行动。

## 3.11.4 箭头指向含义

画关联图的目的是找出影响质量的主要原因，明确图中的箭头指向很重要。通常箭头指向的含义如下：

（1）箭头向内

箭头向内指向，代表问题。

（2）箭头向外

箭头向外指向，代表主要原因。

（3）中间环节

箭头向内向外指向都有，代表中间环节。

（4）关键环节

箭头向内向外指向都有，向外指向大于向内指向，代表关键环节。

## 3.11.5 画图

在质量管理活动中，人们经常利用关系图对一些质量特性相互影响的要素关系进行分析，找出内在的影响，在推行卓越绩效管理模式的实践中，专家们将 GB/T19580 标准 7 大类各评分项的关联关系画出了关系图，见图 3.11-1 。

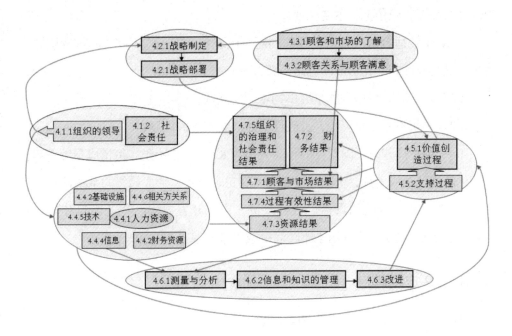

图 3.11-1　卓越绩效评分项关系图

# 3.12 KJ 法

## 3.12.1 应用范围

KJ 法是将处于杂乱无章的信息，利用其间内在的相互关系的亲和性进行归纳，是将那些即将要解决的或从来未接触过的问题解决的方法，又称亲和图法。使用的亲和图是按照头脑风暴思想设计的，达到认知未来的事物和领域。提倡参与者大胆想象，看法无需量化，用创造性思维寻找解决问题的方法。应用 KJ 法应做好亲和图，应用范围主要包括：

（1）比较适合解决相对棘手的问题突破现状，把一些不成形的零散资料、意见、设想梳理归纳，形成新思路、新方案；

（2）花费时间慢慢方能掌握事物本质的问题；

（3）希望不受成见影响，打破现状建立新观念的问题；

（4）组织那些有不同意见的相关人员为 KJ 法工作小组，每位成员都把自己系统化的意见写成卡片，全组反复整合、讨论、修正，形成最终的系统性意见；

（5）比较适合流程再造、过程改进、市场开发方案、企业愿景和方针目标确定，显然，KJ 法不宜用于比较简单或希望速战速决的问题。

## 3.12.2 应用程序

KJ 法主要是做亲和图，作图程序如下：

（1）确定作图的题目

因为面临的是比较复杂又必须解决的问题，直接到现场进行调查研究，掌握第一手资料；

（2）搜集相关信息

搜集的信息应该以事实为依据，尽量采取面谈、查阅资料、直接观察的方法，保持信息的客观性和真实性；

（3）做好卡片记录

把了解的卡片信息认真记录，便于分类；

（4）整理信息

全面阅读所有记录的卡片信息，把感觉到与内容有关联的有相当于有亲和感的卡片信息集中成一组；

（5）选定标题

把相当于有亲和感卡片信息集中一组，归纳出"标题"；对集中一组的卡片记录应进行复查，挑选出不属于该组的记录卡片；

（6）作图

把全部内容做成易于理解的图解形式，将各卡片组按照相应位置展开排列，连线画出卡片间的相互关系。某企业愿景和实现过程整合的 KJ 图示例见图 3.12-1 。

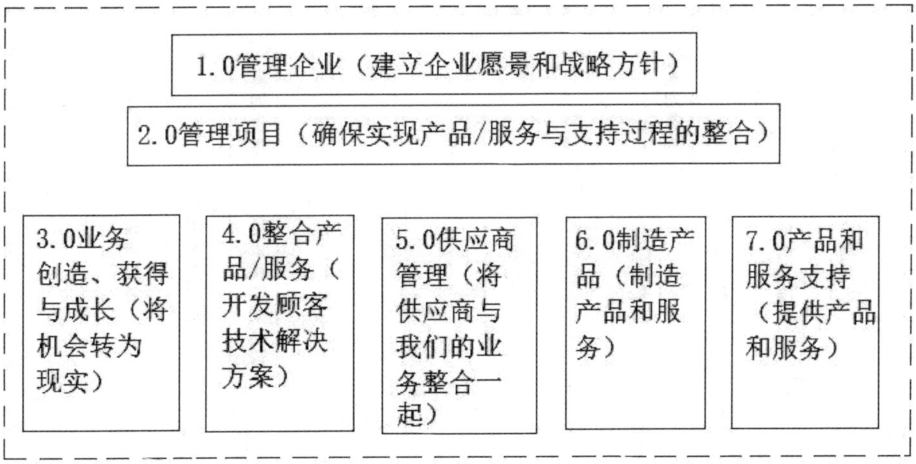

图 3.12-1　KJ 图

# 3.13 树图

（1）概述

树图也称系统图，在工作中应用十分广泛。在主题层次项下可有一级展开、二级展开、三级展开、四级展开，……，见图 3.13-1。

（2）说明

从图 3.13-1 可以看出，一级展开"人力资源和其他资源"；二级展开是沿着"人力资源"、"其他资源"两条线路分别展开；三级展开以"培训发展"为例继续展开 6 项要素。

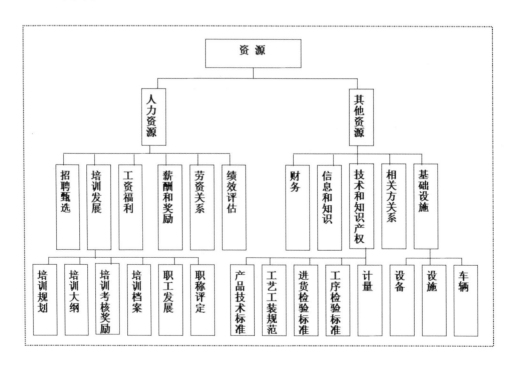

图 3.13-1　资源树图

# 3.14 矩阵图

## 3.14.1 应用范围

在日常的经营管理中特别是质量管理中，矩阵图被广泛的应用在工作计划的落实措施方面，如战略部署。

## 3.14.2 主要内容

矩阵图矩阵图由纵列表示要素 A，行列表示要素 B，纵列要素和行列要素相交的内容表示要解决落实的内容，示例见图 3.14-1。

| 分析周期 | 指标类别 | 分析方式 | 主持 | 参与部门 | 应用工具 |
|---|---|---|---|---|---|
| 日 | 日常运营 | 生产调度会 | 制造部 | 产、供、销部门 | 趋势分析 |
| | | 质量信息分析 | 品质部 | 各部门、工厂 | 趋势分析 |
| 月 | 过程绩效 | 质量电话会 | 品质部 | 各部门、工厂 | 排列图、直方图、因果分析、SPC |
| | | 安全电话会 | 制造部 | 各部门、工厂 | 调查表、分层法 |
| | 公司KPI | 经济责任制分析会 | 公司领导 | 人力资源部及相关部门 | 排列图、直方图、因果分析 |
| | | 预算分析会 | 计财部 | 专业管理部门、工厂 | 标杆对比法、排列图、直方图、因果分析、趋势分析 |
| 季 | 过程绩效 | 专业例会（质量、生产、环保、设备、财务、营销等） | 专业部门 | 各专业部门、工厂 | 标杆对比法、排列图、直方图、因果分析、趋势分析、SPC |
| | | 部门领导述职 | 公司领导 | 各管理部门领导 | 调查表、分层法 |
| | | SBU 分析会 | 公司领导 | SBU 项目团队 | 因果图、排列图、直方图、DOE |
| | | 安全述职会 | 公司领导 | 各部门、工厂领导 | 调查表、分层法 |

续表

| 分析周期 | 指标类别 | 分析方式 | 主持 | 参与部门 | 应用工具 |
|---|---|---|---|---|---|
| 季 | 公司KPI | 对标分析会 | 公司领导 | 各部门、工厂领导 | 标杆对比法、排列图、直方图、因果分析、趋势分析 |
| | | 厂情通报会 | 公司领导 | 各部门、工厂领导 | 标杆对比法、趋势分析 |
| 半年 | 公司KPI | 董事会会议 | 董事长 | 董事会、经理层 | SWOT分析、标杆对比法、趋势分析 |
| | | 职工代表大会 | 公司领导 | 职工代表 | 标杆对比法、趋势分析 |
| 年 | 过程绩效 | 质量体系管理评审 | 公司领导 | 各部门、工厂 | 标杆对比法、排列图、直方图、因果分析、趋势分析 |
| | 公司KPI | 年度预算分析会（战略研讨会） | 董事长 | 董事会、经理层、各部门、工厂领导 | 标杆对比法、趋势分析 |

图 3.14-1　绩效矩阵图

# 3.15 矩阵数据分析法

矩阵数据分析法是在矩阵图中能够将行与列各种因素关系定量表示，并通过计算与分析，确定哪些因素相对重要，实际上是一种用于整理数据的方法。其作用如下：

（1）分析

从一系列的数据和信息中，分析产生不良品的原因；

（2）排序

进行产品设计的方案选择中，根据各种因素的影响程度进行有序排队，找出主次因素；

（3）持续改进

在生产过程的某些互相影响的工序进行分析，开展持续改进。

# 3.16 过程决策程序图法（PDPC 法）

## 3.16.1 作用

过程决策程序图法的用途是对某项工作事先尽可能考虑到可能出现的各种不良情况，提出预案，引导事物向希望或可控制的方向发展，也是一种预测、预防的方法。

## 3.16.2 应用范围

（1）制定管理项目措施；

（2）设计科研项目的实施计划；

（3）制定工序质量控制的措施；

（4）对系统重大事故作出预测和预案；

（5）战略的实施计划等。

## 3.16.3 应用程序

过程决策程序图法的进展过程主要是正向路径方式，从起点开始设计若干个方案到达目标，每个方案的过程作为一条路径，由 "开始" 为起点，沿着 $X_1$ 路径的至箭头指向目标"2"正向进展。如果沿着沿着 X 路径遇的方案进展不下去，就采用 Y 路径继续工作；如果沿着 Y 路径遇的方案进展不下去，就采用 Z 路径继续工作。直到采取措施达到 "目标"。

# 3.17 工序能力指数

## 3.17.1 工序能力

　　工序能力通常是指工序在稳定状态时所具有的保证产品质量的能力。一个工序开始投产，企业为了摸清工序能力的状况，了解和掌握该工序能否保证加工产品达到标准规定的质量，一般都要对影响产品质量的关键质量特性、重要质量特性和一般质量特性进行调查。即使在正常生产时，企业为了掌握工序能力的变化情况，也会适时进行工序能力调查，计算工序能力指数。一个特定生产流程中的人、机器、材料、加工方法以及环境都对产品质量有着影响，工序控制也应从这些因素入手。工序能力的度量单位是标准偏差"σ"，经验表明，人们常用六倍的标准偏差即"6σ"表示工序能力。为什么用"6σ"表示工序能力而不用"4σ"或"8σ"呢？因为在正常情况下，生产过程是处于受控状态的，此时总体质量特性均值的随机变量值落在 $\bar{x}\pm3\sigma$ 范围内包含99.73%的合格产品，落在 $\bar{x}\pm3\sigma$ 范围之外的不合格产品仅占0.27%。因此，从统计概率得出，属于正态分布的产品质量特性，其测定值落入规范内外的概率如表3.17-1所示。

表3.17-1　正态分布的产品质量特性比率

| 序号 | 界限 | 界限内比率（%） | 界限外比率（%） |
|---|---|---|---|
| 1 | $\bar{x}\pm\sigma$ | 68.27 | 31.75 |
| 2 | $\bar{x}\pm2\sigma$ | 95.45 | 4.55 |
| 3 | $\bar{x}\pm3\sigma$ | 99.73 | 0.27 |
| 4 | $\bar{x}\pm4\sigma$ | 99.994 | 0.006 |

　　如果将表3.17-1数据做成正态分布图更加直观，产品质量比率的正态分布图见图3.17-1。

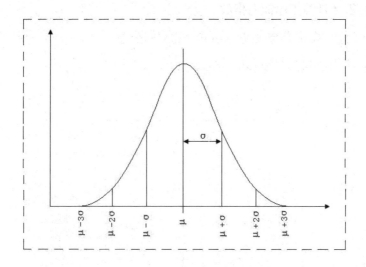

图 3.17-1　产品质量比率的正态分布图

## 3.17.2 工序能力指数应用

3.7.2.1 产品质量特性在机械加工中常用公差"T"表示，工序能力用"B"表示。公差与工序能力之比称为工序能力指数，用符号 $C_P$ 表示。$C_P$ 表示工序能力满足产品质量标准或工艺规范的程度。

$$C_P = 公差 / 工序能力 = T/B = T/6\sigma = (T_U - T_L)/6S \cdots\cdots（式 3.17-1）$$

式中：

T：公差；

B：工序能力，通常取 $6\sigma$；

$\sigma$：总体的标准偏差；

$T_U$：公差上限；

$T_L$：公差下限。

可见，工序能力指数是某道工序的加工精度能满足公差要求的程度，有时还称工艺能力指数或工程能力指数。

### 3.17.2.2 计算工序能力指数

（1）工序分布中心与公差中心重合的双向公差

工序分布中心与公差中心重合的情况下，如图 3.17-2。

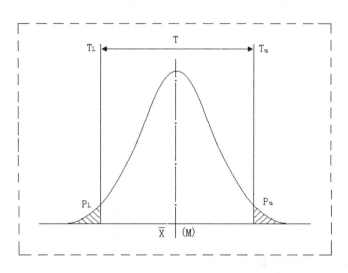

图 3.17-2　工序分布中心与公差中心重合双向公差

此时，$C_P=T/B=T/6\sigma=(T_U-T_L)/6S$。

式中：

$T_U$：公差上限；

$T_L$：公差下限；

S：样本标准差；

M：公差中心；

$\bar{x}$：工序分布中心；

$P_U$：超公差上限的不合格品率；

$P_L$：超公差下限的不合格品率。

例 3.17-1 一批零件的标准规定长度为 100±0.25mm，抽样 100 件，测得 $\bar{x}$=100.05mm，s=0.05mm，计算此时的工序能力指数 $C_P$。

已知 $\bar{x}$=100.05mm，s=0.05mm，则 M=0

120

CP=（Tu-Tu）/6S

　　=（100.25-99.75）/6×0.05

　　=0.5/0.3

　　=1.67

经测试和计算结果表明这个工序能力指数 $C_P$=1.67，表明工序控制的比较好，工序能力充足。此时从提高加工产品经济效益的角度可以考虑：

（a）质量指标如不属于关键指标，可放宽公差范围；

（b）降低原材料要求；

（c）减少检验频次等。

（2）工序分布中心与公差中心偏移的双向公差

工序分布中心与公差中心偏移，如图 3.17-3。

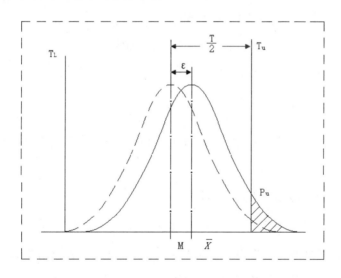

图 3.17-3　双向公差有偏移

此时工序能力指数用 $C_{PK}$ 表示：

$$C_{PK}=（1-K）×T/6\sigma$$

$$=（T-2\varepsilon）/6S$$

$$=（1-k）C_p$$

其中：k 为相对偏移量，k=2$\varepsilon$/T；

$\varepsilon$ 为中心偏移量，$\varepsilon = | M-\bar{x} |$.

$$CPk=（1-K）T/6\sigma$$

例 3.17-2 一批零件的标准规定长度为 100±0.25mm，抽样 100 件，测得 $\bar{x}$=100.05mm，s=0.05mm，计算此时的工序能力指数 $C_{PK}$。

已知 $\bar{x}$=100.05mm，s=0.05mm，则 M=100mm

$$\varepsilon = | M-\bar{x} |$$
$$= | 100-100.05 |$$
$$=0.05$$

$$C_{PK}=（T-2\varepsilon）/6S$$
$$=（0.5-2×0.05）/6×0.05$$
$$=0.4/0.3$$
$$=1.33$$

经测试和计算结果表明这个工序能力指数 $C_{PK}$=1.33，表明工序控制的比较好，工序能力比较充足。

（3）只有单向公差上限

（a）只有公差上限要求，对下限没有要求。如机械产品的清洁度、形位公差（同心度、平行度、垂直度、径向跳动等），铁中有害杂质含量，其特性值分布中心 $\bar{x}$ 均距离公差上限 $T_U$ 用标准偏差 $\sigma$ 度量，以 $3\sigma$ 为宜。如果分布中心 $\bar{x}$ 均距公差上限 $T_U$ 越远，质量越好，不合格品率也越低。

（b）实践中常以 S 代替 $\sigma$，此时工序能力指数用 $C_{Pu}$ 表示：

$$C_{Pu}=（T_U-\bar{x}）/3S$$

（c）当 $\bar{x} \geq T_U$ 时，则 $C_{Pu}$=0，表明完全没有工序能力。

例 3.17-3 一批零件的标准规定长度为 100+0.25mm，抽样 100 件，测得 $\bar{x}$=100.05mm，s=0.05mm，计算此时的工序能力指数 $C_{Pu}$。

已知 $\bar{x}$=100.05mm，s=0.05mm

$$C_{Pu}=(T_U-\bar{x})/3S$$
$$=(100.25-100.05)/3\times0.05$$
$$=0.2/0.15$$
$$=1.33$$

经测试和计算结果表明这个工序能力指数 $C_{Pu}$=1.33，表明工序控制的比较好，工序能力比较充足。

（4）只有下限单向公差

只有公差下限要求，对上限没有要求。如电子产品的耐压强度可靠性、寿命等，要求不得低于某个下限，而上限则越大越好。此时工序能力指数用 $C_{Pl}$ 表示：

$C_{Pl}=(\bar{x}-Tl)/3\sigma$

当 $\bar{x}\leq Tl$ 时，则 $C_{Pu}$=0，表明完全没有工序能力。

例 3.17-4 一批零件的标准规定长度为 100-0.25mm，抽样 100 件，测得 $\bar{x}$=100.05mm，s=0.05mm，计算此时的工序能力指数 $C_{Pl}$。

已知 $\bar{x}$=100.05mm，s=0.05mm；

此题属于负偏差，$T_l$ 为 100-0.25，则有：

$$T_l=100-0.25=99.75$$
$$C_{Pl}=(\bar{x}-T_1)/3S$$
$$=(100.05-99.75)/3\times0.05$$
$$=0.3/0.15$$
$$=2.0$$

经测试和计算结果表明这个工序能力指数 $C_{Pl}$=2.0，表明工序控制达到特级水平，从经济效益的角度又表示工序能力过高，通常可以采取措施适当降低工序能力，包括：

此时从提高加工产品经济效益降低成本的角度可以考虑：

（a）降低设备精度等级，放宽公差范围；

（b）降低原材料要求；

（c）减少检验频次等。

### 3.17.2.3 工序能力等级

工序能力直接反映了工序质量随人、机、料、法、环、测等因素变化的动态影响，通常把工序能力分为 5 个等级，经过工序能力指数的测定，与这 5 个等级比对，综合分析其工序能力指数所处的位置，指导企业质量管理工作。5 个等级的工序能力分级和处理原则见表 3.17-2。

表 3.17-2  工序能力等级处理表

| 序号 | $C_p$ | 等级 | 工序能力判定 | 处理原则 |
|---|---|---|---|---|
| 1 | $C_p > 1.67$ | 特级 | 工序能力过高 | 1. 优势：即使散差增大些，产品质量也有保证，不利的是成本高；<br>2. 措施：可降低成本。 |
| 2 | $1.67 \geq C_p > 1.33$ | 一级 | 工序能力充足 | 质量特性不重要时，可降低成本或减少检验频次。 |
| 3 | $1.33 \geq C_p > 1.00$ | 二级 | 工序能力尚可 | 对工序持续控制。 |
| 4 | $1.00 \geq C_p > 0.67$ | 三级 | 工序能力不足 | 对工序严加管理，采取措施提高工序能力。 |
| 5 | $0.67 > C_p$ | 四级 | 工序能力全无 | 1. 停止作业，查找原因或百检；<br>2. 采取措施后重测 $C_p$。 |

## 3.17.3 应用的最佳实践

### 3.17.3.1 关于标准偏差

通常 σ 是指总体的标准偏差，但是 σ 难以求得，常用样本标准偏差 S 估算 σ，估算的条件如下：

（1）生产过程是连续的；

（2）工序是稳定受控的；

（3）人、机、料、法、环相同；

（4）质量标准一致。

### 3.17.3.2 计算 CP 估算 σ 的方法

（1）来源于直方图

$$\sigma = S$$

（2）来源于控制图

$$\sigma = (1/d_2)\,\overline{R}$$

### 3.17.3.3 工序能力控制的方法

对工序能力管理控制时，常采用前述的频数分布直方图和控制图的方法进行质量控制。

## 3.17.4 工序能力指数与不合格品率的经验数据

在长期的质量活动中，人们积累了工序能力指数与不合格品率的经验数据，见表 3.17-3。通常，工序能力指数在 0.67 ～ 1.0 之间时，进行质量控制的效果是明显的。通过开展 QC 小组活动，对现场操作者进行技术培训，寻找废品率居高不下的原因，提高工序能力，降低废品率。

表 3.17-3　工序能力指数与不合格品率的经验数据

| 序号 | 工序能力指数 CP | 不合格品率 p |
|---|---|---|
| 1 | 2.0 | $2/10^9$ |
| 2 | 1.67 | $6/10^7$ |
| 3 | 1.5 | $7/10^6$ |
| 4 | 1.33 | $6/10^5$ |

| 序号 | 工序能力指数 CP | 不合格品率 p |
|---|---|---|
| 5 | 1.2 | $3/10^4$ |
| 6 | 1.1 | 1/1000 |
| 7 | 1.0 | 2.7/1000 |
| 8 | 0.67 | 4.55/100 |
| 9 | 0.33 | 31.75/100 |

## 3.17.5 $C_P$、K 和 p 之间的关系

人们在工序控制的质量活动中积累了工序能力指数与不合格品率的经验数值关系，见表 3.17-4。

表 3.17-4  $C_p$、K 和 p 之间的数值关系表        单位：%

| $C_p$ \ K \ p | 0.00 | 0.04 | 0.08 | 0.12 | 0.16 | 0.20 | 0.24 | 0.28 | 0.32 | 0.36 | 0.40 | 0.44 | 0.48 |
|---|---|---|---|---|---|---|---|---|---|---|---|---|---|
| 0.50 | 13.36 | 13.43 | 13.64 | 13.99 | 14.48 | 15.1 | 15.86 | 16.75 | 17.77 | 18.92 | 20.19 | 21.58 | 23.09 |
| 0.60 | 7.19 | 7.26 | 7.48 | 7.85 | 8.37 | 9.03 | 9.85 | 10.81 | 11.92 | 13.18 | 14.59 | 16.81 | 17.85 |
| 0.70 | 3.57 | 3.64 | 3.83 | 4.16 | 4.63 | 5.24 | 5.99 | 6.89 | 7.94 | 9.16 | 10.55 | 12.10 | 13.84 |
| 0.80 | 0.69 | 1.69 | 1.89 | 2.09 | 2.46 | 2.94 | 3.55 | 4.31 | 5.21 | 6.28 | 7.53 | 8.98 | 10.62 |
| 0.09 | 0.27 | 0.73 | 0.83 | 1.00 | 1.25 | 1.60 | 2.05 | 2.62 | 3.34 | 4.21 | 5.27 | 6.53 | 8.02 |
| 1.00 | 0.10 | 0.29 | 0.35 | 0.45 | 0.61 | 0.84 | 1.14 | 1.55 | 2.07 | 2.75 | 3.59 | 4.65 | 5.94 |
| 1.10 | 0.03 | 0.11 | 0.14 | 0.20 | 0.29 | 0.42 | 0.61 | 0.88 | 1.24 | 1.74 | 2.39 | 3.23 | 4.31 |
| 1.20 | 0.01 | 0.04 | 0.05 | 0.08 | 0.13 | 0.20 | 0.31 | 0.48 | 0.72 | 1.06 | 1.54 | 2.19 | 3.06 |
| 1.30 | 0.00 | 0.01 | 0.02 | 0.03 | 0.05 | 0.09 | 0.15 | 0.25 | 0.40 | 0.63 | 0.96 | 1.45 | 2.13 |
| 1.40 | | 0.00 | 0.01 | 0.01 | 0.02 | 0.04 | 0.07 | 0.13 | 0.22 | 0.36 | 0.59 | 0.93 | 1.45 |
| 1.50 | | | 0.00 | 0.00 | 0.01 | 0.02 | 0.03 | 0.06 | 0.11 | 0.20 | 0.35 | 0.59 | 0.96 |
| 1.60 | | | | 0.00 | 0.01 | 0.01 | 0.03 | 0.06 | 0.11 | 0.20 | 0.36 | 0.63 |
| 1.70 | | | | | 0.00 | 0.01 | 0.01 | 0.03 | 0.06 | 0.11 | 0.22 | 0.40 |
| 1.80 | | | | | | 0.00 | 0.01 | 0.01 | 0.03 | 0.06 | 0.13 | 0.25 |

续表

| K p / $C_p$ | 0.00 | 0.04 | 0.08 | 0.12 | 0.16 | 0.20 | 0.24 | 0.28 | 0.32 | 0.36 | 0.40 | 0.44 | 0.48 |
|---|---|---|---|---|---|---|---|---|---|---|---|---|---|
| 1.90 | | | | | | | | 0.00 | 0.01 | 0.01 | 0.03 | 0.07 | 0.15 |
| 2.00 | | | | | | | | | 0.00 | 0.01 | 0.02 | 0.04 | 0.09 |
| 2.10 | | | | | | | | | | 0.00 | 0.01 | 0.02 | 0.05 |
| 2.20 | | | | | | | | | | | 0.00 | 0.01 | 0.03 |
| 2.30 | | | | | | | | | | | | 0.01 | 0.02 |
| 2.40 | | | | | | | | | | | | 0.00 | 0.01 |
| 2.50 | | | | | | | | | | | | | 0.01 |
| 2.60 | | | | | | | | | | | | | 0.00 |

# 3.18 标杆管理

## 3.18.1 标杆管理是对照先进找差距的方法

实践卓越绩效经营管理模式的众多企业，很多都采用标杆管理的方法进行过对标活动，成功的帮助企业对比标杆找出差距而持续改进，获得了成功。标杆管理是指企业为了追求着卓越成效而为自己确定一个榜样做标杆，解析其有关的指标，不断向其学习，发现并解决企业自身的问题，最终赶上和超过标杆的一个持续渐进的学习、变革和创新的过程。所以说标杆管理是立标、追标、超标、创标的活动。有资料表明，美国施乐（Xerox）公司是推行标杆管理的先行者。1976年以后，一直保持着世界复印机市场实际垄断地位的施乐公司，遇到了来自国内外竞争者的全方位挑战。如佳能、NEC等公司以施乐的成本价销售产品且能获利，其产品开发周期比施乐公司短，产品开发人员数量比施乐公示少。面对竞争对手的高质低价，施乐决定研究这种低价产生原因。他们检查了先进机器的运转性能，对零部件逐项检查分析，结果发现是成本要比自己的低得多。于是放弃了自己原有的产品预算标准，改之以先进的低价成本作为自己的目标，取得了巨大实效，有效阻止了市场份额进一步下滑。

高层管理者认为，这一新的管理方法具有十分理想的应用价值，可以广泛应用，要求其下属所有单位和成本中心开展各种类型的标杆管理活动。但是对于分销、行政、服务等部门，很难直接模仿产品标杆管理的做法，于是这些非生产部门开始在公司内部寻找标杆，不同地区的分销中心都找到了自己的标杆。后来又扩展到外部，包括同行业竞争者的目标和跨行业非竞争对手的目标。终于在应收账款流程、研究开发流程、供货商认证流程、质量方案、工厂布置、工程作业、物料管理、配送作业、顾客调查技术、营销、策略导入等部门都进行了标杆管理。实施标杆管理近 10 年，市场份额已恢复了近 10%。

## 3.18.2 标杆管理的作用

标杆管理不断寻找和研究一流公司的最佳实践，以此为基准与本企业进行比较、分析、判断，从而使自己企业得到不断改进，并进入赶超一流公司创造优秀业绩的良性循环过程。标杆管理为构筑卓越企业建立持续改进的通道。

### 3.18.2.1 绩效评估

标杆管理是为企业提供了辨识世界上最好的企业实现卓越绩效的工具，因为企业通常所犯的错误就是高估了自己的绩效水平，同时低估了竞争对手的实力，从而导致企业停滞不前。通过辨识最佳绩效及其实践途径，按照 1000 分评价准则的模式，评价企业自身达到卓越绩效的成熟度，企业可以正确认识自身绩效所处的位置、管理的不足，从而制定适合于本企业有效的发展战略。

### 3.18.2.2 持续改进

标杆管理可以为企业提供一个明确具体的经营目标和指标的差距，督促企业找到切实可行的实现途径。为实现那些可信的目标而采取可行的方法，有利于调动员工的积极性，使绩效从成功达到卓越。

### 3.18.2.3 制定战略的工具

企业通过学习、借鉴竞争对手的先进方法，再结合自己的实际情况进行创新和完善，并制定出适合本企业新的战略，最终使企业赶上和超越竞争对手。

### 3.18.3 标杆管理的关键

#### 3.18.3.1 树立三个标杆

标杆1 企业内部的优秀部门和员工

企业要想快速提高整体绩效，就必须改善那些落后部门或下属公司的绩效。要通过开展树立企业内部优秀部门和员工为标杆，为其他部门和员工学习，使整体实力跃上一个新台阶。

标杆2 同一行业的竞争对手和优秀者

要想取得市场竞争优势，就必须关注同一行业的优秀者和竞争对手，学习和借鉴他们先进的管理方法，寻找省内行业或全国行业的标杆，发现自己的差距，树立新的目标，不断学习不断赶超。

标杆3 其他行业的最佳流程

如果你试着向行业外部看一看，你就可能从那些优秀的公司中获得巨大收益。例如某石油公司是世界上最著名公司之一，但是并没有满足，公司做了一个调查，认为仍有新的利润年增长空间。当时公司询问了几千名顾客"他们是需要要什么？"，结果只有20%的人认为价格最重要，另外80%的人都想要三样东西：快捷的服务、能提供帮助的员工和对他们的消费忠诚的认可。随之，公司成立了第一、第二、第三的3个小组开展标杆学习活动。他们经过认真寻找，对顾客认为最重要的问题找到了对应的三个标杆。

第一组锁定了一家公司。这家公司给汽车大赛提供加油服务。通常赛车风驰电掣般冲进加油站，眨眼间就加满油绝尘而去。这种分工细致、配合默契、高效省时的加油绝招正是他们最想要的。

第二组锁定的是最温馨的一家酒店。那里的服务员总保持着招牌般甜美的微笑，使得这家酒店获得了非同寻常的顾客满意度。

第三组选定了公认的回头客大王公司作为标杆。加油站的服务生会为顾客准备好汽水和薯片，甚至还会叫出来顾客的名字。他们从标杆公司那里认识到了公司中最重要的人是直接与顾客打交道的员工。没有致力于工作的员工，就不可能得到终身客户。这意味着要把时间和精力投放到如何训练员工上。

经过标杆管理之后，顾客一进加油站就可以享受到快捷的服务、真诚的微笑和问候，以及具有人性的关注，而该公司所得到的是加油站的平均年收入增长10%。

### 3.18.3.2 抓好五个阶段

标杆管理要经过五个阶段10个步骤：

第一个阶段：计划

第一步，明确标杆的任务。企业在开展标干管理活动的准备工作中，应对业务流程进行了科学客观地分析，找出了业务流程中存在的缺点和不足，并制定了标杆管理实施的顺序和路线。

第二步，选择标杆。寻找的范围首先应包括竞争对手，同时也应包括所有其他有潜力的公司。它可以是是同一个行业，也可以是跨行业中一个相近部门，选择的唯一标准是，既要具有可学性，又要具有可比性。

第三步，收集资料和数据。一般将资料和数据分为两类：一类是标杆企业的资料数据，主要包括标杆企业的绩效数据，以及取得这一绩效的优秀方法、措施和管理诀窍；另一类是自己企业的资料，反映企业自身的绩效和管理的现状。企业自身的资料应根据绩效考核的结果分成不同的档次，如"优秀"、"一般"、"较差"，便于树立企业内部的标杆。

第二阶段：分析

第四步，分析差距。

通过对收集的数据和资料进行比较分析，确定企业自己目前所采取的管理方法与标杆企业的做法及结果之间存在怎样的绩效差异。

第五步，拟定绩效目标。在分析差距的基础上，拟定未来的绩效目标。

第三阶段：整合

在这阶段，企业需要统一员工的思想，激发他们的斗志。

第六步，将上述活动中取得的各项进展与全体员工反复交流，征询意见，并将标杆管理所要达到的目标前景告诉员工，以获得员工的一致认同。

第七步，根据全体员工的建议，修正已制定的绩效目标，改进计划方案，确立部门目标，并把最后结果告诉员工。

第四阶段：行动

第八步，制定具体的行动方案，包括明确具体的行动计划，详尽的安排，科学合理的实施步骤及技术支持，以及阶段性的成绩评估结果等，力求让每一位与之相关的人员都知道自己应该干什么和怎么干。

第九步，动员和激励企业全体员工，特别是与标杆内容密切相关的人员执行这个计划，如果标杆管理内容比较深奥，情况比较复杂的企业还应聘请有关专家指导和监督。

第五阶段：完成

第十步，通过一系列的学习和创新，标干内容所达到的和超过预先设定的目标，企业在标干内容的所属领域内获得了与领先企业相同甚至超过对方的竞争实力，此项标杆管理活动宣布完成。标杆管理的达标过程见图 3.18-1。

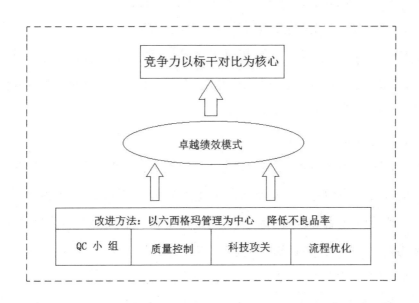

图 3.18-1 标杆管理达标过程图

### 3.18.4 实施管理

（1）组建项目实施小组

要想确保标杆项目行动计划彻底贯彻执行，必须有一个专门的组织负责指导工作，帮助每一个员工明确该干什么和怎么干，并让他们理解为什么要这样干。

（2）让处于最佳位置的人做项目负责人

把标杆管理落到实处。必须把那些已经不再胜任某一工作的员工，或只会重复他人工作的员工进行培训，达到标杆人员应知应会的能力，让处于最佳位置的人做项目负责人。

（3）标杆管理成功与否取决于管理层的态度

决定标杆管理活动能否成功，以及能够取得多大成功的最高管理层的重视程度。所以，在所有变革开始实施的关键阶段，组织的高层领导必须深信单位将从推行标杆管活动中受益菲浅，用心投入于标杆管理的工作中，并言行一致，身先士卒，这样才可能影响员工的积极性和主动性，保证行动方案的贯彻执行。

（4）不要忽略了对实施结果进行评价

标杆管理的特点也要求企业对所取得的结果进行评价。标杆管理的特点之一是有目标的量化，这一特点不但表现在实施过程中，还表现在对实施之后所取得的结果也量化，获得与预期目标进行比较的量化指标。

（5）标杆管理贵在坚持

标杆管理是有困难的，只要坚持做下去，遇到障碍想办法解决，就选择了一条企业的成长发展道路。所以标杆管理一旦实行就不应该停止，因为学习是没有止境的。即使你已经跻身于世界一流企业之列，也需要不断地学习他人的长处，才能成为强中之强，超越自我，保持这一优势。

（6）让员工参与进来

员工的支持是所有管理方法与理念得以顺利实行的最根本保证，标杆管理也不例外。要通过多种培训，向一线员工介绍标杆管理，告诉员工公司要实行标杆管理，以及在哪些项目上实行，让员工心里有数。同时，在收集分析数据、制定行动方案等标杆管理过程中，让员工积极参与进来，充分发挥员工的主动性，使标杆管理顺利实施。

# 3.19 平衡记分卡（BSC）

## 3.19.1 概述

平衡记分卡是美国人于 1992 年发明的，原意是"驱动绩效的衡量指标"（Balanced Score card, 简称 BSC），是企业战略实施综合绩效评价体系的最佳实践。目前列为世界级的大型企业中，有 50% 以上都拥有平衡积分卡系统，作为绩效评估的有效方法。平衡记分卡用来测量所有经营单位的业绩，它"被用来表达那些多样的、相互联系的目标。这些目标是企业在生产能力基础上的竞争中必须达到的，并不仅是有形资产"。平衡记分卡多用于战略部署阶段，它把组织的任务和战略决策转化成目标和指标，一般从财务、顾客、内部业务流程、学习与成长四个方面来衡量组织和个人绩效，把组织的愿景和战略转化成策略目标和可测量指标，进而实现对组织战略的"分解与测量"，并以此来展现组织的"战略轨迹"，实现战略、过程和能力的匹配；显然，要设计合理的绩效测量指标体系，使绩效不断改进，从而实现由绩效考核到绩效改进，以及由战略实施到战略修正的目标。

## 3.19.2 作为战略实施工具的应用

在战略实施中利用平衡记分卡的效果很好。可以从财务绩效、顾客与市场绩效、内部过程管理绩效、学习与成长绩效四个方面，利用平衡记分卡实施战略部署见图 3.19-1。

图 3.19-1 说明，企业通过财务指标的结果评价，可以得出经营绩效的实际水平是否卓越；通过市场份额和顾客满意度的结果评价，可以得出运营绩效的能力水平是否卓越；通过员工的学习与成长指标结果的评价，可以得出企业改进、创新、发展的能力水平是否卓越；通过过程识别确定重要过程，同时进行流程优化

和流程再造，确定带时间节点的业务流程，可以看出是否创造低成本高质量最佳效率的生产能力和业务绩效。

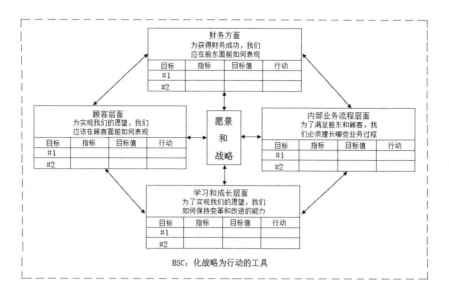

图 3.19-1　战略实施的工具

# 3.20 "6σ" 管理

## 3.20.1 概念

为了提高产品质量降低生产成本，在与对手抗衡中取得市场竞争优势，开展"6σ"管理是非常必要的。"6σ"（西格玛）管理基于"百万机会缺陷数 -DPMO"（Defects Per Million Opportunity）的思维 。计算公式为：

DPMO（百万机会缺陷数）= 单位缺陷数 / 百万个出错机会

单位缺陷数是指所考核的一件产品、一个过程、一批产品出现的缺陷数。因为设定的百万机会缺陷数是一个比例缺陷数，可实现对不同复杂程度的产品、过程的比较，"DPMO"也成为通用的衡量质量的尺度。从而确定了质量改进的目标，将百万机会出错数降至 3.4 个。就是说有 100 万个质量特性，就都有出错的可能，那么通过质量控制仅允许出现 3.4 个质量特性不合格，等于 3.4/10⁶。这个不合格的比例是相当低的。目前许多国家利用数理统计的标准数据都是以 0.27% 不合格品率为基础数据设计的。可见，我们当下一般的质量水平距离 6σ 管理的质量水平有多大的差距和改进空间。

## 3.20.2 作用

通常，我们把 σ 看作是产品加工中数据离散的波动幅度。对连续可计算的质量特性，σ 用于度量质量特性总体上对标称值的偏离程度，随着偏差减小，出现缺陷的概率降低，所以能力提高。因此，σ 是一种在过程改进中解决问题的方法。人们利用 6σ 管理，能反映对产品加工数据离散波动幅度的思想，把它引入在系统的过程改进项目中进行界定、测量、分析、改进及控制，把过程缺陷设定为一种指标，6σ 表示产品质量特性的平均缺陷率为 3.4ppm（1ppm 表示百万分之一）。目前很多企业不合格品率在 3000 ppm，假如邮政快递邮件的准确投递率达到 99%，仅有 1% 的差错率，对应工业产品的总体不合格品率 2.7% 而言似乎很不错啦，但是对于庞大的邮递行业而言，这个 1% 的差错率相当于大约每小时错投或丢失邮件数累计约 9500 件，约达到 3.8σ 水平。一个 3σ 的公司直接与质量问题有关的成本占销售收入的（15 ~ 30）%。显然，一个只有 3σ 的公司必然要面对大量的资源浪费、高的产品成本和价格、消费者的抱怨，以及缺乏竞争力的产品和服务等等，在市场上很难与一个具有（4 ~ 5）σ 甚至 6σ 质量水平的公司竞争。因此，企业必须采取措施提高过程绩效。统计资料表明，对一个只有 3σ 水平的公司来说，提高一个 σ 可获如下质量效益：

（1）利润率增长 20%；

（2）产出能力提高（12 ~ 18）%；

（3）减少劳动力 12%；

（4）资本投入减少（10 ~ 30）%。

### 3.20.3 σ 水平与平均缺陷数的关系

在生产和服务的实践中，人们研究出 σ 水平与平均缺陷的关系列于表3.20-1。

**表 3.20-1　σ 水平与平均缺陷数关系**

| σ 水平 | 2σ | 3σ | 4σ | 5σ | 6σ | 9σ |
|---|---|---|---|---|---|---|
| 每百万机会中平均缺陷（DPMO） | 308537 | 66807 | 6210 | 233 | 3.4 | 0.019 |

DPMO 意指每百万机会中平均缺陷数（DefectsPerMillionOpportunity）。如表所示，达到3σ 水平时，一百万次机会中有66807个缺陷，而达到6σ 水平时，一百万次机会中只有3.4个缺陷，这表示各种差错和返工会大量减少，合格频率会大大提高而成本下降，显然有效增加了产品的市场竞争能力。

6σ 管理的本质是通过不断创新，减少加工的离散性或失误，达到缺陷接近3.4ppm 的质量水平，是实现顾客和组织最大绩效的系统科学方法，它不是单纯的技术方法，是一种新的管理模式，一种寻求同时增加顾客满意和组织绩效增长经营战略的途径。它证明在制造任何产品时，坚持持续改进，高质量和低成本是可以兼容的。

### 3.20.4 6σ 管理过程

6σ 管理方法之一是将所有的工作作为一种流程，用量化的方法分析流程中影响质量的因素，找出最关键的因素加以改进，从而达到更多的客户和相关方满意。6σ 系统方法的基本目标是建立并实施以测量为依据的战略，通过实施6σ 改进项目和流程，增加绩效。这一目标要通过两种6σ 系统方法来完成。

#### 3.20.4.1 6σDMAIC 过程

6σDMAIC 过程的含义是："D-定义，M-测量，A-分析，I-改进，C-控制"，主要针对不能满足要求的过程，对其进行突破性改进。

（1）DMAIC 项目改进模式

DMAIC 流程是 6σ 管理中使用的项目改进模式，如从调查顾客需求开始，确定与顾客相关的关键产品特性，对其测量，寻找改进环节和改进目标；分析整个过程中影响产品特性的关键因素，即关键过程特性。通过对关键过程特性的改进，对关键产品质量特性优化，最后保持优化的结果。

（2）DMAIC 工作流程

（a）界定阶段 D：识别顾客需求、编写项目计划、绘制过程图。

（b）测量阶段 M：描述过程、收集数据、验证测量系统、测量过程能力，量化目前业绩，预计改进目标，确定衡量对象（Y）并验证衡量系统。

（c）分析阶段 A：收集并分析数据、提出并验证因果关系、识别"关键的少数"，确定偏差和缺陷原因（x）。

（d）改进阶段 I：确定解决方案（消除原因的方法），包括运作水平和允许误差；实施解决方案，提供统计数据证明方案起作用；寻找 y=f（x）规律，提出改进意见、选择改进方案、实施改进措施。

（e）控制阶段 C：确定标准、明确管理职责、监控关键少数并纠正错误。适当控制以长期保持改进。

### 3.20.4.2　6σ 的 DMADV 过程

6σ DMADV 过程的含义是：D- 定义，M- 测量，A- 分析，D- 设计，V- 验证。主要针对性产品和过程的开发过程，使新产品在设计阶段保证过程的绩效达到 6σ 的水平，即在造成 100 万个缺陷的机会中，只能出现不到 3.4 个缺陷。

## 3.20.5　6σ 管理的特点

### 3.20.5.1　以数据为基础，追求惊喜、完美的方法

这种管理办法的核心，是把所有工作作为一种流程看待进行管理，采用统计技术的方法和解决流程中影响质量的因素。

### 3.20.5.2　注重专家作用

在开展"6σ"管理初期，通过培训，形成一支推广 6σ 管理的专职和兼职

人员队伍，这只"6σ"管理队伍的专家包括：

（1）倡导者

倡导者一般由组织高层领导担任，其工作是战略性的，部署实施战略、确定目标、分配资源和监控过程等。

（2）黑带大师

黑带大师主要在关键领域选择和立项，培训6σ工作人员。

（3）黑带

黑带是推行6σ工作的技术骨干，是推行6σ工作的核心力量。

（4）绿带

绿带是兼职参加6σ工作的员工，应接受6σ知识的培训，将6σ的方法应用在工作实践中。

### 3.20.5.3 以关注顾客为焦点

以更广阔的角度关注顾客满意的所有方面，包括满足顾客对产品和服务的各种要求，为顾客忠诚提供更大的价值。

### 3.20.5.4 注重过程的持续改进

通过改进，提高组织各种业务能力，从而提高组织的竞争能力。

### 3.20.5.5 注重质量改进的效益

对顾客需求及满意度详细定义和量化描述，对每一个阶段都有明确目标，主要有：增加销售收入、准时交货、减少浪费、减少废品、降低库存、缩短周转周期和提高劳动生产率。不仅通过减少缺陷来降低成本，还要增加收入，而且对这两个方面还要不断改进。

## 3.20.6 6σ应用的最佳实践

### 3.20.6.1 3σ公司特点

就目前而言，3σ公司还是占有很大的比例，这些3σ公司的普遍特点是：

（1）故障成本耗费为销售额的（15～20）%；

（2）每百万次机会产生66807个缺陷；

（3）依靠检查来发现缺陷；

（4）认为高质量是昂贵的；

（5）没有规范的解决问题方法；

（6）以竞争对手作为参照基准进行比较；

（7）认为99%已经足够好；

（8）从自身内部出发定义质量关键点。

### 3.20.6.2 "6σ"公司特点

相比"3σ"公司而言，"6σ"公司的特点是：

（1）故障成本耗费为销售额的5%；

（2）每百万次机会产生3.4个缺陷；

（3）依靠有能力的工序防止产生缺陷；

（4）知道高质量就是低成本制造商；

（5）使用测量、分析、改进、控制和分析、设计、验证等规范的解决问题方法；

（6）以国际上最好的公司作为参照基准进行比较；

（7）"认为99%已经足够好"是无法接受的。

# 3.21 QC 小组

## 3.21.1 概述

（1）定义

QC 小组是指"在生产或工作岗位上从事各种劳动的职工，围绕企业的经营战略、方针目标和现场存在的问题，以改进质量、降低消耗、提高人的素质和经济效益为目的组织起来，运用质量管理的理论和方法开展活动的小组"。

（2）组织形式

QC 小组可以采取自愿组成或企业行政组织两种形式。这表明 QC 小组可以跨车间班组开展质量活动。在多年的实践中，常常由现场工人、技术人员和干部三结合的形式开展活动效果较好。QC 小组不同与行政班组，它是根据工种、班次和爱好在自觉自愿基础上结合起来的临时小组，小组成员在 7 ~ 13 人为宜，一般在组内要选举组长和副组长各一人。以现场活动为主的 QC 小组，一般都聘请技术人员当 QC 小组活动的顾问，能更加有效的分析和解决质量问题。长期以来，很多企业都将 QC 小组列入年度质量工作计划，并对 QC 小组成果给予一定的奖励，激励职工为企业的发展开展创新活动。

## 3.21.2 QC 小组活动的程序和方法

我国的 QC 小组在各行各业的产品质量改进中发挥了主人翁的作用，也积累了开展活动的程序和方法。活动按 PDCA 程序，方法如下：

### 3.21.2.1 领导做好动员和宣传

在 QC 小组活动之前，企业领导及质量归口管理部门首先应做好动员、教育和宣传工作。主要包括：

（1）企业领导在有关会议上将 QC 小组活动作为开展群众性质量活动的意义、作用等宣传；

（2）选派有关人员参加行业和上级质量管理会议，或 QC 小组成果发布会，受到启迪，把精神带回单位；

（3）举办各种形式的学习班、报告会、展览会，宣传 QC 小组的基本知识；

（4）印发各种有关 QC 小组的资料成果和案例，供职工阅读和学习；

（5）把 QC 小组活动效果纳入本单位群众性科技创新奖励和职业健康发展中进行鼓励。

### 3.21.2.2 教育与培训

为了开展好 QC 小组活动，必须对职工进行普及教育和对班组长进行培训。其内容一般包括：质量意识教育；质量管理小组活动程序与方法；实用数理统计及其他科学方法；专业技术和有关文化知识等。

### 3.21.2.3 组建 QC 小组

最初可先由班组长召集一些骨干，按自愿结合的方式组织起来，搞好试点。经过一个月至半年时间的实践即可初见成效，然后总结经验，发展 QC 小组。对于一些人数较多的工段或班组，可建立几个 QC 小组，各个 QC 小组最好聘请技术人员当顾问。

### 3.21.2.4 选课题及项目

没有课题就没有 QC 小组，QC 小组活动首先应选课题。可以根据企业发展方针和目标的展开，从分析本岗位、班组、车间（部门）的现状着手，围绕提高质量、降低消耗以及文明生产、为用户服务、改善管理、提高班组素质等几方面选择课题，并确立应达到的目标。一个课题完成后，应选项新的课题，或确定同一课题的新的目标。

开始时，课题可以选的小一些，应容易见到效果，一般在三个月左右即能完成为宜，这样可以增强小组成员的活动兴趣和信心。

### 3.21.2.5 小组登记和课题登记

QC 小组成立之后，要向所在车间和质量管理部门注册登记，格式参见表 3.21-1。课题选定后，还应及时进行课题登记，格式参见表 3.21-2。

登记表由车间汇总报送企业质量管理部门。跨车间的 QC 小组，可直接向企业质量管理部门注册登记。

### 3.21.2.6 QC 小组活动原则

（1）每个 QC 小组的活动都要集思广益，分工负责，按"计划、实施、检查、处理"的 PDCA 循环工作程序开展活动，同时要安排专人参考表 3.21-3 格式如实记录包括课题、实施情况、现状分析、对策措施、数据处理及出席人员等内容；

（2）QC 小组集体活动每月不少于两次，如持续半年没活动的，应予以注销；

（3）质量教育是 QC 小组活动的一项重要内容，对 QC 小组成员每年要进行数小时以上的质量教育，对组长、骨干则应创造机会参加上级质量培训，增加学习时间和内容。

### 3.21.2.7 制定并实施改进措施

QC 小组经过调查研究分析原因后，应制定切实可行的改进措施。在实施中要定期进行调查，分析对比实施效果，及时纠正失败的原因，总结好成果和经验。

### 3.21.2.8 巩固成果并在新的水平上再进行管理

QC 小组活动达到预期目标后，应及时巩固成果，对改进的措施实行标准化。有的需纳入到相关技术文件中，有的则应建立新的标准，以防止问题的重复发生。此后，这些纳入的措施应在新的水平上进行管理，并在生产中至少考验三个月以上。

### 3.21.2.9 写好成果报告并及时发表

QC 小组取得成果后应认真总结，编写成果报告书，内容一般包括：选题、原因分析、措施实施、QC 方法、效果及巩固措施，并填写 QC 小组成果发布申请登记表，参见表 3.21-4。

各级质量管路部门应定期召开成果发布会，发布会应有领导、质量管理工作者和代表参加，以交流经验为主要目的。形式要朴实、简明。对优秀 QC 小组要给予一定的奖励。

### 3.21.2.10 选择下一个课题

完成了一个课题之后，不要停顿下来，应及时选择新的课题或确定新的目标，也可以根据需要，重新组建新的小组。鼓励小组一般每年至少要完成二个课题，这样才能保持 QC 小组的活力。

## 3.21.3 QC 小组活动的管理

（1）制定并贯彻《质量管理小组管理办法》

为了加强对 QC 小组的管理，企业应制定本企业的《质量管理小组管理办法》，健全组织，明确职责，并认真贯彻执行。

（2）企业领导的职责

（a）企业领导应协调工会和归口质量部门开展 QC 小组活动，企业领导应亲自主持成果发布会，不要把领导责任推给下级领导或质量管理部门；

（b）要明确提出 QC 小组的方针和活动计划；

（c）认真督促中层干部抓好本部门的 QC 小组活动，及时听取汇报和给予必要的指导；

（d）在企业质量管理机构中配备专人具体负责 QC 小组活动的管理工作，并明确其职责范围；

（e）要对 QC 小组活动所需时间和经费等条件，给予积极的支持。QC 小组取得成果后，要给予一定能过的奖励。

（3）中层领导人的职责

（a）中层领导人是 QC 小组活动的直接组织者，应加强对本车间、本部门 QC 小组的具体领导；

（b）大中型企业的车间领导应负责制定本车间 QC 小组的管理，包括教育、注册登记、检查指导、帮助总结成果、组织发表等；

（c）要切实解决 QC 小组活动的必要条件和成果巩固工作；

（d）亲自主持 QC 小组成果发布会，并给予必要奖励。

（4）企业管理部门的职责

（a）在企业主要负责人的直接领导下，组织和管理单位全部 QC 小组活动，包括长期和年度的 QC 小组活动计划，并负责组织实施和检查 QC 小组管理工作的总结，激发群众性质量创新的积极性；

（b）负责制定、贯彻全厂 QC 小组活动的有关规定和制度；

（c）负责全厂 QC 小组的注册登记；召开成果发布会；组织成果评定；选拔优秀 QC 小组，并推荐其出席上级部门举办的成果发布会；

（d）配合教育部门，认真搞好 QC 小组长吉骨干的培训教育；

（e）配合工会、行政部门组织和指导群众性 QC 小组活动；

（f）提供 QC 小组活动所必需的教材、手册和资料等。

（5）注意事项

（a）不能单纯以经济效益的大小和所用手法的高低作为 QC 小组评价的依据，而应特别重视 QC 小组成果的适宜性及所用手法是否合理、真实可靠；

（b）应注意考核 QC 小组活动的全部过程和提高管理水平的实际效果；

（c）QC 小组活动也要坚持质量第一，反对形式主义如成果倒装、盲目追求数量等，发布成果要朴实无华；

（d）要正确处理 QC 小组的三结合问题，既要注意发挥工人的主体作用，又要发挥技术人员的技术指导作用。

### 3.21.4 QC 小组活动成果

#### 3.21.4.1 定期组织 QC 小组活动成果发表

为推动群众性质量管理活动的开展，企业应定期组织 QC 小组活动成果发表会，多以半年或一年为周期组织一次。每次组织 QC 小组活动成果发表会时应组织员工都能积极参加，使 QC 小组活动的效果、企业的奖励机制能激励全员创新的热情，企业往往收到事半功倍的效果。

#### 3.21.4.2 积极推荐 QC 小组活动成果

每次组织 QC 小组活动成果发表会后，应将评选出最好的成果按行业要求，积极向上级推荐，选派人员参加上级 QC 小组活动成果发表会。

#### 3.21.4.3 QC 小组活动成果效力

QC 小组活动成果应遵照《质量管理小组管理办法》规定，作为科研成果对待。

### 3.21.5 QC 小组活动的评价

对 QC 小组活动的评价，可分为对某个 QC 小组活动的评价和对 QC 小组活动成果的评价两种。企业可推荐一些办事公正、熟悉质量管理技术、有实践经验的专家组成评审小组来进行评价。

#### 3.21.5.1 对 QC 小组活动的评价

企业组织专业人员进行全面审核，主要包括：

（1）对 QC 小组进行资格审查，看其是否登记，是否符合登记条件；

（2）考核 QC 小组成员受教育的程度，包括测验和口头调查，特别要注意对小组长教育程度的考核；

（3）QC 小组的活动是否坚持每个月二次以上，是否有完整的会议记录和日常活动记录；

（4）QC 小组成员是否都参加活动，并踊跃发表意见；

（5）QC 小组每年发表成果的次数，在生产中采用了多少，解决质量问题和效果如何；

（6）经过一段时间活动后，QC 小组成员的素质是否有了提高，包括小组成员活动的积极性、创造性和技术业务水平的提高；

（7）在 QC 小组所及的范围内，质量管理等工作是否有了改善；

（8）历年来是否被上级有关部门评为优秀 QC 小组。

### 3.21.5.2　对 QC 小组活动成果的评价

根据 "QC 小组发表课题评分办法"，对 QC 小组发表课题采用百分制评分方法。评定分数表见表 3.21-5 和表 3.21-6。

### 3.21.5.3　最终评价

根据 QC 小组发表成果的数量，实际上每次 QC 小组成果发表会都要给出最终评价结果，以资鼓励。最终评价结果如下：

（1）"XXX QC 小组优秀一等奖"；

（2）"XXX QC 小组优秀二等奖"；

（3）"XXX QC 小组优秀三等奖"；

（4）"XXX QC 小组在 XXXX 年参加 XXXX 单位组织的 QC 小组成果发表会上获得组织奖"。

表 3.21-1　　　　　**QC 小组注册登记表**　　　　登记编号：

企业名称 _____　　企业主管部门 _____

所在地区 _____　省（直辖市、自治区）_____市（地区）

小组名称 _____　　全 组 人 数 _____

成立日期 _____　　登记日期 _____年____月____日

| 小组所在部门 | _____ 车间（科、室）<br>_____ 工段（工序）<br>_____ 班　　组 | 组长 | 姓　　名 _____<br>年　　龄 _____<br>文化程度 _____ |
|---|---|---|---|

| T Q C | 全组成员接受QC教育课时　　　　　　　　　　小时 | |
|---|---|---|
| | 对于一懂三会掌握程度，即：<br>　1.是否懂得全面质量管理的基本知识<br>　2.对于常用几种QC工具是否会看、会用、会算 | 熟练 _____ 人<br>一般 _____ 人<br>较差 _____ 人 |

| 企业质量管理部门意见：<br><br><br>盖章 | 主管部门意见：<br><br><br>盖章 |
|---|---|

表 3.21-2　　　　　**QC 小组课题登记表**

| 部门 | ＿＿＿＿＿＿＿＿＿ 车间（科、室）<br>＿＿＿＿＿＿＿＿＿ 工　　段<br>＿＿＿＿＿＿＿＿＿ 班　　组 | 小组登记号：<br><br>课题登记日期：<br>　年　月　日 |
|---|---|---|

| 小组名称 | | 成员 | | |
|---|---|---|---|---|
| | | | | |
| | | | | |
| 组长 | | | 男：　女：　共计：　人 | |

| 课题名称： | 计划完成期限： |
|---|---|
| 现状（用途表示）： | 目标： |

| 本课题需兄弟部门协助申请表 | | | 附记： |
|---|---|---|---|
| 要求协助部门 | 工　种 | 姓　名 | |
| | | | |
| | | | |
| | | | |
| | | | |
| | | | |

| 兄弟部门意见 | 本部门领导意见 | 班　长 | 工段长 | 车 间质管员 | 质量管理部门 | 厂　长 |
|---|---|---|---|---|---|---|
| | | | | | | |

表 3.21-3　　　　　QC 小组课题活动记录表

| | | | | | |
|---|---|---|---|---|---|
| | | | | | QC 小组 |
| 主 持 人 | | 时 间 | | 记录人 | |
| 活动现场 | | | | | |
| 参加人员 | | | | | |
| 活动内容与结果 | | | | | |
| 小组结论 | | | | | |

表 3.21-4　　　　QC 小组成果发布申请登记表

| 单　位 | | 部　门 | | 组　长 | |
|---|---|---|---|---|---|
| QC 小组名称 | | 取得成果时间 | | | |
| 课题名称 | | 成果活动时间 | | | |

| 活动前状况 (数据、图表)： | 活动目标：<br><br><br><br><br>实际情况 |
|---|---|

| 效<br><br>果 | 现　状 | | |
|---|---|---|---|
| | 质量效果 | | 专业部门审核意见： |
| | 经济效果 | | 经济部门审核意见： |

| 所在部门意见 | 质量管理部门意见 | 企业意见 |
|---|---|---|
| <br><br><br><br><br><br>年　月　日 | <br><br><br><br><br><br>年　月　日 | <br><br><br><br><br><br>年　月　日 |

### 表 3.21-5  QC 小组活动成果发表评审表

| 序号 | 评审项目 | 评审内容 | 分数 | 得分 |
|---|---|---|---|---|
| 1 | 选题 | （1）所选课题应与上级方针目标相结合，或是本小组现场急需解决的问题；<br>（2）课题名称要简洁明确地直接针对所存在的问题；<br>（3）现状已清除掌握数据充分，并通过分析已明确问题的症结所在；<br>（4）现状以为制定目标提供了依据；<br>（5）目标设定不过多，有量化的目标值和依据；<br>（6）工具运用正确适宜。 | 8～15 | |
| 2 | 原因分析 | （1）应针对问题的症结来分析原因，因果关系明确、清除；<br>（2）原因分析透彻，一直分析到可直接采取对策的程度；<br>（3）主要原因要从末端因素中选取；<br>（4）对所有末端因素都进行了要因确认，并用数据、事实客观地证明确主要原因；<br>（5）工具运用正确适宜。 | 13～20 | |
| 3 | 对策与实施 | （1）应针对所确定的主要原因逐条制定对策；<br>（2）对策应按"5W1H"的原则制定，每条对策在实施后都能检查是否已完成（达标）及有无效果；<br>（3）要按对策表逐条实施，且实施后的结果都有交代；<br>（4）大部分的对策是本组成员实施的，遇困难能努力克服；<br>(5) 工具运用正确适宜。 | 13～20 | |
| 4 | 效果 | （1）取得效果后与原状比较，确认其改进的有效性，与目标比较看其是否达到；<br>（2）取得的经济效益计算实事求是、无夸大；<br>（3）已注意了对无形效果的评价；<br>（4）改进后的有效方法和措施已纳入有关标准，并按新标准实施；<br>（5）改进后的效果能维持、巩固在良好的水准，并用图表表示巩固期的数据；<br>（6）工具运用正确适宜。 | 13～20 | |
| 5 | 发表 | （1）发表资料要系统分明，前后连贯，逻辑性好；<br>（2）发表资料要通俗易懂，应以图、表、数据为主，避免通篇文字、照本宣读。 | 5～10 | |
| 6 | 特点 | 统计方法运用突出，有特色，具有启发性。 | 8～15 | |
| 总体评价 | | | 总得分 | |

表 3.21-6 创新型课题 QC 小组活动成果发表评审表

| 序号 | 评审项目 | 评审内容 | 分数 | 得分 |
|---|---|---|---|---|
| 1 | 选题 | （1）题目选定是否有创新含义；<br>（2）选题的理由必要性要具体充分；<br>（3）目标要具有挑战性并有量化的目标分析。 | 13 ~ 20 | |
| 2 | 原因分析 | （1）应充分广泛地提出方案；<br>（2）确定最佳方案要分析透彻，实现评价，科学决策，必要时需做模拟试验；<br>（3）工具运用正确适宜。 | 20 ~ 30 | |
| 3 | 对策与实施 | （1）按"5W1H"的原则制定对策表；<br>（2）按对策表逐条实施，每条对策实施后的结果都有交代；<br>（3）工具运用正确适宜。 | 13 ~ 20 | |
| 4 | 效果 | （1）确认效果并与目标比较；<br>（2）经济效益的计算实事求是无夸大；<br>（3）注意了活动过程及对无形效果的评价；<br>（4）成果以发挥作用并纳入有关标准及管理规范。 | 8 ~ 15 | |
| 5 | 发表 | （1）发表资料系统分明，前后连贯，逻辑性好；<br>（2）发表资料以图表、数据为主，通俗易懂，不用专业性较强的词句和内容；<br>（3）发表时要从容大方，有礼貌地讲成果；<br>（4）回答问题时诚恳、简要、不强辩。 | 6 ~ 10 | |
| 6 | 特点 | （1）课题具体务实；<br>（2）充分体现小组成员的创造性。 | 0 ~ 5 | |
| 总体评价 | | | 总得分 | |

# 3.22 "6S"管理

近些年来，我们学习日本的 5S 方法开展现场质量管理，效果很有效。5S 管理包括整理（Seiri）、整顿（seiton）、清扫（seiso）、清洁（seiketsu）、素养（shitsuke）。在生产实践中人们常常将质量管理与绩效挂钩，因此，我们在 5S 管理基础上，增加了"节约"（Spare）项目管理，称为 6S 管理活动，使生产现场向标准化管理迈进了一大步。

### 3.22.1 整理

#### 3.22.1.1 整理原则

物归其位,创造井然有序、快速进入工作状态的环境条件。区分要与不要用品,将工作现场摆放的各种工具、用品进行分类摆放,达到现场无不用之物品。

#### 3.22.1.2 文件整理

(1)分类

按"要"和"不要"分类,定期对作业文件做盘点,对废弃的文件及时销毁;对必要的文件资料按档案管理分类规定归类整理,必要时评定密级。

(2)日文件盘点

每日对加工需要的操作指南或作业指导书、表单、记录(包括电子文档)、检验样品做盘点,把需要转入下道工序的文件、表单、记录、产品,按程序及时交付相关部门。

#### 3.22.1.3 工作区间整理

(1)每月对工作区、生产、检验区间的物品、设备、空间做盘点,整理出"要"和"不要"物品。

(2)工作环境中各种桌、椅、柜、试验台、设备、样件和架等摆放有序。

(3)确定物品、设备、空间"要"和"不要"原则

对于下述时限内的物品,按相关规定做废弃处理,或作必要处理,不可随意处理:

(a)过去1年都没使用过、或变质不能再用的物品应废弃;

(b)每月仅使用过1次或在过去的6个月只使用1次的物品应存放在库、柜或归档。

#### 3.22.1.4 检查

(1)每日自我检查;

(2)每周互相检查。

## 3.22.2 整顿

整顿现场次序，将现场常用的物品予以定位放置并加以提示，保持在需要时能立即取出状态。

### 3.22.2.1 工作台或办公桌整顿

（1）工作现场的物品应分类放置，排列整齐，有效标识；

（2）工作台和桌面除工具、笔桶、电脑、口杯、电话、文具和在用文件外，不放其他物品；

（3）工作台和桌面在用的文件应竖放；

（4）笔、钉书器、橡皮、即时贴和计算器，应集中放在办公桌的一定区域内；

（5）设备电源线、电脑线、电话线有序放置；

（6）工作台、桌、椅应当做到定量、定位，电脑置工作人员右前方，显示屏让服务对象可视；竖式主机置桌面下；桌洞内不堆积任何杂物。

### 3.22.2.2 工作台、卡座区整顿

（1）地面

地面不放置非工作用品；地面物品摆放目视化，使定量装载的物品做到过目知数，摆放不同物品的区域采用不同的色彩和标记加以区别；

（2）墙面

墙面不挂衣物；

（3）衣物定位

工作柜放置外衣、文件夹、词典、手册、法规资料；

（4）卡座屏风

卡座屏风内外侧无张贴；

（5）座椅

座椅靠背、椅座一律不得挂、放任何物品；人离开 坐椅半小时以上，坐椅应推放置桌下；

（6）垃圾篓

垃圾篓罩塑料袋，置办公桌下隐蔽处；

（7）饮水机

饮水机放指定地点，不随意移动；

（8）报刊

报刊上架或阅后放办公桌内；

（9）存放标识

物品存放做到定位、定品、定量，做好标识。

### 3.22.2.3 文件、资料整顿

（1）文件、资料整顿后保管按照《档案管理规定》或本单位的《文件控制程序》执行；

（2）信息或文件按照"待处理"、"处理中"、"已处理"、"涉密"方式分类；

（3）计算机硬盘内电子文档、资料分类应当条理清晰。电子文件需要长期保存的，应形成纸制文件和电子文档等双套介质材料归档保存；

（4）储存公共信息的介质应采取保护措施，在标签上注明项目名称。

### 3.22.2.4 电子文件（信件、邮件）整顿

（1）将标准、作业指导书、本级文件分类做文件夹；

（2）及时备份；

（3）减轻计算机负担，提高响应速度，已看邮件存储应限定：中层干部及以上不超过 100 封，工作人员不超过 30 封。

### 3.22.2.5 检查

检查应采用以下方式：

（1）每日、每周自我检查；

（2）直接领导定期抽查；

（3）机构管理人员每月检查。

### 3.22.3 清扫

将岗位变得干净整洁，设备保养清洁完好，保持工作现场清爽舒畅。

#### 3.22.3.1 清扫重点

（1）桌面、桌洞；

（2）设备、工具、电脑、传真机、复印机、打印机、电话和电源盒等；

（3）工作环境四周。

#### 3.22.3.2 清扫周期

每日下班后清扫，次日上班前检查。

#### 3.22.3.3 清扫标准

清扫标准包括以下方面：

（1）彻底将工作场所打扫干净，使其保持干净整洁状态；

（2）个人区域：工作台、工具箱、桌面干净整洁，桌洞内无垃圾、无杂物遗落；

（3）办公设备：主机和重点设备周围不得堆积杂物，其正面、背面、通风口无污垢，注意对设备的维护保养。

#### 3.22.3.4 检查

检查的内容包括以下方面：

（1）每日自我检查 1 次；

（2）班组长每周至少检查 1 次；

（3）管理部门应不定期抽查。

### 3.22.4 清洁

形成制度化和规范化，以保持整理、整顿和清扫的成果；

（1）对整理、整顿、清扫之后的工作成果要认真维护；

（2）工作场所物品整齐，清洁卫生；

（3）工作人员服装清洁，仪表整齐；

（4）利用文化宣传活动，保持活跃、清新的工作气氛，培养清洁习惯；

（5）工作人员每日自检、互检清洁状况。

### 3.22.5 素养

建立并形成良好习惯和意识，从根本上提升员工的修养，培养良好的素质，提升团队精神，实现员工的自我规范管理。

（1）培养工作人员良好习惯，提高全员文明礼貌水准；

（2）工作人员应当遵守法律规范和规章制度，做到依法行政，勤政为民；

（3）遵守礼仪守则，待人礼貌；

（4）工作期间保持良好形体姿态，站姿挺直，坐姿端庄，行姿稳重；

（5）在工作场所的任何时候不得大声喧哗；

（6）按照着装、仪容仪表、识别证、工作纪律、服务规范等标准，定期培训，提高工作人员素质。

### 3.22.6 节约

节约内容包括：

（1）生产过程应当提倡勤俭节约，减少材料浪费；

（2）对时间、空间、能源等方面应当合理利用，以发挥最大效能；

（3）工作场所开窗子时不开空调，注意节约能源；

（4）中午休息和非工作时间要关闭设备、电器等。

# 3.23 头脑风暴法

### 3.23.1 概述

头脑风暴是上个世纪某广告公司在质量管理活动中创新的一种方法，旨在会议上的参会人员在大脑中对会议主题没有任何条条框框约束、即兴提出自己意见的方法。头脑风暴法产生的意见和建议乃至方案,对解决一些新课题、新领域和比较难点的问题是创新思维的方法。这种创新是对产品、服务和过程富有意义的变革,不仅仅局限于研究开发部门的技术和产品创新,管理创新也很重要,包括:思想观念、组织机构、运行机制和业务流程等多方面的创新,促使全体员工积极地参与创新,头脑风暴法往往在质量管理活动中解决了许多迷津性的问题。

## 3.23.2 表达方式

(1)依顺序提议

在活动时小组成员按照座次顺序有秩序的依次说出自己的意见,可以轮回表达意见;

(2)自由提议

小组成员不按照座次顺序发言,谁想好啦谁发言,允许反复自由发言;

(3)卡片方式

小组成员在活动时将意见写在卡片上,有专人收集卡片,集中展示卡片内容。

## 3.23.3 活动程序

(1)确定人选

采用头脑风暴法解决问题的组织者应根据问题涉及的职能范围确定参会人员,一般 8~15 人为佳。

(2)确定项目名称

组织者应在会议前确定问题项目及名称,确定要达到的目标,通过头脑风暴法找出解决问题的方案。

(3)分工

组织者对会议参加人员进行分工,确定记录人,需要用质量方法表述时还应确定画图人等。

(4)掌握会议气氛

组织者应该尽量创造活跃的会议气氛,引导参会人员积极动脑发现问题的产生原因并找出应对的措施，达到各抒己见的目的，形成参会者的创造性思维，保证会议取得预期效果。

### 3.23.4 注意事项

经验表明，采用头脑风暴法解决问题的会议形式应注意如下有关事项：

（1）参会人员应从具有理论基础和实践经验的技术人员、管理人员和实践经验的班组长选定；

（2）组织者对会议要解决的问题不做引导发言，让参会人员即席发挥，讲真话；

（3）用头脑风暴法解决问题的会议时间不宜过长，一般掌握在1小时之内；

（4）会议组织者应对每位发言者发言结束后带头鼓掌，以活跃会议气氛；

（5）会议结束后，将参会者意见进行整理，形成文字资料，转入问题项目的解决过程。

# 3.24 学习"三本柱"方法

### 3.24.1 概述

（1）"三本柱"方法来源

"三本柱"方法源于2009年日本丰田公司汽车召回事件。在发生汽车召回事件后，丰田公司召集决策层、管理层、基层等不同层次的元老级有丰富现场经验的员工，进行研讨，探究从哪些方面可以防止类似事件的再次发生。经过过细的查找原因，最后，决定从人、自主保全和现场点三个方面着眼，持续改进，从而诞生了"三本柱"过程控制方法。"三本柱"的概念是从生产现场的人、机、料、法、环几个方面来着手考虑问题的，不过更为浓缩，这也更符合丰田现场一贯秉承的风格和理念，即：朴素，扎实。如果把企业完善的生产运营看作是一间房子，那么"人"、"现场点"、"自主保全"将是这间房子的承重立柱。三根柱子可以组成一个三角形，而三角形是最稳定的形状。所以从理论上来说，一间房子只要有三根承重的立柱，即可保证这间房子的稳固。试想一下，如果说一间房子只有两根甚至一根承重立柱，那么无论这两根立柱如何定位，都是不能保证房顶不会塌下来的。

（2）解决问题的针对性强

由于"三本柱"方法解决实际问题的针对性强，调动了现场工作人员的积极性，增强了现场工作人员的责任感，能够提高生产过程中产品质量，值得我们学习和推广。

## 3.24.2 "三本柱"的内容

（1）人的作用

人的作用定义为"标准作业的贯彻与改订"，也就是说这里所涉及到的人至少有两个，一个是贯彻标准的人，一个是制修订标准的人。所谓贯彻标准的人实际上指的是我们生产现场的操作者，当然，这些操作者必须具备上岗操作的资格，由他们来贯彻执行我们在现场发布的工艺、作业指导书、控制计划、规章制度等等这些标准。而改订标准的人则相当于我们的技术人员、品管人员和管理人员，改订标准自然不能是随意改订，改订的依据应该是来自操作者在贯彻标准的过程中所发现的原有标准中的问题或潜在问题，根据这些问题再由管理人员制订改善计划，以及后续工作。

（2）现场点

关于这点很直接的从字面上得到理解，丰田创造的"现场点"质量控制，做了几乎和产品质量相关要素的全部改善，像物料、物流、工序、5S 等，尤其是关键工序的管理。把每个生产线都识别出质量控制的现场质量管理点，这些现场点由操作者负责开展"三本柱"质量控制活动。

（3）自主保全

自主保全主要是针对设备的作用开展群众性质量管理活动。丰田公司的生产现场每天两个班次，每个班次正式生产前都要对设备进行长达 15 分钟的点检。

丰田的生产线停一分钟可能有数以万计人民币的损失，但丰田为什么会在 16 小时的工作时间内抽出这宝贵的半小时来落实设备点检呢？原因很简单，用计划中的半个小时损失，来预防其它 15.5 小时中因为设备故障造成的计划外的不可控制、无法预估的损失，实践表明设备状态完好是产品质量基本保障，也是生产稳定性和连续性的基本保证。依靠操作者对设备点检达到了生产现场的自主保全，充分体现了"自主"二字的宝贵含义。"三本柱"的精益理念靠的是现场一步一个脚印，扎扎实实的执行力。

### 3.24.3 "三本柱"的效果

"三本柱"一经提出便迅速在整个丰田系统推广，目前已经运用的十分娴熟。白城金事达电气有限公司作为唯一的现地优秀供应商获得了天津一汽丰田发动机企业推行"三本柱"现场管理方法。在 2010~2012 年的时间里，产品质量获得大幅提升，PPM 从以前的 200 下降到 60。生产车间的技术人员、质量管理工作者和操作人员，都能在本职工作中积极运用"三本柱"方法，解决一些实际问题，形成了精细化操作、精细化管理的良好生产氛围。群众性质量控制方法深入人心，现代企业应该向他们学习，广泛推广先进的方法。

# 第四章 支撑质量管理的技术基础

## 4.1 计量工作

### 4.1.1 概述

计量是实现单位统一、量值准确可靠的活动。国际计量组织（OIML）规定计量管理是"计量部门对所用测量方法和手段以及获得、表示和使用测量结果的条件进行的管理"。所有的产品生产和科学研究都是从大量测量数据开始的，每个系统都是由种类繁多的仪器和大量的零件、部件组成的。要使整个系统协调一致，达到事先预定的总体技术指标，保证数据的准确性和可靠性，靠的就是计量测试技术。现代计量已经体现在人们生活的衣食住行、医疗卫生和国际贸易及社会服务方方面面。计量是产品质量乃至国民经济的重要技术基础。按照系统工程理论来讲，计量管理是整个国家管理系统的一个子系统。实践表明，计量工作的主要特性如下：

（1）准确性

既在一定的测量不确定度或误差极限或允许误差范围内，测量结果与被测量量真值的一致程度。准确是计量技术的核心，是计量工作的基本目标，也是实施量值统一的依据。

（2）溯源性

指任何一个测量结果或测量标准的值，都能通过一条具有规定不确定度的不间断的比较链，与测量基准联系起来的特性。

161

（3）一致性

是指在统一计量单位的基础上，无论何时、何地、采用何种方法、使用何种计量器具、由何人测量，只要符合有关要求，测量结果应在给定的区域内一致。

计量工作的统一性不仅限于一个单位、一个部门、一个国家，而且遍及世界。他已成为国际社会发展经济、科学研究、贸易活动的重要保障。计量工作的统一性集中表现在国家统一的计量制度和量值的统一。

（4）法制性

指计量必需的法制保障上的特性，狭义上讲，就是规范化操作，广义上讲，计量工作是维护社会经济秩序的基本保障之一，在国家管理、社会生产、人民生活和国际贸易中都是不可缺少的。在工业生产中，从原料到半成品，再到成品的生产过程各个技术指标的实现，哪个环节都离不开计量；在农业生产中，土壤内的酸碱度、盐分、有机质、水分和氮磷钾含量，土壤的保水和保肥能力，以及盐水选种、药剂浸种、适温催芽等，都少不了计量测试工作的配合。从古至今，从国内到国外，计量工作实际上始终发挥着社会发展的重要技术基础作用。

## 4.1.2 术语

（1）强制检定

由县级以上人民政府计量行政部门所属或授权的计量检定机构，对属于贸易结算、安全防护、医疗卫生、环境监测方面，并列入《中华人民共和国强制检定的工作计量器具目录》的计量器具实行定点定期检定。包括强制检定工作及使用强制检定的工作计量器具。

（2）测量

为确定被测对象的量值而进行的实验活动。

（3）计量检定规程

为评定计量器具的计量性能，作为检定依据的法定技术文件。

（4）校准

ISO 10012《计量检测设备的质量保证要求》标准对校准定义为："在规定条件下，为确定计量仪器或测量系统的示值或实物量具或标准物质所代表的值与相对应的被测量的已知值之间关系的一组操作"。

检定是对计量器具的计量特性进行全面的评定，而校准主要是确定其量值。

（5）法定计量单位

国际单位制计量单位和国家选定的其他计量单位，为国家法定计量单位。

我国的法定计量单位包括：

（a）国际单位制的基本单位，见表4.1-1。

表 4.1–1　国际单位制的基本单位

| 量的名称 | 单位名称 | 单位符号 |
|:---:|:---:|:---:|
| 长度 | 米 | m |
| 质量 | 千克（公斤） | kG |
| 时间 | 秒 | s |
| 电流 | 安 [ 培 ] | A |
| 热力学温度 | 开 [ 尔文 ] | K |
| 物质的量 | 摩 [ 尔 ] | mol |
| 发光强度 | 坎 [ 德拉 ] | cd |

（b）国际单位制的辅助单位，见表4.1-2。

表 4.1–2　国际单位制的辅助单位

| 量的名称 | 单位名称 | 单位符号 |
|:---:|:---:|:---:|
| 平面角 | 弧度 | Rad |
| 立体角 | 球面度 | sr |

（c）国际单位制中具有专门名称的导出单位，见表4.1-3。

表 4.1-3　国际单位制中具有专门名称的导出单位

| 量的名称 | 单位名称 | 单位符号 | 其他表示式例 |
| --- | --- | --- | --- |
| 频率 | 赫[兹] | Hz | $s^{-1}$ |
| 力；重力 | 牛[顿] | N | $kG \cdot m/s^2$ |
| 压力，压强；应力 | 帕[斯卡] | Pa | $N/m^2$ |
| 能量；功；热 | 焦[耳] | J | $N \cdot m$ |
| 功率；辐射通量 | 瓦[特] | W | J/s |
| 电荷量 | 库[仑] | G | $A \cdot s$ |
| 电位；电压；电动势 | 伏[特] | V | W/A |
| 电容 | 法[拉] | F | C/V |
| 电阻 | 欧[姆] | Ω | V/A |
| 电导 | 西[门子] | S | A/V |
| 磁通量 | 韦[伯] | Wb | $V \cdot s$ |
| 磁通量密度，磁感应强度 | 特[斯拉] | T | $Wb/m^2$ |
| 电感 | 亨[利] | H | Wb/A |
| 摄氏温度 | 摄氏度[] | ℃ | |
| 光通量 | 流[明] | lm | $cd \cdot sr$ |
| 光照度 | 勒[克斯] | lx | $lm/m^2$ |
| 放射性活度 | 贝克[勒尔] | Bq | $s^{-1}$ |
| 吸收剂量 | 戈[瑞] | Gy | J/kG |
| 计量当量 | 希[沃特] | Sv | J/kG |

（d）国家选定的非国际单位制单位，见表4.1-4。

表 4.1-4　国家选定的非国际单位制单位

| 量的名称 | 单位名称 | 单位符号 | 换算关系和说明 |
| --- | --- | --- | --- |
| 时间 | 分 | min | 1 min = 60 s |
| | [小]时 | h | 1 h = 60 min = 3 600 s |
| | （日）天 | d | 1 d = 24 h = 86 400 s |
| 平面角 | [角]秒 | （″） | $1'' = (\pi/648\,000)$ rad（π为圆周率） |
| | [角]分 | （′） | $1' = 60'' (\pi/108\,000)$ rad |
| | 度 | （°） | $1° = 60' = (\pi/180)$ rad |

| 量的名称 | 单位名称 | 单位符号 | 换算关系和说明 |
|---|---|---|---|
| 旋转速度 | 转每分 | r/min | $1 = r/min = （1/60）s^{-1}$ |
| 长度 | 海里 | n mile | 1 n mile =1 852m<br>（只用于航程） |
| 速度 | 节 | kn | 1 kn = 1 n mile/h<br>=（1 852/3 600）m /s<br>（只用于航程） |
| 质量 | 吨<br>原子质量<br>单位 | t<br><br>u | $1 t = 10^3$ kG<br><br>$1 u ≈ 1.660 565 5 × 10^{-27}$ kG |
| 体积 | 升 | L，（1） | $1L=1dm^3 = 10^{-3}$ $m^3$ |
| 能 | 电子伏 | eV | $1 eV ≈ 1.602 189 2 × 10^{-19}$J |
| 级差 | 分贝 | dB | |
| 线密度 | 特 [ 克斯 ] | tex | 1 tex = 1 G/km |
| 面积 | 公顷 | $hm^2$ | $1 hm^2 = 10^4 m^2$ |

（e）由以上单位所构成的组合形式的单位，见表4.1-5。

表 4.1-5　关于构成十进制倍数和分数单位的词头

| 所表示的因数 | 词头名称 | 词头符号 |
|---|---|---|
| $10^{24}$ | 尧 [ 它 ] | Y |
| $10^{21}$ | 泽 [ 它 ] | Z |
| $10^{18}$ | 艾 [ 可萨 ] | E |
| $10^{15}$ | 拍 [ 它 ] | P |
| $10^{12}$ | 太 [ 拉 ] | T |
| $10^9$ | 吉 [ 咖 ] | G |
| $10^6$ | 兆 | M |
| $10^3$ | 千 | k |
| $10^2$ | 百 | h |
| $10^1$ | 十 | da |
| $10^{-1}$ | 分 | d |
| $10^{-2}$ | 厘 | c |
| $10^{-3}$ | 毫 | m |
| $10^{-6}$ | 微 | μ |

（e）由以上单位所构成的组合形式的单位，见表4.1-5。

表 4.1-6　由词头和以上单位所构成的十进倍数和分数

| 所表示的因数 | 词头名称 | 词头符号 |
|---|---|---|
| $10^{-9}$ | 纳 [ 诺 ] | n |
| $10^{-12}$ | 匹 [ 可 ] | p |
| $10^{-15}$ | 飞 [ 母托 ] | f |
| $10^{-18}$ | 阿 [ 托 ] | a |
| $10^{-21}$ | 仄 [ 普托 ] | z |
| $10^{-24}$ | 幺 [ 可托 ] | y |

注：（1）周、月、年（年的符号为 a）为一般常用的时间单位；

（2）[]内的字，是在不致混淆的情况下，可以省略的字；

（3）（）内的字为前者的同义语；

（4）角度单位度分秒的符号不处于数字后时，用括弧；

（5）升的符号中，小写字母 l 为备用符号；

（6）r 为"转"的符号；

（7）人民生活和贸易中，质量习惯称为重量；

（8）公里为千米的俗称，符号为 km；

（9）$10^4$ 的称为万，$10^8$ 称为亿，这类数词的使用不受词头名称的影响，但不应与词头混淆。

## 4.1.3 数值修约

在人们的生活中习惯"4 舍 5 入"简单的修约方法。这种习惯的方法要舍去 4 个数值（1、2、3、4）而进入 5 个数值（5、6、7、8、9），取舍的机会不相等，因此，人们又研究出相对科学的数值修约方法，即"4 舍 6 入 5 考虑"的方法（GB/T 8170-2008《数值修约规则与极限数值的表示和判定》）。

### 4.1.3.1 "4 舍"

所修约的数字中，左边第一个数字小于或等于 4 时舍去，修约后所留下的末位数字不变，如将 72.642 修约只保留 1 位小数，则为：72.6。

### 4.1.3.2 "6入"

所修约的数字中，左边第一个数字小于或等于6时则进1，修约后所留下的末位数字加1，如将72.662修约只保留1位小数，则为：72.7。

### 4.1.3.3 "5考虑"

（1）所修约的数字中，左边第一个数字等于5，而5后面的所有数字不是全部为0，即修约后所留下的末位数字加1。如将72.652修约只保留1位小数，则为：72.7。

（2）所修约的数字中，左边第一个数字等于5，而5右面无数字或全部为0时，所保留的末位数是奇数（1、3、5、7、9）则进1。如将72.55修约只保留1位小数，则为：72.6；所保留的末位数是偶数（2、4、6、8、0）则舍弃；即修约后所留下的末位数字不变。

例4.1-1：如保留1位小数，修约如下数字：

| 拟修约数值 | 修约值 |
|---|---|
| 1.05 | 1.0 |
| 0.55 | 0.6 |

例4.1-2：如保留2位小数，修约如下数字：

| 拟修约数值 | 修约值 |
|---|---|
| 28.045 | 28.04 |
| 12.005 | 12.00 |

### 4.1.3.4 负数修约

把负数变成绝对值之后，按"4舍6入5考虑"方法修约。

### 4.1.3.5 不连续修约

修约数值时还应遵循"不得连续修约"的规则，就是在进行修约时，始终要先关注拟修约数字左边第一个数字是关键，以左边第一个数字特征进行修约处理，不能把左边第一个数字后面的数字连续进行修约后再修约。

正确的修约方法：例如把23.4546修约成整数。首先关注到要修约的左边第一个数字是"4"，然后按照"4舍"的规则进行修约，结果是23。

错误的连续修约方法：还是以把 23.4546 修约成整数为例。错误步骤 1，先把 23.4546 修约成 23.455；错误步骤 2，再把 23.455 修约成 23.46；错误步骤 3，再把 23.46 修约成 23.5；错误步骤 4，最后把 24.5 修约到整数 25。

## 4.1.4 企业计量工作基本要求

### 4.1.4.1 明确计量组织机构，配备计量人员

根据生产实际需要明确计量管理机构，制定职责，协同各部门开展计量工作；配备的计量人员数量应满足计量管理、检定、传递、维修保养的需要。计量人员应经过培训，按规定具有相应资质后开展计量工作。

### 4.1.4.2 建立计量管理制度

计量管理制度主要包括：

（1）企业统一计量管理制度和实施细则；

（2）计量器具周期检定管理制度；

（3）计量标准室、仪表室、量具室、精测室等管理制度；

（4）计量器具使用、维修、保养管理制度；

（5）计量器具采购、入库、流转、降级、报废管理制度；

（6）计量测量原始数据、统计报表管理制度；

（7）计量档案、资料使用保管制度；

（8）计量人员考核管理制度。

### 4.1.4.3 合理配备计量器具并定期检定

（1）配备计量器具

对企业而言应配备必要的计量检测设施和器具，并明确计量器具配备率和检定周期。必要时可编制计量网络图或设计配备计划。配备的计量器具至少应包含：

（a）测量的量具；

（b）化验和分析的仪器；

（c）设计预研用计量设备；

（d）能源、工艺及质量管理计量器具等。

（2）计量检定

计量检定是指为评定计量器具的计量性能、确定其是否合格所进行的全部工作。为使侧脸数据准确可靠及可溯源，国家规定了计量检定系统表。企业所有的计量器具都应按照国家检定规程规定的项目进行定期检定。计量检定的特点有：

（a）对象是计量器具、标准物质；

（b）目的是确保量值的统一和溯源性；

（c）内容是评定计量器具的计量性能，确定其误差大小、准确程度、寿命、安全等；

（d）结论是确定该计量器具是否合格，包含使用中的计量器具可否使用，新制的可否出厂；

（e）计量检定的周期应遵守法律规定，计量检定证书在社会上具有法律效力，计量检定本身也是国家对测量的一种监督。

### 4.1.4.4 及时修理和报废计量器具和仪器

对于已经磨损的计量器具，应及时作出更换处理；对于经检定不合格但可修复的，应及时修复，修复后应经检定合格方可使用。

### 4.1.4.5 保证计量器具合理使用，实现检测手段现代化

企业应开展计量器具的保护教育，应开展爱护计量器具教育，提高员工使用计量器具的技能，有效地控制工序质量和产品质量。

### 4.1.4.6 强制检定计量器具

（1）范围

在我国，需要强制检定的计量器具范围按《中华人民共和国计量法》第九条第一款"县级以上人民政府计量行政部门对社会公用计量标准器具，部门和企业、事业单位使用的最高计量标准器具，以及用于贸易结算、安全防护、医疗卫生、环境监测方面的列入强制检定目录的工作计量器具，实行强制检定"中规定执行。

（2）强制检定的法律效率

属于最高计量标准器具和用于贸易结算、安全防护、医疗卫生和环境监测方

面列入强制检定目录的工作计量器具，应当依法进行强制检定。强制检定不合格的不得使用。国家对强制检定的工作计量器具目录实行不定期动态发布，计量归口管理部门也会考核检查现场使用的计量器具示值和主要计量学性能是否符合技术要求，用计量监督进一步保证强制检定计量器具对产品质量和社会经济发展中的技术基础作用。《中华人民共和国计量法》第二十五条还规定"属于强制检定范围的计量器具，未按照规定申请检定或者检定不合格继续使用的，责令停止使用，可以并处罚款"。

### 4.1.4.7 非强制检定

《中华人民共和国计量法》第九条第二款规定："对前款规定以外的其他计量标准器具和工作计量器具，使用单位应当自行定期检定或者送其他计量检定机构检定。"

国家规定非强制检定的在用工作计量器具，使用单位除了自行组织检定外也可以选择校准。在用工作计量器具合格与否既是体现现场使用的计量器具符合要求的状态，也是反映企业计量器具管理有效性的重要指标。为使生产设备和测试仪器测量准确度满足日常工作要求,应按照要求定期进行维护维护内容主要包括：

（1）是否恰当的选择计量器具检定周期检；

（2）考核在用计量器具是否满足工艺的需要；

（3）控制在用计量器具使用的环境条件是否保证计量器具精度要求；

（4）考核在用计量器具使用操作人员是否会正确使用、保养和调修。

《中华人民共和国计量法》第二十六条还规定了罚则；"使用不合格的计量器具或者破坏计量器具准确度，给国家和消费者造成损失的，责令赔偿损失，没收计量器具和违法所得，可以并处罚款"。

## 4.1.5 计量检定规程

（1）定义

检定规程是指"为评定计量器具的计量性能，作为检定依据的具有国家法定性的技术文件"。可见，检定规程是一种技术法规，是从事计量检定工作的技术依据。

（2）作用

确保计量器具的准确一致，以使量值在允许范围内能溯源到国家基准，达到对计量器具实现国家测量监督。

（3）内容

计量检定规程的内容：

（a）适用范围；

（b）计量器具的计量性能；

（c）检定项目；

（d）检定条件；

（e）鉴定方法；

（f）检定周期；

（g）检定结果的处理等。

（4）与国际接轨

国际法制计量组织（OIML）专门制定了一些国际计量检定规程即"国际建议"供各国使用，以促进国际贸易、文化、科学技术的交流。我国规定了凡属新制的、销售的、使用中、修理后以及进口计量器具的检定，都必须按照检定规程进行，计量检定工作与国际接轨。

## 4.1.6 建立测量管理体系

我国在计量管理方面已形成了一套完善的法律体系，在长期实施计量法规基础上，逐步积累形成了测量管理体系。如量值传递的国际溯源、全国广泛应用法定计量单位、计量器具强制检定和周期检定的实施、计量基准和标准物质的管理、定量包装商品以及对计量检定人员和计量监督人员的管理和计量监督等方面，充分体现出计量管理体系的有效性。GB/T 19022-2003/ISO10012:2003《测量管理体系 测量过程和测量设备的要求》明确规定"一个有效的测量管理体系确保测量设备和测量过程是应预期用途，它对实现产品质量目标和管理不正确测量结果的风险是重要的。测量管理体系的目标是管理由于测量设备和测量过程可能产生的不正确结果而影响该组织的产品质量"。其中的测量过程包括"设计、检测、生产和检验中的测量活动",测量管理体系模式见图4.1-1。

GB/T 19022-2003/ISO10012:2003 标准规定了测量管理体系的质量管理要求和实施指南,成功的用于改进测量活动和提高产品质量。我国已经广泛的开展测量管理体系自愿认证活动,建立测量管理体系应符合 GB/T 19022-2003/ISO10012标准规定的要求。

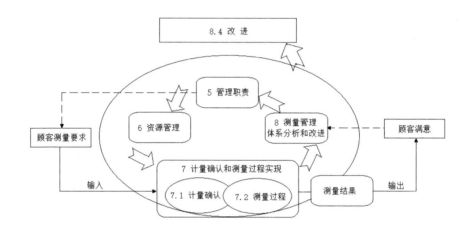

图 4.1-1　测量管理体系模式

## 4.1.7 计量违法行为罚则

我国对计量工作实施法制计量管理,《中华人民共和国计量法》和《计量法实施细则》对单位、个人的计量违法行为要承担法律责任,这些法律责任包括训诫和行政处罚。主要法则包括:

(1)使用非法定计量单位的,责令其改正;属出版物的,责令其停止销售,可并处1000元以下的罚款;

(2)制造、销售和进口非法定计量单位的计量器具的,责令其停止制造、销售和进口,没收计量器具和全部违法所得,可并处相当其违法所得10%至50%的罚款;

（3）部门和企业、事业单位的各项最高计量标准，未经有关人民政府计量行政部门考核合格而开展计量检定的，责令其停止使用，可并处 1000 元以下的罚款；

（4）属于强制检定范围的计量器具，未按照规定申请检定和属于非强制检定范围的计量器具未自行定期检定或者送其他计量检定机构定期检定的，以及经检定不合格继续使用的，责令其停止使用，可并处 1000 元以下的罚款；

（5）制造、销售未经型式批准或样机试验合格的计量器具新产品的，责令其停止制造、销售，封存该种新产品，没收全部违法所得，可并处 3000 元以下的罚款；

（6）制造、修理的计量器具未经出厂检定或者经检定不合格而出厂的，责令其停止出厂，没收全部违法所得；情节严重的，可并处 3000 元以下的罚款；

（7）使用不合格计量器具或者破坏计量器具准确度和伪造数据，给国家和消费者造成损失的，责令其赔偿损失，没收计量器具和全部违法所得，可并处 2000 元以下的罚款；

（8）经营销售残次计量器具零配件的，责令其停止经营销售，没收残次计量器具零配件和全部违法所得，可并处 2000 元以下的罚款；情节严重的，由工商行政管理部门吊销其营业执照；

（9）制造、销售、使用以欺骗消费者为目的的计量器具的单位和个人，没收其计量器具和全部违法所得，可并处 2000 元以下的罚款；构成犯罪的，对个人或者单位直接责任人员，依法追究刑事责任；

（10）个体工商户制造、修理国家规定范围以外的计量器具或者不按照规定场所从事经营活动的，责令其停止制造、修理，没收全部违法所得，可并处以 500 元以下的罚款；

（11）未取得计量认证合格证书的产品质量检验机构，为社会提供公证数据的，责令其停止检验，可并处 1000 元以下的罚款；

（12）伪造、盗用、倒卖强制检定印、证的，没收其非法检定印、证和全部违法所得，可并处 2000 元以下的罚款；构成犯罪的，依法追究刑事责任；

（13）计量监督管理人员违法失职，徇私舞弊，情节轻微的，给予行政处分；构成犯罪的，依法追究刑事责任；

（14）负责计量器具新产品定型鉴定、样机试验的单位，违反本细则第十七条第二款规定的，应当按照国家有关规定，赔偿申请单位的损失，并给予直接责任人员行政处分；构成犯罪的，依法追究刑事责任；

（15）计量检定人员有下列行为之一的，给予行政处分；构成犯罪的，依法追究刑事责任：

（a）伪造检定数据的；

（b）出具错误数据，给送检一方造成损失的；

（c）违反计量检定规程进行计量检定的；

（d）使用未经考核合格的计量标准开展检定的；

（e）未经考核合格执行计量检定的。

# 4.2 标准化工作

## 4.2.1 概述

### 4.2.1.1 标准化促进质量管理水平的提升

质量管理工作离不开标准化，企业的产品标准、工艺标准、原材料标准、半成品标准、设备标准和操作规范都必须协调统一，需要开展标准化工作，标准化是产品质量管理的技术基础。近年来，质量管理做的优秀的企业已经开始建立标准体系。标准体系的概念是"企业内的标准按其内在联系形成的科学的有机整体"。建立标准体系可梳理出企业应有的基础标准、技术标准、管理标准和全员的工作标准一共需要哪些？已有哪些？缺失哪些？对缺失的标准按轻重缓急做好制定计划补齐。工业企业标准体系编制依据：GB/T 13016《标准体系表编制原则和要求》，GB/T 13017《企业标准体系表编制指南》，GB/T 15496《企业标准体系 要求》，GB/T 15497《企业标准体系 技术标准体系》，GB/T 15498《企业标准体系 管理标准和工作标准体系》，GB/T 19273《企业标准体系 评价与改进》。

### 4.2.1.2 我国标准的层级、属性和应用

（1）标准的层级

我国标准的层级分为国家标准、行业标准、地方标准、企业标准和团体标准。

（2）标准的属性

国家标准和现实的行业标准具有强制性和推荐性；地方标准和团体标准都属于推荐性标准；企业标准既不是强制性也不是推荐性，只是在企业适用。

（3）标准的应用

有关人体健康和人身财产安全的标准属于强制性标准，强制性标准多属于国家标准，这类标准必须执行，无选择余地；其他推荐性质的标准，企业可以选择，也可以制定企业标准。这些标准一旦被企业选择就必须执行；以上标准没有企业的产品规格，企业可以自行制定产品标准，企业产品标准不得低于国家标准或行业标准，具体执行《企业标准管理办法》即可。

### 4.2.1.3 主要术语

标准：GB/T 20000.1 规定："通过标准化活动，按照规定的程序经协商一致制定，为各种活动或其结果提供规则、指南或特性，供共同使用和重复使用的文件。"

注1：标准宜以科学、技术和经验的综合成果为基础。

注2：规定的程序指制定标准的机构颁布的标准制定程序。

注3：诸如国际标准、区域标准、国家标准标等，由于它们可以公开获得以及必要时通过修正或修订保持与最新技术水平同步，因此它们被视为构成了公认的技术规则。其他层次上通过的标准，诸如专业协（学）会标准、企业标准等，在地域上可以影响几个国家。

标准化：GB/T20000.1 规定："为了在既定范围内获得最佳秩序，促进共同利益，对现实问题或潜在问题确立共同使用和重复使用的条款及编制、发布和应用文件的活动。"

注1：标准化活动确立的条款，可形成标准化文件，包括标准和其他标准化文件。

注2：标准化的主要效益在于为了产品、过程或服务的预期目的改进它们的适用性，促进贸易、交流以及技术合作。

协商一致：GB/T20000.1规定："普遍同意，即有关重要利益相关方对于实质性问题没有坚持反对意见，同时按照程序考虑了有关各方的观点，并且协调了所有争议。"

注：协商一致并不意味着全体一致同意。

## 4.2.2 标准代号

我国各类标准代号遵照中华人民共和国标准化法规规定，具体如下：

（1）强制性国家标准代号：GB，如GB 7718-2012《食品安全标准食品标签通用指南》；

（2）推荐性国家标准代号：GB/T，如GB/T 24001-2004《环境管理体系 要求及使用指南》；

（3）指导性技术文件国家标准代号：GB/Z，如GB/Z 19579-2012 《卓越绩效评价准则实施指南》；

（4）中国国家军用标准代号：GJB；

（5）行业标准代号：行业标准代号见表4.2-1。

表4.2-1 行业标准代号

| 序号 | 推荐性行业标准代号 | 强制性行业标准代号 | 标准所代表的行业 |
|---|---|---|---|
| 1 | BJG/T | BJG | 城乡建设环境保护部 |
| 2 | CB/T | CB | 船舶行业标准 |
| 3 | CCEC/T | CCEC | 中国节能产品认证管理委员会 |
| 4 | CECS/T | CECS | 工程建设标准化协会标准 |
| 5 | CH/T | CH | 测绘行业标准 |
| 6 | CJ/T | CJ | 城镇建设行业标准 |

| 序号 | 推荐性行业<br>标准代号 | 强制性行业<br>标准代号 | 标准所代表的行业 |
|------|-----------------|-----------------|------------------|
| 7 | CJJ/T | CJJ | 建设行业标准 |
| 8 | CNS/T | CNS | 台湾标准 |
| 9 | CY/T | CY | 新闻出版行业标准 |
| 10 | DA/T | DA | 档案行业 |
| 11 | DB/T | DB | 地震行业标准 |
| 12 | DE/T | DE | 地质仪器标准 |
| 13 | JG/T | JG | 建筑工业行业标准 |
| 14 | DJ/T | DJ | 电力建设标准 |
| 15 | DL/T | DL | 电力行业标准 |
| 16 | DZ/T | DZ | 地质矿产行业标准 |
| 17 | EJ/T | EJ | 核工业行业标准 |
| 18 | EO/T | EO | 电子 |
| 19 | FJ/T | FJ | 纺织工业部标准 |
| 20 | FZ/T | FZ | 纺织行业标准 |
| 21 | GA/T | GA | 社会公共安全行业标准 |
| 22 | GBZ/T | GBZ | 国家职业卫生标准 |
| 23 | GH/T | GH | 供销合作行业标准 |
| 24 | GSM/T | GSM | 全球移动通讯系统 |
| 25 | GY/T | GY | 广播电影电视行业标准 |
| 26 | GZB/T | GZB | 国家职业标准 |
| 27 | HB/T | HB | 航空工业行业标准 |
| 28 | HG/T | HG | 化工行业标准 |
| 29 | HJ/T | HJ | 环境保护行业标准 |
| 30 | HS/T | HS | 海关行业标准 |
| 31 | HY/T | HY | 海洋行业标准 |
| 32 | JB/T | JB | 机械行业标准 |
| 33 | JGJ/T | JGJ | 建筑工业工程建设技术规范 |
| 34 | JJ/T | JJ | 城乡建设环境保护行业标准 |

| 序号 | 推荐性行业<br>标准代号 | 强制性行业<br>标准代号 | 标准所代表的行业 |
|---|---|---|---|
| 35 | JJF/T | JJF | 计量检定规程 |
| 36 | JJG/T | JJG | 计量检定规程 |
| 37 | JR/T | JR | 金融行业标准 |
| 38 | JT/T | JT | 交通行业标准 |
| 39 | JTJ/T | JTJ | 交通行业工程建设技术规范 |
| 40 | JY/T | JY | 教育行业标准 |
| 41 | LB/T | LB | 旅游行业标准 |
| 42 | LD/T | LD | 劳动和劳动安全行业标准 |
| 43 | LS/T | LS | 粮食行业标准 |
| 44 | LY/T | LY | 林业行业标准 |
| 45 | MH/T | MH | 民用航空行业标 |
| 46 | MT/T | MT | 煤炭行业标准 |
| 47 | MZ/T | MZ | 民政行业标准 |
| 48 | NY/T | NY | 农业行业标准 |
| 49 | QB/T | QB | 轻工行业标准 |
| 50 | QC/T | QC | 汽车行业标准 |
| 51 | QJ/T | QJ | 航天工业行业标准 |
| 52 | QX/T | QX | 气象行业标准 |
| 53 | SB/T | SB | 商业行业标准 |
| 54 | SC/T | SC | 水产行业标准 |
| 55 | SD/T | SD | 水利电力行业标准 |
| 56 | SH/T | SH | 石油化工行业标准 |
| 57 | SJ/T | SJ | 电子行业标准 |
| 58 | SL/T | SL | 水利行业标准 |
| 59 | SN/T | SN | 进出口商品检验行业标准 |
| 60 | SY/T | SY | 石油行业标准 |
| 61 | SZ/T | SZ | 中国生产力促进中心协会 |
| 62 | TB/T | TB | 铁道运输行业标准 |

续表 3

| 序号 | 推荐性行业标准代号 | 强制性行业标准代号 | 标准所代表的行业 |
|------|------|------|------|
| 63 | TD/T | TD | 土地管理行业标准 |
| 64 | TY/T | TY | 体育行业标准 |
| 65 | WB/T | WB | 物资管理行业标准 |
| 66 | WH/T | WH | 文化行业标准 |
| 67 | WJ/T | WJ | 兵工民品行业标准 |
| 68 | WM/T | WM | 外经贸行业标准 |
| 69 | WS/T | WS | 卫生行业标准 |
| 70 | XB/T | XB | 稀土行业标准 |
| 71 | YB/T | YB | 黑色冶金行业标准 |
| 72 | YC/T | YC | 烟草行业标准 |
| 73 | YD/T | YD | 邮电通信行业标准 |
| 74 | YS/T | YS | 有色金属行业标准 |
| 75 | YY/T | YY | 医药行业标准 |
| 76 | YZ/T | YZ | 邮政行业标准 |
| 77 | ZB/T | ZB | 专业标准 |

（e）推荐性地方标准代号：DBXX/T

其中 XX 为省、自治区、直辖市行政区域代码的前 2 位，如吉林省行政区域代码 2200，标准代号为"DB22/T"。

（f）团体标准代号 :T/

① 说明 其中 "T"为"团体"汉语拼音缩写词头。"团体标准"是指由社会团体按照本团体确立的标准制定程序自主制定发布，由本团体成员约定采用，或按照本团体的规定供社会自愿采用。其中的"团体"是指具有法人资格，且具备相应专业技术能力、标准化工作能力和组织管理能力的学会、协会、商会、联合会和产业技术联盟等社会团体。一般的团体标准制定程序中最重要的环节

是：专家讨论项目后经理事会审批同意后为立项，形成报批稿经标准审定委员会审定通过后，再经过理事会审议批准发布。

② 根据国务院印发的（国发【2015】13 号）改革措施中指出，政府主导制定的标准由 6 类整合精简为 4 类，分别是强制性国家标准和推荐性国家标准、推荐性行业标准、推荐性地方标准；市场自主制定的标准分为团体标准和企业标准。政府主导制定的标准侧重于保基本，市场自主制定的标准侧重于提高竞争力。显然，我国的"团体标准"是基于经济发展中提高行业市场竞争力应运而生的。

（G）企业标准代号：Q/

企业可以根据需要自行制定企业标准，也可以与其他企业联合制定企业标准。我们知道企业标准包括技术标准、管理标准、工作标准。技术标准还包括产品标准、工艺标准、工装标准和设备标准以及内控标准等。企业把这些标准统一有序分类，赋"Q/"号管理即可。

### 4.2.3 标准编号

（1）我国标准编号

我国标准编号在前述的标准代号基础上依次增加"顺序号"、"一字线"和"发布年份号"，说明如下：

① 顺序号用阿拉伯数字表示，从 1 开始逐年大流水排序；

② 一字线作为顺序号和发布年份号的连接号；

③ 发布年份号用四位阿拉伯数字组成。

（2）我国标准编号示例

（a）强制性国家标准编号：GB 7718-2020。

（b）推荐性国家标准编号：GB/T 1.1-2020。

（c）强制性行业标准编号：JJF 1070-2005。

（d）推荐性行业标编号：NY/T 843-2009 。

（e）推荐性地方标准编号：DB22/T 2697-2017 。

① 地方标准编号由 DB 和省、自治区和直辖市行政区域代码前两位数字（DBXX/）、顺序号（XXXX）、一字线和发布年代号组成。

② 示例

DB22/T XXXX-2019 为吉林省地方标准编号。其中"XXXX"为吉林省地方标准序号；"-"为一字线；"2019"该地方标准为 2019 年发布。

（f）团体标准编号：T/JAS 3-2020。

① 团体标准编号由团体标准代号（T/）、社会团体代号（XXXX）、顺序号（XXXX）、一字线和发布年代号组成。

② 社会团体代号由其自主拟定，一般用大写拉丁字母或大写拉丁字母与阿拉伯数字组合。

③ 示例 吉林省标准化行业协会第一个团体标准编号为：T/JAS 1—2019。"JAS"为吉林省标准化行业协会缩写，"1"为吉林省标准化行业协会团体标准顺序号的第一个标准，不同年代均大流水排序，"2019"表示该团体标准于 2019 年发布；陕西省汽车工业协会 2015 年第一个团体标准编号为：TB 61/QCXH 1—2015，其中"TB"表示团体标准，"61"为陕西省的行政区域代码6100，简写 61，"QCXH"为汽车工业协会缩写。

（g）企业标准编号：Q/CWY 66-2019。

①企业标准编号由企业标准代号（Q/）、企业代号（XXXX）、顺序号（XXXX）、一字线和发布年代号组成。

②企业代号由其自主拟定，一般用大写拉丁字母或大写拉丁字母与阿拉伯数字组合。

（3）国际标准编号示例

（a）国际标准化组织标准编号：ISO 9004:2009。

（b）国际电工委员会标准编号：IEC 60085-2007。

（c）国际标准化组织和国际电工委员会联合发布的标准编号：ISO/IEC 11801:2002。

### 4.2.4 标准的编写

#### 4.2.4.1 标准编写的依据

标准的编写应遵照 GB/T 1.1-2020《标准化工作导则 第一部分：标准化文件的结构和起草规则》的规定，综合应用起草规则。该版标准化文件的结构和起草规则特别提倡制定标准的质量和标准发布后的应用效果，达到促进贸易、交流和技术合作之作用。同时该标准提醒我们在制定标准时应熟悉下列相关标准：

GB/T 3102《量和单位》；

GB/T 8170《数据修约规则与极限数值的表示和判定》；

GB/T 15834《标点符号用法》；

GB/T 20000.1（所有部分）《标准化工作指南 第 1 部分：标准化相关活动的通用术语》；

GB/T 20001（所有部分）《标准编写规则》；

GB/T 20002（所有部分）《标准中特定内容的起草》。

#### 4.2.4.2 企业产品标准的特征

企业产品标准应具有如下的特征：

（a）以科学、技术和实践经验的综合成果为基础制定；

（b）与最新技术水平同步；

（c）征求有关方面意见，协商后取得绝大多数人同意；

（d）由有关机构批准；

（e）以特定形式发布；

（f）需要共同遵守。

#### 4.2.4.3 产品标准的结构和主要内容

产品标准由若干要素组成。要素是按照其功能将标准内容划分为相对独立作用的单元，因此标准可将要素分为不同类别。一是按要素所起的作用分为规范性要素和资料性要素；二是按要素存在的状态分为必备要素和可选要素。结合企业产品标准说明如下：

（1）封面：是必备要素，具有标准名称、标准编号、发布和实施时间、发布单位；

（2）目次：可选要素。篇幅过长时应有目录；

（3）前言：必备要素；

（4）引言：可选要素；

（5）范围：必备要素，是表示该标准所涉及的每章内容，指明该标准的适用界限。必要时可指出该标准不适用的界限；

（6）规范性引用文件：必备 / 可选要素，有此内容为必备要素，无此内容为可选要素；

（7）术语和定义：标准有此内容时为必备要素，无此内容为可选要素。引用其他标准文件的术语时，应在该术语条目下写明来源，方式如 [ 来源: 标准编号、条目编号，有修改 ]。前述中"有修改"内容仅在对引用的其他标准文件术语做修改时存在；

（8）符号和缩略语：有此内容为必备要素，无此内容为可选要素。符号和缩略语顺序如下：

（a）大写拉丁字母置小写拉丁字母前面；

（b）无角标的字母置有角标的字母前面；

（c）希腊字母置拉丁字母后面；

（d）其他特殊符号置最后。

（9）分类和编码 / 系统构成：可选要素；

（10）总体原则和 / 或总体要求：可选要素；

（11）核心技术要素：必备要素，是标准的核心内容，包括功能体现和主要质量指标的具体化，是陈述要求性条款。其中的试验方法、检验规则、标志、包装、运输和储存要求属于核心技术要素是必备要素，具有明确的成品的抽样和检验项目及判定规则的规定，包括：

（a）批量（N）为多大进行检验；

（b）明确出厂检验和型式检验的项目；

（c）判定规则。

（12）其他技术要素：主要包含"实验条件、取样、计算方法、数学公式、标志、注、角注、引用、提示、附录"；

（13）终结线：是必备要素；

（14）参考文献：可选要素；

（15）索引：可选要素，指引用的标准；

（16）附录：包括"规范性附录"和"资料性附录"；

（17）标准层次和编号：是必备要素，具体见表4.2-2。

表4.2-2　标准层次和编号

| 层次 | 编号 |
|------|------|
| 部分 | XXXX.1 |
| 章 | 1 |
| 条 | 1.1 |
| 条 | 1.1.1 |
| 条 | 1.1.1.1 |
| 条 | 1.1.1.1.1 |
| 条 | 1.1.1.1.1.1；1.1.1.1.1.2 |
| 段 | 无编号，另起一行。 |
| 列项 | 符号用："—"或者用"列项编号方式"，列项编号方式为：a）、b）和下一层次的数字编号1）、2）。 |

（18）避免悬置段

在编制企业标准时应注意不出现悬置段。悬置段是在章标题和条之间或条标题与下一层次条之间设置了一段标准内容，其内容多以文字出现。如：

"6核心要素XXXXXXXXXXXXXX，XXXXXXXXXXXXXXXXXXXX。

6.1 要求"

其中的"XXXXXXXXXXXXXXXXX，XXXXXXXXXXXXXXXXXX。"

即为错误的悬置段。

（19）图

（a）每幅图均应有用阿拉伯数字表示的编号，只有一副图时应编号为"图1"；

（b）每幅图均应有图题。图编号与图题应完整置于图的下方。

（20）表

（a）每张表均应有用阿拉伯数字表示的编号，只有一张表时应编号为"表1"；

（b）每张表均应有表题。表编号与表题应完整置于表的上方。

（21）常用词的使用

（a）"遵守"在标准中是表示需要人做到的。如标准的编写应遵守GB/T1.1的规定；

（b）"符合"在标准中是需要"物"达到的。如电视机的灵敏度应符合表1的给定；

（c）"建议"和"宜"是表示建议的意思；

（d）"应"表示要求的意思。

（22）百分率

（a）表示范围时："81%～92%"；

（b）表示带有公差值时："（58±1）%"。

（23）平面角

宜用单位（°）表示，如"20.6°"。

#### 4.2.4.4 制定标准的程序

（1）调研、分析、论证；

（2）确定主要技术指标；

（3）起草、反复讨论；

（4）验证；

（5）征求意见；

（6）审定；

（7）批准发布；

（8）宣贯培训；

（9）实施；

（10）复审。

### 4.2.4.5 制定企业标准的原则

4.2.4.5.1 依据：企业标准管理办法、GB/T1.1 等。

4.2.4.5.2 要求

（1）无国家标准、行业标准、地方标准的，可制定企业标准或团体标准；

（2）有国家标准、行业标准、地方标准的，可制定定高于上述标准的企业标准或团体标准；

（3）规范性要素中的范围、术语和定义、核心技术要素是必备要素，在标准中应当体现；

（4）资料性要素中的封面、前言、规范性引用文件也是必备要素，其内容在标准中也不可缺少。

### 4.2.4.6 企业执行的标准应清晰的进行标注，标注方式：

（1）在产品上；

（2）在包装上。其中有最小销售包装必须标注在最小销售包装上。这是因为最小销售包装是消费者使用产品最易接触的包装。

### 4.2.4.7 编写企业标准的注意事项：

（1）遵守法律法规；

（2）符合强制性标准；

（3）满足用户需求；

（4）编写格式和结构应符合 GB/T1.1 规定；

（5）涉及到专利内容时的特殊处理，保护知识产权。

## 4.2.5 标准实施

实施标准的本质：有组织、有计划、有措施地贯彻执行标准的活动。按标准规定提供产品、服务或进行经营、管理，具体要求如下：

**4.2.5.1** 涉及的设施、设备、服务用品、工具及相应的环境条件等，应通过一定的方法确认其达到标准要求后再投入使用；对于操作人员，应通过考核确认其工作技能能满足标准规定要求再予以上岗。

**4.2.5.2** 对标准规定的质量要求、服务提供要求等应转化为各个岗位的具体工作要求，再加以实施。

**4.2.5.3** 对于标准中有关安全、环保等方面的要求，应落到关健点上，并有相应的保证措施。

**4.2.5.4** 对实施过程中遇到的问题应及时采取有效措施予以解决，确保标准的各项要求得以贯彻落实和标准实施的连贯性。

### 4.2.5.5 记录保存实施数据

标准实施过程必然会产生一系列数据，实施标准形成的数据为持续改进提供重要依据，应及时记载并妥善保管实施数据，必要时及时将数据信息反馈至有关单位或部门。

### 4.2.5.6 实施标准的过程

将标准文本中的条文规定落实到产品生产加工、服务提供、经营管理等全过程。实施标准的步骤如下。

4.2.5.6.1 制定计划

实施标准前各个层次均需制定工作计划或方案，明确目标，选择最佳路径，周密部署。必要时，对拟实施的标准，预先制定若干计划广泛征求意见，确定最佳方案。

（1）计划主要内容

实施范围、方式、内容、步骤、归口部门、协作部门、负责人员、时间安排、应达到的目标和要求、实施经费以及实施所需的技术、设备、流程、改进等。

（2）编制计划注意事项

（a）总体分析各种因素，确定先后顺序和采取的措施；

（b）将需多部门、多环节共同实施的标准分解成若干项具有可操作性的任务和要求，分配给有关部门或具体人员，明确职责，规定完成时限以及相互配合的要素；

（c）根据难易程度和范围大小，选择合适的方式；

（d）制定实施多项标准的计划，应考虑标准间的相互协调，合理分配人力、物力资源，避免内容交叉、重复。

4.2.5.6.2 实施准备

（1）组织准备

建立领导机构和日常工作机构，研究制定实施措施，协调解决实施过程中的问题。领导机构应根据标准实施的范围和要求具体确定，明确领导机构负责人和参加单位及人员，以及对应的职责权限等。对单一的、较简单标准的实施，至少应设专人或明确某具体单位或部门牵头负责。

（2）人员准备

对技术要求较高或国家有规定的岗位，在标准实施前需要对有关实施人员进行专业系统培训。对技能要求不高的岗位，进行相应的岗前标准化宣贯与培训和对从业或兼职人员的专业知识和实施技能培训。

（3）技术准备

（a）提供标准文本及必要的宣传、宣贯资料；

（b）特殊标准，编制新旧对照表，预先制定可能出现问题的处理措施；

（c）涉及服务技术改进，提前进行技术准备，必要时进行技术攻关或采取新的方法或流程。

（4）经费和物资准备

（a）经费预算和物资采购。标准实施前应有经费预算和物资采购计划；

（b）按实施过程及时提供。尽管不必在备齐后开始实施，但必须按标准实施过程及时提供，以免不能启动或中断实施，影响整体实施进度；

（c）安全健康环保类标准。考虑突发事件所需资金和物资。

4.2.5.6.3 宣贯培训

（1）决策层

（a）目的：对决策层宣贯培训，主是要争取到决策层领导对标准实施工作的重视和支持；

（b）内容：标准化历史及发展、标准化法律法规、标准化的意义及作用、开展标准化的必要性、如何组织实施标准等；

（c）方式：讲座、座谈或高层会议等；

（d）注意：不必过于详细讲解标准的具体内容和技术要求，培训次数和时间要严格控制）。

（2）中层

（a）目的：使中层了解掌握标准化基本理论，标准体系建立、实施标准的程序、方法等；

（b）内容：标准化法律法规，标准实施的重要性和必要性；标准实施中涉及领导的内容和实施要求；实施的重点和难点以及各项准备；部门间沟通协调，实施计划安排、监督检查和考核评价方式、内容和要求等。

（c）方式：组织培训、讲座、答疑等。

（3）操作层

（a）目的：领会标准化原理，理解实施标准的意义和作用，掌握标准体系构建，熟练标准编写，准确理解标准内容，能自觉运用标准、执行标准和维护标准，实现全员的标准实施效益最大化；

（b）内容：标准化法律法规、标准化基础知识、标准编写要求、标准重点内容和标准体系等；

（c）方式：举办培训班，聘请专家对标准进行系统地讲解和培训；选派人员参加国家或行业标准化行政管理部门组织的标准宣贯培训；利用网络、电视、广播、报刊、杂志、板报、演讲、竞赛、技术比武、工作会、班前会等形式进行培训教育，广泛宣传标准的意义和作用、内容和要求、实施难点和技术要领。

### 4.2.5.7 实施方法

4.2.3.7.1 将标准内容直接采用法

（1）强制性标准或基础标准，不做任何修改地全面实施。

（2）对不能直接采用的国家、行业和地方强制性标准或一些基础标准，可依据客观实际条件，将标准中适用的部分内容转化为企业标准实施。

4.2.5.7.2 将标准内容细化提高法

（1）国家、行业和地方标准适用范围较广，实施时结合实际逐项分析，采取补充细化的方法。

（2）实施上述标准，可以加严或提高其中的部分或全部质量要求。

4.2.5.7.3 将标准内容配套协调法

（1）实施某项具体标准，需要同时实施相关的配套标准；

（2）实施过程中应全面、系统地考虑各项标准之间的内在联系，统筹安排。

4.2.5.7.4 从标准特性出发采用的方法

（1）过程法

按事件发生的时间顺序一步步或分阶段地实施。针对流程制定的标准，一般采用此方法进行实施，要注意实施过程中各个阶段的相互衔接；

（2）分类法

按标准实施中涉及的范围和难易程度，分类组织实施，如先实施涉及部门较少、难度较小的标准，再实施涉及部门多、难度大的标准；

（3）要素法

按标准中要素实施，有些标准是按要素分别提出要求的，各要素之间虽有关联，但没有严格的时间上的关联性，这类标准可采用要素法实施，如环境、卫生、维修要素等；

（4）符合性

评价标准实施过程或结果是否符合标准要求。

4.2.5.7.5 按实施主体建立组织结构

（1）横向联合法

由一个部门牵头，作为实施的责任部门，其他部门共同参与，相互协调，共同实施相关标准。应注意的是该部门除实施本部门外，要统筹安排其他部门的实施工作。

（2）纵向覆盖法

（a）在纵向层级中实施或在不同层级的同类部门共同参与实施；

（b）由于组织构架复杂而庞大，实施需要由具有行政管理职能的部门负责。此时，可结合标准内容，优先选择业务较为熟练的部门试点，再向所有部门推广实施。

（3）独立运营法

实施主体的组织结构较为简单，标准的实施与其他部门和单位联系较少。由标准化管理部门具体组织，也可以设专人负责实施工作。

### 4.2.5.8 实施监督

4.2.5.8.1 实施单位本身自我监督

本单位标准化人员应定期检查产品标准的实施情况，包括：

（1）生产过程执行工艺情况；

（2）半成品质量检验合格率；

（3）外购件、外协件入厂检验合格率情况；

（4）产品出厂检验合格率及执行标准情况；

（5）型式试验的效果；

（6）标准化整体情况或体系运行情况。

4.2.5.8.2 上级标准化管理部门和行业行政主管部门监督，主要对产品质量稳定达到标准要求进行监督，包括各级政府的监督抽查。

4.2.5.8.3 标准评价

4.2.5.8.3.1 方法

（1）观察；

（2）查看标准实施的相关记录、核实数据；

（3）询问管理人员、实施人员对标准的熟悉程度；

（4）定量分析；

（5）纵横对比；

（6）过程再现等。

### 4.2.5.8.3.2 标准质量评价

（1）对标准实施率定量分析；

（2）开展本企业与行业标杆的纵横对比；

（3）深入现场了解产品状况，掌握顾客的感受；

（4）查看记录和报告；

（5）开展顾客满意度调查；

（6）进行神秘顾客调查。

### 4.2.5.8.3.3 评价内容和要求

（1）标准体系评价

（a）体系完整性评价；

（b）体系规范性评价；

（c）体系协调性评价；

（d）体系有效性评价。

（2）标准实施评价

（a）对标准体系内标准抽取部分重要标准进行评价；

（b）单项标准的实施可与标准体系实施评价结合进行。

（3）定性与定量相结合

正确处理定性与定量关系。有些指标虽然可以定量分析，但对评价结论和作用而言，没有必要进行量化。有些指标虽然量化后可更好的进行评价，但要获得必要的准确数据较为困难。

（4）评价人员要求

掌握国家有关标准化方针、政策和法律、法规，掌握服务业相关国家标准和专业知识；熟悉被评价组织的行业特点、主流模式，能识别在服务、经营和管理中存在的问题；具有较强的观察、分析和综合评判能力；坚持原则、实事求是，能客观判断评价证据，并依据证据给出公正的结论。

（5）总结改进

（a）对标准实施所用技术和方法的总结；

（b）对各种文件、资料的归纳、整理和立卷归档；

（c）对下一步或后续标准实施的意见。

总结应深入实际了解情况，对标准实施总体效果客观评价，总结不是标准实施的终止，而是对前阶段标准实施的小结，对后续标准实施作下一次策划、实施、检查、改进的"PDCA"循环的开始。

## 4.2.6 企业标准存在的主要问题

（1）指标低于强制性标准；

（2）企业对相关标准不了解、不掌握，上级标准宣贯不够及时；

（3）无技术、管理、工作标准目录，标准管理比较零散；

（4）不建立标准体系，不知道缺失的各类标准；

（5）对 GB/T1.1 不熟悉，缺少编写标准的标准化工作人员；

（6）管理标准和工作标准不健全；

（7）部分企业领导对开展标准化工作重视程度有待提高。

## 4.2.7 标准体系

### 4.2.7.1 编制说明

4.2.7.1.1 术语和定义

（1）标准体系

产业或企业内的标准按其内在联系形成的科学的有机整体。

（2）标准体系表

产业或企业内的标准按一定形式排列起来的图表，用于指导企业生产、管理和经营活动。是企业标准体系的显示表达。包括标准体系结构图、标准明细表、标准统计表和编制说明。

4.2.7.1.2 编制的依据和原则

（1）编制的依据

GB/T 13016《标准体系表编制原则和要求》

GB/T 13017《企业标准体系表编制指南》

GB/T 15496《企业标准体系 要求》

GB/T 15497《企业标准体系 技术标准体系》

GB/T 15498《企业标准体系 管理标准和工作标准体系》

GB/T 19273《企业标准体系 评价与改进》

（2）编制的原则

遵循"继承发展、适用简化、可扩展"的原则，研究建立黄牛肉产业标准体系。

（a）继承发展的原则

本体系在建立过程中采取继承发展的原则，对现有的规章制度等规范性文件进行梳理、归类，在建立的质量管理体系、环境管理体系、有机认证体系基础上，对比较零散的规章制度进行整合，补充了多项技术规范和操作规程，梳理出常用的技术标准和管理标准，体现了管理和技术在生产中的实用性、统一性和规范性。

（b）适用简化的原则

本体系在建立过程中，所有纳入的标准都按照企业生产经营的实际需要选用，对缺失的标准按计划制定，力争适用简化，为该体系有效运行提供保障。

（c）可扩展的原则

除按 GB/T 13016-2009 标准体系表编制原则和要求及 GB/T 13017-2008 企业标准体系表编制指南规定建立"产业标准体系"以外，还以附录形式编制空白详细规范，供企业扩展产品所用，也便于行业管理和指导。

#### 4.2.7.2 标准体系结构

4.2.7.2.1 标准体系整体结构

（1）以层次构成的整体结构

标准体系整体结构以层次结构构成，整体结构示意图见图 4.2-1。

（2）层次

第一层：基础标准分体系位于企业标准体系的第一层，是指企业采用实施的国家和行业的基础标准。主要包括：标准编写规定、术语、量和单位、能源、服务、环保和体系规定等；

第二层：包含技术标准分体系和管理标准分体系。

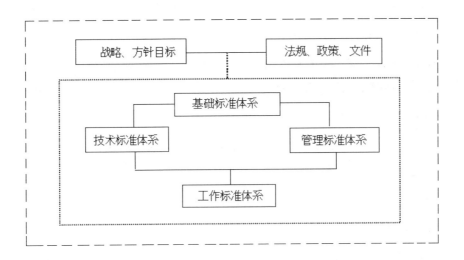

图 4.2-1　标准体系整体结构示意图

（a）技术标准分体系位于企业标准体系的第二层，是对企业标准化领域中需要协调统一的技术事项方面的标准所形成的有机整体。主要包括：

① 工业产品的品种、规格、质量、等级、安全卫生、设计、生产、试验检验、包装、储存运输、使用的方法或生产、储存运输过程的安全卫生要求；

② 有关环保的各项技术要求和检验方法；

③ 农业产品种子、种苗、种畜的品种、规格、质量、等级、检验、包装、储存运输以及生产技术、管理技术的要求；

④ 生产工艺、半成品和方法等。

（b）管理标准分体系也位于企业标准体系的第二层，是对企业标准化领域中需要协调统一的管理事项方面的标准所形成的有机整体。主要包括：

① 发展战略与目标、实体定位和组织形式；

② 营销、标准化与信息、设计、人才、财务、生产、检验、销售、服务、质量、安全卫生、环保、节能等管理要求。

第三层：工作标准分体系位于企业标准体系的第三层，是在执行技术标准和管理标准时，与工作岗位的职责权限、工作内容和方法、岗位的任职资格和基本技能、检查考核等有关标准所形成的有机整体。主要包括：

（a）决策层岗位工作标准；

（b）管理层岗位工作标准；

（c）一般管理人员工作标准；

（d）一线员工岗位作业指导书等。

（3）实线和虚线

（a）标准体系上面虚线表示标准外延的有关"法规和政策"，对本体系具有指导关系；

（b）虚线方框表示完整的企业标准体系；

（c）标准体系内实线连线表示各分体系间的关联关系。

4.2.7.2.2 基础标准体系结构图

建立的基础标准体系结构图是以 XX 黄牛为例进行的，基础标准体系结构图由 5 类一级要素构成，包括"标准化导则"、"术语与缩略语标准"、"量和单位标准"、"体系类标准"和"地理标志通用标准"一级展开构成，详见图 4.2-2。一级展开链接的是各类具体标准。

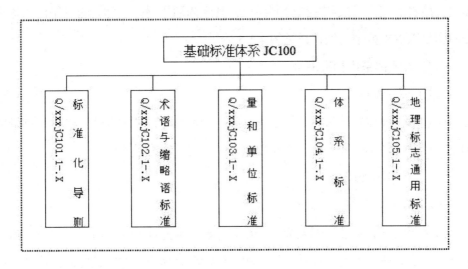

图 4.2-2 基础标准体系结构图

### 4.2.7.2.3 技术标准体系结构图

建立的技术标准体系结构图是以 XX 黄牛为例进行的，由 5 类一级要素构成，包括"饲料标准"、"养殖标准"、"牛肉标准"、"包装和标识标准"和"营销和服务标准"三级展开构成，包括 18 个 2 级展开要素、5 个 3 级展开要素，详见图 4.2-3。三级展开链接的是各类具体技术标准。其中的产品质量标准含检验方法。

### 4.2.7.2.4 管理标准体系结构图

建立的管理标准体系结构图是以 XX 黄牛为例进行的，由 15 类一级要素构成，包括"饲料管理标准"、"养殖基地管理标准"、"质量管理标准"、"生产管理标准"、"产品交付管理标准"、"采购管理标准"、"信息溯源管理标准"、"能源管理标准"、"设备管理标准"、"库房管理标准"、"财务管理标准"、"牛档案管理标准"、"安全环保管理标准"、"职业健康管理标准"和"综合评价管理"，详见图 4.2-4。

### 4.2.7.2.5 工作标准体系结构图

工作标准分特殊岗位人员工作标准和一般岗位人员工作标准。特殊岗位包括:

兽医、清真屠宰、排酸和牛肉分割岗位，其余为通用岗位。建立的工作标准体系结构图是以 XX 黄牛为例，详见图 4.2-5。

### 4.2.7.3 体系内标准编号

（1）统一编号管理

企业对标准体系内采用的标准进行统一分类编号，便于管理。同时，对采用的国际标准、国家标准、行业标准和地方标准实行双编号管理。

（2）双编号管理

（a）双编号范围

对采用的国际标准、国家标准、行业标准和地方标准的性质逐一划分，归类于技术标准分体系、管理标准分体系和工作标准分体系，按照各标准分体系编号原则实行编号，与原标准编号并存，在本公司实行各类标准的双编号管理。

（b）双编号的位置

引用标准时，可在被引用标准前另附一企业标准封面，同时辅以企业标准封面的全部内容。

（3）标准编号

（a）类别号

① 基础标准编号为 "JC 100 − XXXX"，示意见图 4.2-6：

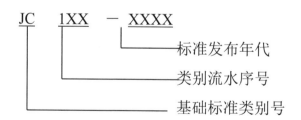

图 4.2-6　基础标准编号示意图

② 技术类标准编号为"JS 200 — XXXX"，示意见图 4.2-7：

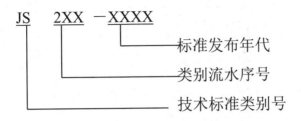

图 4.2-7　技术性标准编号示意图

③ 管理标准编号为"GL 300 — XXXX"，示意见图 4.2-8。

图 4.2-8　管理标准编号示意图

④ 工作类标准号为"GZ 400 — XXXX"。示意见图 4.2-9。

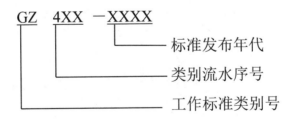

图 4.2-9　工作标准编号示意图

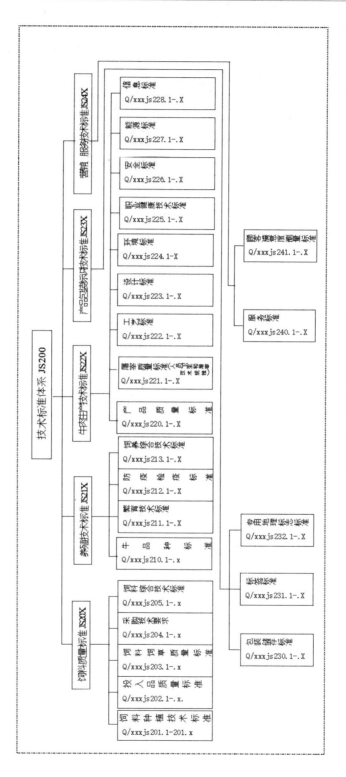

图 4.2-3 技术标准体系结构图

200

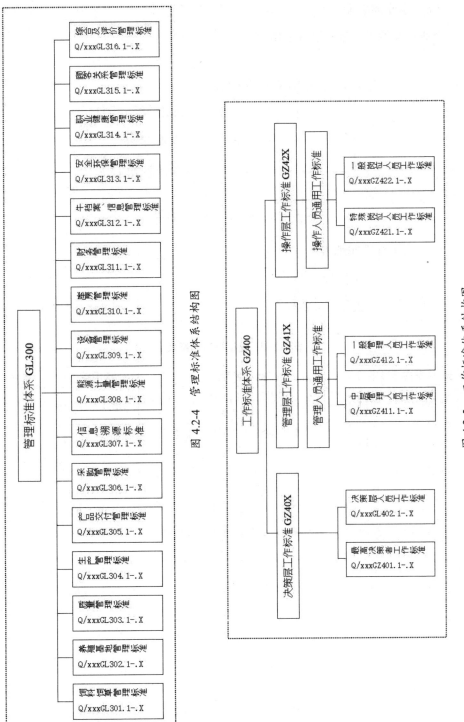

图 4.2-4 管理标准体系结构图

图 4.2-5 工作标准体系结构图

（b）企业标准编号

企业标准编号示意见图 4.2-10。

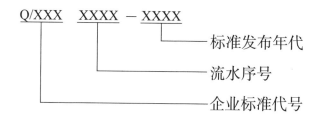

图 4.2-10　企业标准编号示意图

### 4.2.7.4 标准明细表

（1）基础标准明细表

基础标准明细表见表 4.2-3。

表 4.2-3　基础标准明细表

| 序号 | 体系内标准编号 | 标准名称 | 标准编号 | 备注 |
|---|---|---|---|---|
| 1 | JC 101.1—2014 | 标准化工作导则 第 1 部分：标准的结构和编号 | GB/T 1.1-2009 | |
| 2 | JC 102.1—2014 | 图形符号表示规则 产品技术文件用图形符号 | GB/T 16901 | |
| 3 | JC 102.2—2014 | 图形符号表示规则 设备用图形符号 | GB/T 16902 | |
| 4 | JC 102.3—2014 | 食品安全国家标准 预包装食品标签通则 | GB 7718-2011 | |
| 5 | JC 103.1—2014 | 国际单位制及其应用 | GB 3100 | |
| 6 | JC 103.2—2014 | 有关量、单位和符号的一般原则 | GB 3101 | |
| 7 | JC 103.3—2014 | 量和单位 | GB 3102 | |
| 8 | JC 104.1—2014 | 标准体系表编制原则和要求 | GB/T 13016-2009 | |
| 9 | JC 104.2—2014 | 企业标准体系表编制指南 | GB/T 13017-2008 | |
| 10 | JC 104.3—2014 | 企业标准体系 要求 | GB/T 15496-2003 | |
| 11 | JC 104.4—2014 | 企业标准体系 技术标准体系 | GB/T 15497-2003 | |
| 12 | JC 104.5—2014 | 企业标准体系管理标准和工作标准体系 | GB/T 15498-2003 | |
| 13 | JC 104.6—2014 | 企业标准体系 评价与改进 | GB/T 19273-2003 | |
| 14 | JC 104.7—2013 | 计量管理体系 | GB/T 19022 | |
| 15 | JC 105.1—2014 | 环境管理体系 要求及使用指南 | GB/T 24001-2004 | |
| 16 | JC 105.2—2013 | 地理标志产品通用要求 | GB/T 17924-2008 | |

（2）技术标准明细表

技术标准以黄牛肉有关的技术标准为主，主要包括设计技术标准、产品标准、采购标准、工艺操作标准、运行标准、维修规程、半成品技术标准、检验验收和试验方法标准、包装储运标志标准、服务技术标准及相关安全技术标准、职业健康和环境技术标准、信息技术标准。标准明细表见表 4.2-4。

表 4.2-4　技术标准明细表

| 序号 | 体系内标准编号 | 标准名称 | 标准编号 | 备注 |
|------|----------------|----------|----------|------|
| 1 | JS 201.1-2014 | 饲料种植规程 | Q/XXX 1-2013 | |
| 2 | JS 201.2-2014 | 饲草饲料基地种植要求 | Q/XXX 2-2013 | |
| 3 | JS 202.1-2014 | 饲料种植技术规程，（投入品质量要求） | Q/XXX 3-2013 | |
| 4 | JS 202.2-2014 | 食品工具、设备用洗涤消毒剂卫生标准 | GB 1493.2-1994 | |
| 5 | JS 202.3-2014 | 肥料合理使用准则 通则 | NY/T 496-2010 | |
| 6 | JS 203.1-2014 | 饲草饲料质量和检验标准 | Q/XXX 4-2013 | |
| 7 | JS 203.2-2014 | 饲料加工储存质量要求 | Q/XXX 5-2013 | |
| 8 | JS 204.1-2014 | 采购质量标准 | Q/XXX 6-2013 | |
| 9 | JS 205.1-2014 | 农田灌溉水质标准 | GB 5084-2005 | |
| 10 | JS 205.2-2014 | 土壤环境质量标准 | GB 15618-1995 | |
| 11 | JS 210.1-2014 | 延边黄牛品种控制规范 | Q/XXX 7-2013 | |
| 12 | JS 211.1-2014 | 育肥牛养殖管理流程 | Q/XXX 8-2013 | |
| 13 | JS 212.1-2014 | 延边黄牛疫病防控及追溯技术规程 | Q/XXX 9-2013 | |
| 14 | JS 212.2-2014 | 畜禽产地检疫规范 | GB 16549-1996 | |
| 15 | JS 213.1-2014 | 育肥牛饲养技术规程 | Q/XXX 10-2013 | |
| 16 | JS 213.2-2014 | 畜禽场环境质量标准 | NY/T 388-1999 | |
| 17 | JS 213.3-2014 | 生活饮用水卫生标准 | GB 5749-2006 | |
| 18 | JS 213.4-2014 | 畜禽养殖业污染物排放标准 | GB 18596-2001 | |
| 19 | JS 220.1-2014 | 绿色食品 肉及肉制品 | NY/T 843-2009 | |
| 20 | JS 220.2-2014 | 食品安全国家标准 食品微生物学检验 菌落总数测定 | GB 4789.2-2010 | |

| 序号 | 体系内标准编号 | 标准名称 | 标准编号 | 备注 |
|------|---------------|----------|----------|------|
| 21 | JS 220.3-2014 | 食品安全国家标准 食品中农药最大残留限量 | GB 2763-2012 | |
| 22 | JS 220.4-2014 | 食品安全国家标准 食品微生物学检验 大肠菌群计数 | GB 4789.3-2010 | |
| 23 | JS 220.5-2014 | 食品安全国家标准 食品微生物学检验 沙门氏菌检验 | GB 4789.4-2010 | |
| 24 | JS 220.6-2014 | 食品生物学检验 志贺氏菌检验 | GB 4789.5-2012 | |
| 25 | JS 220.7-2014 | 食品中总砷及无机砷的测定 | GB/T 5009.11-2003 | |
| 26 | JS 220.8-2014 | 食品中镉的测定 | GB/T 5009.15-2003 | |
| 27 | JS 220.9-2014 | 食品中总汞及有机汞的测定 | GB/T 5009.17-2003 | |
| 28 | JS 220.10-2014 | 食品安全国家标准 食品中铅的测定 | GB 5009.12-2010 | |
| 29 | JS 220.11-2014 | 出口肉及肉制品中六六六、滴滴涕残留量检验方法 | SN 0126-1992 | |
| 30 | JS 220.12-2014 | 肉与肉制品卫生标准的分析方法 | GB/T 5009.44-2003 | |
| 31 | JS 220.13-2014 | 延边牛胴体等级 | DB22/T 1852-2013 | |
| 32 | JS 220.14-2014 | XX 黄牛牛肉等级评定标准 | Q/XXX 11-2013 | |
| 33 | JS 221.1-2014 | 畜类屠宰加工通用技术条件 | GB/T 17237-2008 | |
| 34 | JS 221.2-2014 | 牛屠宰加工技术规程（含人员卫生和屠宰技术规程） | Q/XXX 12-2014 | |
| 35 | JS 221.3—2014 | 牛屠宰操作规程 | GB/T 19477-2004 | |
| 36 | JS 221.4-2014 | 牛羊屠宰产品品质检验规程 | GB 18393-2001 | |
| 37 | JS 221.5-2014 | 肉类加工厂卫生规范 | GB 12694-1990 | |
| 38 | JS 222.1-2014 | 鲜、冻分割牛肉 | GB/T 17238-2008 | |
| 39 | JS 222.2-2014 | 牛胴体及鲜肉分割 | GB/T 27643-2011 | |
| 40 | JS 222.3-2014 | 黄牛肉排酸技术规程 | Q/XXX 13-2013 | |
| 41 | JS 223.1-2014 | 建设工程分类标准 | GB 50841-2013 | |
| 42 | JS 224.1-2014 | 农产品安全质量 无公害畜牧产地环境要求 | GB/T 18407.3-2001 | |
| 43 | JS 224.2-2014 | 环境空气质量标准 | GB 3095-2012 | |
| 44 | JS 225.1-2014 | 食品企业通用卫生规范 | GB 14881-1994 | |

| 序号 | 体系内标准编号 | 标准名称 | 标准编号 | 备注 |
|---|---|---|---|---|
| 45 | JS 226.1-2014 | 农产品质量安全追溯操作规程 通则 | NY/T 1761-2009 | |
| 46 | JS 226.2-2014 | 农产品质量安全追溯操作规程 畜肉 | NY/T 1764-2009 | |
| 47 | JS 226.3-2014 | 病害动物和病害动物产品生物安全处理规程 | GB 16548-2006 | |
| 48 | JS 227.1-2014 | 供配电系统设计规范 | GB 50052-2009 | |
| 49 | JS 230.1-2014 | 运输包装用单瓦楞纸箱和双瓦楞纸箱 | GB/T 6543-2008 | |
| 50 | JS 230.2-2014 | 食品塑料周转箱 | GB/T 5737-1995 | |
| 51 | JS 230.3-2014 | 复合食品包装袋卫生标准 | GB/T 9683-1988 | |
| 52 | JS 230.4-2014 | 包装用塑料复合膜、袋、干法复合、挤出复合（双向拉伸聚丙烯（BOPP）、低密度聚乙烯（LDPE）复合膜、袋） | GB/T 10004-2008（10005-1998） | |
| 53 | JS 230.5-2014 | 食品包装材料用尼龙成型品卫生标准 | GB/T 16332-1996 | |
| 54 | JS 230.6-2014 | 食品包装用聚乙烯成型品卫生标准 | GB 9687-1988 | |
| 55 | JS 230.7-2014 | 食品包装用聚丙烯成型品卫生标准 | GB 9688-1988 | |
| 56 | JS 230.8-2014 | 食品包装用聚氯乙烯成型品卫生标准 | GB 9681-1988 | |
| 57 | JS 230.9-2014 | 食品包装用聚苯乙烯成型品卫生标准 | GB 9689-1988 | |
| 58 | JS 230.10-2014 | 食品包装用原纸卫生标准 | GB 11680-1989 | |
| 59 | JS 230.11-2014 | 定量包装商品净含量计量检验规则 | JJF 1070-2005 | |
| 60 | JS 230.12-2014 | XX 黄牛牛肉包装技术规程 | Q/XXX 14-2013 | |
| 61 | JS 231.1-2014 | 运输包装收发货标志 | GB/T 6388-1986 | |
| 62 | JS 232.1-2014 | 地理标志产品 黄牛肉 | DB22/T 1849-2013 | |
| 63 | JS 240.1-2014 | 售后服务技术标准 | Q/XXX 15-2013 | |
| 64 | JS 241.1-2014 | 顾客满意度测量标准 | Q/XXX 16-2013 | |

（3）管理标准明细表

管理标准明细表见表 4.2-5。

表 4.2-5　管理标准明细表

| 序号 | 体系内标准编号 | 标准名称 | 标准编号 | 备注 |
|---|---|---|---|---|
| 1 | GL301.1-2014 | 养殖场饲料管理规范 | Q/XXX 17-2013 | |
| 2 | GL301.2-2014 | 饲料管理标准 | Q/XXX 18-2013 | |
| 3 | GL301-2014 | 植物保护和防疫管理标准 | Q/XXX 19-2013 | |
| 4 | GL301.4-2014 | 环境卫生管理标准 | Q/XXX 20-2013 | |
| 5 | GL302.1-2014 | XX 黄牛养殖环境标准 | Q/XXX 21-2013 | |
| 6 | GL302.2-2014 | 繁育母牛饲养管理规范 | Q/XXX 22-2013 | |
| 7 | GL303.1-2014 | 企业标准化管理规定 | Q/XXX 23-2013 | |
| 8 | GL303.2-2014 | 投入品管理标准 | Q/XXX 24-2013 | |
| 9 | GL304.1-2014 | 内部检查管理规程 | Q/XXX 25-2013 | |
| 10 | GL304.2-2014 | 批号标识管理规程 | Q/XXX 26-2013 | |
| 11 | GL304.3-2014 | 有机肉牛、羊运输与搬运规程 | Q/XXX 27-2013 | |
| 12 | GL305.1-2014 | 产品交付标准 | Q/XXX 28-2013 | |
| 13 | GL306.1-2014 | 采购控制程序 | Q/XXX 29-2013 | |
| 14 | GL306.2-2014 | 养殖用具购进检验标准 | Q/XXX 30-2013 | |
| 15 | GL306.3-2014 | 合格供方评定准则 | Q/XXX 31-2013 | |
| 16 | GL307.1-2014 | 信息和溯源管理标准 | Q/XXX 32-2013 | |
| 17 | GL308.1-2014 | 能源计量管理标准 | Q/XXX 33-2013 | |
| 18 | GL309.1-2014 | 设备维修清洗及卫生管理规程 | Q/XXX 34-2013 | |
| 19 | GL310.1-2014 | 仓库管理规定 | Q/XXX 35-2013 | |
| 20 | GL310.2-2014 | 出入库及保管管理规程 | Q/XXX 36-2013 | |
| 21 | GL311.1-2014 | 财务管理标准 | Q/XXX 37-2013 | |
| 22 | GL312.1-2014 | 文件管理规定 | Q/XXX 38 -2013 | |
| 23 | GL312.2-2014 | 记录管理规定 | Q/XXX 39-2013 | |
| 24 | GL313.1-2014 | 产品召回控制程序 | Q/XXX 40-2013 | |
| 25 | GL314.1-2014 | 种植技术员及内部检验员管理规定 | Q/XXX 41-2013 | |
| 26 | GL314.2-2014 | 教育和培训规定 | Q/XXX 42-2013 | |
| 27 | GL314.3 -2014 | 员工福利及劳动管理规定 | Q/XXX 43-2013 | |

| 序号 | 体系内标准编号 | 标准名称 | 标准编号 | 备注 |
|---|---|---|---|---|
| 28 | GL314.4-2014 | 岗位任职规定要求 | Q/XXX 44-2013 | |
| 29 | GL315.1-2014 | 跟踪、追踪检查管理规程 | Q/XXX 45-2013 | |
| 30 | GL315.2-2014 | 销售管理规定 | Q/XXX 46-2013 | |
| 31 | GL315.3-2014 | 客户申、投诉的处理管理规定 | Q/XXX 47 -2013 | |
| 32 | GL315.4-2014 | 黄牛肉安全应急预案 | Q/XXX 48-2013 | |
| 33 | GL 315.5 -2014 | 黄牛肉主动召回管理规定 | Q/XXX 49-2013 | |
| 34 | GL316.1-2014 | 黄牛肉地理标志、标签管理规范 | Q/XXX 50-2013 | |
| 35 | GL316.2-2014 | 向认证机构的报告及接受监察的规程 | Q/XXX 51 -2013 | |
| 36 | GL316.3-2014 | 综合经营管理标准 | Q/XXX 52-2013 | |
| 37 | GL316.4-2014 | 组织机构及责任和权限 | Q/XXX 53-2013 | |
| 38 | GL 316.5-2014 | 有机产品 第1部分 生产 | GB/T19630.1-2011 | |
| 39 | GL 316.6-2014 | 有机产品 第2部分 加工 | GB/T19630.2-2011 | |
| 40 | GL 316.7-2014 | 有机产品 第3部分 标示与销售 | GB/T19630.3-2011 | |
| 41 | GL 316.8-2014 | 有机产品 第4部分 管理体系 | GB/T19630.4-2011 | |
| 42 | GL 316.9-2014 | 绿色食品 产地环境质量 | NY/T 391-2013 | |
| 43 | GL 316.10-2014 | 绿色食品 农药使用准则 | NY/T 393-20 | |
| 44 | GL 316.11-2014 | 绿色食品 畜禽饲料及饲料添加剂使用准则 | NY/T 471-2010 | |
| 45 | GL 316.12-2014 | 绿色食品 兽药使用准则 | NY/T 472-2006 | |
| 46 | GL 316.13-2014 | 绿色食品 动物卫生准则 | NY/T 473-2001 | |
| 47 | GL 316.14-2014 | 绿色食品 产品检验规则 | NY/T 1055-2006 | |
| 48 | GL 316.15-2014 | 无公害食品 畜禽饮用水水质 | NY 5027-2008 | |
| 49 | GL 316.16-2014 | 无公害食品 肉牛饲养兽药使用准则 | NY 5030-2006 | |
| 50 | GL 316.17-2014 | 无公害食品 肉牛饲养兽药防疫准则 | NY 5126-2002 | |
| 51 | GL 316.18-2014 | 无公害食品 肉牛饲养饲料使用准则 | NY 5032-2006 | |

（4）工作标准明细表

工作标准明细表见表4.2-6。

表 4.2-6　工作标准明细表

| 序号 | 体系内标准编号 | 标准名称 | 标准编号 | 备注 |
|---|---|---|---|---|
| 1 | GZ 401.1-2013 | 总经理工作标准 | Q/XXX 54-2013 | |
| 2 | GZ 402.1-2013 | 副总经理工作标准 | Q/XXX 55-2013 | |
| 3 | GZ 402.2-2013 | 育肥牛养殖场厂长工作标准 | Q/XXX 56-2013 | |
| 4 | GZ 402.3-2013 | 店长工作标准 | Q/XXX 57-2013 | |
| 5 | GZ 402.4-2013 | 屠宰厂长工作标准 | Q/XXX 58-2013 | |
| 6 | GZ 411.1-2013 | 中层管理者工作标准 | Q/XXX 59-2013 | |
| 7 | GZ 412.1-2013 | 合同基地管理人员工作标准 | Q/XXX 60-2013 | |
| 8 | GZ 421.1-2013 | 疫病疫情防治人员工作标准 | Q/XXX 61-2013 | |
| 9 | GZ 422.1-2013 | 育肥牛饲养员工作标准 | Q/XXX 62-2013 | |
| 10 | GZ 422.2-2013 | 繁育母牛饲养员工作标准 | Q/XXX 63-2013 | |
| 11 | GZ 422.3-2013 | XX黄牛牛肉分割加工、排酸人员工作标准 | Q/XXX 64-2013 | |
| 12 | GZ 422.4-2013 | 饲料加工员工作标准 | Q/XXX 65-2013 | |
| 13 | GZ 422.5-2013 | 保管员工作标准 | Q/XXX 66-2013 | |
| 14 | GZ 422.6-2013 | 黄牛肉销售、运输员工作标准 | Q/XXX 67-2013 | |
| 15 | GZ 422.7-2013 | 黄牛肉安全卫生员工作标准 | Q/XXX 68-2013 | |
| 16 | GZ 422.8-2013 | 黄牛肉检验员工作标准 | Q/XXX 69-2013 | |

（5）标准明细表有效性

各标准明细表录入标准应具备有效性，跟踪标准的变化，至少每季度应进行索引查新，保证收录应用的标准是现行有效版本。

（6）法规性文件

适用于企业标准体系外延的标准化和黄牛肉有关的法规及文件明细见表4.2-7。

**表 4.2-7 法规及文件明细表**

| 序号 | 名称 | 发布 |
|---|---|---|
| 1 | 中华人民共和国标准化法 | 全国人大常委会 |
| 2 | 农产品质量安全法 | 全国人大常委会 |
| 3 | 中华人民共和国食品安全法 | 全国人大常委会 |
| 4 | 中华人民共和国标准化法实施条例 | 国务院 |
| 5 | 企业标准管理办法 | 国家质检总局 |
| 6 | 地理标志产品保护规定 | 国家质检总局 |
| 7 | 地理标志产品保护工作细则 | 国家质检总局 |
| 8 | 延边黄牛管理条例 | 延边州人大 |
| 9 | 延边黄牛地理标志产品保护公告 | 国家质检总局 [2008] 第 65 号公告 |
| 10 | 关于发布地理标志保护产品专用标志比例图的公告 | 国家质检总局 [2006 年 ] 第 109 号公告 |
| 11 | 现代农业产业技术体系建设实施方案（试行） | 农业部、财政部（农科教发 [2007]12 号） |
| 12 | 定量包装商品计量监督管理办法 | 国家质检总局 [2005] 第 75 号令 |
| 13 | 畜禽标识和养殖档案管理办法 | 中华人民共和国农业部令第 67 号 |
| 14 | 动物性食品中兽药最高残留限量 | 农业部公告 [2002] 第 235 号 |
| 15 | 畜禽规模养殖污染防治条例 | 中华人民共和国国务院令 [2013] 第 643 号 |
| 16 | 食品动物禁用的兽药及其它化合物清单（简称《禁用清单》） | 农业部 [2001] 第 193 号公告 |
| 17 | 兽药停药期和不需制订停药期的兽药品种规定 | 农业部 [2002] 第 278 号公告 |
| 18 | 质检总局关于核准珲春吉兴牧业有限公司使用地理标志保护产品专用标志的公告 | 国家质检总局 [2014] 第 22 号公告 |
| 19 | 冷库管理规范（试行） | （89）商副字第 153 号发布 |
| 20 | 禁止在饲料和动物饮用水中使用的药物品种目录 | 农业部 [2002] 第 176 号公告 |
| 21 | 兽药地方标准废止目录 | 农业部 [2005] 第 560 号公告 |
| 22 | 饲料药物添加剂使用规范 | 农业部 [2001] 第 168 号公告 |

### 4.2.7.5 标准统计表

（1）收录范围

按照法规及文件、基础标准、技术标准、管理标准和工作标准采用的国家标准、行业标准、地方标准和企业标准收录    项。其中法规性文件    项，基础标准    项，技术标准    项，管理标准    项，工作标准    项。包括直接采用的国家标准    项，行业标准    项，地方标准    项，企业性质的标准    项。

（2）标准统计表

按照标准层级统计与企业生产经营有关的各类标准，具体见表4.2-8。

表 4.2-8　标准统计表

| 项目 | 标准类别 | 国家标准 | | 行业标准 | | 地方标准 | | 企业标准 | 合计 |
|---|---|---|---|---|---|---|---|---|---|
| | | 强制性 | 推荐性 | 强制性 | 推荐性 | 强制性 | 推荐性 | | |
| JC100 基础标准体系 | 101 标准化导则 | | | | | | | | |
| | 102 术语与缩略语 | | | | | | | | |
| | 103 量和单位 | | | | | | | | |
| | 104 体系标准 | | | | | | | | |
| | 105 地理标志标准 | | | | | | | | |
| | 小计 | | | | | | | | |
| JS200 技术标准体系 | 201 饲料质量标准 | | | | | | | | |
| | 210 养殖技术标准 | | | | | | | | |
| | 220 牛肉生产技术标准 | | | | | | | | |
| | 230 产品包装标识 | | | | | | | | |
| | 240 营销、服务标准 | | | | | | | | |
| | 小计 | | | | | | | | |
| GL300 管理标准体系 | 301 饲料饲草管理标准 | | | | | | | | |
| | 302 养植基地管理标准 | | | | | | | | |
| | 303 质量管理标准 | | | | | | | | |
| | 304 生产管理标准 | | | | | | | | |
| | 305 产品交付管理标准 | | | | | | | | |
| | 306 采购管理标准 | | | | | | | | |

| 项目 | 标准类别 | 国家标准 | | 行业标准 | | 地方标准 | | 企业标准 | 合计 |
|---|---|---|---|---|---|---|---|---|---|
| | | 强制性 | 推荐性 | 强制性 | 推荐性 | 强制性 | 推荐性 | | |
| GL300 管理标准 体系 | 307 设计管理标准 | | | | | | | | |
| | 308 能源计量管理标准 | | | | | | | | |
| | 309 设备管理标准 | | | | | | | | |
| | 310 库房管理标准 | | | | | | | | |
| | 311 财务管理标准 | | | | | | | | |
| | 312 牛档案信息管理标准 | | | | | | | | |
| | 313 安全环保管理标准 | | | | | | | | |
| | 314 职业健康管理标准 | | | | | | | | |
| | 315 服务管理标准 | | | | | | | | |
| | 316 综合及评价管理标准 | | | | | | | | |
| | 小计 | | | | | | | | |
| GZ400 工作标准 体系 | 401 决策层工作标准 | | | | | | | | |
| | 410 管理层工作标准 | | | | | | | | |
| | 420 操作层工作标准 | | | | | | | | |
| | 小计 | | | | | | | | |
| | 标准累计 | | | | | | | | |
| 法规及法规性文件 | | 法律 | 法规 | 部门规章 | | 政府规章 | | 文件 | |
| | | | | | | | | | |
| | 合计 | | | | | | | | |

#### 4.2.7.6 标准体系运行

企业应采取标准体系运行措施，主要包括：

（1）发布标准体系运行令

标准体系建立后，企业应履行发布实施程序。最高管理者（法人代表）正式发布标准体系运行令，明确实施相应的体系内标准，规定实施日期、执行范围。

（2）建立标准化管理机构

成立标准化管理委员会，设主任委员、副主任委员和委员若干人。主任委员

211

由企业负责人担任，副主任委员由分管标准化工作的企业领导担任，还可设由企业标准化管理机构负责人担任的第二个标准化委员会副主任，委员由各职能机构的负责人担任。标准化组织机构见图 4.2-11。

（3）明确标准化管理机构的职责

企业标准化管理委员会的职责如下：

（a）负责建立企业标准体系表；

（b）组织编制企业生产经营活动中所需的技术标准、管理标准和工作标准；

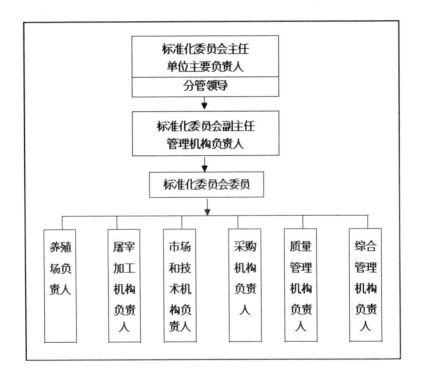

图 4.2-11　企业标准化组织机构图

（c）贯彻实施企业标准体系和标准；

（d）组织制修订并实施企业的各项标准；

（e）监督检查企业各项标准的实施效果。

（4）明确职能部门实施标准的职责

企业应明确各职能部门在标准体系运行和标准实施的职责。标准实施职能分配表见表 4.2-9。

表 4.2-9　标准实施职能分配表

| 序号 | 标准名称 | 职能部门 | | | |
|---|---|---|---|---|---|
| | | 部门 1 | 部门 2 | ... | 部门 n |
| 1 | 标准 1 | ▲ | △ | △ | △ |
| 2 | 标准 2 | △ | ▲ | △ | △ |
| ... | ...... | △ | △ | ▲ | △ |
| n | 标准 n | △ | ▲ | △ | △ |

（5）任命专兼职标准化工作人员

各委员单位设置 1-2 名标准化兼职工作人员，按照标准体系管理方案，承担企业标准化组织机构部署的具体工作。

（6）制定标准体系的实施方案

按照标准体系梳理的通用基础标准、服务保障标准、服务提供标准和工作标准，采用有效的技术措施、管理措施，制定标准体系运行的实施方案，有计划的开展体系运行和标准的宣贯。

（7）齐套标准

企业应将标准明细表收录的所有标准齐套、分类。齐套的标准文本应存放在指定部门管理，宜归类成册，及时提高有关人员学习和应用。

（8）制定培训计划

标准体系运行和体系内标准的贯彻实施设计企业全体员工，应制定分层培训计划，有计划开展基础标准、技术标准、管理标准和岗位工作标准的培训。关键岗位和职能机构及专兼职标准化人员是重点培训对象。

（9）制定标准制修订计划，逐步完善体系内标准

根据标准体系运行的基本要求，各有关职能部门领导，应在现有规章制度和标准的基础上，提出应制定的各类标准项目，做出废止、待制定和修定的各类标准的制修定标准计划。

（10）标准体系运行的评价与考核

（a）基础管理

按照GB/T 19273的要求，应定期检查监督标准体系运行和标准实施的效果，建立标准规定项目的检验报告、检验记录单和必要的台账。

（b）坚持自我评价

按照GB/T 19273表A.3"企业自我评价评分表"的要求，开展标准体系运行的持续评价与改进。重点以技术标准实施结果为主，检查评价管理标准和工作标准的有效性。

（11）建立企业标准化管理办法和手册

企业应总结管理标准和工作标准对技术标准实施的有效性，制定标准化管理办法，建立标准化工作手册，汇总企业产品的法定要求，生产合格产品和市场需要产品的技术标准、管理标准和工作标准的规定内容，每位员工都能在标准化管理办法和手册中找到自己的职责和工作规范。

（12）持续改进

企业应按照PDCA循环的方法，每年应全面梳理有关规章制度和现行标准，特别对规范工作人员岗位工作标准的事项是否适用，应该在每个年度进行一次梳理。

## 4.2.8 内控标准

（1）定义

内控标准是指企业内部使用、对外部具有保密性或有条件供企业外部单位和个人使用的标准。在企业有时也将内控标准称二级标准

（2）适用范围

（a）企业生产的产品质量指标、特性高于国际标准、国内上级标准的；

（b）企业获得的专利的产品主要技术参数、方法等；

（c）企业独到或专属的方法、工艺或配方；

（d）企业生产的产品需要特殊的原料、材料要求等。

## 4.2.9 涉及专利的标准

### 4.2.9.1 含有专利的非企业标准

（1）未识别出专利内容

负责起草的工作组应在起草阶段就应通过专利管理部门查询、索引相关专利内容。对未识别出含有专利内容时，应做到：

（a）在各阶段标准草案和送审稿阶段的封面上标明征集标准是否涉及专利的信息，如"请在提交反馈意见时，将您知道的相关专利信息连同支持性文件一并附上"。

（b）在前述的基础上，起草工作组应在标准的前言中写明："经查询索引XXX专利管理机构尚无相关专利内容，请注意本标准的某些内容可能涉及到专利内容"。

（2）已识别出专利内容

（a）起草工作组对于查询索引到与本标准相关的专利内容，应与专利持有者协调后，完成标准起草等工作。

（b）在引言中明确标明：本标准……条……与……内容涉及到相关专利的使用。该专利持有人已向该标准发布机构承诺，愿意同任何申请人在合理且无歧视条件下，就专利授权许可进行谈判。该专利持有人的声明已向该标准发布机构备案，相关信息可通过本标准发布机构或直接联系专利持有人：XXX；联系地址：……；邮编：……。

### 4.2.9.2 含有专利的企业标准

（1）含有专利标准的制定

企业获得专利后，对涉及主要技术参数或方法的专利无意纳入到产品质量标准中，此时对不需保密的部分制定正常的产品标准，将需要保密的技术参数或方法等内容可制定内控标准。

（2）对含有专利标准做必要声明

制定含有专利内容的标准时，应在标准文本的引言中做如下声明：本标准含

"XX 专利 XX 专利号"内容，使用者可与"专利持有人 :XXX; 联系方式"，谈判商榷使用专利的相关事宜。

（3）含有专利标准的使用方式

（a）凡属于含有专利的标准企业在内部是控制使用的。

（b）企业的产品质量标准是要提供给使用者和社会的，产品质量标准具有唯一性的编号和标准名称及相关技术参数和方法，使用内控标准时只需在这个规范的产品质量标准的相关条款中，将内控标准的编号和名称作为"引用标准"。被引用的内控标准只需提供编号和名称，内容依旧具有专利属性。

（c）企业允许外部使用具有专利的内控标准时，可按照有关规定与使用方就专利使用条件进行谈判商榷。

### 4.2.9.3 内控标准和含专利标准的管理

企业应将内控标准或含专利的内控标准制定《内控标准管理办法》，特别应加强涉及专利方面知识产权的管理，其内容至少应包括：

（1）制定专门的内控标准；

（2）内控标准的编号和名称；

（3）内控标准封面应具有明显的"内控"标记；

（4）借阅和使用批准程序；

（5）借阅和使用时间、地点和存放地点要求；

（6）其他有关管理要求。

## 4.2.10 标准化违法行为的罚则

我国对标准化工作实施法制管理，《中华人民共和国标准化法》对违法者设定了法律责任。《中华人民共和国标准化法实施条例》第五章对违法者设定的主要法律责任内容摘要如下：

（1）有下列情况之一的，由标准化行政主管部门或有关行政主管部门在各自的职权范围内责令限期改进，并可通报批评或给予责任者行政处分：

（a）企业未按规定制定标准作为组织生产依据的；

（b）企业未按规定要求将产品标准上报备案的；

（c）企业的产品未按规定附有标识或与其标识不符的；

（d）企业研制新产品、改进产品、进行技术改造，不符合标准化要求的；

（e）科研、设计、生产中违反有关强制性标准规定的。

（2）生产不符合强制性标准的产品的，应当责令其停止生产，并没收产品，监督销毁或作必要的技术处理；处以该批产品货值金额百分之二十至百分之五十的罚款；对有关责任者处以五千元以下罚款。

（3）销售不符合强制性标准的商品的，应当责令其停止销售，并限期追回已售出的商品，监督销毁或作必要的技术处理；没收违法所得；处以该批商品货值金额百分之十至百分之二十的罚款；对有关责任者处以五千元以下罚款。

（4）进口不符合强制性标准的产品的，应当封存并没收该产品，监督销毁或作必要的技术处理；处以进口产品货值金额百分之二十至百分之五十的罚款；对有关责任者给予行政处分，并可处以五千元以下罚款。

（5）生产、销售、进口不符合强制性标准的产品，造成严重后果，构成犯罪的，由司法机关依法追究直接责任人员的刑事责任。

（6）获得认证证书的产品不符合认证标准而使用认证证书出厂销售的，由标准化行政主管部门责令其停止销售，并处以违法所得二倍以下的罚款；情节严重的，由认证部门撤销其认证证书。

（7）产品未经认证或认证不合格而擅自使用认证标志出厂销售的，由标准化行政主管部门责令其停止销售，处以违法所得三倍以下的罚款，并对单位负责人处以五千元以下罚款。

（8）以上有关处罚不免除由此产生的对他人的损害赔偿责任。受到侵害的有权要求责任人赔偿损失。赔偿责任和赔偿金额纠纷可以由有关行政主管部门处理，当事人也可以直接向人民法院起诉。

（9）标准化工作的监督、检验、管理人员有下列行为之一的，由有关主管部门给予行政处分：

（a）违反本条例规定，工作失误，造成损失的；

（b）伪造、篡改检验数据的；

（c）徇私舞弊、滥用职权、索贿受贿的。

（10）罚没收入全部上缴财政。对单位的罚款，一律从其自有资金中支付，不得列入成本。对责任人的罚款，不得从公款中核销。

# 4.3 产品质量检验随机抽样

产品质量检验是质量管理的重要内容，过去、现在和将来都是质量管理的核心部分。产品质量检验是用特定的方法和手段测定产品的质量特性，将测得的结果与标准的检验规则进行判定，作出"合格"或"不合格"的判定结论。这个判定结论一方面是产品可否出厂销售的依据，另一方面企业利用测得的数据进行生产过程的质量控制。所以说产品质量检验也是一种质量管理方法。对于企业来说产品质量检验包括对外购件、外协件进行的"进货检验"；对企业内部进行的"工序检验"和"成品检验"。现在企业多以批量生产产品，相应的"进货检验"、"半成品检验"和"成品检验"还涉及用随机抽样的方法，抽取少量样本进行检验，用样本的检验结论推断批产品质量的情况。因此，我们结合企业实际的质量管理工作，将如何制定逐批产品质量检验、周期产品质量检验的抽样方案，作为产品质量检验的起点，再展示选用的随机抽样方法解决如何抽样本的问题，有了随机抽取的检验样本接着是如何开展产品质量检验的内容。下面我们将产品质量检验相关联的技术基础内容按照检验程序逐一展开说明。

## 4.3.1 连续批产品检验随机抽样

现代化的企业多数是在连续生产着一批又一批的产品，对于批量产品的检验都在用随机抽样的方法进行。随机抽样是质量管理中的基础工作，包括制定随机抽样方案和使用随机抽样方法，目的是用样本的质量推断批质量。在国际上，这种推断结论的可信度符合数理统计原理，一般达到95%左右。我们将产品按大类分为流体、散料和分立个体类产品。流体类产品包括液体和气体产品，散料类产品包括粒度均匀和粒度不均匀两类产品，分立个体类产品包括独立个体如一台、一件、一箱或一捆产品，它们对应的抽样方案和使用随机抽样方法是不同的，共有相应的国标、行业标准共八十多个。制定抽样方案解决抽多少样本的问题，随机抽样方法是解决怎么抽样的问题。本部分以企业连续生产产品为基础，应用GB/T 2828.1《计数抽样检验程序第 1 部分：接收质量限（AQL）检索的逐批检验抽样计划》做以介绍。

### 4.3.1.1　应用特点

#### 4.3.1.1.1 连续批

GB/2828.1 抽样标准是在连续批条件下制定抽样方案所用的，这里的连续批是指连续生产或者连续提交检验的批。该标准等同于 ISO 2859—1:1999 国际标准。在生产过程中，企业对连续批产品进行进行检验，第一要制定抽样方案，第二要选用随机抽样方法抽取样本，方能对连续批产品实施质量控制。IEC102 导则对连续批界定的主要条件如下：

第一，产品的设计、结构、工艺材料无变化；

第二，产品的制造场所无变化；

第三，一般产品的中间停产时间不超过一个月。

经验表明，连续生产批或者连续提交检验批和确定批量的大小，应由相同条件下生产出来的产品组成。确定批量大小时应该考虑到，批量大时平均检验费用虽低，但发生错判所造成的损失也大。因此，产品批过大时，要综合考虑各方面因素，可分作几个批提交检验。

#### 4.3.1.1.2 调整型抽样检验方案

（1）使用转移规则

使用 GB/T 2828.1 调整型抽样检验标准设计抽样检验方案时必须使用转移规则。不使用转移规则，仅依据 GB/T 2828.1 标准设计一种严格度的抽样检验方案是不准确、不完整的。在以往的各类产品标准中，这类偏误屡见不鲜。在我国各行业中的多数生产企业已经广泛使用逐批抽样检验技术的今天，如何准确应用

GB/T 2828.1 调整型抽样检验标准的转移规则，使我国的随机抽样检验技术符合国际惯例，还需要大力宣传和推广 GB/T 2828.1 抽样标准。可以说，只有使用转移规则的抽样检验才能称得上是调整型抽样检验（以下简称"抽检"）。

（2）调整型抽检方案的主要特点

在预先确定三个严格度的抽检方案，即：正常抽检方案、加严抽检方案和放宽抽检方案时，首先考虑保护生产方。当生产方提交的产品批质量达到消费者基本满意的质量要求时，生产方可制定一个正常的抽检方案，以保证绝大多数这种质量水平的产品批能判为合格；第二，当连续检验时发现产品批质量变坏时，便确定一个加严的抽检方案，目的是使多数产品批能判为不合格，实现对消费者的保护；第三，当连续检验时发现产品批质量转好且稳定时，便确定一个放宽的抽检方案，以对生产方进一步保护，也是对生产方提高产品质量的鼓励。还根据产品质量的好坏，规定一套各严格度之间的转移规则。这样，抽样检验依产品批的质量变化可以随时随地调整严格度，保证生产方在组织产品生产中更加灵活和有效。

4.3.1.1.3 具有三种严格度不同的转移规则

（1）转移路线与适用条件

从正常检验→加严检验→放宽检验三种严格度不同的转移规则，主要是通过产品的抽样检验过程来实现的。但是，在生产过程中，批质量达到什么程度才允许按一定的规则转移则由转移条件确定。转移路线与适用条件见表 4.3-1。

表 4.3-1　转移路线和适用条件

| 转移路线 | 适用条件 |
|---|---|
| 正常→放宽 | 从被检产品的检验作为转移规则的起点，从"正常检验"开始至"放宽检验"形成第一条转移路线。<br>下列条件全部满足时方可从正常转放宽：<br>1、连续 10 批合格或转移得分至少 30 分；<br>2、正常生产或生产稳定；<br>3、主管部门同意。 |

| 转移路线 | 适用条件 |
|---|---|
| 放宽→正常 | 从"放宽检验"再回到"正常检验"形成第二条转移路线。满足下列条件之一时方可从放宽转正常：<br>1、一批不合格。<br>2、生产不正常或停产。<br>3、主管部门认为有必要恢复正常生产。 |
| 正常→加严 | 从"正常检验"转到"加严检验"形成第三条转移路线。满足下列条件时方可从"正常检验"转到"加严检验"：正常检验时连续 2 ~ 5 批中有 2 批不合格。 |
| 加严→暂停 | 从"加严检验"转到"暂停检验"形成第四条转移路线。满足下列条件时方可从"加严检验"转到"暂停检验"：本次加严检验开始后，不合格批累计达 5 次。 |
| 暂停 - 加严恢复 | 从"暂停检验"转到"恢复检验"形成第五条转移路线。必须按"暂停检验 - 加严检验"的箭头方向形成，要从加严检验开始。满足下列条件时方可从"暂停检验"转到"加严检验"：暂停后采取改进措施可恢复检验， |
| 加严→正常 | 从"加严检验"转到"正常检验"形成第六条转移路线。从"暂停检验"转到"恢复检验"形成第五条转移路线。满足下列条件时方可从"加严检验"转到"正常检验"：连续 5 批合格。 |

（2）转移程序

GB/T 2828.1 给出了批产品质量控制过程的转移程序，示意见图 4.3-1。

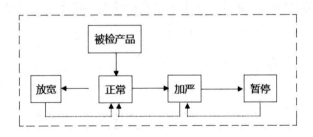

图 4.3-1 转移程序示意图

在图 4.3-1 中的各类检验的转移路线共同构成了一套完整闭合的转移程序。从被检产品的检验作为转移规则的起点，经实线开始至实线终点结束，形成第一部分转移规则程序，并在转移过程中不与"虚线过程"交叉；另外一条从虚线开始至虚线终点结束，形成第二部分转移规则程序，在转移过程中不与"实线程序"交叉。正向转移的实线箭头路线和逆向转移的虚线箭头路线形成了两部分转移规则路径，共同构成了一套完整闭合的转移程序。转移的规则符合生产过程批产品质量控制的实际。

（3）转移得分

GB/T 2828.1 抽样标准还用转移规则累计得分来指导各种严格度的转移，在正常检验一开始，就应计算转移得分，具体方法如下：

在正常检验开始，转移得分设定为 0，而在检验每个后续的批以后更新转移得分。

（a）一次抽样方案

①当接收数 ≥ 2 时，如果在 AQL 加严一级后该批被接收，则给转移得分加 3 分；否则，将转移得分重新设定为 0；

②当接收数为 0 或 1 时，如果该批被接收，则给转移得分加 2 分；否则，将转移得分重新设定为 0。

（b）二次或多次抽样方案

①当使用 2 次抽样方案时，如果该批在检验第一样本后被接收，则给转移得分加 3 分；否则，将转移得分重新设定为 0。

②当使用多次抽样方案时，如果该批在检验第一样本或第二样本后被接收，则给转移得分加 3 分；否则，将转移得分重新设定为 0。

4.3.1.1.4 术语和概念

（1）随机现象

在相同的条件下，人们进行一系列的试验或观测，每次都有一个结果，每个结果也不一定相同，每次试验或观测前不能预知观测的结果，这种现象称为随机现象。如抛硬币、掷骰子、押宝、抓阄等都属于随机现象。

随机现象在我们的日常生活中随时可见。例如，我们检验一批产品，检验前很难预测检验结论；病人在进行 X 光检查之前，医生也很难预测结果肯定有问题或者没问题；孕妇不能准确地预测出婴儿的性别，也不能准确预测婴儿于某日某时某分某秒降生人世；任何人都不能预测自己在何时、何地死亡；诸如此类均属随机事件范畴。但是，人们可借助于这些基础理论，广泛开展随机抽样的研究、探讨和实践，并不断总结提高，得出规律性的东西。

（2）随机抽样

随机抽样是指批中的每个产品均有同样的机会被抽取的方法，其中关键是"随机"。随机不是随便，后者往往受抽样人及被抽样人操作习惯的影响，常常不能保证批或监督总体中每个产品被抽取的机会是均等的。随机抽样不受人为因素限制，因此是科学的、公正的，得到推广普及。

（3）批

把相同条件下生产的具有一定数量的产品或材料、服务定义为批，也叫做总体。检验批可由几个投产批或投产批的一部分组成。

（4）批量

指批中单位产品的数量，通常用"N"表示。

人们在进行随机抽样检验活动中，常常把一个班组、一个车间或一个单位生产出来的一批产品或零部件，规定为一个检验批，也可以将其作为一个检验总体。我们现在所说的随机抽样检验行为，理论上归属于数理统计范畴。在生产实践中，人们把随机抽样涉及到批量的单位产品称为个体产品，例如1台电视机、1部手机、1袋化肥、1箱食品……。由各类产品的个体组成的全体称为总体。人们又结合生产、销售和使用的实际，把一次交收的批量产品叫作一批，批中所包括单位产品的数量叫批量。一批水泥由1万袋组成，我们说这批水泥的批量为1万袋。有1000只晶体管，如果每二个配对使用，就是以"对"为单位的单位产品，那么批量就是500对。

无论是一个工厂内部的产品出厂检验还是向使用方作的交收检验，以及使用方亲自进行的购入验收检验，所确定批及对应的批的批量都要适宜。比如，质量不太稳定的产品，以小批量为宜。采用大批量时，由于抽取有代表性的产品比较困难，造成误判的可能性较大，会给供需双方造成经济损失。

工厂内部的原材料、半成品、成品及其进出库等检验，对于体积小，容易检验的，或质量比较稳定的产品，批量可取得的大一些，但不要过大。批量过大，一方面可能因抽取的样品缺乏代表性，容易造成误判。另一方面，这样的批一旦被拒收，将使检验的工作量大大增加，有可能影响生产的正常进行，使生产方蒙受损失。

（5）检验

为确定产品或过程是否合格，对产品的一种或多种特性进行测定、检查、试验或度量产品或服务的一种或多种特性，并且与规定要求进行比较的活动。

产品检验的目的有两个：一是为了判断生产出来的产品是否符合要求，二是当产品制造过程一旦发生不稳定时，能及时找出存在问题的原因并用于控制生产过程，使产品质量符合要求。

（6）全数检验

对批量产品进行百分之百的检验，目的是确定每个产品是否合格，剔除不合格产品，这种检验方法叫做全数检验。

从理论上讲，如果控制得当，全数检验应该是能够杜绝错检和漏检的最保险的手段，但实际上做到这一点是很难的。经验证明，即使是经过全检后的合格品，再由第二个人复检，还可能存在不合格品。反之，原判为不合格的产品，复检后仍然有成为合格品的可能。这是因为产品全检，尤其是在量大的情况下，以单调、长时间的重复劳动，极易给检查人员造成枯燥无味的感觉，使之精神疲劳。因此，全检的精度会受到检验人员情绪波动的影响。

当然，以上所讲的是全检时可能出现的一些个别情况。全检毕竟还是有它的长处，尤其是对于大型、复杂、量少的产品及质量要求必须是零缺陷的产品还是不可替代的。

（7）抽样检验

指从总体中随机抽取一部分个体，检验个体产品有关质量特性的量化指标，得到一组数据，通过对这组数据的处理，对总体作出合格或者不合格的判定，这种用样本质量代表批产品质量的过程叫做抽样检验。

如果使用方要求以最小费用检验某批产品是否符合质量规定，则采用适当的抽样检验比全数检验更为便可行。

（8）样本

在抽样标准中，样本指从总体中抽取的被检验单位产品，抽取多少样本称之为样本量，用"n"表示。

（9）单位产品的划分

为实施抽样检验的需要而划分的基本单位称单位产品。单位产品的划分是为了适应消费者需要而进行的。单位产品分为自然划分和人为划分两类。

属于自然划分的单位产品包括类似于鞋只能以双为单位，手套以付为单位，电视机以台为单位，灯泡以只为单位，例如一双鞋、一支笔，1 台电视机，一台机床等等。

属于不能自然划分的产品也很多，例如表示某物体一定长度要用米做计量单位，表示某物体一定重量要用公斤做计量单位，表示某物体一定体积要用升做计量单位等等，这些都是根据具体情况人为规定的。具体表示为 2 米布，50 克梨，1 立方米木材，1 公斤砂糖，1 升汽油。散状的产品还要用袋、罐、瓶之类的包装物包装，又可表示为每袋、罐、瓶重量，这样的产品属于不能自然划分的单位产品，按照使用需求又进行分装处理形成 1 桶油、1 瓶酒、1 袋饼干等，也可以作为单位产品了。

（10）不合格

不满足规范的要求。

（11）不合格产品

按质量特征表示单位产品质量的重要性或者按质量特性不符合标准及有关技术要求规定的产品称之为不合格产品。对于那些使用、维护产品或与此有关的人员可能造成危害或不安全状况的缺陷，或者可能损坏最终产品的基本功能的缺陷叫致命缺陷。

不同于致命缺陷，但能引起失效或显著降低产品预期性能的缺陷叫严重不合格。不会显著降低产品预期性能的缺陷，或偏离标准但只轻微影响产品的有效使用或操作的缺陷叫轻不合格。例如某些产品的外观不合格就属于轻缺陷。一个单位产品可能有数个不合格，例如一台收录机的音色不好和外观两处掉漆，我们说这台收音机有三个轻不合格。再如以十米为一个单位产品的布上有七个疵点，这就有七个轻不合格。被检验产品的不合格总数除以被检验的产品数所得的商再乘上100，叫做每百单位产品不合格数。

不合格品按照其不合格类别分为致命不合格、重不合格和轻不合格的产品。具有两种以上不合格类别的产品，在每种不合格中都算作不合格品。例如，具有重不合格与轻不合格的产品，它既是重不合格品，同时也是轻不合格品。

（12）不合格品率

样本中被检出的不合格品总数除以样本量再乘上100%，为不合格品率。

（13）"计量型"抽样检验方案

是以批中产品的质量特性为依据，用样本均值和样本标准差来判断是否合格。在相同的判断精度时，"计量型"抽样检验方案比"计数型"抽样检验方案样本量要少。通常，单位产品质量特性呈连续性变化时，我们可以用连续的尺度衡量它。衡量的过程就是我们所说的计量检验。例如，机械零部件的尺寸、硬度，煤的发热量，砖的抗折强度等样本均值参数。对应这类计量检验的抽样方案称为"计量型"抽样检验方案。

计量型抽样检验的项目可以用明确的量值作为判定标准，并且有标准规定其上限或下限，也可以同时规定上、下限标准值。当检验出的结果超过规定的标准值时，即可判定该项不合格。如显像管的平均使用寿命，产品的某个特征的均匀度和炮弹的炮口速度的标准离差，棉纱的支数不匀率。当取得相同的抽样检验效果时，计量型抽样检验方案比计数型抽样检验方案所需样品数量要小，但计量型抽检方案给管理增加了难度，例如检验时需要精密测量仪器设备，进行必要的数据处理等，而且计量型抽检方案做出判断也不及计数型抽验方案迅速。然而，由于计量型抽样检验方案所具有的严密性和准确性，是计数型抽样检验方案不可替代的。为了减少抽检负担，可以选择某一个或几个重要的参量实施计量抽检，其余参量尽量实施计数型抽检。

（14）计数型抽样检验方案

计数型抽样检验方案是以样本中含有的不合格品或不合格数判断是否合格，与此对应所使用的样本量和判定数组构成了计数型抽样检验方案。

当单位产品的质量特性不能定量地衡量，仅把它分为合格品或者不合格品，以及等级品的检验方法叫计件型检验。用计件方法检验的项目不能用一个明确的量值作为标准，而是直接判定该项目是否合格，适用于不合格品用合格品替换的场合。对于这类检验的抽样方案也称为"计件型"抽样检验方案。

（15）"计点型"抽样检验

单位产品的质量特征只能用不合格数表示的方法称为计点型抽样检验。例如，一平方米的布料上有多少疵点，一个铸件上有多少砂眼，一个玻璃瓶上有多少气泡等。用计点方法检验的项目也可以对不合格数规定一个界限，不合格数超过这个界限数就可以判定该产品不合格。对应这类检验的抽样方案一般称为"计点型"抽样检验方案，也属于计数检验的范畴。

（16）交收检验

由使用方对交付批（或准备交付批）进行的检查叫交收检验。

（17）随机抽样检验的固有风险

在现代化大生产中，抽样技术解决了批量生产产品质量检验的难题。各类随机抽样通用标准利用二项分布、超几何分布和泊松分布等数理统计的数学模型，每一个标准给出的数据都服从于某个数学分布式，使抽样检验判定结论置信度都很高，与此同时仍然存在小概率的错判风险。错判风险一般可控制在 5% ~ 10% 之间，这是科学技术水平所限的原因，相应地产生了复检的合法行为。

在设计随机抽样方案时，无论使用哪一个抽样标准，只要检索的数据是抽样标准给定的，那么错判都是受控的。因为标准给出的数据计算都是依据某数学分布式得到的，其计算精度自然有了保证。如 GB/T 2828.1 抽样标准的是基于泊松分布设计的"抽查特性曲线"（OC 曲线）和平均样本大小。

（18）试验

根据特定的程序，测定产品、过程或服务的一种或多种特性的技术操作。

4.3.1.1.5 不合格分类

在产品质量检验工作中，产品的不合格项目或者缺陷往往不止一种，由此产生的后果亦各有不同，我们根据产品的不合格项目给使用造成后果的轻重程度进行分类，能有效地解决产品质量经检验后发生的各类不合格项进行判定的问题。具体如下：

（1）A 类不合格

凡是使单位产品丧失功能，甚至关系到使用安全，或者单位产品的极重要质量特性不符合规定，或者单位产品质量特性极严重不符合规定，称为 A 类不合格。例如食品中大肠杆菌群超过规定的界限，汽车制动装置失灵等。

（2）B 类不合格

单位产品的重要质量特性不符合规定，或者单位产品的质量特性严重不符合规定，称为 B 类不合格。例如：电视机图象不够清晰，电动机噪音等。

（3）C 类不合格

单位产品的一般质量特性不符合规定，或者单位产品质量特性轻微不符合规定，称为 C 类不合格。C 类不合格的产品，它的有效运用可能有些影响或毫无影响。比如服装上的线头，小污点，产品表面油漆不够光滑，自行车、汽车的喷漆或电镀层有伤痕等，虽不影响使用性能，但用户是不欢迎的。

（4）不合格处理

对于含有致命不合格和严重不合格的产品必须完全剔除，而且要找出原因。至于轻微不合格的产品是否作合格品，要根据不合格的项目依产品标准规定具体判定。

### 4.3.1.2 抽检工作特性曲线

4.3.1.2.1 接收概率

（1）概率

指事件发生可能性的大小或者频率的稳定值。这里，我们引出频率的概念，是指随机事件 A 在 m 次试验中出现了 $m_A$ 次，则 $m_A/m$ 称事件 A 发生的频率。当 $m \to \infty$ 时，$m_A/m$ 稳定于一个稳定值 P，P 就称为事件 A 的概率（$0 \leqslant P \leqslant 1$）。

此时，我们把 $P_A$ 记作事件 A 的统计概率。当 m→∝ 时，$P_A$ limt $m_A$/m=p。

（2）接收概率

我们对一批产品按一定的规律及操作程序抽取少量的样本进行检验，用样本的质量代表批产品的质量。通过这样的过程检验批产品被接受的可能性有多大，称之为接收概率。抽样检验与批产品接收概率之间存在一定的关系。

（3）常用的随机抽样接收概率数学表达式

在我们接触到的随机抽样检验标准中，依据数理统计公式计算的接收概率图和表，已经由数理统计专家们建立了统计数学公式和模型。特别是在随机抽样检验标准中展示给我们的接收概率曲线、图表，使我们使用起来十分方便。前面已经叙述过，研究批产品的接收与否是我们进行随机抽样检验工作的基本工作任务。这项任务的主要内容是研究批接收可能性与样本中不合格品数 d 这个变量呈何种规律。大量的实践已经告诉我们，这一变化规律就是概率分布。

在抽样检验中，不合格品数 d ≤ Ac 时接收概率成立，用 $P_A$ 或者 L（p）表示。样本中所含的不合格（品）数 d 的大小，等于样本统计量 d 分别等于 0，1，2，3，4 直到 Ac 的各个概率的总和，即 $P_A$ 是若干个概率的积累结果，也称为"积累概率"。该概率的计算基础就是统计量的概率分布式。

计算计数抽样检验统计量的概率分布式有超几何分布式、二项分布式和泊松分布式。它们分别适合在下述条件下使用：

（a）当采用计件型随机抽样检验方案时，要求计算的接收概率 $P_a$ 非常准确时用超几何分布式，见式 4.3-1。

$$P_A = \left( \sum_{d=0}^{A_C} \frac{C_D^d \, C_{N-D}^{n-d}}{C_N^n} \right) \quad\cdots\cdots\cdots\cdots\cdots\cdots式 4.3\text{-}1$$

式中：

D=NP 表示批中不合格品总数

C 为组合符号

（b）当采用计件型随机抽样检验方案时，如果 N ≥ 10n，而且要求计算接

收概率 $P_A$ 的准确性不是最高时，可以用比较简单的二项分布式，见式 4.3-2。

$$P_A = (\sum_{d=0}^{A_C} C_d^n P^d (1-P)^{n-d} \quad\text{............式 4.3-2}$$

虽然二项式分布式计算精度稍低于超几何分布式，但符合抽样的实际过程，也便于计算，并且有现成的二项式分布表可查，相对超几何分布式使用起来要方便得多。使用二项式分布式应注意：

第一，当 N ≥ 10n 时，二项分布式近似超几何分布式；

第二，当 n>30 时，二项式分布表不含这样大的 n 值，所以又无表可查。此时，人们常常用泊松分布式近似二项分布式。

（c）质量表示方法在采用计点值或者不合格数随机抽样方案时，接收概率 $P_A$ 可以用计算比较简便的泊松分布式，见式 4.3-3。

$$P_A = (\sum_{d=0}^{A_C} \frac{\lambda^d}{d!} e^{-\lambda} \quad\text{............式 4.3-3}$$

式中：

$\lambda = nP$

d：样本中不合格（品）数

P：不合格品率

$A_C$：样本中合格判定界限数

式 4.3-3 是 GB/T2828.1 和 GB/T2829 及标准型抽样标准计算接收概率等曲线、图表的数学表达式，应用范围比较广泛，有分布表可查。

（4）应用数学表达式应注意的问题

（a）式 4.3-1 是计件型随机抽样检验方案计算精度最高的表达式，计算也最复杂。式 4.3-3 是最广泛使用的计件型抽样检验方案接受概率表达式，用于计件型抽样检验方案时应当满足下述条件：

第一，批量 N ≥ 10n；

第二，批不合格品率 $p \leq 0.1$；

第三，样品不合格品率均值 np=0.1 ~ 10 左右。

（b）数理统计专家已经在制定若干个抽样标准时，优先选用并给出了一组组接收概率和平均样本量曲线的数据或者图表。我们所用的抽样标准给出的图表数据，都是利用式 4.3-1 至式 4.3-3 计算而得的。通常我们进行随机抽样时，直接使用这些标准给出的数值基本上可以满足工作需要。但是，值得注意的是，在 GB/T2828.1 标准中，AQL 值选用的 26 个数值是优先数系 $R_5$ 等比数列的数值，每相邻两个数值约为 1.5849 倍的关系。如果取近似值为 1.6，则 $AQL_2$=1.6 $AQL_1$，$AQL_3$=I.6 $AQL_2$……。如果采用的不是 $R_5$ 等比数列的数值，则 GB／T2828.1 标准表中的数值就不适用。此时，可以利用式 4.3-1 至式 4.3-3 其中之一进行具体计算。通常，我们求解接收概率不需自己去一一计算，可以用查表或者查曲线的方式直接确定。

（c）表 4.3-2 "积累泊松分布表"供我们求解接收概率时经常用到的图表，如果我们已经知道样本的平均 np，就可以从表中或桑迪克曲线上很容易查到接受概率 $P_A$。

表 4.3-2　积累泊松分布表（$P_A$ 值）

| c np | 0 | 1 | 2 | 3 | 4 | 5 | 6 | 7 | 8 | 9 | 10 | 11 |
|---|---|---|---|---|---|---|---|---|---|---|---|---|
| 0.02 | 0.980 | 1.000 | 1.000 | | | | | | | | | |
| 0.04 | 961 | 0.999 | 1.000 | | | | | | | | | |
| 0.05 | 942 | 998 | 1.000 | | | | | | | | | |
| 0.08 | 928 | 997 | 1.000 | | | | | | | | | |
| 0.10 | 905 | 995 | 1.000 | | | | | | | | | |
| 0.15 | 861 | 990 | 0.999 | 1.000 | | | | | | | | |
| 0.20 | 819 | 982 | 999 | 1.000 | | | | | | | | |
| 0.25 | 779 | 977 | 998 | 1.000 | | | | | | | | |
| 0.30 | 741 | 963 | 996 | 1.000 | | | | | | | | |

续表1

| np \ c | 0 | 1 | 2 | 3 | 4 | 5 | 6 | 7 | 8 | 9 | 10 | 11 |
|---|---|---|---|---|---|---|---|---|---|---|---|---|
| 0.35 | 705 | 951 | 994 | 1.000 | | | | | | | | |
| 0.40 | 670 | 998 | 992 | 0.989 | 1.000 | | | | | | | |
| 0.45 | 631 | 925 | 989 | 999 | 1.000 | | | | | | | |
| 0.50 | 607 | 810 | 986 | 998 | 1.000 | | | | | | | |
| 0.60 | 549 | 878 | 977 | 997 | 1.000 | | | | | | | |
| 0.70 | 497 | 844 | 966 | 994 | 0.989 | 1.000 | | | | | | |
| 0.80 | 449 | 809 | 953 | 991 | 999 | 1.000 | | | | | | |
| 0.90 | 407 | 772 | 937 | 987 | 998 | 1.000 | | | | | | |
| 1.00 | 368 | 736 | 920 | 981 | 996 | 0.999 | 1.000 | | | | | |
| 1.1 | 333 | 699 | 900 | 974 | 995 | 999 | 1.000 | | | | | |
| 1.2 | 301 | 663 | 879 | 966 | 992 | 998 | 1.000 | | | | | |
| 1.3 | 273 | 627 | 857 | 957 | 989 | 998 | 1.000 | | | | | |
| 1.4 | 247 | 592 | 833 | 946 | 986 | 997 | 0.999 | 1.000 | | | | |
| 1.5 | 223 | 558 | 880 | 934 | 981 | 998 | 999 | 1.000 | | | | |
| 1.6 | 202 | 525 | 783 | 921 | 076 | 994 | 999 | 1.000 | | | | |
| 1.7 | 183 | 493 | 757 | 907 | 970 | 992 | 998 | 1.000 | | | | |
| 1.8 | 165 | 463 | 731 | 891 | 984 | 990 | 997 | 0.999 | 1.000 | | | |
| 1.9 | 150 | 434 | 704 | 875 | 956 | 987 | 997 | 999 | 1.000 | | | |
| 2.0 | 135 | 406 | 677 | 857 | 947 | 983 | 995 | 999 | 1.000 | | | |
| 2.2 | 111 | 355 | 623 | 819 | 928 | 975 | 993 | 998 | 1.000 | | | |
| 2.4 | 091 | 308 | 570 | 779 | 904 | 967 | 988 | 997 | 0.999 | 1.000 | | |
| 2.6 | 074 | 267 | 518 | 736 | 877 | 951 | 983 | 995 | 999 | 1.000 | | |
| 2.8 | 061 | 231 | 469 | 692 | 448 | 935 | 976 | 992 | 998 | 0.999 | 1.000 | |
| 3.0 | 050 | 199 | 423 | 647 | 815 | 916 | 966 | 988 | 996 | 999 | 1.000 | |
| 3.2 | 041 | 171 | 380 | 603 | 781 | 895 | 955 | 983 | 994 | 998 | 1.000 | |
| 3.4 | 033 | 147 | 340 | 558 | 744 | 871 | 942 | 977 | 992 | 997 | 0.999 | 1.000 |
| 3.6 | 027 | 126 | 303 | 515 | 706 | 844 | 927 | 969 | 988 | 996 | 999 | 1.000 |
| 3.8 | 022 | 107 | 269 | 473 | 668 | 816 | 909 | 960 | 984 | 994 | 998 | 0.999 |

续表 2

| c<br>Pa<br>np | 0 | 1 | 2 | 3 | 4 | 5 | 6 | 7 | 8 | 9 | 10 | 11 |
|---|---|---|---|---|---|---|---|---|---|---|---|---|
| 4.0 | 018 | 092 | 238 | 433 | 629 | 785 | 889 | 949 | 979 | 992 | 997 | 999 |
| 4.5 | 011 | 061 | 174 | 343 | 532 | 703 | 331 | 973 | 960 | 983 | 993 | 998 |
| 5.0 | 007 | 040 | 125 | 265 | 440 | 616 | 762 | 867 | 932 | 968 | 986 | 995 |
| 5.5 | 005 | 027 | 089 | 202 | 358 | 529 | 686 | 810 | 895 | 946 | 975 | 989 |
| 6.0 | 002 | 017 | 062 | 151 | 285 | 446 | 606 | 744 | 847 | 916 | 957 | 980 |
| 6.5 | 002 | 010 | 043 | 112 | 224 | 370 | 527 | 673 | 782 | 876 | 933 | 966 |
| 7.0 | 001 | 007 | 030 | 082 | 173 | 301 | 450 | 599 | 729 | 830 | 901 | 947 |
| 7.5 | 001 | 005 | 021 | 059 | 133 | 242 | 379 | 525 | 662 | 777 | 863 | 921 |
| 8.0 | 000 | 003 | 014 | 042 | 100 | 191 | 313 | 453 | 593 | 717 | 816 | 838 |
| 8.5 | 000 | 002 | 009 | 030 | 074 | 150 | 256 | 386 | 523 | 653 | 763 | 849 |
| 9.0 | 000 | 001 | 006 | 021 | 055 | 116 | 207 | 324 | 456 | 587 | 706 | 803 |
| 9.5 | 000 | 001 | 004 | 015 | 040 | 089 | 165 | 260 | 392 | 522 | 645 | 752 |
| 10.0 | 000 | 000 | 003 | 010 | 029 | 067 | 130 | 220 | 333 | 458 | 593 | 697 |

为了便于计算，将式 4.3-3 展开如下：

$$\frac{\lambda^d e^{-\lambda}}{d!} = e^{-\lambda} + \lambda e^{-\lambda} + \frac{\lambda^2 e^{-\lambda}}{2!} + \frac{\lambda^3 e^{-\lambda}}{3!} + \cdots\cdots \frac{\lambda^d e^{-\lambda}}{d!} = 1$$

式中：

$e^{-\lambda}$：n 中有 0 个不合格（品）数的概率（$P_A$=1）

$\lambda e^{-\lambda}$ 前各项之和为 n 中有 1 个不合格（品）数的概率

$\lambda^2 e^{-\lambda}$ 前各项之和为 n 中有 2 个不合格（品）数的概率

$\lambda^d e^{-\lambda}$ 前各项之和为 n 中有 d 个不合格（品）数的概率

d 是样本中实际不合格（品）数。

例 4.3-1 用积累泊松分布式计算接收概率，对批不合格品率等于 5% 的一批

233

产品抽取 5 个样本，求不合格品数 d ≤ 2 时的接收概率是多少？

解： $\lambda = np = 5 \times 0.05 = 0.025$，代入式 2-3，有：

$$P_A(d \leq 2, \ np = 0.25) = \sum_{d=0}^{A_c} \frac{(0.25)^d}{d!} e^{-0.25}$$

$$= e^{-0.25} + 0.25 e^{-0.25} + \frac{(0.25)^2}{2!} e^{-0.25}$$

$$= 0.7788 + 0.1947 + 0.0243$$

$$= 0.997$$

此结果也可以从泊松分布表中查得。

例 4.3-2 已知样本平均不合格品 np=2，试求实际抽得的样本中含 1 个以下不合格品的概率。

（1）分析

第一，从表 4.3-3 中可查得接收概率 $P_A$；

第二，根据产品批的平均质量水平知道按某抽样方案抽得的样本平均不合格品数 np=2，题中说明实际抽得的样本中含有 1 个以下不合格品，即 C=1。

（2）解：

从题意知 np=2，C=1，用积累泊松分布表查得所求概率值如下：

用积累泊松分布表查接收概率，从表 4.3-3 中 C=1 的列与 np=2.0 的行相交处查得：

$$P_A = 0.406 \approx 0.41$$

例 4.3-3 根据产品批的平均质量水平，按抽样方案抽得的样本平均不合格品数 np=3，求实际抽得的样本中含 1 个以下不合格品的概率是多少？当抽得的样本中含 3 个不合格品的概率是多少？

解：已知 np=3，c=1，可以从积累泊松分布表（见表 4.3-3）查得所求的概率值。

解1：查表 4.3-3 积累泊松分布表，查得 np=3 列与 c=1 行相交点所在格内 $P_A = 0.199$。则 c=1 时不合格品的概率 $P_A = 0.199$。

解 2：当抽得的样本中含 3 个不合格品的概率是多少？

$$P_A \{ X=3 \} = P \{ X \leqslant 3 \} - P \{ X \leqslant 2 \}$$
$$= 0.647 - 0.424$$
$$= 0.224$$

抽得的样本中含 3 个不合格品的概率 $P_A=0.224$。

例 4.3-4　设生产方与使用方双方商定对某批产品进行抽检，抽取 100 个产品，其中允许有 2 个不合格品时批合格，求批不合格品率 P 在 0，0.01，0.02，0.03……1.00 时，接收概率 PA 各为多少。

利用式 4.3-3 计算接收概率 $P_A$，将批不合格品率 P 的不同数值带入 $\lambda =np$ 式计算，结果列于表 4.3-3。

**表 4.3-3　接收概率计算结果**

| P | 0 | 0.01 | 0.02 | 0.03 | 0.04 | 0.05 | 0.06 | -- | 1 |
|---|---|------|------|------|------|------|------|----|---|
| $\lambda$ | 0 | 1 | 2 | 3 | 4 | 5 | 6 | -- | 100 |
| $P_A$ | 1 | 0.92 | 0.68 | 0.42 | 0.24 | 0.12 | 0.06 | -- | 0 |

查表 4.3-2 "积累泊松分布表" 也可以得到与表 4.3-3 近似的数值。我们用表 4.3-3 的数据作 $P_A$—p 关系工作特性曲线图见图 4.3-2。查表 4.3-2 "积累泊松分布表" 也可以得到与表 4.3-3 近似的数值。我们用表 4.3-3 的数据作 $P_A$ 与 p 关系工作特性曲线图见图 4.3-2。

这里需要说明的是，做图 4.3-2 时，p 是不合格品率，$P_A$ 和 p 均为等刻度。如果用 $L_p$ 做纵坐标时，就要用概率纸做图。实际上，$P_A$ 和 $L_p$ 都表示接收概率，只是横坐标不同而已。$P_A$ 的横坐标是不合格品率 "p"，$L_p$ 的横坐标是 "np"。

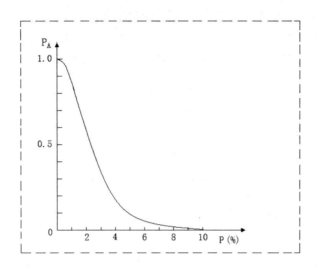

图 4.3-2　抽检工作特性曲线

从图 4.3-2 看出，当抽样方案和交验批一定时，批接收概率 $P_A$ 是不合格品率的函数。此曲线把一个抽样方案与批产品质量有机地联系起来，它表示一定质量的批产品，使用某个方案，一系列批被预期判为接收的百分比，称为"批接收概率 $P_A$"。我们设计所有的抽样方案，都是为了区别产品合格批与不合格批，抽检特性曲线能真实反映出这种客观事实。

例 4.3-5　某产品批的不合格品率 p=2%，抽样方案中样本量 n=100，合格判定界限数 Ac=2。经过 10 批检验后，3 批被拒收，接收 7 批，批接收和拒收概率各是多少？

批接收概率 $P_A$=70%，拒收的概率 30%。

（5）接收概率对应的质量区域

数理统计专家和质量工作者经过多年的实践总结，积累了接收概率 $P_A$ 与质量区域对应的经验数据见表 4.3-4。

表 4.3-4 接收概率 $P_A$ 对应的质量区域

| 序号 | 范围 | 质量区域 |
|------|------|----------|
| 1 | $P_A > 0.9$ | 为优质区 |
| 2 | $0.9 > P_A > 65$ | 为中等区 |
| 3 | $P_A < 0.65$ | 为劣质区 |

#### 4.3.1.2.2 抽样检验结果的误判风险

抽检工作特性曲线可以看到 $\alpha$ 、 $\beta$ 与不合格品率 p 和接收概率 $P_A$ 的关系是相互关联的，具体说明如下。

（1）抽样检验结果带来的误判风险是客观存在的

数理统计专家们经过大量的生产实践及研究、调查、核实、统计证明了这一点。对于任何一个（n，$A_C$）抽样方案，误判是不可避免的。但是，这种风险不是任意发展不可控制的。只要执行现有的抽样标准，这种误判风险是可以控制在相对合理的范围内。

（2）抽样检验带来的误判风险有两类：

（a）生产方误判风险 $\alpha$

将合格批产品判定为不合格批，生产方将蒙受损失。我们将这种概率称为生产方风险 $\alpha$ ，有时也称将合格批产品拒决接收的第一类误判。具体见图 4.3-3。

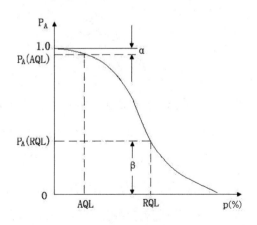

图 4.3-3 $\alpha$ 、$\beta$ 、$P_A$、p 之间的风险关系

如果 N=100，其中不合格品 d=1。这就是说，在 100 件产品中，不合格品率是 1%，质量状况应该是较好的。此时如果抽样方案"n=1，Ac=0"。经随机抽样后，恰好 n=d=1，经过检验后，就要判该批次产品不合格，这就构成了生产方风险 α，也称第一类错判。现有的国家抽样标准多数都能将生产方误判风险 α 控制在 5% 以内。

（b）使用方误判风险 β

将不合格批产品判定为合格批，使用方将蒙受损失。我们将这种概率称为使用方风险 β，有时也称将不合格批产品判为接收批产品的第二类误判。现有的国家抽样标准多数都能将使用方误判风险 β 控制在 10% 以内。

如果 N=100，d=50，抽样方案 n=50，Ac=0。这就是说，在 100 件产品中，不合格品率是 50%，质量状况应该是很坏的。如果随机抽样后，恰好 n=N-d=50，经过检验后，就要判该批合格，这就构成了使用方风险 β，也称第二类错判。

（3）抽样检验风险与接收概率关系

抽样检验的风险与接收概率 $P_A$ 存在一种紧密的关系，同时也是批产品不合格质量水平 p 的函数。α、β、$P_A$、p 之间的风险关系如图 4.3-3 所示。

我们将图 4.3-3 的 $P_A$ 与 1 之间的差 "1-$P_A$" 叫做拒收合格批的概率，即生产方风险 α。生产方风险 α 随 p 由 0 点向 AQL 值靠近而增大。当 p=AQL 值时，生产方风险 α 最大。

$$\alpha = 1 - P_A（AQL）\qquad\qquad （式 4.3-4）$$

在生产实践中，当产品批的不合格质量指标 p 刚超出 AQL 时，批质量尚未明显向不合格批变化，这是生产工艺等偶然性因素引起的，也容易发现和消除，没必要将该批定为不合格批。为此，我们要设计一个远远大于 AQL 值的另一个不合格质量指标 RQL 值。只有当批不合格质量指标 p 达到或者超出 RQL 时，才判该批为不合格批。这样一来，我们就有判定合格批质量限的合格质量水平 AQL 值和判定不合格批质量限的不合格质量水平 RQL 值。同时规定 AQL 和 RQL 两个质量界限值的抽样检验风险。

图 4.3-3 中有 AQL 和 RQL 两个值。我们合理选择 AQL 值和 RQL 值，就能做到把生产方风险 α 和使用方风险 β 限制在生产方和使用方都能接受的水平范围内，对双方同时减少风险，同时提供满意的保护。标准型抽样方案就是按照这样的思路设计的。如果把不合格质量界限定位在 RQL 点，当交验批的质量相当差，不合格品率 p=RQL 值，按说这样的产品理所当然应判为不合格品，予以拒收。但由于采用的是抽样检验，尽管这样的大部分批被判为不合格批，却仍有一小部分这样的批被误判为合格批，并不能把它们 100% 的判为不合格批，只能以 10% 以下的低概率接收，以 90% 以上的高概率拒收。由此带来的风险称 β。一般取 β 值在 10% 左右。在图 4.3-3 中，对应的是 $P_A$、RQL 与曲线的交点，也是"β 最大值"。

抽样检验时，当交验批的质量好，不合格率 p=AQL 时，只能要求以 90% 以上的高概率接收，而不能苛求一定要 100% 接收。一般取 α 在 5% 左右。当生产过程稳定时，α 可以取得小一些，如取 2% 或者 3%；当生产过程不稳定时，α 可以取得大一些，如取 8% 或者 10% 等；必要时，α 取值应当向使用方声明。

（4）AQL 的产生

在生产实践中，生产方会根据自己生产产品的实际质量水平选定一个接近于 $P_0$ 的质量指标。它应该对应一个比较高的接收概率，亦即比较小的拒收概率 α。$P_0$ 叫作可接收质量水平或合格质量水平（Acceptable Quality Level），简写为 AQL。α 是生产方要忍受的拒收合格批的概率，叫生产方风险。在实际应用中，生产方风险通常规定为 5%。特殊情况下，供需双方也可协商规定为 6%，6.5% 甚至 10% 等。

（5）质量管理的目的在于有效控制不合格品

从以上说明的抽样检验带来的 2 类风险可知，在抽样检验中即使检验结论合格，批中也允许有不合格品；反之，即使检验结论不合格，批中也有合格品，这是客观存在的事实。我们进行质量管理的目的，在于有效控制不合格品的使用。国际上对于不合格品的处理，往往采取多种形式，包括：

第一，采取三包措施。由生产方给使用方"坏一个产品补一个产品"的补救方法；

第二，预赔处理。如果不合格品率是2.5%，生产方按售出产品数量，多给2.5%的产品；

第三，采取招回制度。对有缺陷的产品全部收回，重新提供无缺陷的产品或者备件。

4.3.1.2.3 各种因素与抽检工作特性曲线的关系

（1）合格判定界限数 $A_C$ 一定，样本量 n 对抽检工作特性曲线的影响。

假设 $A_C=2$，样本量不同，分别是 $n_1=100$，$n_2=50$，$n_3=10$ 时，不同的抽检工作特性曲线如图 4.3—4 所示。

显然，$n_3$、$n_2$、$n_1$ 的工作特性曲线逐渐变严了，各个样本量的检验结论精确度也明显提高了。

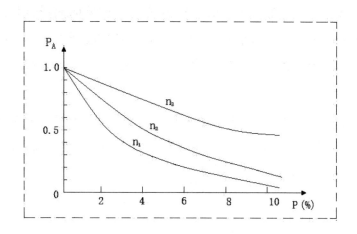

图 4.3-4　$A_C$ 一定，样本量 n 对抽检工作特性曲线的影响

（2）样本量 n 一定，合格判定数对抽检工作特性曲线的影响。

设 批量 N=1000，样本量 n=20，检验水平 = Ⅱ，合格判定界限数分别是 $Ac_1=0$，$Ac_2=2$，$Ac_3=5$ 时，合格判定数对抽检工作特性曲线的影响如图 4.3-5 所示。

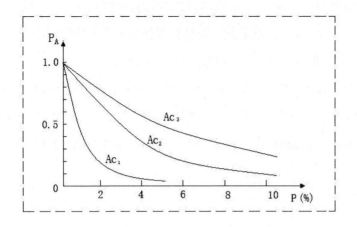

图 4.3-5 合格判定数对抽检工作特性曲线的影响

显然，合格判定界限数 Ac 越小，相应地抽检工作特性曲线也越来越严了，对指导抽样工作的意义很大。

（3）调整批量 N 对抽检工作特性曲线的影响

当样本量 n、合格判定界限数 Ac 和检验水平 IL 一定时，批量分别在 $N_1=50$，$N_2=100$，$N_3=1000$，$N_4=5000$ 时，四条特性曲线 Ⅰ、Ⅱ、Ⅲ、Ⅳ仅存在微小差别，见图 4.3-6。

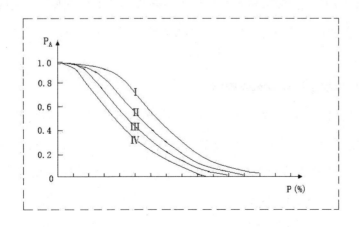

图 4.3-6 调整批量对抽检工作特性曲线的影响

由图 4.3-6 可见，N 对抽检工作特性曲线的影响如下：

第一，n ≤ 0.1N 时，批量大小对抽检工作特性曲线的影响不大。

第二，Ⅰ、Ⅱ曲线满足 n < 0.1N，两条曲线基本重合。

（4）批量 N、合格判定数 Ac、检验水平一定，样本量不同的影响

当批量 N、合格判定数 Ac、检验水平一定，样本量在 $n_1$=10，$n_2$=20，$n_3$=50，$n_4$=100，$n_5$=200 时，不同的抽检工作特性曲线如图 4.3-7 所示：

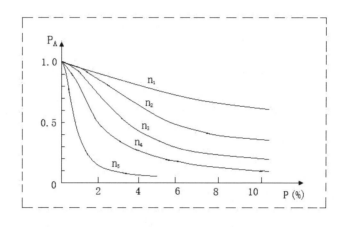

图 4.3-7　n 对抽检工作特性曲线的影响

由图 4.3-7 可见，样本量 n 对抽检工作特性曲线的影响显著。n 越大，抽检工作特性曲线越陡。当 n=N 时，就是 100% 检验了，相应也产生了理想抽检工作特性曲线。

### 4.3.1.3 制定抽样方案的程序

GB/T 2828.1 抽样标准规定了一次、二次和五次抽样方案类型，同时还编制了 17 种适用于不同抽样方案类型的平均样本量（ASN）曲线，供估算采用各类抽样方案时鉴别节约样本的程度时使用，以便达到抽样方案最经济的目的。一般情况下，在不掌握 AQL 值时，可先从一次抽样检验开始，待积累了足够多的数据后，再进行不同类型抽样方案比较，确定采用具体可行的抽样方案类型。这里提请注意的是：只要 AQL 和 IL 相同，不同抽样方案类型的鉴别力基

本相同。

### 4.3.1.3.1 一次抽样检验程序和结果判定

一次抽样检验程序和结果判定如图 4.3-8 所示。

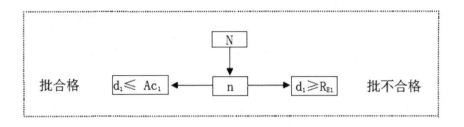

图 4.3-8　一次抽样检验程序和结果判定

### 4.3.1.3.2 二次抽样检验程序和结果判定

二次抽样方案检验程序和结果判定如图 4.3-9 所示。

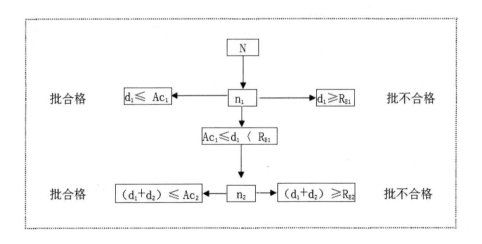

图 4.3-9　二次抽样方案检验程序和结果判定

### 4.3.1.3.3 五次抽样方案检验程序和结果判定

五次抽样方案检验程序和结果判定如图 4.3-10 所示。

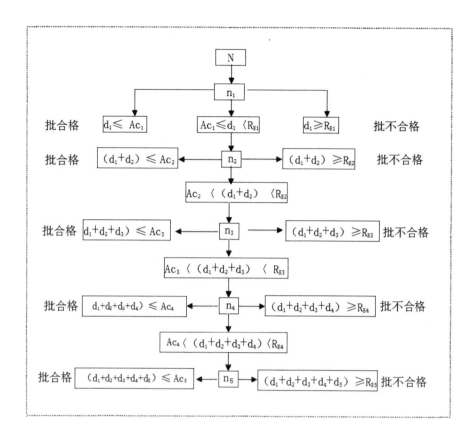

图 4.3-10　五次抽样方案检验程序和结果判定

图 4.3-10 中符号含义如下：

（1）$d_1$、$d_2$、$d_3$、$d_4$、$d_5$ 分别是 $n_1$、$n_2$、$n_3$、$n_4$、$n_5$ 样本中的不合格品数。

（2）$Ac_1$、$Ac_2$、$Ac_3$、$Ac_4$、$Ac_5$ 分别是 $n_1$、$n_2$、$n_3$、$n_4$、$n_5$ 样本中的合格（品）判定数。

（3）$R_{E1}$、$R_{E2}$、$R_{E3}$、$R_{E4}$、$R_{E5}$ 分别是 $n_1$、$n_2$、$n_3$、$n_4$、$n_5$ 样本中的不合格（品）判定数。

4.3.1.3.4 不同抽样类型的区别

实施抽样检验时，我们经常采用一次、二次和五次抽样方案。各类抽样方案的不同与共同之处如下：

（1）平均样本量不同

对于给定的一组接收质量限 AQL 值和检验水平Ⅰ、Ⅱ、Ⅲ中的任何一个检验水平，一次抽样方案的样本量最大，二次抽样方案的平均样本量居中，五次抽样方案的平均样本量最小；

（2）对判别力的影响

对于给定的一组接收质量限和检验水平，不管使用一次抽样方案、二次抽样方案或者五次抽样方案进行批质量检验，它们的判别力基本相同。

4.3.1.3.5 设计抽样方案时主要参数选用原则

结合 GB/T 2828.1 抽样标准应用的实际，对其中主要参数的选用原则说明如下：

4.3.1.3.5.1 样本量

在抽样标准中，样本量用"n"表示。标准型抽样检验方案中的"n"是由 $P_0$、$P_1$、$\alpha$ 和 $\beta$ 计算确定的。调整型抽样方案中的"n"值大小，是选择抽样检验技术与确定检验费用时要考虑的主要因素，并与批量大小和"检验水平"的严格度相一致。显然，n 与 N 有直接关系。批量 N 一定时，样本量 n 越大，判定的结果越准确。但是，带来检验费用也高。为了协调判定结果的准确性与检验费用之间的关系，专家们权衡利弊，规定了各种检验水平。检验水平的严格度决定了批量与样本大小的协调关系。

4.3.1.3.5.2 检验水平

（1）检验水平的严格度

严格度是指在批量 N 相同的条件下，采用不同的检验水平制定抽样方案时获得检验结论的置信度。此标准给出了七个检验水平，它们的严格度各不相同。具体如下：

（2）一般检验水平Ⅰ、Ⅱ、Ⅲ

实际上，严格度体现了使用不同检验水平，抽取的样本量也不同。检验水平越严，样本量越大。对于一般检验水平Ⅰ、Ⅱ、Ⅲ而言，当 N 一定时，对应的样本量关系如下：

$$n_{\text{I}} : n_{\text{II}} : n_{\text{III}} = 0.4 : 1.0 : 1.6$$

可见，在批量一定时，检验水平Ⅲ最严，判别力也最强，检验水平Ⅱ次之，检验水平Ⅰ的样本量最小，相比之下判别力也最差。

（3）特殊检验水平 S-1、S-2、S-3、S-4

特殊检验水平 S-1、S-2、S-3、S-4 的样本量比一般检验水平Ⅰ、Ⅱ、Ⅲ都要小。在批量一定时，特殊检验水平 S-4 最严，判别力也最强，特殊检验水平 S-3 次之，特殊检验水平 S-2 较 S-1 判别力也强一些。特殊检验水平 S-1 的样本量最小，相比之下判别力也最差。

4.3.1.3.5.3 一般检验水平选用原则

（1）选用检验水平Ⅰ时应考虑的因素

（a）要求检验费用少；

（b）用降低批质量的判别能力，增加使用方的风险。但是，无论如何也不能影响产品的正常使用；

（c）结构简单，试验项目少，容易判断；

（d）价格便宜；

（e）批与批质量波动小；

（f）批不合格时，每单位产品平均处理费用小于检验每单位产品的费用；

（h）批内各部分之间质量均匀。

（2）检验水平Ⅱ

检验水平Ⅱ处于检验水平Ⅰ和检验水平Ⅲ之间，是综合各类因素的最佳选择，一般情况下大都选用检验水平Ⅱ。

（3）选用检验水平Ⅲ时应考虑的主要因素

（a）订货方对产品在使用方面有特殊要求；

（b）单位产品价格高；

（c）宁愿提高检验费用也要保证检验的严格度；

（d）产品结构复杂；

（e）批与批质量波动大；

（f）每批内质量不均匀；

（g）当批不合格时，每单位产品平均处理费用大于每单位产品的检验费用；

（h）批质量信息很少的新产品；

（i）手工操作、手工装配的产品不能采用，这一点要特别注意。

4.3.1.3.5.4 特殊检验水平选用的原则

特殊检验水平 S-1、S-2、S-3、S-4 的特点是样本量小，风险也大。所以，通常在产品进行破坏性检验或者其价值高时采用。

（1）适用的范围

（a）对贵重产品进行破坏性检验；

（b）检验费用高，供需双方都难以承担；

（c）产品质量特性取决于设计或者结构，如冲压件等产品；

（2）使用时必须与 AQL 相协调

按照 ISO2859-1 的规定，在使用特殊检验水平 S-1、S-2、S-3、S-4 时，必须避免这四个特殊检验水平与 AQL 的不一致。这四个特殊检验水平的主要目的是获得小样本。例如用 S-1 时，样本量字码 ≤ D，相应的样本量 n=8。如果 AQL=0.1，则最少的样本量是 125，使用 S-1 是无法将样本量 n 降到 8 以下的。因此，AQL 值与特殊检验水平协调关系如下：

（a）S-1 对应的 AQL ≥ 1.5（字码 ≤ D）

（b）S-2 对应的 AQL ≥ 1.0

（c）S-3 对应的 AQL ≥ 0.1

（d）S-4 对应的 AQL ≥ 0.065

（3）特殊检验水平的严格度

我们用严格度表示各特殊检验水平之间的根本差别，在于样本量不同。特殊检验水平从 S-1 到 S-4，样本量越来越大，严格度也越来越严。

4.3.1.3.5.5 接收质量限 AQL

（1）AQL 的含义

若要接收一个批，必然要求其中的不合格（品）个数最多不超过某个值。所以相对于"最多不超过某个值"而言，AQL 是一个上限值，是合格批中允许最多不合格（品）数。AQL 由"Acceptable Quality Level"的缩写而成。

（2）确定 AQL 的依据

用无限批量的平均"批质量指标"确定 AQL

无限批量指的是生产方生产的全部同样产品。如果对全部同样产品的批不合格品率 $\overline{P}$ 作为过程平均的批质量指标，$\overline{P}$ 的计算如下：

$$\overline{P}= \left( D_1+D_2+D_3+D_4+\cdots+D_I \right) / \left( N_1+N_2+N_3+N_4+\cdots+N_I \right) \times 100\% \cdots\cdots （式 4.3-5）$$

式中：

$N_I$ 表示无限批量，$I = \propto$。

$D_I$ 表示无限批量 $N_I$ 中实际检验出的不合格（品）数。

实际上无限批量难以达到。因此，无限批量的平均"批质量指标"确定的 $\overline{P}$ 值只是一种期望值。人们结合抽样检验的实际，进一步用有限批量抽样检验样本中的平均不合格品率 $\hat{P}$，近似无限批量 $N_I$ 中的平均不合格品率 $\overline{P}$ 是可行的。

$$\hat{P} = \left[ \left( d_1+d_2+d_3+d_4+\cdots+d_I \right) / \left( n_1+n_2+n_3+n_4+\cdots+n_I \right) \right] \times 100\% \cdots\cdots （式 4.3-6）$$

在计算有限批量的平均"批质量指标"$\hat{P}$ 时，要求式中 $I \geq 10$ 批。如果 $\hat{P} = 2.5$，则意味着 $AQL \approx 2.5$。应该说生产单位利用 GB/T 2828.1 标准进行连续批出厂检验 AQL 的取值，基本上都是用上述方法获得的。

这里值得注意的是，获得 AQL 值的另外一个条件，就是用正常检验一次抽样方案或者用正常检验二次抽样方案第一样本的检验数据获得。

（3）由用户提出 AQL 要求

长期使用产品的用户，在他们使用产品过程中积累统计了产品的不合格品率、产品返修率等数据，因此能提出 AQL 的数值要求。生产方应该将用户提出的这些数据作为确定 AQL 值的重要依据。

4.3.1.3.5.6 AQL 使用范围

（1）AQL ≤ 10，批质量表示方法以每百单位产品不合格品数表示。

（2）AQL 的全部数值都可以表示为每百单位产品不合格数

经验表明，如果 AQL=0.01，判定的结果基本上是万无一失的。

（3）确定 AQL 时的经验参考值

（a）按不合格的种类确定 AQL 的经验数据，见表 4.3-5。

表 4.3-5　按不合格的种类确定 AQL 时的经验数据

| 不合格种类 | AQL | 说明 |
|---|---|---|
| A 类不合格 | 0.65 | 1、适用于细分类，如 A、B、C 项均合格，则批合格。 |
| B 类不合格 | 1.5 | |
| C 类不合格 | 4.0 | 2、适用于管理复杂产品。 |

（b）国际上确定 AQL 的经验数据

AQL 超特殊军用＜AQL 特殊军用＜AQL 一般

AQL 重＜AQL 轻

AQL 项目少＜AQL 项目多

AQL 电器＜AQL 机械＜AQL 外观

（4）AQL 特殊确定方法（（P^ ≥ 10 除外）

（a）按产品的使用要求确定 AQL 数值见表 4.3-6。

表 4.3-6　按产品的使用要求确定 AQL 数值

| 使用要求 | 特高 | 高 | 中 | 低 |
|---|---|---|---|---|
| AQL | ≤ 0.1 | <0.65 | ≤ 2.5 | ≥ 4.0 |
| 适用范围 | 导弹卫星飞船 | 飞机舰艇，重要工业产品 | 一般工业产品 一般军用产品 | 一般应用产品 |

（b）按不合格品数种类确定 AQL 见表 4.3-7

表 4.3-7　按不合格品数种类确定 AQL 数值

| 单位 | 检验类别 | 不合格品或缺陷 | AQL |
|---|---|---|---|
| 一般工厂数据 | 进料检验 | A 类不合格品 | 0.65，1.5，2.5 |
| | | B 类不合格品 | 4.0，6.5 |
| | 成品检验 | A 类不合格品 | 1.5，2.5 |
| | | B 类不合格品 | 4.0，6.5 |
| 美国海军 | 购入检验 | 重缺陷 A | 0.25 |
| | | 重缺陷 B | 1.0 |
| | | 轻不合格 | 2.5 |

（c）按产品性能和外观质量确定见表 4.3-8

表 4.3-8　按产品性能和外观质量确定 AQL 数值

| 质量特性 | 电器性能 | 机械性能 | 外观质量 |
|---|---|---|---|
| AQL | 0.4-0.65 | 1.0-1.5 | 2.5-4.0 |

（d）按检验项目确定 AQL 见表 4.3-9

表 4.3-9　按检验项目确定 AQL 数值

| A 类不合格 | | B 类不合格 | |
|---|---|---|---|
| 试验项目 | AQL | 试验项目 | AQL |
| 1～2 | 0.25 | 1 | 0.65 |
| 3～4 | 0.40 | 2 | 1.0 |
| 5～7 | 0.65 | 3～4 | 1.5 |
| 8～11 | 1.0 | 5～7 | 2.5 |
| 12～19 | 1.5 | 8～18 | 4.0 |
| 20～48 | 2.5 | 18 以上 | 6.5 |
| 48 以上 | 4.0 | | |

#### 4.3.1.4　关于分数接收数方案

4.3.1.4.1　分数接收数方案的应用

在 GB/T 2828.1 标准中具有分数接收数抽样方案，这种调整更加符合工业生产的实际，为企业质量管理提供了更大的灵活性。用分数接收数抽样方案，仅限于各种严格度的一次抽样方案。所谓分数收数抽样方案，就是在一次正常检验、一次加严检验和一次放宽检验的抽样方案中，分别在接收数"0，1"之间的箭头处设置了"1/2"、"1/3"和"1/5"的分数接收数，通过观察继续待检验批的质量状况，判定"当前批"产品合格与否，目的在于保证使用方不受损失的前提下降低生产方风险。比如按照 AC=0 的要求检验后，逐批检验的"当前批"有 1 个不合格（品）时，该"当前批"应判为"不合格"。但是，在这种情况下，使用分数接收数抽样方案时，只要继续检验的规定批中无不合格(品)，就表明生产过程是稳定受控的，已经有 1 个不合格（品）的"当前批"就可以被接收，也就是可以被判为合格批。通过分析分数接收数抽样方案的特点，我们可以得出这样的结论：分数接收数抽样方案解决的主要问题，是在"0"和"1"合格判定界限数时，批产品检验出 1 个不合格（品）数的二次补救。它的着眼点在于考虑综合生产过程的稳定性，适当减少"0 判据"的误判风险。标准规定了分数接收数抽样方案的判定原则，即当来自"当前批"的样本存在 1 个不合格（品）时，仅当来自下面要继续检验足够多的批样本中未发现不合格（品）时，认为当前批是可接收的：对于接收数"1/2"，限定只有 1 个这样的批；对于接收数"1/3"，限定可有 2 个这样的批；对于接收数"1/5"，限定有 4 个这样的批。如果第一个被检验批有一个不合格（品），不接收当前批。其中"这样的批"的含义，是指立足于接收"当前批"而设计的三种分数方案规定：对于接收数为"1/2"的方案，就是要求再继续检验 1 批，该批没有 1 个不合格（品）；对于接收数为"1/3"的方案，要求继续检验 2 批且这 2 批没有 1 个不合格（品）；对于接收数为"1/5"的方案，则要求继续检验 4 批且这 4 批没有 1 个不合格(品)。达到这样的规定，"1/2"、"1/3"和"1/5"三个方案的"当前批"都可以作为批合格而接收。

4.3.1.4.2 分数接收数方案的形式和含义

GB/T 2828.1 给出了一次抽样方案的正常、加严、放宽检验分数接收数方案，是在一次正常、加严、放宽抽样方案的基础上增设了 3 个对应的"辅助主表"，即对于"正常"和"加严"检验，用分数接收数"1/3"和"1/2"分别替代 GB/T 2828.1 表 2-A 和表 2-B 中合格判定数"$A_c=0$ 和 $R_e=1$"下带有箭头的 2 个地方，见表 4.3-10"GB/T 2828.1/ISO2859-1 的表 11-A 正常检验一次抽样方案（辅助主表）"；对于"放宽检验"，也在对应主表的"$A_c=0$ 和 $R_e=1$"下带有箭头的 3 个地方分别增设了分数接收数"1/5"、"1/3"和"1/2"3 个分数接收数方案。

4.3.1.4.3 分数接收数方案的检索

（1）固定分数接收数方案的检索

例 4.3-6 设 N=25，AQL=4.0，使用检验水平"Ⅱ"，设计正常检验一次抽样方案和正常检验一次抽样分数接收数方案。

解：

示例 1. 检索正常检验一次抽样方案

程序 1 检索样本量字码

表 4.3-10　"GB/T2828.1 表 11-A 正常检验一次抽样方案（辅助主表）"

接收质量限（AQL）

| 样本量字码 | 样本量 | 0.010 | 0.015 | 0.025 | 0.040 | 0.065 | 0.10 | 0.15 | 0.25 | 0.40 | 0.65 | 1.0 | 1.5 | 2.5 | 4.0 | 6.5 | 10 | 15 | 25 | 40 | 65 | 100 | 150 | 250 | 400 | 650 | 1000 |
|---|---|---|---|---|---|---|---|---|---|---|---|---|---|---|---|---|---|---|---|---|---|---|---|---|---|---|---|
| | | Ac Re | Ac Re | Ac Re | Ac Re | Ac Re | Ac Re | Ac Re | Ac Re | Ac Re | Ac Re | Ac Re | Ac Re | Ac Re | Ac Re | Ac Re | Ac Re | Ac Re | Ac Re | Ac Re | Ac Re | Ac Re | Ac Re | Ac Re | Ac Re | Ac Re | Ac Re |
| A | 2 | ↓ | ↓ | ↓ | ↓ | ↓ | ↓ | ↓ | ↓ | ↓ | ↓ | ↓ | ↓ | ↓ | ↓ | ↓ | ↓ | 0 1 | 1 2 | 2 3 | 3 4 | 5 6 | 7 8 | 10 11 | 14 15 | 21 22 | 30 31 |
| B | 3 | ↓ | ↓ | ↓ | ↓ | ↓ | ↓ | ↓ | ↓ | ↓ | ↓ | ↓ | ↓ | ↓ | ↓ | ↓ | 0 1 | 1 2 | 2 3 | 3 4 | 5 6 | 7 8 | 10 11 | 14 15 | 21 22 | 30 31 | 44 45 |
| C | 5 | ↓ | ↓ | ↓ | ↓ | ↓ | ↓ | ↓ | ↓ | ↓ | ↓ | ↓ | ↓ | ↓ | ↓ | 0 1 | 1 2 | 2 3 | 3 4 | 5 6 | 7 8 | 10 11 | 14 15 | 21 22 | 30 31 | 44 45 | ↑ |
| D | 8 | ↓ | ↓ | ↓ | ↓ | ↓ | ↓ | ↓ | ↓ | ↓ | ↓ | ↓ | ↓ | ↓ | 0 1 | 1 2 | 2 3 | 3 4 | 5 6 | 7 8 | 10 11 | 14 15 | 21 22 | 30 31 | 44 45 | ↑ | ↑ |
| E | 13 | ↓ | ↓ | ↓ | ↓ | ↓ | ↓ | ↓ | ↓ | ↓ | ↓ | ↓ | ↓ | 0 1 | 1 2 | 2 3 | 3 4 | 5 6 | 7 8 | 10 11 | 14 15 | 21 22 | 30 31 | 44 45 | ↑ | ↑ | ↑ |
| F | 20 | ↓ | ↓ | ↓ | ↓ | ↓ | ↓ | ↓ | ↓ | ↓ | ↓ | ↓ | 0 1 | 1 2 | 2 3 | 3 4 | 5 6 | 7 8 | 10 11 | 14 15 | 21 22 | 30 31 | 44 45 | ↑ | ↑ | ↑ | ↑ |
| G | 32 | ↓ | ↓ | ↓ | ↓ | ↓ | ↓ | ↓ | ↓ | ↓ | ↓ | 0 1 | 1 2 | 2 3 | 3 4 | 5 6 | 7 8 | 10 11 | 14 15 | 21 22 | 30 31 | 44 45 | ↑ | ↑ | ↑ | ↑ | ↑ |
| H | 50 | ↓ | ↓ | ↓ | ↓ | ↓ | ↓ | ↓ | ↓ | ↓ | 0 1 | 1 2 | 2 3 | 3 4 | 5 6 | 7 8 | 10 11 | 14 15 | 21 22 | 30 31 | 44 45 | ↑ | ↑ | ↑ | ↑ | ↑ | ↑ |
| J | 80 | ↓ | ↓ | ↓ | ↓ | ↓ | ↓ | ↓ | ↓ | 0 1 | 1 2 | 2 3 | 3 4 | 5 6 | 7 8 | 10 11 | 14 15 | 21 22 | 30 31 | 44 45 | ↑ | ↑ | ↑ | ↑ | ↑ | ↑ | ↑ |
| K | 125 | ↓ | ↓ | ↓ | ↓ | ↓ | ↓ | ↓ | 0 1 | 1 2 | 2 3 | 3 4 | 5 6 | 7 8 | 10 11 | 14 15 | 21 22 | 30 31 | 44 45 | ↑ | ↑ | ↑ | ↑ | ↑ | ↑ | ↑ | ↑ |
| L | 200 | ↓ | ↓ | ↓ | ↓ | ↓ | ↓ | 0 1 | 1 2 | 2 3 | 3 4 | 5 6 | 7 8 | 10 11 | 14 15 | 21 22 | 30 31 | 44 45 | ↑ | ↑ | ↑ | ↑ | ↑ | ↑ | ↑ | ↑ | ↑ |
| M | 315 | ↓ | ↓ | ↓ | ↓ | ↓ | 0 1 | 1 2 | 2 3 | 3 4 | 5 6 | 7 8 | 10 11 | 14 15 | 21 22 | 30 31 | 44 45 | ↑ | ↑ | ↑ | ↑ | ↑ | ↑ | ↑ | ↑ | ↑ | ↑ |
| N | 500 | ↓ | ↓ | ↓ | ↓ | 0 1 | 1 2 | 2 3 | 3 4 | 5 6 | 7 8 | 10 11 | 14 15 | 21 22 | 30 31 | 44 45 | ↑ | ↑ | ↑ | ↑ | ↑ | ↑ | ↑ | ↑ | ↑ | ↑ | ↑ |
| P | 800 | ↓ | ↓ | ↓ | 0 1 | 1 2 | 2 3 | 3 4 | 5 6 | 7 8 | 10 11 | 14 15 | 21 22 | 30 31 | 44 45 | ↑ | ↑ | ↑ | ↑ | ↑ | ↑ | ↑ | ↑ | ↑ | ↑ | ↑ | ↑ |
| Q | 1250 | ↓ | ↓ | 0 1 | 1 2 | 2 3 | 3 4 | 5 6 | 7 8 | 10 11 | 14 15 | 21 22 | 30 31 | 44 45 | ↑ | ↑ | ↑ | ↑ | ↑ | ↑ | ↑ | ↑ | ↑ | ↑ | ↑ | ↑ | ↑ |
| R | 2000 | ↓ | 0 1 | 1 2 | 2 3 | 3 4 | 5 6 | 7 8 | 10 11 | 14 15 | 21 22 | 30 31 | 44 45 | ↑ | ↑ | ↑ | ↑ | ↑ | ↑ | ↑ | ↑ | ↑ | ↑ | ↑ | ↑ | ↑ | ↑ |

⇩ —— 使用箭头下面的第一个抽样方案。如果样本量等于或超过批量，则执行 100% 检验。

⇧ —— 使用箭头上面的第一个抽样方案。

Ac —— 接收数。

Re —— 拒收数。

根据 N=25，检验水平"Ⅱ"，检索样本量字码见表 4.3-11"GB/T 2828.1/ISO2859-1 的表 1"，查得样本量字码是"C"。

表 4.3-11 "GB/T 2828-1/ISO2859-1 的表 1 样本量字码"

| 批量 | 特殊检验水平 | | | | 一般检验水平 | | |
|---|---|---|---|---|---|---|---|
| | S-1 | S-2 | S-3 | S-4 | 1 | Ⅱ | Ⅲ |
| 2 ～ 8 | A | A | A | A | A | A | B |
| 9 ～ 15 | A | A | A | A | A | B | C |
| 16 ～ 25 | A | A | B | B | B | C | D |
| 26 ～ 50 | A | B | B | C | C | D | E |
| 51 ～ 90 | B | B | C | C | C | E | F |
| 91 ～ 150 | B | B | C | D | D | F | G |
| 151 ～ 280 | B | C | D | E | E | G | H |
| 281 ～ 500 | B | C | D | E | F | H | J |
| 501 ～ 1200 | C | C | E | F | G | J | K |
| 1201 ～ 3200 | C | D | E | G | H | K | L |
| 略 | | | | | | | |

程序 2 检索判定数组

检索正常检验一次抽样方案判定数组见表见表 4.3-12"GB/T 2828.1/ISO2859-1 的表 2-A 正常检验一次抽样方案（主表）"。按样本量字码"C"与接收质量限 AQL=4.0 的交点确定判定数组。但此处是"箭头"，需按"箭头"方向寻找判定数组，箭头遇到的第一个判定数组"$A_C=0$，$R_E=1$"。

表4.3-12 "GB/T2828.1 表2-A 正常检验一次抽样方案（主表）"

注：表中各格数值为 Ac Re（Ac＝接收数，Re＝拒收数）。"↓"＝使用箭头下面第一个抽样方案；"↑"＝使用箭头上面第一个抽样方案。

接收质量限（AQL）

| 样本量字码 | 样本量 | 0.010 | 0.015 | 0.025 | 0.040 | 0.065 | 0.10 | 0.15 | 0.25 | 4.0 | 6.5 | 10 | 15 | 25 | 40 | 65 | 100 | 150 | 250 | 400 | 650 | 1000 |
|---|---|---|---|---|---|---|---|---|---|---|---|---|---|---|---|---|---|---|---|---|---|---|
| A | 2 | ↓ | ↓ | ↓ | ↓ | ↓ | ↓ | ↓ | ↓ | ↓ | 0 1 | ↓ | ↓ | 1 2 | 2 3 | 3 4 | 5 6 | 7 8 | 10 11 | 14 15 | 21 22 | 30 31 |
| B | 3 | ↓ | ↓ | ↓ | ↓ | ↓ | ↓ | ↓ | ↓ | 0 1 | ↓ | ↓ | 1 2 | 2 3 | 3 4 | 5 6 | 7 8 | 10 11 | 14 15 | 21 22 | 30 31 | 44 45 |
| C | 5 | ↓ | ↓ | ↓ | ↓ | ↓ | ↓ | ↓ | ↓ | ↓ | ↓ | 1 2 | 2 3 | 3 4 | 5 6 | 7 8 | 10 11 | 14 15 | 21 22 | 30 31 | 44 45 | ↑ |
| D | 8 | ↓ | ↓ | ↓ | ↓ | ↓ | ↓ | ↓ | ↓ | ↓ | 1 2 | 2 3 | 3 4 | 5 6 | 7 8 | 10 11 | 14 15 | 21 22 | 30 31 | 44 45 | ↑ | ↑ |
| E | 13 | ↓ | ↓ | ↓ | ↓ | ↓ | ↓ | ↓ | ↓ | 1 2 | 2 3 | 3 4 | 5 6 | 7 8 | 10 11 | 14 15 | 21 22 | 30 31 | 44 45 | ↑ | ↑ | ↑ |
| F | 20 | ↓ | ↓ | ↓ | ↓ | ↓ | ↓ | ↓ | ↓ | 2 3 | 3 4 | 5 6 | 7 8 | 10 11 | 14 15 | 21 22 | 30 31 | 44 45 | ↑ | ↑ | ↑ | ↑ |
| G | 32 | ↓ | ↓ | ↓ | ↓ | ↓ | ↓ | ↓ | ↓ | 3 4 | 5 6 | 7 8 | 10 11 | 14 15 | 21 22 | 30 31 | 44 45 | ↑ | ↑ | ↑ | ↑ | ↑ |
| H | 50 | ↓ | ↓ | ↓ | ↓ | ↓ | ↓ | ↓ | 0 1 | 5 6 | 7 8 | 10 11 | 14 15 | 21 22 | 30 31 | 44 45 | ↑ | ↑ | ↑ | ↑ | ↑ | ↑ |
| J | 80 | ↓ | ↓ | ↓ | ↓ | ↓ | ↓ | 0 1 | ↓ | 7 8 | 10 11 | 14 15 | 21 22 | 30 31 | 44 45 | ↑ | ↑ | ↑ | ↑ | ↑ | ↑ | ↑ |
| K | 125 | ↓ | ↓ | ↓ | ↓ | ↓ | 0 1 | ↓ | ↓ | 10 11 | 14 15 | 21 22 | 30 31 | 44 45 | ↑ | ↑ | ↑ | ↑ | ↑ | ↑ | ↑ | ↑ |
| L | 200 | ↓ | ↓ | ↓ | ↓ | 0 1 | ↓ | ↓ | 1 2 | 14 15 | 21 22 | 30 31 | 44 45 | ↑ | ↑ | ↑ | ↑ | ↑ | ↑ | ↑ | ↑ | ↑ |
| M | 315 | ↓ | ↓ | ↓ | 0 1 | ↓ | ↓ | 1 2 | 2 3 | 21 22 | 30 31 | 44 45 | ↑ | ↑ | ↑ | ↑ | ↑ | ↑ | ↑ | ↑ | ↑ | ↑ |
| N | 500 | ↓ | ↓ | 0 1 | ↓ | ↓ | 1 2 | 2 3 | 3 4 | 30 31 | 44 45 | ↑ | ↑ | ↑ | ↑ | ↑ | ↑ | ↑ | ↑ | ↑ | ↑ | ↑ |
| P | 800 | ↓ | 0 1 | ↓ | ↓ | 1 2 | 2 3 | 3 4 | 5 6 | 44 45 | ↑ | ↑ | ↑ | ↑ | ↑ | ↑ | ↑ | ↑ | ↑ | ↑ | ↑ | ↑ |
| Q | 1250 | 0 1 | ↑ | ↓ | 1 2 | 2 3 | 3 4 | 5 6 | 7 8 | ↑ | ↑ | ↑ | ↑ | ↑ | ↑ | ↑ | ↑ | ↑ | ↑ | ↑ | ↑ | ↑ |
| R | 2000 | ↑ | ↑ | 1 2 | 2 3 | 3 4 | 5 6 | 7 8 | 10 11 | ↑ | ↑ | ↑ | ↑ | ↑ | ↑ | ↑ | ↑ | ↑ | ↑ | ↑ | ↑ | ↑ |

程序 3 检索样本量 n

按照判定数组和样本量"n"同行原则，在表 4.3-12 上，判定数组"$A_C=0$，$R_E=1$"所在行向左查找样本量 n=3。得正常检验一次抽样方案：3（0，1）。

示例 2. 检索正常检验一次分数接收数抽样方案

程序 1 检索样本量字码

用表 4.3-11 检索样本量字码。根据 N=25 和检验水平"Ⅱ"，查得样本量字码是"C"。

程序 2 检索分数接收数

检索正常检验一次分数接收数用表 4.3-10。由样本量字码"C"向右查找与接收质量限 AQL=4.0 的列相交处，是分数"1/3"。"1/3"即是分数接收数。

程序 3 检索正常检验一次分数接收数抽样方案的样本量"n"

按照样本量"n"与判定数的"同行原则"，此时的样本量应该是分

数接收数"1/3"所在的行，与样本量列相交处的数字"5"，即表示样本量 n=5。

程序 4 得到正常检验一次分数接收数抽样方案：5（1/3）。

（2）不固定分数接收数抽样方案

在生产实践中，产品的生产批量随着订单的需求在不断地变化，随之也会带来抽样检验样本量的改变，使分数接收数抽样方案难以固定。

为了减少这些变化对不同批引起检验结果的离散性，标准采取对不固定方案使用计算接收得分限的措施，最大限度地保证检验结果的相对可靠。

GB/T 2828.1 抽样标准的具体规定如下：

（a）任一正常、加严和放宽检验开始时，均将接收得分设定为 O。

（b）如果所得抽样方案的接收数为 O，接收得分保持不变；

如果所得抽样方案的接收数为 1/5，给接收得分加 2 分；

如果所得抽样方案的接收数为 1/3，给接收得分加 3 分；

如果所得抽样方案的接收数为 1/2，给接收得分加 5 分；

如果所得抽样方案的接收数为 1 或 1 以上，给接收得分加 7 分。

（c）对于分数接收数方案，如果检验前最新的接收得分不超过 8 分，仅当样本中未发现不合格（品）时认为该批是可接收的；如果检验前最新的接收得分不低于 9 分，仅当样本中最多有 1 个不合格（品）时认为该批是可接收的。当接收数为整数时，使用该接收数来确定批的可接收性。

（d）如果在样本中发现 1 个或 1 个以上不合格（品），在确定该批的接收性后，将接收得分重新设定为 0。

在得到抽样方案后，但在确定批的可接收性以前应更新接收得分；在确定接收性后应重新定出接收得分。可是，在作出批的可接收性后，应给转移得分追加得分或重新设定转移得分。

4.3.1.4.4 分数接收数抽样方案应用说明

利用分数接收数抽样方案对批产品进行逐批抽样检验，如果批量相同，检验水平不变，那么对应的样本字码也是相同的，同时检索的分数接收数

抽样方案也是相同的。在分数接收数抽样方案固定的前提下，抽样检验时应遵循的原则如下：

（1）对样本进行检验后，当被检验批的样本中无不合格（品）时，该批产品判定结论为"合格批"，该批是接收批。

（2）当被检验批的样本中有 2 个以上的不合格（品）时，对采用分数接收数抽样方案的该批产品判定结论为"不合格批"，该批是拒收批。

（3）当被检验批的样本中只有 1 个不合格（品）时，我们将该批作为"当前批"处理。具体如下：

（a）用继续检验批的质量状况对"当前批"做判定结论

以"当前批"为起点，开始按照分数接收数抽样方案的检验、判定规则对待继续检验的批产品，进行特定的继续检验，用继续检验批的产品质量反推"当前批"合格与否。

（b）继续检验批的质量与"当前批"结论的关系

如前所述，在"当前批"中只有 1 个不合格（品）时，"当前批"合格与否的判断，将由分数接收数抽样方案对继续检验批的质量检验结果给出。在规定的

批量范围内，如果继续检验批无不合格（品）时，"当前批"合格；如果继续检验批有 1 个或者 1 个以上不合格（品），根据规定当判"当前批"不合格。

（c）分数接收数（1/2）抽样方案

"当前批"中只有 1 个不合格品时，我们就要用继续检验的一批产品质量状况判定"当前批"合格与否。如果继续检验的一批产品中无不合格（品），则"当前批"合格；如果继续检验批有 1 个或者 1 个以上不合格（品），"当前批"不合格。

（d）分数接收数（1/3）抽样方案

"当前批"中只有 1 个不合格（品）时，我们就要用继续检验的二批产品质量状况判定"当前批"合格与否。如果继续检验的二批产品无不合格（品），则"当前批"合格；如果继续检验的 2 批产品有 1 个或者 1 个以上不合格（品），"当前批"不合格。

（e）分数接收数（1/5）抽样方案

"当前批"中只有 1 个不合格（品）时，我们用继续检验的 4 批产品质量状况判定"当前批"合格与否。如果继续检验的 4 批产品无不合格（品），则"当前批"合格；如果继续检验的 4 批产品有 1 个或者 1 个以上不合格（品），"当前批"不合格。

4.3.1.3.4.5 采用分数接收数抽样方案检验继续批时的检验项目

在（1/2）、（1/3）和（1/5）分数接收数抽样方案的检验过程中，发现"当前批"中存在 1 个不合格（品）时，继续检验批应与该"当前批"的检验项目相同，这样便于保持两次检验的一致性。

4.3.1.3.4.6 GB/T 2828.1 抽样标准规定的分数接收数抽样方案转移规则

（1）从正常到加严

使用分数接收数抽样方案只要在初次正常检验时，符合下列条件之一，应由正常检验转移到加严检验：

（a）只要正常检验中连续 5 批不合格；

（b）不足 5 批有 2 批不合格。

（2）从加严到正常

当正在采用加严检验时，如果初次检验时连续 5 批是合格的，可恢复正常检验。

（3）从正常到放宽

在使用分数接收数一次抽样方案的情况下，修正转移得分的规则如下：

（a）当给定接收数为 1/3 或 1/2 时，如果批被接收，则给转移得分增加 2 分；否则，将转移得分重新设定为 O。

（b）当给定接收数为 0 时，如果在样本中未发现不合格品，则给转移得分增加 2 分；否则，将转移得分重新设定为 O。

（4）从放宽到正常

当在放宽检验时，如果初次检验出现下列任一情况，应恢复正常检验。

（a）1 批未被接收；

（b）生产不稳定或停滞；

（c）主管部门认为必要。

（5）暂停检验

如果在初次加严检验的一系列连续批中不合格批的累计数达到 5 批，应暂时停止检验。直到供方对所提供的产品或服务的质量问题，找出了原因，并由质量部门负责，取得了好的结果才能恢复检验。恢复检验必须从加严检验开始。加严检验后，如果连续 5 批合格，才可以转移到正常检验。

4.3.1.3.4.7 分数接收数抽样方案不适用于跳批抽样检验。

#### 4.3.1.4 制定逐批检验方案已知条件

应用 GB/T 2828.1 抽样标准检索抽样方案，首先确定如下一组参数作为已知条件：

（1）批量

符号：N；

（2）检验水平

符号：Ⅰ、Ⅱ、Ⅲ、S-1、S-2、S-3、S-4。选择其一；

（3）选择抽样方案类型

表示方法：一次、二次、五次抽样方案。确定其一；

（4）规定转移规则

表示方法：正常、加严、放宽；

（5）接收质量限

符号：AQL。有明确的数值；

（6）批产品质量表示方法

确定用每百单位产品不合格品数或者每百单位产品不合格数表示；

（7）规定不合格分类

表示方法：A 类不合格、C 类不合格、B 类不合格，都应有明确的数值；

（8）明确是否选用分数接收方案。

### 4.3.1.5 抽样方案检索示例

4.3.1.5.1 制定调整型一次抽检方案

例 4.3-7 已知批量 N=2000，考虑以每百单位产品不合格数作为批质量指标，规定 AQL=250，采用一般检验水平 Ⅱ，试设计调整型一次抽检方案。

示例 1. 检索正常检验一次抽样方案

解：

本题 AQL 的数值已经大于 10，说明这是一种以不合格数为质量指标的产品。

程序 1 检索样本量字码

从表 4.3-11 中查出批量 N=2000 所在的行（1201 ～ 3200）与检验水平 Ⅱ 对应列的相交处，得到样本量字码 "K"；

程序 2 检索判定数组

检索表 4.3-12，找出样本量字码 "K" 所在的行与接收质量限 AQL=250 所在的列相交处，查到的是 "箭头"。沿着箭头所指的方向一直找到有第一个判定数组处，对应的判定数组是 "44，45"，表明接收数 $A_C$=44，拒收数 $R_E$=45。

程序 3 检索样本量 "n"

我们知道，样本量和判定数组 "44，45" 必须遵循 "同行原则"。此时从检索表 4.3-12 判定数组 "44，45" 所在的行向左查，找到与样本量所在的列相交处数字是 "13"，表明样本量 n=13。这里需要说明的是，尽管我们遵循了样本量和判定数组 "44，45" 的 "同行原则"，使得样本量字码由 "K" 变为 "E"。按国际惯例，通常在做随机抽样方案时仍然以最初的样本量字码为准。因此，这里的样本量字码仍然用 "K"。

程序 4 正常检验一次抽检方案表达式：13（44，45）。

程序 5 对检验结果的判定

从正常检验一次抽检方案表达方式可以看出，我们要从 2000 个产品中随机抽取 13 个样本进行检验，如果其中的不合格数 d ≤ 44，则判断该批产品合格；如果不合格数 d ≥ 45，则判断该批产品不合格。

示例 2. 检索加严检验一次抽样方案

解：

程序 1 检索加严检验一次抽样方案的样本量字码

从表 4.3-11 中查出批量 N=2000 所在的行（1201 ~ 3200）与检验水平 Ⅱ 对应列的相交处，得到样本量字码 "K"。一般来说，如果我们依据 GB/T 2828.1 抽样标准做调整型抽样检验方案，首先作出正常检验一次抽样方案并检索出了样本量字码，那么，在以下顺序检索的加严检验一次抽样方案和放宽检验一次抽样方案中，都不必重新检索样本量字码，可以直接利用正常检验一次抽样方案检索的样本量字码 "K" 进行后续的其它检索。

程序 2 检索加严检验一次抽样方案的判定数组

在表 4.3-13 "GB/T 2828.1/ISO2859-1 表 2-B 加严检验一次抽样方案（主表）" 中找出样本量字码 "K" 的行与极限质量限 AQL=250 的列相交处，得到判定数组 "41，42"，表明合格判定（接收）数 $A_c$=41，不合格判定（拒收）数 $R_E$=42。

程序 3 检索加严检验一次抽样方案的样本量 "n"

在表 4.3-13 对应样本量字码 "K" 和判定数组 "41，42" 的行，找到与样本量列相交处的数字是 "13"，表明样本量 n=13。

程序 4 加严检验一次抽检方案表达式：13（41，42）。

程序 5 对检验结果的判定

从 2000 个产品中抽取 13 个样品进行检验，如果检验得出的不合格数 d ≤ 41，则判该批产品合格，如果其中的不合格数 d ≥ 42，则判该批产品不合格。

示例 3. 检索放宽检验一次抽样方案

解：

程序 1 检索放宽检验一次抽样方案的样本量字码

由样本量字码"K"不变。

程序 2 检索放宽检验一次抽样方案的判定数组

在表 4.3-14"GB/T 2828.1/ISO2859-1 表 2-C 放宽检验一次抽样方案（主表）"中找出样本量字码"K"的行与质量限 AQL=250 的列相交处，查得判定数组"21，22"，表明接收数 $A_C$=21，拒收数 $R_E$=22。

程序 3 检索放宽检验一次抽样方案的样本量"n"

在表 4.3-14 中对应样本量字码"K"和判定数组"21，22"的行，查得与样本量列相交处的数字是"5"，表明样本量 n=5。

程序 4 放宽检验一次抽检方案表达式：5（21，22）

程序 5 对检验结果的判定

抽检方案表明，本次抽检要从 2000 个产品中抽取 5 个样品进行检验。如果检验得出的不合格数 d ≤ 21，则判该批产品合格；如果 d ≥ 22，则判该批产品不合格。

表 4.3-13　"GB/T2828.1 表 2-B 加严检验一次抽样方案（主表）"

接收质量限（AQL）

（表中每格数值为 Ac Re；"↓"表示采用箭头下面的第一个抽样方案；"↑"表示采用箭头上面的第一个抽样方案）

| 样本量字码 | 样本量 | 0.010 | 0.015 | 0.025 | 0.040 | 0.065 | 0.10 | 0.15 | 0.25 | 0.40 | 0.65 | 1.0 | 1.5 | 2.5 | 4.0 | 6.5 | 10 | 15 | 25 | 40 | 65 | 100 | 150 | 250 | 400 | 650 | 1000 |
|---|---|---|---|---|---|---|---|---|---|---|---|---|---|---|---|---|---|---|---|---|---|---|---|---|---|---|---|
| A | 2 | ↓ | ↓ | ↓ | ↓ | ↓ | ↓ | ↓ | ↓ | ↓ | ↓ | ↓ | ↓ | ↓ | ↓ | ↓ | ↓ | 0 1 | 1 2 | 2 3 | 3 4 | 5 6 | 8 9 | 12 13 | 18 19 | 27 28 | 41 42 |
| B | 3 | ↓ | ↓ | ↓ | ↓ | ↓ | ↓ | ↓ | ↓ | ↓ | ↓ | ↓ | ↓ | ↓ | ↓ | ↓ | 0 1 | 1 2 | 2 3 | 3 4 | 5 6 | 8 9 | 12 13 | 18 19 | 27 28 | 41 42 | ↑ |
| C | 5 | ↓ | ↓ | ↓ | ↓ | ↓ | ↓ | ↓ | ↓ | ↓ | ↓ | ↓ | ↓ | ↓ | ↓ | 0 1 | 1 2 | 2 3 | 3 4 | 5 6 | 8 9 | 12 13 | 18 19 | 27 28 | 41 42 | ↑ | ↑ |
| D | 8 | ↓ | ↓ | ↓ | ↓ | ↓ | ↓ | ↓ | ↓ | ↓ | ↓ | ↓ | ↓ | ↓ | 0 1 | 1 2 | 2 3 | 3 4 | 5 6 | 8 9 | 12 13 | 18 19 | 27 28 | 41 42 | ↑ | ↑ | ↑ |
| E | 13 | ↓ | ↓ | ↓ | ↓ | ↓ | ↓ | ↓ | ↓ | ↓ | ↓ | ↓ | ↓ | 0 1 | 1 2 | 2 3 | 3 4 | 5 6 | 8 9 | 12 13 | 18 19 | 27 28 | 41 42 | ↑ | ↑ | ↑ | ↑ |
| F | 20 | ↓ | ↓ | ↓ | ↓ | ↓ | ↓ | ↓ | ↓ | ↓ | ↓ | ↓ | 0 1 | 1 2 | 2 3 | 3 4 | 5 6 | 8 9 | 12 13 | 18 19 | 27 28 | 41 42 | ↑ | ↑ | ↑ | ↑ | ↑ |
| G | 32 | ↓ | ↓ | ↓ | ↓ | ↓ | ↓ | ↓ | ↓ | ↓ | ↓ | 0 1 | 1 2 | 2 3 | 3 4 | 5 6 | 8 9 | 12 13 | 18 19 | 27 28 | 41 42 | ↑ | ↑ | ↑ | ↑ | ↑ | ↑ |
| H | 50 | ↓ | ↓ | ↓ | ↓ | ↓ | ↓ | ↓ | ↓ | ↓ | 0 1 | 1 2 | 2 3 | 3 4 | 5 6 | 8 9 | 12 13 | 18 19 | 27 28 | 41 42 | ↑ | ↑ | ↑ | ↑ | ↑ | ↑ | ↑ |
| J | 80 | ↓ | ↓ | ↓ | ↓ | ↓ | ↓ | ↓ | ↓ | 0 1 | 1 2 | 2 3 | 3 4 | 5 6 | 8 9 | 12 13 | 18 19 | 27 28 | 41 42 | ↑ | ↑ | ↑ | ↑ | ↑ | ↑ | ↑ | ↑ |
| K | 125 | ↓ | ↓ | ↓ | ↓ | ↓ | ↓ | ↓ | 0 1 | 1 2 | 2 3 | 3 4 | 5 6 | 8 9 | 12 13 | 18 19 | 27 28 | 41 42 | ↑ | ↑ | ↑ | ↑ | ↑ | ↑ | ↑ | ↑ | ↑ |
| L | 200 | ↓ | ↓ | ↓ | ↓ | ↓ | ↓ | 0 1 | 1 2 | 2 3 | 3 4 | 5 6 | 8 9 | 12 13 | 18 19 | 27 28 | 41 42 | ↑ | ↑ | ↑ | ↑ | ↑ | ↑ | ↑ | ↑ | ↑ | ↑ |
| M | 315 | ↓ | ↓ | ↓ | ↓ | ↓ | 0 1 | 1 2 | 2 3 | 3 4 | 5 6 | 8 9 | 12 13 | 18 19 | 27 28 | 41 42 | ↑ | ↑ | ↑ | ↑ | ↑ | ↑ | ↑ | ↑ | ↑ | ↑ | ↑ |
| N | 500 | ↓ | ↓ | ↓ | ↓ | 0 1 | 1 2 | 2 3 | 3 4 | 5 6 | 8 9 | 12 13 | 18 19 | 27 28 | 41 42 | ↑ | ↑ | ↑ | ↑ | ↑ | ↑ | ↑ | ↑ | ↑ | ↑ | ↑ | ↑ |
| P | 800 | ↓ | ↓ | ↓ | 0 1 | 1 2 | 2 3 | 3 4 | 5 6 | 8 9 | 12 13 | 18 19 | 27 28 | 41 42 | ↑ | ↑ | ↑ | ↑ | ↑ | ↑ | ↑ | ↑ | ↑ | ↑ | ↑ | ↑ | ↑ |
| Q | 1250 | ↓ | ↓ | 0 1 | 1 2 | 2 3 | 3 4 | 5 6 | 8 9 | 12 13 | 18 19 | 27 28 | 41 42 | ↑ | ↑ | ↑ | ↑ | ↑ | ↑ | ↑ | ↑ | ↑ | ↑ | ↑ | ↑ | ↑ | ↑ |
| R | 2000 | ↓ | 0 1 | 1 2 | 2 3 | 3 4 | 5 6 | 8 9 | 12 13 | 18 19 | 27 28 | 41 42 | ↑ | ↑ | ↑ | ↑ | ↑ | ↑ | ↑ | ↑ | ↑ | ↑ | ↑ | ↑ | ↑ | ↑ | ↑ |
| S | 3150 | 0 1 | 1 2 | 2 3 | 3 4 | 5 6 | 8 9 | 12 13 | 18 19 | 27 28 | 41 42 | ↑ | ↑ | ↑ | ↑ | ↑ | ↑ | ↑ | ↑ | ↑ | ↑ | ↑ | ↑ | ↑ | ↑ | ↑ | ↑ |

表 4.3-14 "GB/T2828.1 表 2-C 放宽检验一次抽样方案（主表）"

接收质量限（AQL）

注：↓ = 使用箭头下面的第一个抽样方案；↑ = 使用箭头上面的第一个抽样方案。表中数值为 Ac Re（接收数 拒收数）。

| 接收质量限(AQL) | A (2) | B (2) | C (2) | D (3) | E (5) | F (8) | G (13) | H (20) | J (32) | K (50) | L (80) | M (125) | N (200) | P (315) | Q (500) | R (800) |
|---|---|---|---|---|---|---|---|---|---|---|---|---|---|---|---|---|
| 0.010 | ↓ | ↓ | ↓ | ↓ | ↓ | ↓ | ↓ | ↓ | ↓ | ↓ | ↓ | ↓ | ↓ | ↓ | ↓ | ↓ |
| 0.015 | ↓ | ↓ | ↓ | ↓ | ↓ | ↓ | ↓ | ↓ | ↓ | ↓ | ↓ | ↓ | ↓ | ↓ | ↓ | ↓ |
| 0.025 | ↓ | ↓ | ↓ | ↓ | ↓ | ↓ | ↓ | ↓ | ↓ | ↓ | ↓ | ↓ | ↓ | ↓ | ↓ | ↓ |
| 0.040 | ↓ | ↓ | ↓ | ↓ | ↓ | ↓ | ↓ | ↓ | ↓ | ↓ | ↓ | ↓ | ↓ | ↓ | ↓ | 0 1 |
| 0.065 | ↓ | ↓ | ↓ | ↓ | ↓ | ↓ | ↓ | ↓ | ↓ | ↓ | ↓ | ↓ | ↓ | ↓ | 0 1 | 1 2 |
| 0.10 | ↓ | ↓ | ↓ | ↓ | ↓ | ↓ | ↓ | ↓ | ↓ | ↓ | ↓ | ↓ | ↓ | 0 1 | 1 2 | 2 3 |
| 0.15 | ↓ | ↓ | ↓ | ↓ | ↓ | ↓ | ↓ | ↓ | ↓ | ↓ | ↓ | ↓ | 0 1 | 1 2 | 2 3 | 3 4 |
| 0.25 | ↓ | ↓ | ↓ | ↓ | ↓ | ↓ | ↓ | ↓ | ↓ | ↓ | ↓ | 0 1 | 1 2 | 2 3 | 3 4 | 5 6 |
| 0.40 | ↓ | ↓ | ↓ | ↓ | ↓ | ↓ | ↓ | ↓ | ↓ | ↓ | 0 1 | 1 2 | 2 3 | 3 4 | 5 6 | 7 8 |
| 0.65 | ↓ | ↓ | ↓ | ↓ | ↓ | ↓ | ↓ | ↓ | ↓ | 0 1 | 1 2 | 2 3 | 3 4 | 5 6 | 7 8 | 10 11 |
| 1.0 | ↓ | ↓ | ↓ | ↓ | ↓ | ↓ | ↓ | ↓ | 0 1 | 1 2 | 2 3 | 3 4 | 5 6 | 7 8 | 10 11 | 14 15 |
| 1.5 | ↓ | ↓ | ↓ | ↓ | ↓ | ↓ | ↓ | 0 1 | 1 2 | 2 3 | 3 4 | 5 6 | 7 8 | 10 11 | 14 15 | 21 22 |
| 2.5 | ↓ | ↓ | ↓ | ↓ | ↓ | ↓ | 0 1 | 1 2 | 2 3 | 3 4 | 5 6 | 7 8 | 10 11 | 14 15 | 21 22 | 30 31 |
| 4.0 | ↓ | ↓ | ↓ | ↓ | ↓ | 0 1 | 1 2 | 2 3 | 3 4 | 5 6 | 7 8 | 10 11 | 14 15 | 21 22 | 30 31 | ↑ |
| 6.5 | ↓ | ↓ | ↓ | ↓ | 0 1 | 1 2 | 2 3 | 3 4 | 5 6 | 7 8 | 10 11 | 14 15 | 21 22 | 30 31 | ↑ | ↑ |
| 10 | ↓ | ↓ | ↓ | 0 1 | 1 2 | 2 3 | 3 4 | 5 6 | 7 8 | 10 11 | 14 15 | 21 22 | 30 31 | ↑ | ↑ | ↑ |
| 15 | 0 1 | 0 1 | 0 1 | 1 2 | 2 3 | 3 4 | 5 6 | 7 8 | 10 11 | 14 15 | 21 22 | 30 31 | ↑ | ↑ | ↑ | ↑ |
| 25 | 1 2 | 1 2 | 1 2 | 2 3 | 3 4 | 5 6 | 7 8 | 10 11 | 14 15 | 21 22 | 30 31 | ↑ | ↑ | ↑ | ↑ | ↑ |
| 40 | 2 3 | 2 3 | 2 3 | 3 4 | 5 6 | 7 8 | 10 11 | 14 15 | 21 22 | 30 31 | ↑ | ↑ | ↑ | ↑ | ↑ | ↑ |
| 65 | 3 4 | 3 4 | 3 4 | 5 6 | 7 8 | 10 11 | 14 15 | 21 22 | 30 31 | ↑ | ↑ | ↑ | ↑ | ↑ | ↑ | ↑ |
| 100 | 5 6 | 5 6 | 5 6 | 7 8 | 10 11 | 14 15 | 21 22 | 30 31 | ↑ | ↑ | ↑ | ↑ | ↑ | ↑ | ↑ | ↑ |
| 150 | 7 8 | 7 8 | 7 8 | 10 11 | 14 15 | 21 22 | 30 31 | ↑ | ↑ | ↑ | ↑ | ↑ | ↑ | ↑ | ↑ | ↑ |
| 250 | 10 11 | 10 11 | 10 11 | 14 15 | 21 22 | 30 31 | ↑ | ↑ | ↑ | ↑ | ↑ | ↑ | ↑ | ↑ | ↑ | ↑ |
| 400 | 14 15 | 14 15 | 14 15 | 21 22 | 30 31 | ↑ | ↑ | ↑ | ↑ | ↑ | ↑ | ↑ | ↑ | ↑ | ↑ | ↑ |
| 650 | 21 22 | 21 22 | 21 22 | 30 31 | ↑ | ↑ | ↑ | ↑ | ↑ | ↑ | ↑ | ↑ | ↑ | ↑ | ↑ | ↑ |
| 1000 | 30 31 | 30 31 | 30 31 | ↑ | ↑ | ↑ | ↑ | ↑ | ↑ | ↑ | ↑ | ↑ | ↑ | ↑ | ↑ | ↑ |

（表头：样本量字码 A～R，对应样本量 2、2、2、3、5、8、13、20、32、50、80、125、200、315、500、800；Ac = 接收数，Re = 拒收数）

把检索到的正常、加严、放宽三个一次抽检方案集合在一起，并合理运用转换规则，构成一个调整型一次抽检方案汇总表，见表 4.3-15。

表 4.3-15 调整型一次抽检方案汇总表

（N=2000，AQL=250，II）

| 宽严程度 | 样本量 | 接收数 $A_C$ | 拒收数 $R_E$ |
|---|---|---|---|
| 正常检验 | 13 | 44 | 45 |
| 加严检验 | 13 | 41 | 42 |
| 放宽检验 | 5 | 21 | 22 |

例 4.3-8. N=30，AQL=6.5，检验水平 S-2，求调整型一次抽检方案。

解：

示例 1. 检索正常检验一次抽样方案

程序 1 检索样本量字码

从表 4.3-11 中查出批量 N=30 所在的行（26 ~ 50）与检验水平 S-2 所在列的相交处，得到样本量字码"B"。

程序 2 检索判定数组

检索正常检验一次抽样方案表 4.3-12，找出样本量字码"B"的行与接收质量限 AQL=6.5 的列相交处，得到箭头标示。沿箭头方向查得第一个判定数组"0，1"，即表明接收数 $A_C=0$，拒收数 $R_E=1$。

程序 3 检索样本量"n"

继续检索表 4.3-12，查出样本量字码"B"和判定数组"0，1"的行，找到与样本量列相交处的数字是"2"，表明样本量 n=2。

程序 4 正常检验一次抽检方案表达：2（0，1）。

程序 5 对检验结果的判定

即从 30 个产品中抽取 2 个样品进行检验，如果检验得出的不合格（品）数 d=0，则判断该批产品合格；如果 d ≥ 1，则判断该产品不合格。

示例 2. 检索加严检验一次抽检方案

程序 1　检索加严检验一次抽样方案的样本量字码

样本量字码"B"不变。

程序 2　检索加严检验一次抽样方案的判定数组

用表 4.3-13"加严检验一次抽样方案（主表）"检索加严检验一次抽样方案的。在表 7-13 中找出样本量字码"B"的行与极限质量限 AQL=6.5 的列相交处，得到判定数组"0，1"，表明接收数 $A_c$=0，拒收数 $R_E$=1。

程序 3　检索加严检验一次抽样方案的样本量"n"

对应样本量字码"B"和判定数组"0，1"的行，找到样本量列的数字是"3"，表明样本量 n=3。

程序 4　检索出加严检验一次抽检方案表达式：3（0，1）。

程序 5　对检验结果的判定

从 30 个产品中，抽取 3 个样品进行检验，如果检验得出的不合格（品）数 d=0，则判该批产品合格；如果 d ≥ 1，则判该批产品不合格。

示例 3. 检索放宽检验一次抽样方案

程序 1　检索放宽检验一次抽样方案的样本量字码

样本量字码"B"不变。

程序 2　检索放宽检验一次抽样方案的判定数组

放宽检验一次抽样方案的检索用表 4.3-14。在表 4.3-14 中找出样本量字码"B"的行与极限质量限 AQL=6.5 的列相交处，得到判定数组"0，1"，表明接收数 $A_c$=0，拒收数 $R_E$=1。

程序 3　检索放宽检验一次抽样方案的样本量"n"

对应样本量字码"B"和判定数组"0，1"的行，找到与样本量列相交处的数字是"2"，表明样本量 n=2。

程序 4　检索出放宽检验一次抽检方案表达式：2（0，1）。

程序 5　对检验结果的判定

从 30 个产品中抽取 2 个样品进行检验，如果检验得出的不合格（品）数

d=0，则判断该批产品合格；如果 d ≥ 1，则判断该批产品不合格。

把所得到的正常、加严、放宽三个一次抽检方案集合在一起，并合理运用转换规则，构成一个调整型一次抽检方案汇总表，见表 4.3-16。

### 表 4.3-16　调整型一次抽检方案汇总表

（N=30，AQL=6.5，S-2）

| 宽严程度 | 样本量 | 接收数 | 拒收数 |
|---|---|---|---|
| 正常检验 | 2 | 0 | 1 |
| 加严检验 | 3 | 0 | 1 |
| 放宽检验 | 2 | 0 | 1 |

由表 4.3-16 可以看出，正常检验方案不能再放宽了。因为正常检验方案和放宽检验方案完全一致。

例 4.3-9　一批产品，批量近 500 台，要求 AQL=1.0，检验水平 I，试做调整型一次和分数接收数抽检方案。如果检验后不合格品数 d=1，应如何处理？

解：

示例 1. 检索正常检验一次抽样方案

程序 1　检索样本量字码

从表 4.3-11 中查出批量 N=500 所在的行（281 ~ 500）与检验水平 I 所在列的相交处，得到样本量字码"F"。

程序 2　检索判定数组

检索表 4.3-12，找出样本量字码"F"的行与接收质量限 AQL=1.0 的列相交处，得到的是"箭头"。采用箭头所指的第一个判定数组"0，1"，表示接收数 $A_C$=0，拒收数 $R_E$=1。

程序 3　检索样本量"n"

继续检索表 4.3-12，找出对应样本量字码"F"和判定数组"0，1"的行，与样本量列相交处的数字是"13"，表明样本量 n=13。

程序 4　正常检验一次抽检方案表达式：13（0，1）。

程序 5　判定规则

该抽样方案所开展的工作，是从 500 个产品中随机抽取 13 个样品进行检验。如果其中的不合格品数 d ≤ 0，即无不合格品，则判断该批产品合格；如果 d ≥ 1，则判断该批产品不合格。

程序 6　检索正常检验一次分数接收数方案

程序 6-1　样本量字码为"F"不变。

程序 6-2　用表 4.3-10 检索正常检验一次分数接收数方案

程序 6-3　检索分数接收数

在表 4.3-11 中找出样本量字码"F"的行与极限质量限 AQL=1.0 所在列相交处，得到分数接收数"1/3"。

程序 6-4　检索正常检验一次分数接收数方案的样本量"n"

继续检索表 4.3-10，查出对应样本量字码"F"和判定数组"1/3"的行，找到与"样本量"列相交处的数字是"20"，表明样本量 n=20。

程序 6-5　正常检验一次分数接收数方案表达式：20（1/3）。

说明：该题中 d=1，应如何处理？

第一，按 GB/T 2828.1 正常检验一次抽样方案合格判定界限数是"0"的规定，此时应判该批不合格。

第二，如果采用的是分数接收数方案，在 d=1 的情况下，该批合格与否，根据分数接收数方案 20（1/3）的规则，我们用紧接着继续检验的 2 批产品质量状况判定该 d=1 的"当前批"合格与否。如果继续检验的 2 批产品无不合格（品），则"当前批"合格；如果继续检验的 2 批产品有 1 个或者 1 个以上不合格（品），则"当前批"不合格。

示例 2. 检索加严检验一次抽检方案

程序 1　检索加严检验一次抽样方案的样本量字码

从表 4.3-11 中查出批量 N=500 所在的行（281 ~ 500）与检验水平 I 对应列的相交栏，得到样本量字码"F"。一般来说，直接利用正常检验一次抽样方案检索的样本量字码"F"。

程序 2 检索加严检验一次抽样方案的判定数组

在表 4.3-13 找出样本量字码"F"的行与接收质量限 AQL=1.0 的列相交处，得到判定数组"0，1"，表明接收数 $A_C$=0，拒收数 $R_E$=1。

程序 3 检索加严检验一次抽样方案的样本量"n"

在表 4.3-13 中查得样本量字码"F"和判定数组"0，1"所在的行，与样本量所在列相交处的数字是"20"，表明样本量 n=20。

程序 4 检索出加严检验一次抽检方案表达式：20（0，1）。

判定规则：从 500 个产品中抽取 20 个样品进行检验，如果无不合格（品），则判断该批产品合格；如果不合格（品）数 d ≥ 1，则判断该批产品不合格。

程序 5 检索加严检验分数接收数方案

检索加严检验分数接收数方案用表 4.3-17 "GB/T 2828.1/ISO2859-1 的表 11-B 加严检验分数接收数抽样方案（辅助主表）"。

程序 5-1 检索样本量字码

此时的样本量字码仍为"F"。

程序 5-2 检索加严检验分数接收数 方案

在表 4.3-17 中，找出样本量字码"F"的行与接收质量限 AQL=1.0 列相交处，得到"0，1"判定数组，表明在检验水平为"Ⅰ"的情况下，不需要分数接收方案时生产方的风险可以得到足够的保证。

说明：该题中 d=1，应如何处理？

按 GB/T 2828.1 加严检验一次抽样方案合格判定界限数是"0"的规定，此时应判该批不合格。

示例 3. 检索放宽检验一次抽样方案

程序 1 检索放宽检验一次抽样方案的样本量字码

检索放宽检验一次抽检方案的样本量字码"F"不变。

程序 2 检索放宽检验一次抽样方案的判定数组

在表 4.3-14 中找出样本量字码"F"的行与接收质量限 AQL=1.0 列相交处，得到判定数组"0，1"，表明接收数 $A_C$=0，拒收数 $R_E$=1。

表 4.3-17 "GB/T2828.1 表 11-B 加严检验一次抽样方案（辅助主表）"

注：表中每格给出的数值为 Ac Re（接收数 接收数之外的判定数）；"↓" 表示采用箭头下面的第一个抽样方案；"↑" 表示采用箭头上面的第一个抽样方案。接收质量限（AQL）见表头各列。

| 样本量字码 | 样本量 n | 0.010 | 0.015 | 0.025 | 0.040 | 0.065 | 0.10 | 0.15 | 0.25 | 0.40 | 0.65 | 1.0 | 1.5 | 2.5 | 4.0 | 6.5 | 10 | 15 | 25 | 40 | 65 | 100 | 150 | 250 | 400 | 650 | 1000 |
|---|---|---|---|---|---|---|---|---|---|---|---|---|---|---|---|---|---|---|---|---|---|---|---|---|---|---|---|
| A | 2 | ↓ | ↓ | ↓ | ↓ | ↓ | ↓ | ↓ | ↓ | ↓ | ↓ | ↓ | ↓ | ↓ | ↓ | ↓ | 0 1 | 1/3 1 | 1/2 1 | 1 2 | 2 3 | 3 4 | 5 6 | 8 9 | 12 13 | 18 19 | 27 28 |
| B | 3 | ↓ | ↓ | ↓ | ↓ | ↓ | ↓ | ↓ | ↓ | ↓ | ↓ | ↓ | ↓ | ↓ | ↓ | 0 1 | 1/3 1 | 1/2 1 | 1 2 | 2 3 | 3 4 | 5 6 | 8 9 | 12 13 | 18 19 | 27 28 | 41 42 |
| C | 5 | ↓ | ↓ | ↓ | ↓ | ↓ | ↓ | ↓ | ↓ | ↓ | ↓ | ↓ | ↓ | ↓ | 0 1 | 1/3 1 | 1/2 1 | 1 2 | 2 3 | 3 4 | 5 6 | 8 9 | 12 13 | 18 19 | 27 28 | 41 42 | ↑ |
| D | 8 | ↓ | ↓ | ↓ | ↓ | ↓ | ↓ | ↓ | ↓ | ↓ | ↓ | ↓ | ↓ | 0 1 | 1/3 1 | 1/2 1 | 1 2 | 2 3 | 3 4 | 5 6 | 8 9 | 12 13 | 18 19 | 27 28 | 41 42 | ↑ | ↑ |
| E | 13 | ↓ | ↓ | ↓ | ↓ | ↓ | ↓ | ↓ | ↓ | ↓ | ↓ | ↓ | 0 1 | 1/3 1 | 1/2 1 | 1 2 | 2 3 | 3 4 | 5 6 | 8 9 | 12 13 | 18 19 | 27 28 | 41 42 | ↑ | ↑ | ↑ |
| F | 20 | ↓ | ↓ | ↓ | ↓ | ↓ | ↓ | ↓ | ↓ | ↓ | ↓ | 0 1 | 1/3 1 | 1/2 1 | 1 2 | 2 3 | 3 4 | 5 6 | 8 9 | 12 13 | 18 19 | 27 28 | 41 42 | ↑ | ↑ | ↑ | ↑ |
| G | 32 | ↓ | ↓ | ↓ | ↓ | ↓ | ↓ | ↓ | ↓ | ↓ | 0 1 | 1/3 1 | 1/2 1 | 1 2 | 2 3 | 3 4 | 5 6 | 8 9 | 12 13 | 18 19 | 27 28 | 41 42 | ↑ | ↑ | ↑ | ↑ | ↑ |
| H | 50 | ↓ | ↓ | ↓ | ↓ | ↓ | ↓ | ↓ | ↓ | 0 1 | 1/3 1 | 1/2 1 | 1 2 | 2 3 | 3 4 | 5 6 | 8 9 | 12 13 | 18 19 | 27 28 | 41 42 | ↑ | ↑ | ↑ | ↑ | ↑ | ↑ |
| J | 80 | ↓ | ↓ | ↓ | ↓ | ↓ | ↓ | ↓ | 0 1 | 1/3 1 | 1/2 1 | 1 2 | 2 3 | 3 4 | 5 6 | 8 9 | 12 13 | 18 19 | 27 28 | 41 42 | ↑ | ↑ | ↑ | ↑ | ↑ | ↑ | ↑ |
| K | 125 | ↓ | ↓ | ↓ | ↓ | ↓ | ↓ | 0 1 | 1/3 1 | 1/2 1 | 1 2 | 2 3 | 3 4 | 5 6 | 8 9 | 12 13 | 18 19 | 27 28 | 41 42 | ↑ | ↑ | ↑ | ↑ | ↑ | ↑ | ↑ | ↑ |
| L | 200 | ↓ | ↓ | ↓ | ↓ | ↓ | 0 1 | 1/3 1 | 1/2 1 | 1 2 | 2 3 | 3 4 | 5 6 | 8 9 | 12 13 | 18 19 | 27 28 | 41 42 | ↑ | ↑ | ↑ | ↑ | ↑ | ↑ | ↑ | ↑ | ↑ |
| M | 315 | ↓ | ↓ | ↓ | ↓ | 0 1 | 1/3 1 | 1/2 1 | 1 2 | 2 3 | 3 4 | 5 6 | 8 9 | 12 13 | 18 19 | 27 28 | 41 42 | ↑ | ↑ | ↑ | ↑ | ↑ | ↑ | ↑ | ↑ | ↑ | ↑ |
| N | 500 | ↓ | ↓ | ↓ | 0 1 | 1/3 1 | 1/2 1 | 1 2 | 2 3 | 3 4 | 5 6 | 8 9 | 12 13 | 18 19 | 27 28 | 41 42 | ↑ | ↑ | ↑ | ↑ | ↑ | ↑ | ↑ | ↑ | ↑ | ↑ | ↑ |
| P | 800 | ↓ | ↓ | 0 1 | 1/3 1 | 1/2 1 | 1 2 | 2 3 | 3 4 | 5 6 | 8 9 | 12 13 | 18 19 | 27 28 | 41 42 | ↑ | ↑ | ↑ | ↑ | ↑ | ↑ | ↑ | ↑ | ↑ | ↑ | ↑ | ↑ |
| Q | 1250 | ↓ | 0 1 | 1/3 1 | 1/2 1 | 1 2 | 2 3 | 3 4 | 5 6 | 8 9 | 12 13 | 18 19 | 27 28 | 41 42 | ↑ | ↑ | ↑ | ↑ | ↑ | ↑ | ↑ | ↑ | ↑ | ↑ | ↑ | ↑ | ↑ |
| R | 2000 | 0 1 | 1/3 1 | 1/2 1 | 1 2 | 2 3 | 3 4 | 5 6 | 8 9 | 12 13 | 18 19 | 27 28 | 41 42 | ↑ | ↑ | ↑ | ↑ | ↑ | ↑ | ↑ | ↑ | ↑ | ↑ | ↑ | ↑ | ↑ | ↑ |

程序 3 检索放宽检验一次抽样方案的样本量"n"

在表 4.3-14 中查找对应样本量字码"F"和判定数组"0，1"的行，找到与样本量列相交处的数字是"5"，表明样本量 n=5。

程序 4 放宽检验一次抽检方案表达式：5（0，1）

判定规则：该方案表明，从 500 个产品中抽取 5 个样品进行检验，如果 d=0，则判该批产品合格；如果 d ≥ 1，则判该批产品不合格。

程序 5 检索放宽检验分数接收数方案

检索放宽检验分数接收数方案用表 4.3-18 "GB/T 2828.1/ISO2859-1 的表 11-c 放宽检验一次抽样方案（辅助主表）"。

程序 5-1 检索样本量字码仍然是"F"

程序 5-2 检索放宽检验分数接收数

检索表 4.3-18，找出样本量字码"F"的行与接收质量限 AQL=1.0 列相交处，得到的是分数接收数"1/5"。

程序 5-3 检索样本量"n"

继续检索表 4.3-18，在对应判定数组"1/5"的行，找到与"样本量"列相交处的数字是"8"，表明样本量 n=8。

程序 5-4 放宽检验分数接收数方案表达式：8（1/5）。

说明：该题中 d=1，应如何处理？

第一，按 GB/T 2828.1 放宽检验一次抽样方案合格判定界限数是"0"的规定，此时应判该批不合格。

第二，在采用 8（1/5）分数接收数方案情况下，d=1 时该批合格与否，我们用紧接着继续检验的 4 批产品质量状况判定该 d=1 的"当前批"是否合格。如果继续检验的 4 批产品无不合格（品），则"当前批"合格；如果继续检验的 4 批产品有 1 个或者 1 个以上不合格（品），则"当前批"不合格。

把所得到的正常、加严、放宽整数一次抽检方案和对应的分数接收数方案集合在一起，形成调整型一次抽检方案汇总表，见表 4.3-19。

表 4.3-18 "GB/T2828.1 表 11- C 放宽检验一次抽样方案（辅助主表）"

接收质量限（AQL）

| 样本量字码 | 样本量 | 0.010 Ac Re | 0.015 Ac Re | 0.025 Ac Re | 0.040 Ac Re | 0.065 Ac Re | 0.10 Ac Re | 0.15 Ac Re | 0.25 Ac Re | 0.40 Ac Re | 0.65 Ac Re | 1.0 Ac Re | 1.5 Ac Re | 2.5 Ac Re | 4.0 Ac Re | 6.5 Ac Re | 10 Ac Re | 15 Ac Re | 25 Ac Re | 40 Ac Re | 65 Ac Re | 100 Ac Re | 150 Ac Re | 250 Ac Re | 400 Ac Re | 650 Ac Re | 1000 Ac Re |
|---|---|---|---|---|---|---|---|---|---|---|---|---|---|---|---|---|---|---|---|---|---|---|---|---|---|---|---|
| A | 2 | ↓ | ↓ | ↓ | ↓ | ↓ | ↓ | ↓ | ↓ | ↓ | ↓ | ↓ | ↓ | → | ⇨ | 0 1 | 1/3 | 1/2 | 1 2 | 2 3 | 3 4 | 5 6 | 7 8 | 10 11 | 14 15 | 21 22 | 30 31 ← |
| B | 2 | ↓ | ↓ | ↓ | ↓ | ↓ | ↓ | ↓ | ↓ | ↓ | ↓ | ↓ | → | ⇨ | 0 1 | 1/5 | 1/3 | 1/2 | 1 2 | 2 3 | 3 4 | 5 6 | 7 8 | 10 11 | 14 15 | 21 22 | 30 31 |
| C | 2 | ↓ | ↓ | ↓ | ↓ | ↓ | ↓ | ↓ | ↓ | ↓ | ↓ | → | ⇨ | 0 1 | 1/5 | 1/3 | 1/2 | 1 2 | 2 3 | 3 4 | 4 5 | 6 7 | 8 9 | 10 11 | 14 15 | 21 22 | 30 31 |
| D | 3 | ↓ | ↓ | ↓ | ↓ | ↓ | ↓ | ↓ | ↓ | 0 1 | 0 1 | 0 1 | 0 1 | 1/5 | 1/3 | 1/2 | 1 2 | 2 3 | 3 4 | 4 5 | 6 7 | 8 9 | 10 11 | 14 15 ← | | | |
| E | 5 | ↓ | ↓ | ↓ | ↓ | ↓ | ↓ | 0 1 | 1/5 | 1/5 | 1/5 | 1/5 | 1/5 | 1/3 | 1/3 | 1/2 | 2 3 | 3 4 | 4 5 | 5 6 | 7 8 | 10 11 | 14 15 21 22 ← | | | | |
| F | 8 | ↓ | ↓ | ↓ | ↓ | 0 1 | 1/5 | 1/5 | 1/3 | 1/3 | 1/3 | 1/3 | 1/3 | 1/2 | 1/2 | 2 3 | 3 4 | 4 5 | 5 6 | 7 8 | 10 11 14 15 | 21 22 ← | | | | | |
| G | 13 | ↓ | ↓ | 0 1 | 0 1 | 1/5 | 1/3 | 1/3 | 1/2 | 1/2 | 1/2 | 1/2 | 1 2 | 1 2 | 2 3 | 2 3 | 3 4 | 5 6 | 6 7 | 8 9 10 11 | 14 15 21 22 ← | | | | | | |
| H | 20 | 0 1 | 0 1 | 1/5 | 1/5 | 1/3 | 1/2 | 1/2 | 1 2 | 1 2 | 1 2 | 2 2 | 2 3 | 2 3 | 3 4 | 4 5 | 5 6 | 6 7 | 8 9 10 11 | 14 15 21 22 ← | | | | | | | |
| J | 32 | | 0 1 | 1/3 | 1/3 | 1/2 | 1 2 | 1 2 | 2 3 | 2 3 | 2 3 | 2 3 | 3 4 | 3 4 | 4 5 | 5 6 | 6 7 | 8 9 | 10 11 ← | | | | | | | | |
| K | 50 | | | 1/5 | 1/5 | 1 2 | 1/2 | 1 2 | 2 3 | 3 4 | 3 4 | 4 5 | 4 5 | 5 6 | 6 7 | 7 8 | 9 10 11 | 10 11 ← | | | | | | | | | |
| L | 80 | | | | 1/3 | 1/3 | 1 2 | 2 3 | 3 4 | 4 5 | 5 6 | 6 7 | 7 8 | 7 8 | 8 9 | 10 11 | 10 11 ← | | | | | | | | | | |
| M | 125 | | | | | 1/2 | 1/2 | 2 3 | 3 4 | 5 6 | 6 7 | 7 8 | 8 9 | 9 10 11 | 10 11 ← | | | | | | | | | | | | |
| N | 200 | | | | | | 0 1 | 0 1 | 0 1 | 6 7 | 8 9 | 10 11 | 10 11 ← | | | | | | | | | | | | | | |
| P | 315 | | | | | | | 0 1 | 1/5 | 7 8 | 9 10 11 | 10 11 ← | | | | | | | | | | | | | | | |
| Q | 500 | | | | | | | | 0 1 | 8 9 | 10 11 ← | | | | | | | | | | | | | | | | |
| R | 800 | | 0 1 | 0 1 | 0 1 | 0 1 | 0 1 | 0 1 | 0 1 | | | | | | | | | | | | | | | | | | |

272

**表 4.3-19　调整型一次抽检方案汇总**

（N=500，AQL=1.0，Ⅰ）

| 宽严程度 | 整数方案 | 分数方案 |
|---|---|---|
| 正常检验 | 13（0，1） | 20（1/3） |
| 加严检验 | 20（0，1） | 无 |
| 放宽检验 | 5（0，1） | 8（1/5） |

#### 4.3.1.5.2 制定调整型二次抽检方案

调整型二次抽检方案较一次抽检方案的特别之处在于样本量小，管理费用略高于调整型一次抽检方案。综合考虑各种因素，绝大部分产品都适合采用调整型二次抽检方案，特别是机电类产品在做环境适应能力的例行试验时，由于高温箱、潮湿箱等设备容积有限，用样本量较小的二次抽检方案较一次抽检方案显得更为实际。二次抽检方案也必须配合调整型转移规则使用，现举例说明如下。

例 4.3-10　已知批量 N=1000，规定 AQL=2.5，采用一般检验水平Ⅱ，试作调整型二次抽样方案。

本例题做调整型二次抽样方案，就是要作出正常检验二次抽检方案、加严检验二次抽检方案和放宽检验二次抽检方案，这三个二次抽检方案共同组成调整型二次抽检方案。

示例 1. 检索正常检验二次抽检方案

解：

程序 1　检索样本量字码

从表 4.3-11 中查出批量 N=1000 所在的行（501～1200）与检验水平Ⅱ对应列的相交处，得到样本量字码是"J"。可见二次抽样方案的样本量字码同一次抽样方案的样本量字码是相同的。

程序 2　检索判定数组

检索表 4.3-20 "GB2828.1/ISO2859-1 的表 3-A　正常检验二次抽样方案（主表）"，找出样本量字码"J"的行与接收质量限 AQL=2.5 的列相交处，得到第一判定数组是"2，5"，表明 $A_{C1}=2$，$R_{E1}=5$。与此同时，得到的第二判定数组是"6，7"，表明 $A_{C2}=6$，$R_{E2}=7$。这里，$A_{C1}=2$，$R_{E1}=5$ 和 $A_{C2}=6$，$R_{E2}=7$ 就构成了二次正常检验抽样方案的判定数组：

$$A_{C1}=2，R_{E1}=5$$

$$A_{C2}=6，R_{E2}=7$$

程序3 检索样本量 "n"

我们知道，在检索一次、二次和五次抽样方案时，抽样的样本量和判定数组都要遵循"同行原则"。此时，在表4.3-20中找到相应判定数组 $A_{C1}=2$，$R_{E1}=5$ 和 $A_{C2}=6$，$R_{E2}=7$ 的行，向左方向查找样本量列对应的数字，即是第一样本量 $n_1=50$，第二样本量 $n_2=50$。表明二次正常检验抽样的两个样本量分别是50，总样本量是100。

程序4 正常检验二次抽检方案表达式：

$$n_1=50（A_{C1}=2，R_{E1}=5）$$

$$n_2=50（A_{C2}=6，R_{E2}=7）$$

程序5 判定规则

以二次正常抽样检查方案为例，判定规则如图7-9所示。首先对 $n_1=50$ 的第一样本进行检验，其中的不合格（品）数 $d_1 \leq 2$（$Ac_1=2$），批合格，予以接收，不再对第二样本进行检验；如果 $d_1 \geq 5$（$R_{E1}=5$），则批不合格，拒收，也不再对第二样本进行检验；如果第一样本检验的不合格（品）数 $R_{E1}>d_1>Ac_1$，尚不能作出合格与否的判定，只能对第二样本进行检验；对第二样本

进行检验后，如果第一样本和第二样本检验后累计不合格（品）数（$d_1+d_2$）$<Ac_2$，则批合格，接收；如果（$d_1+d_2$）$\geq R_{E2}$，则批不合格，拒收。

示例2.检索加严检验二次抽样方案

解：

表4.3-20　"GB/T 2829.1 表3-A 正常检验二次抽样方案（主表）"

| 样本量字码 | 样本 | 样本量 | 累计样本量 |
|---|---|---|---|
| A | 第一 | 2 | 2 |
| | 第二 | 2 | 4 |
| B | 第一 | 2 | 2 |
| | 第二 | 2 | 4 |
| C | 第一 | 3 | 3 |
| | 第二 | 3 | 6 |
| D | 第一 | 5 | 5 |
| | 第二 | 5 | 10 |
| E | 第一 | 8 | 8 |
| | 第二 | 8 | 16 |
| F | 第一 | 13 | 13 |
| | 第二 | 13 | 26 |
| G | 第一 | 20 | 20 |
| | 第二 | 20 | 40 |
| H | 第一 | 32 | 32 |
| | 第二 | 32 | 64 |
| J | 第一 | 50 | 50 |
| | 第二 | 50 | 100 |
| K | 第一 | 80 | 80 |
| | 第二 | 80 | 160 |
| L | 第一 | 125 | 125 |
| | 第二 | 125 | 250 |
| M | 第一 | 200 | 200 |
| | 第二 | 200 | 400 |
| N | 第一 | 315 | 315 |
| | 第二 | 315 | 630 |
| P | 第一 | 500 | 500 |
| | 第二 | 500 | 1 000 |
| Q | 第一 | 800 | 800 |
| | 第二 | 800 | 1 600 |
| R | 第一 | 1 250 | 1 250 |
| | 第二 | 1 250 | 2 500 |

接收质量限 (AQL) 列：0.010, 0.015, 0.025, 0.040, 0.065, 0.10, 0.15, 0.25, 0.40, 0.65, 1.0, 1.5, 2.5, 4.0, 6.5, 10, 15, 25, 40, 65, 100, 150, 250, 400, 650, 1 000（每列含 Ac、Re 两栏）

程序 1　检索样本量字码

从表 4.3-11 中查出批量 N=2000 所在行（1201 ～ 3200）与检验水平Ⅱ所在列相交处，得到样本量字码是"J"。显然，这个方案的样本量字码同正常检验二次抽样方案的样本量字码也是相同的。

程序 2　检索判定数组

在表 4.3-21 "GB2828.1/ISO2859-1 的表 3-B 加严检验二次抽样方案（主表）"中找出样本量字码"J"的行与接收质量限 AQL=2.5 的列相交处，得到的第一判定数组是"1，3"，表明 $Ac_1=1$，$R_{E1}=3$。与此同时，得到的第

二判定数组是"4，5"，表明 $Ac_2=4$，$R_{E2}=5$。

由 $Ac_1=1$，$R_{E1}=3$ 和 $Ac_2=4$，$R_{E2}=5$，构成二次加严检验抽样方案的判定数组：

$$Ac_1=1，R_{E1}=3$$

$$Ac_2=4，R_{E2}=5$$

程序 3　检索样本量"$n_1$"和"$n_2$"

我们知道，在检索一次、二次和五次抽样方案时，抽样的样本量和判

定数组都要遵循"同行原则"。此时，对应判定数组 $Ac_1=1$，$R_{E1}=3$ 和 $Ac_2=4$，$R_{E2}=5$ 的行，向左方向查找到样本量"n"，找到样本量列对应的数字就是第一样本量 $n_1=50$，第二样本量 $n_2=50$，表明加严检验二次抽样的两个样本量 $n_1=50$，$n_2=50$，总样本量是二者之和"100"。

程序 4　加严检验二次抽检方案表达式：

$$n_1=50（Ac_1=1，R_{E1}=3）$$

$$n_2=50（Ac_2=4，R_{E2}=5）$$

程序 5　判定规则

以二次加严检验抽样方案为例，首先对第一样本 $n_1$ 进行检验，如果检验的不合格品数 $d_1 \leqslant 1$（$Ac_1=1$），判定合格，予以接收，不再对第二样本进行检验；如 $d_1 \geqslant 3$（$R_{E1}=3$），则此批不合格，拒收，也不再对第二样本进行检验；如果对第一样本 n1 进行检验，其中的不合格品数 $3>d_1>1$，尚不能对检验的第一样本作出合格与否的判定，只能开始对第二样本进行检验；

表 4.3-21 "GB/T2828.1 表 3-B 加严检验二次抽样方案（主表）"

接收质量限（AQL）

| 样本量字码 | 样本 | 样本大小 | 累计样本量 |
|---|---|---|---|
| A | 第一／第二 | — | — |
| B | 第一／第二 | 2／2 | 2／4 |
| C | 第一／第二 | 3／3 | 3／6 |
| D | 第一／第二 | 5／5 | 5／10 |
| E | 第一／第二 | 8／8 | 8／16 |
| F | 第一／第二 | 13／13 | 13／26 |
| G | 第一／第二 | 20／20 | 20／40 |
| H | 第一／第二 | 32／32 | 32／64 |
| J | 第一／第二 | 50／50 | 50／100 |
| K | 第一／第二 | 80／80 | 80／160 |
| L | 第一／第二 | 125／125 | 125／250 |
| M | 第一／第二 | 200／200 | 200／400 |
| N | 第一／第二 | 315／315 | 315／630 |
| P | 第一／第二 | 500／500 | 500／1 000 |
| Q | 第一／第二 | 800／800 | 800／1 600 |
| R | 第一／第二 | 1 250／1 250 | 1 250／2 500 |
| S | 第一／第二 | 2 000／2 000 | 2 000／4 000 |

如果检验第二样本后得出的不合格（品）数是 $d_2$，此时，要将第一样本的不合格（品）数 $d_1$ 和第二样本的不合格（品）数 $d_2$ 之和，与合格界限数 $Ac_2$ 比较才能作出检验结果判定，即（$d_1+d_2$）<$Ac_2$，则判批合格，可以接收；如果连续这样的五批产品被接受，则应从第六批开始转入正常检验。如果（$d_1+d_2$）≥ $R_{E2}$，表明该批产品不合格，拒收。如果在初次加严检验的一系列连续批中，拒收批的累计数达到五批，则应暂时停止检验，直到找出原因并且得到有效控制之后才能恢复检验。但是，要从加严检验开始。

示例 3. 检索放宽检验二次抽样方案

解：

程序 1 检索样本量字码

检索放宽检验样本量字码用表 7-11，此时得到样本量字码是"J"。

程序 2 检索判定数组

检索放宽检验二次抽样方案用表 4.3-22"GB2828.1/ISO2859-1 的表 3-C 放宽检验二次抽样方案（主表）"，查找出样本量字码"J"的行与接收质量限 AQL=2.5 的列相交处，得到的第一判定数组是"1，3"。表明 $A_{C1}=1$，$R_{E1}=3$。与此同时，得到的第二判定数组是"4，5"，表明 $A_{C2}=4$，$R_{E2}=5$。这里，$A_{C1}=1$，$R_{E1}=3$ 和 $A_{C2}=4$，$R_{E2}=5$ 构成二次放宽检验抽样方案的判定数组：

$$A_{C1}=1，R_{E1}=3$$
$$A_{C2}=4，R_{E2}=5$$

程序 3 检索样本量"$n_1$"和"$n_2$"

按检索抽样的样本量和判定数组都要遵循"同行原则"，此时从判定数组 $A_{C1}=1$，$R_{E1}=3$ 和 $A_{C2}=4$，$R_{E2}=5$ 的行向左查找样本量"n"，找到与样本量列相交处的数字即是第一样本量 $n_1 = 20$，第二样本量 $n_2 = 20$。表明放宽检验二次抽样的两个样本量"$n_1$"和"$n_2$"分别是 20，总样本量为二者之和"40"。

表 4.3-22　"GB/T2828.1 表 3-C 放宽检验二次抽样方案（主表）"

接收质量限（AQL）

| 样本量字码 | 样本 | 样本量累计 | 0.010 |  | 0.015 |  | 0.025 |  | 0.040 |  | 0.065 |  | 0.10 |  | 0.15 |  | 0.25 |  | 0.40 |  | 0.65 |  | 1.0 |  | 1.5 |  | 2.5 |  | 4.0 |  | 6.5 |  | 10 |  | 15 |  | 25 |  | 40 |  | 65 |  | 100 |  | 150 |  | 250 |  | 400 |  | 650 |  | 1 000 |  |
|---|---|---|---|---|---|---|---|---|---|---|---|---|---|---|---|---|---|---|---|---|---|---|---|---|---|---|---|---|---|---|---|---|---|---|---|---|---|---|---|---|---|---|---|---|---|---|---|---|---|---|---|---|
|  |  |  | Ac | Re | Ac | Re | Ac | Re | Ac | Re | Ac | Re | Ac | Re | Ac | Re | Ac | Re | Ac | Re | Ac | Re | Ac | Re | Ac | Re | Ac | Re | Ac | Re | Ac | Re | Ac | Re | Ac | Re | Ac | Re | Ac | Re | Ac | Re | Ac | Re | Ac | Re | Ac | Re | Ac | Re | Ac | Re |

（放宽检验二次抽样方案主表，详见原表。）

程序 4 放宽检验二次抽检方案表达式:

$$n_1=20（A_{C1}=1，R_{E1}=3）$$
$$n_2=20（A_{C2}=4，R_{E2}=5）$$

程序 5 判定规则

以二次放宽检验抽样方案为例,首先对第一样本 $n_1$ 进行检验,如果检验的不合格(品)数 $d_1 \leqslant 1$（$A_{C1}=1$）,则判批合格,予以接收,不再对第二样本进行检验;如果 $d_1 \geqslant 3$（$R_{E1}=3$）,则此批不合格,拒收,也不再对第二样本进行检验;如果对第一样本 $n_1$ 进行检验后,其中的不合格(品)数 $3 \rangle d_1 \rangle 1$,尚不能对检验的第一样本作出合格与否的判定,只能开始对第二样本进行检验;如果检验第二样本后得出的不合格(品)数是 $d_2$,此时,要将第一样本的不合格(品)数 $d_1$ 与第二样本的不合格(品)数 $d_2$ 之和,与合格界限数 $Ac_2$ 比较后才能作出检验判定结果,即如果（$d_1+d_2$）$<4$（$A_{C2}=4$）,判此批合格,接收;如果（$d_1+d_2$）$\geqslant 5$（$R_{E2}=5$）,则此批不合格,拒收,并从下批开始转为正常检验。

把检索的正常、加严、放宽三类二次抽检方案集合在一起并合理运用转换规则,构成调整型二次抽检方案汇总表,见表 4.3-23。

表 4.3-23 调整型二次抽检方案汇总表

（N=1000，AQL=2.5，Ⅱ）

| 宽严程度 | 样本 | 样本量 | 接收数 | 拒收数 |
|---|---|---|---|---|
| 正常检验二次抽检方案 | 第一<br>第二<br>累计 | 50<br>50<br>100 | 2<br>6<br>6 | 5<br>7<br>7 |
| 加严检验二次抽检方案 | 第一<br>第二<br>累计 | 50<br>50<br>100 | 1<br>4<br>4 | 3<br>5<br>5 |
| 放宽检验二次抽检方案 | 第一<br>第二<br>累计 | 20<br>20<br>40 | 1<br>4<br>4 | 3<br>5<br>5 |

4.3.1.5.3 制定调整型五次抽检方案

五次抽检方案较一次、二次抽检方案的特别之处同样在于每次检验的样本量小，管理比较复杂，管理费用也相应地明显增多。

五次抽检方案是我国从事随机抽样研究科学工作者在国际上的首创。在实际检验工作中，五次抽样方案较一次、二次抽检方案用的相对来说少一些。但由于样本量少，往往在产品价格高时，企业也愿意选择五次抽检方案，五次抽检方案也必须配合调整型转移规则使用。

例 4.3-11. 对一批电视机进行抽样检验，批量在 800-1200 左右，质量特性重要，要求 AQL=1.5，检验水平无特殊要求，试做调整型五次抽样方案。

在解此题之前应说明三个问题。如果这三个问题不明确，对该题作出的抽样方案可能与实际差距很大，甚至在实际工作中无法操作。

第一，批量在 800 ～ 1200 左右指的是一个范围值，这是符合 GB/2828.1 抽样标准表 1 关于"批量是范围值"规定的；

第二，检验水平无特殊要求时，通常我们将检验水平定在"Ⅱ"；

第三，做调整型五次抽样方案，就要作出正常检验、加严检验和放宽检验五次抽样方案。

示例 1. 正常检验五次抽样方案

解：

程序 1 检索样本量字码

从表 4.3-11 中查出批量 N=800 ～ 1200 所在的批量范围（501 ～ 1200），与检验水平 Ⅱ 所在列的相交处，得到样本量字码"J"。由此可见，五次抽样方案的样本量字码同一次抽样方案的样本量字码也是相同的。也就是说，各次抽样方案的样本量字码是一样的。

程序 2 检索判定数组

在正常检验五次抽样方案检索表 4.3-24 "GB2828.1/ISO2859-1 的表 4-A 正常检验多次抽样方案（主表）"中找出样本量字码"J"的行与接收质量限 AQL=1.5 的列相交处，得到五次抽样方案的五个判定数组。其中第一判定数组是"#，3"，表明 $A_{C1}$=#，$R_{E1}$=3；第二判定数组是"0，3"，表明 $A_{C2}$=0，$R_{E2}$=3；第三判定数组是"1，4"，表明 $A_{C3}$=1，$R_{E3}$=4；第四判定数组是"2，5"，表明 $A_{C4}$=2，$R_{E4}$=5；第五判定数组是"4，5"，表明 $A_{C5}$=4，$R_{E5}$=5。

程序 3 检索样本量"n"

用表 4.3-24 继续检索正常检验五次抽样方案的样本量"n"。在该表中找出样本量字码"J"的行与极限质量限 AQL=1.5 的列相交处，得到五次抽样方案的五个判定数组。由这五个判定数组向左方向，查找与"样本"列相交处的数据，就是五次抽样方案的样本量。这里，五个判定数组对应的有五个样本量"$n_1$"、"$n_2$"、"$n_3$"、"$n_4$"和"$n_5$"。不难看出，正常检验五次抽样方案的第一样本量"$n_1$"=20，第二样本量"$n_2$"=20，第三样本量"$n_3$"=20，第四样本量"$n_4$"=20 和第五样本量"$n_5$"=20，累计样本量是 100。

检索五次抽样方案的样本量时，应注意两点：

第一，仍然遵循样本量和判定数组的"同行原则"；

第二，五次抽样方案的五个样本量"$n_1$"、"$n_2$"、"$n_3$"、"$n_4$"和"$n_5$"可以从批量中一次性随机抽取，也可以在前一个检验样本不能作出合格或者不合格判定结论时，再从原批量中随机抽取。这对于生产企业而言是不难做到的。因为，生产企业在没有获得批产品合格证之前，产品是不能出厂的，这一点在《产品质量法》中有明确规定。

表 4.3-24 "GB/T2828.1 表 4-A 正常检验多项抽样方案（主表）"

接收质量限（AQL）

（表为横排的大型抽样方案表，接收质量限 AQL 列自 0.010、0.015、0.025、0.040、0.065、0.10、0.15、0.25、0.40、0.65、1.0、1.5、2.5、4.0、6.5、10、15、25、40、65、100、150、250、400、650、1000，每列分 Ac、Re 两栏。）

| 样本量字码 | 样本 | 样本量 | 累计样本量 |
|---|---|---|---|
| A | — | 2 | 2 |
| B | — | 2 | 2 |
| C | — | 2 | 2 |
| D | 第一 | 2 | 2 |
| | 第二 | 2 | 4 |
| | 第三 | 2 | 6 |
| | 第四 | 2 | 8 |
| | 第五 | 2 | 10 |
| E | 第一 | 3 | 3 |
| | 第二 | 3 | 6 |
| | 第三 | 3 | 9 |
| | 第四 | 3 | 12 |
| | 第五 | 3 | 15 |
| F | 第一 | 5 | 5 |
| | 第二 | 5 | 10 |
| | 第三 | 5 | 15 |
| | 第四 | 5 | 20 |
| | 第五 | 5 | 25 |
| G | 第一 | 8 | 8 |
| | 第二 | 8 | 16 |
| | 第三 | 8 | 24 |
| | 第四 | 8 | 32 |
| | 第五 | 8 | 40 |

表4.3-24 "GB/T2828.1 表4-A 正常检验多次抽样方案（主表）（续）"

接收质量限（AQL）

| 样本量字码 | 样本 | 样本量 | 累计样本量 | 0.010 | 0.015 | 0.025 | 0.040 | 0.065 | 0.10 | 0.15 | 0.25 | 0.40 | 0.65 | 1.0 | 1.5 | 2.5 | 4.0 | 6.5 | 10 | 15 | 25 | 40 | 65 | 100 | 150 | 250 | 400 | 650 | 1 000 |
|---|---|---|---|---|---|---|---|---|---|---|---|---|---|---|---|---|---|---|---|---|---|---|---|---|---|---|---|---|---|
| H | 第一 | 13 | 13 | | | | | | | | | | | # 2 | # 2 | # 3 | # 4 | # 4 | 0 5 | 1 7 | 2 9 | | | | | | | | | |
| | 第二 | 13 | 26 | | | | | | | | | | | 0 2 | 0 3 | 0 4 | 1 6 | 3 8 | 3 8 | 4 10 | 7 14 | | | | | | | | | |
| | 第三 | 13 | 39 | | | | | | | | | | | 0 2 | 0 3 | 1 4 | 2 6 | 4 8 | 6 10 | 8 13 | 13 19 | | | | | | | | | |
| | 第四 | 13 | 52 | | | | | | | | | | | 1 2 | 2 3 | 2 5 | 3 7 | 6 9 | 9 12 | 12 17 | 20 25 | | | | | | | | | |
| | 第五 | 13 | 65 | | | | | | | | | | | 2 2 | 3 4 | 4 5 | 5 7 | 8 9 | 12 13 | 18 19 | 26 27 | | | | | | | | | |
| J | 第一 | 20 | 20 | | | | | | | | | | # 2 | # 2 | # 3 | # 4 | 0 5 | 1 7 | 2 9 | | | | | | | | | | | |
| | 第二 | 20 | 40 | | | | | | | | | | 0 2 | 0 3 | 0 4 | 1 6 | 3 8 | 3 8 | 4 10 | 7 14 | | | | | | | | | | |
| | 第三 | 20 | 60 | | | | | | | | | | 0 2 | 1 4 | 2 6 | 4 8 | 6 10 | 8 13 | 13 19 | | | | | | | | | | | |
| | 第四 | 20 | 80 | | | | | | | | | | 1 3 | 2 5 | 3 7 | 6 9 | 9 12 | 12 17 | 20 25 | | | | | | | | | | | |
| | 第五 | 20 | 100 | | | | | | | | | | 2 3 | 4 5 | 5 7 | 8 9 | 12 13 | 18 19 | 26 27 | | | | | | | | | | | |
| K | 第一 | 32 | 32 | | | | | | | | | # 2 | # 3 | # 4 | 0 5 | 1 7 | 2 9 | | | | | | | | | | | | | |
| | 第二 | 32 | 64 | | | | | | | | | 0 2 | 0 3 | 1 6 | 3 8 | 4 10 | 7 14 | | | | | | | | | | | | | |
| | 第三 | 32 | 96 | | | | | | | | | 0 3 | 1 4 | 2 6 | 4 8 | 6 10 | 8 13 | 13 19 | | | | | | | | | | | | |
| | 第四 | 32 | 128 | | | | | | | | | 1 3 | 2 5 | 3 7 | 6 9 | 9 12 | 12 17 | 20 25 | | | | | | | | | | | | |
| | 第五 | 32 | 160 | | | | | | | | | 2 3 | 4 5 | 5 7 | 8 9 | 12 13 | 18 19 | 26 27 | | | | | | | | | | | | |
| L | 第一 | 50 | 50 | | | | | | | | # 2 | # 3 | # 4 | 0 5 | 1 7 | 2 9 | | | | | | | | | | | | | | |
| | 第二 | 50 | 100 | | | | | | | | 0 2 | 0 3 | 1 6 | 3 8 | 4 10 | 7 14 | | | | | | | | | | | | | | |
| | 第三 | 50 | 150 | | | | | | | | 0 3 | 1 4 | 2 6 | 6 10 | 8 13 | 13 19 | | | | | | | | | | | | | | |
| | 第四 | 50 | 200 | | | | | | | | 1 3 | 2 5 | 3 7 | 9 12 | 12 17 | 20 25 | | | | | | | | | | | | | | |
| | 第五 | 50 | 250 | | | | | | | | 2 4 | 4 5 | 5 7 | 12 13 | 18 19 | 26 27 | | | | | | | | | | | | | | |
| M | 第一 | 80 | 80 | | | | | | | # 2 | # 3 | # 4 | 0 5 | 1 7 | 2 9 | | | | | | | | | | | | | | | |
| | 第二 | 80 | 160 | | | | | | | 0 2 | 0 3 | 1 6 | 3 8 | 4 10 | 7 14 | | | | | | | | | | | | | | | |
| | 第三 | 80 | 240 | | | | | | | 0 3 | 1 4 | 2 6 | 6 10 | 8 13 | 13 19 | | | | | | | | | | | | | | | |
| | 第四 | 80 | 320 | | | | | | | 1 3 | 2 5 | 3 7 | 9 12 | 12 17 | 20 25 | | | | | | | | | | | | | | | |
| | 第五 | 80 | 400 | | | | | | | 2 4 | 4 5 | 5 7 | 12 13 | 18 19 | 26 27 | | | | | | | | | | | | | | | |

程序 4 检出的正常检验五次抽样方案表达式：

$n_1$=20，第一判定数组是（$A_{C1}$=#，$R_{E1}$=3）

$n_2$=20，第二判定数组是（$A_{C2}$=0，$R_{E2}$=3）

$n_3$=20，第三判定数组是（$A_{C3}$=1，$R_{E3}$=4）

$n_4$=20，第四判定数组是（$A_{C4}$=2，$R_{E4}$=5）

$n_5$=20，第五判定数组是（$A_{C5}$=4，$R_{E5}$=5）

或者表达为：

$$[\#，3]$$
$$[0，3]$$
$$20 \quad [1，4]$$
$$[2，5]$$
$$[4，5]$$

程序 5 检验结果判定

对五次抽样方案开展检验后，判定结论遵循的原则如图 4.3-10 所示，这里作说明如下：

第一，对 $n_1$=20 的第一样本进行检验，检验得出的不合格（品）数是 $d_1$。由于对应的第一判定数组是"#，3"，其中的"#" 表示对五次抽样方案进行检验后，第一样本的检验数据不允许接收，但是可以拒收。这里的拒收依据就是看检出的不合格（品）数 $d_1$ 是否大于或者等于 $R_{E1}$。题中第一拒收数 $R_{E1}$=3 表明，如果 $d_1 \geq 3$，则表示五次抽样方案的批产品不合格，不必对其他第二样本 、第三样本、第四样本和第五样本进行检验。

第二，$d_1 < R_{E1}$ 时，对第二样本进行检验。

在对第一样本进行检验后，如果 $d_1 < R_{E1}$，检验得出的不合格（品）数为 0，1，2 的情况，这样的结果既不能作出"合格"也不能作出"不合格"的判定，只能对第二样本进行检验。在该例中，开展对第二样本以后的检验，都可以作出合格与否的判定。因为，第二样本到第五样本的判定数组都不含"#"。

对第二样本进行检验后，如果第一样本与第二样本的不合格（品）累计数（$d_1+d_2$）≤ $A_{C2}$，批产品合格，不必对第三样本、第四样本和第五样本进行检验；如果（$d_1+d_2$）≥ $R_{E2}$，批产品不合格，也不必对第三样本、第四样本和第五样本进行检验。但是，这里还要说明的是，当 $A_{C2}$>（$d_1+d_2$）>$R_{E2}$ 时，既不能作出"合格"也不能作出"不合格"的判定，只能接着对第三样本进行检验。

第三，$A_{C2}$<（$d_1+d_2$）<$R_{E2}$ 时，对第三样本进行检验。

对第三样本进行检验后，如果（$d_1+d_2+d_3$）≤ $A_{C3}$，批产品合格，不必对第四样本和第五样本进行检验；如果（$d_1+d_2+d_3$）≥ $R_{E3}$，批产品不合格，

不必对第四样本和第五样本进行检验；但是，这里也要作一说明，当 $A_{C3}$<（$d_1+d_2+d_3$）<$R_{E3}$ 时，既不能作出"合格"也不能作出"不合格"的判定，只能接着对第四样本进行检验。

第四，$A_{C3}$<（$d_1+d_2+d_3$）<$R_{E3}$，开展对第四样本进行检验。

对第四样本量进行检验后，如果（$d_1+d_2+d_3+d_4$）≤ $A_{C4}$，批产品合格，不必对第五样本进行检验；如果（$d_1+d_2+d_3+d_4$）≥ $R_{E4}$，则批产品不合格，不必对第五样本进行检验；但是，如果 $A_{C4}$〈（$d_1+d_2+d_3+d_4$）〈$R_{E4}$，既不能作出"合格"也不能作出"不合格"的判定时，接下去对第五样本进行检验。

第五，$A_{C4}$<（$d_1+d_2+d_3+d_4$）<$R_{E4}$ 时开展对第五样本进行检验。

对第五样本量进行检验后，判定结论只有两种，即合格或者不合格。如果（$d_1+d_2+d_3+d_4+d_5$）≤ $A_{C5}$，批产品合格；如果（$d_1+d_2+d_3+d_4+d_5$）≥ $R_{E5}$，则批产品不合格。

以上所述就是正常检验五次抽样方案及开展检验后判定的全过程。

示例 2. 检索加严检验五次抽样方案

解：

程序 1 检索样本量字码

样本量字码"J"不变。

程序 2 检索判定数组

检索加严检验五次抽样方案用表 4.3-25 "GB2828.1/ISO2859-1 的表 4-B 加严

检验多次抽样方案（主表）"。从该表中找出样本量字码"J"的行与接收质量限 AQL=1.5 的列相交处，查得五个判定数组。其中，第一判定数组是"#，2"，表明 $A_{C1}$=#，$R_{E1}$=2；第二判定数组是"0，3"，表明 $A_{C2}$=0，$R_{E2}$=3；第三判定数组是"0，3"，表明 $A_{C3}$=0，$R_{E3}$=3；第四判定数组是"1，3"，表明 $A_{C4}$=1，$R_{E4}$=3；第五判定数组是"3，4"，表明 $A_{C5}$=3，$R_{E5}$=4。

程序 3 检索样本量"n"

用表 4.3-25 检索加严检验五次抽样方案的样本量"n"。在该表中找出样本量字码"J"的行与接收质量限 AQL=1.5 的列相交处，查得五次抽样方案的五个判定数组。由这五个判定数组向左查找，查出与"样本量"所在列相交处的数据，就是五次抽样方案的样本量，即"$n_1$"、"$n_2$"、"$n_3$"、$n_4$"和"$n_5$"。不难看出，加严检验五次抽样方案的第一样本量 $n_1$=20，第二样本量 $n_2$=20，第三样本量 $n_3$=20，第四样本量 $n_4$=20 和第五样本量 $n_5$=20，每次抽样的样本量分别是20，累计样本量是 100。

检索加严检验五次抽样方案的样本量时应注意两点：

第一，仍然遵循样本量和判定数组的"同行原则"；

第二，五次抽样方案的五个样本量"$n_1$"、"$n_2$"、"$n_3$"、$n_4$"和"$n_5$"可以从批量中一次性随机抽取，也可以在前一个检验样本不能作出合格或者不合格判定结论时，再从原批量中随机抽取第二个，以此类推。这对于生产企业而言是不难做到的。因为生产企业的产品在没有得到批产品合格证之前是不能出厂的，这一点在《产品质量法》中有明确规定。

程序 4 加严检验五次抽样方案表达式：

$n_1$=20，第一判定数组是（$A_{C1}$=#，$R_{E1}$=2）

$n_2$=20，第二判定数组是（$A_{C2}$=0，$R_{E2}$=3）

$n_3$=20，第三判定数组是（$A_{C3}$=0，$R_{E3}$=3）

$n_4$=20，第四判定数组是（$A_{C4}$=1，$R_{E4}$=3）

$n_5$=20，第五判定数组是（$A_{C5}$=3，$R_{E5}$=4）。

表 4.3-25 "GB/T2828.1 表 4-B 加严检验多次抽样方案（主表）"

表4.3-25　"GB/T2828.1 表4-B 加严多次抽样方案（主表）（续）"

表4-B 加严多次抽样方案（主表）（续）

表 4.3-26 "GB/T2828.1 表 4－C 放宽检验多次抽样方案（主表）"

接收质量限（AQL）

| 样本量字码 | 样本 | 样本量 | 累计样本量 | 0.010 Ac Re | 0.015 Ac Re | 0.025 Ac Re | 0.040 Ac Re | 0.065 Ac Re | 0.10 Ac Re | 0.15 Ac Re | 0.25 Ac Re | 0.40 Ac Re | 0.65 Ac Re | 1.0 Ac Re | 1.5 Ac Re | 2.5 Ac Re | 4.0 Ac Re | 6.5 Ac Re | 10 Ac Re | 15 Ac Re | 25 Ac Re | 40 Ac Re | 65 Ac Re | 100 Ac Re | 150 Ac Re | 250 Ac Re | 400 Ac Re | 650 Ac Re | 1000 Ac Re |
|---|---|---|---|---|---|---|---|---|---|---|---|---|---|---|---|---|---|---|---|---|---|---|---|---|---|---|---|---|---|

或者表达为：

$$[\#，2]$$
$$[0，3]$$
$$20 \quad [0，3]$$
$$[1，3]$$
$$[3，4]$$

程序 5　检验结果的判定

对加严的五次抽样方案开展检验后，判定结论遵循的原则如图 4.3-10 所示。这里说明如下：

第一，对 "$n_1$"=20 的第一样本进行检验，得出的不合格（品）数是 $d_1$。由于对应的第一判定数组是 "#，2"，其中的 "#" 表明对加严五次抽样方案进行检验后，第一样本的检验数据不允许接收，但是可以拒收。这里主要看检验出的不合格（品）数 $d_1$ 是否大于或者等于 $R_{E1}$。题中第一拒收数 $R_{E1}$=2 表明，如果 $d_1 \geqslant 2$，则表示五次抽样方案的批产品不合格，没必要对第二样本、第三样本、第四样本和第五样本进行检验。

第二，$d_1 < R_{E1}$ 时开展对第二样本进行检验

在对第一样本进行检验后，如果 $d_1 < R_{E1}$，检验得出的不合格（品）数为 0 或 1，这样既不能作出 "合格" 判定，也不能作出 "不合格" 的判定，只能接着对第二样本进行检验。在该例中，开展对第二样本及其以后样本的检验，每一次检验后都有机会作出合格与否的判定。因为，第二样本到第五样本的判定数组都不含 "#"。

对第二样本进行检验后，如果第一样本与第二样本的累计不合格（品）数（$d_1 + d_2$）$\leqslant A_{C2}$，批产品合格，不必对其他第三样本、第四样本和第五样本进行检验；如果（$d_1 + d_2$）$\geqslant R_{E2}$，则批产品不合格，也没必要对其他第三样本、第四样本和第五样本进行检验；但是，当 $A_{C2} <$（$d_1 + d_2$）$< R_{E2}$ 时，既不能作出 "合格" 也不能作出 "不合格" 的判定，只能接着对第三样本进行检验。

第三，$A_{C2} <$（$d_1 + d_2$）$< R_{E2}$ 时，对第三样本进行检验

对第三样本进行检验后，如果第一样本、第二样本和第三样本累计不合格（品0数（$d_1+d_2+d_3$）$\leq A_{C3}$，批产品合格，不必对其他第四样本和第五样本进行检验；如果（$d_1+d_2+d_3$）$\geq R_{E3}$，则批产品不合格，也不必对第四样本量和第五样本量进行检验；但是，如果 $A_{C3}\langle (d_1+d_2+d_3)<R_{E3}$ 时，既不能作出"合格"也不能作出"不合格"的判定，接下去只能对第四样本进行检验。

第四，当 $A_{C3}\langle (d_1+d_2+d_3)<R_{E3}$ 时对第四样本进行检验

对第四样本量进行检验后，如果第一样本、第二样本、第三样本和第四样本累计不合格（品）数（$d_1+d_2+d_3+d_4$）$\leq A_{C4}$，则批产品合格，不必对第五样本进行检验；如果（$d_1+d_2+d_3+d_4$）$\geq R_{E4}$，则批产品不合格，也不必对第五样本进行检验。但是，当 $A_{C4}<(d_1+d_2+d_3+d_4)<R_{E4}$ 时，既不能作出"合格"也不能作出"不合格"的判定，接下去只能开展对第五样本进行检验。

第五，$A_{C4}<(d_1+d_2+d_3+d_4)<R_{E4}$ 时开展对第五样本进行检验

对第五样本量进行检验后，只有两种判定结论，即合格或者不合格。如果第一样本、第二样本、第三样本、第四样本和第五样本累计不合格（品）数（$d_1+d_2+d_3+d_4+d_5$）$\leq A_{C5}$，批产品合格；如果（$d_1+d_2+d_3+d_4+d_5$）$\geq R_{E5}$，批产品不合格。

以上就是加严检验五次抽样方案及开展检验后的判定过程，是我们应该遵守的规则。

示例 3. 检索放宽检验五次抽样方案

解：

程序 1 检索样本量字码

样本量字码是"J"不变。

程序 2 检索判定数组

用表 4.3-26 "GB2828.1/ISO2859-1 的表 4-C 放宽检验多次抽样方案（主表）"检索放宽检验五次抽样方案的判定数组。在该表中找出样本量字码"J"的行与接收质量限 AQL=1.5 的列相交处，得到五次抽样方案的五个判定数组。其中，第一判定数组是"#，2"，表明 $A_{C1}$=#，$R_{E1}$=2；第二判定数组是"0，3"，表明

$A_{C2}=0$，$R_{E2}=3$；第三判定数组是"0，3"，表明 $A_{C3}=0$，$R_{E3}=3$；第四判定数组是"1，3"，表明 $A_{C4}=1$，$R_{E4}=3$；第五判定数组是"3，4"，表明 $A_{C5}=3$，$R_{E5}=4$。

程序 3 检索样本量"n"

用表 4.3-26 检索放宽检验五次抽样方案的样本量"n"。用已经检索到的这五个判定数组向左查找与"样本量"列相交处的数据，就是五次抽样方案的样本量，即"$n_1$"、"$n_2$"、"$n_3$"、"$n_4$"和"$n_5$"，其数值大小为：第一样本量 $n_1=8$，第二样本量 $n_2=8$，第三样本量 $n_3=8$，第四样本量 $n_4=8$ 和第五样本量 $n_5=8$，即每次抽样的样本量分别都是 8，累计样本量是 40。

检索五次抽样方案的样本量时，应注意两点：

第一，仍然遵循样本量和判定数组的"同行原则"；

第二，五次抽样方案的五个样本量 $n_1$"、"$n_2$"、"$n_3$"、"$n_4$"和"$n_5$"可以从批量中一次性随机抽取，也可以在前一个检验样本不能作出合格或者不合格判定结论时，再从原批量中随机抽取，以此类推。这对于生产企业而言是不难做到的。因为，企业生产的产品在没有得到批产品合格证之前，产品是不能出厂的，这一点在《产品质量法》中有明确规定。

程序 4 放宽检验五次抽样方案表达式：

$n_1=8$，第一判定数组是（$A_{C1}=\#$，$R_{E1}=2$）

$n_2=8$，第二判定数组是（$A_{C2}=0$，$R_{E2}=3$）

$n_3=8$，第三判定数组是（$A_{C3}=0$，$R_{E3}=3$）

$n_4=8$，第四判定数组是（$A_{C4}=1$，$R_{E4}=3$）

$n_5=8$，第五判定数组是（$A_{C5}=3$，$R_{E5}=4$）

表 4.3-26 "GB/T2828.1 表 4-C 放宽检验多次抽样方案（主表）"

接收质量限（AQL）

| 样本量字码 | 样本 | 样本量 | 累计样本量 | 0.010 | 0.015 | 0.025 | 0.040 | 0.065 | 0.10 | 0.15 | 0.25 | 0.40 | 0.65 | 1.0 | 1.5 | 2.5 | 4.0 | 6.5 | 10 | 15 | 25 | 40 | 65 | 100 | 150 | 250 | 400 | 650 | 1 000 |
|---|---|---|---|---|---|---|---|---|---|---|---|---|---|---|---|---|---|---|---|---|---|---|---|---|---|---|---|---|---|
| | | | | Ac Re | Ac Re | Ac Re | Ac Re | Ac Re | Ac Re | Ac Re | Ac Re | Ac Re | Ac Re | Ac Re | Ac Re | Ac Re | Ac Re | Ac Re | Ac Re | Ac Re | Ac Re | Ac Re | Ac Re | Ac Re | Ac Re | Ac Re | Ac Re | Ac Re | Ac Re |
| A | | | | | | | | | | | | | | | | | | | | | | | | | | | | |
| B | | | | | | | | | | | | | | | | | | | | | | | | | | | | |
| C | | | | | | | | | | | | | | | | | | | | | | | | | | | | |
| D | | | | | | | | | | | | | | | | | | | | | | | | | | | | |
| E | | | | | | | | | | | | | | | | | | | | | | | | | | | | |
| F | 第一 | 2 | 2 | | | | | | | | | | | | | | | | | | | | | | | | | |
| F | 第二 | 2 | 4 | | | | | | | | | | | | | | | | | | | | | | | | | |
| F | 第三 | 2 | 6 | | | | | | | | | | | | | | | | | | | | | | | | | |
| F | 第四 | 2 | 8 | | | | | | | | | | | | | | | | | | | | | | | | | |
| F | 第五 | 2 | 10 | | | | | | | | | | | | | | | | | | | | | | | | | |
| G | 第一 | 3 | 3 | | | | | | | | | | | | | | | | | | | | | | | | | |
| G | 第二 | 3 | 6 | | | | | | | | | | | | | | | | | | | | | | | | | |
| G | 第三 | 3 | 9 | | | | | | | | | | | | | | | | | | | | | | | | | |
| G | 第四 | 3 | 12 | | | | | | | | | | | | | | | | | | | | | | | | | |
| G | 第五 | 3 | 15 | | | | | | | | | | | | | | | | | | | | | | | | | |
| H | 第一 | 5 | 5 | | | | | | | | | | | | | | | | | | | | | | | | | |
| H | 第二 | 5 | 10 | | | | | | | | | | | | | | | | | | | | | | | | | |
| H | 第三 | 5 | 15 | | | | | | | | | | | | | | | | | | | | | | | | | |
| H | 第四 | 5 | 20 | | | | | | | | | | | | | | | | | | | | | | | | | |
| H | 第五 | 5 | 25 | | | | | | | | | | | | | | | | | | | | | | | | | |

表4.3-26　"GB/T2828.1 表4-C 放宽检验多次抽样方案（主表）（续）"

接收质量限（AQL）

| 样本量字码 | 样本 | 样本量 | 累计样本量 |
|---|---|---|---|
| J | 第一次<br>第二次<br>第三次<br>第四次<br>第五次 | 8<br>8<br>8<br>8<br>8 | 8<br>16<br>24<br>32<br>40 |
| K | 第一次<br>第二次<br>第三次<br>第四次<br>第五次 | 13<br>13<br>13<br>13<br>13 | 13<br>26<br>39<br>52<br>65 |
| L | 第一次<br>第二次<br>第三次<br>第四次<br>第五次 | 20<br>20<br>20<br>20<br>20 | 20<br>40<br>60<br>80<br>100 |
| M | 第一次<br>第二次<br>第三次<br>第四次<br>第五次 | 32<br>32<br>32<br>32<br>32 | 32<br>64<br>96<br>128<br>160 |

表4.3-26　"GB/T2828.1 表4-C放宽检验多次抽样方案（主表）（续）"

接收质量限（AQL）

| 样本量字码 | 样本 | 样本量 | 累计样本量 | … | 接收质量限（AQL）各列 Ac Re … |
|---|---|---|---|---|---|
| N | 第一 | 50 | 50 | | |
| | 第二 | 50 | 100 | | |
| | 第三 | 50 | 150 | | |
| | 第四 | 50 | 200 | | |
| | 第五 | 50 | 250 | | |
| P | 第一 | 80 | 80 | | |
| | 第二 | 80 | 160 | | |
| | 第三 | 80 | 240 | | |
| | 第四 | 80 | 320 | | |
| | 第五 | 80 | 400 | | |
| Q | 第一 | 125 | 125 | | |
| | 第二 | 125 | 250 | | |
| | 第三 | 125 | 375 | | |
| | 第四 | 125 | 500 | | |
| | 第五 | 125 | 625 | | |
| R | 第一 | 200 | 200 | | |
| | 第二 | 200 | 400 | | |
| | 第三 | 200 | 600 | | |
| | 第四 | 200 | 800 | | |
| | 第五 | 200 | 1 000 | | |

AQL 列标题（Ac / Re）：0.010　0.015　0.025　0.040　0.065　0.10　0.15　0.25　0.40　0.65　1.0　1.5　2.5　4.0　6.5　10　15　25　40　65　100　150　250　400　650　1 000

或者表达为：

$$[\#，2]$$
$$[0，3]$$
$$8\quad[0，3]$$
$$[1，3]$$
$$[3，4]$$

程序 5　检验结果的判定

对放宽检验五次抽样方案开展检验后，判定结论遵循的原则如图 4.3-10 所示，这里作说明如下：

第一，对"$n_1$"=8 的第一样本进行检验，检验得出的不合格（品）数是 $d_1$。由于对应的第一判定数组是"#，2"，这个第一判定数组中的"#"表明对五次抽样方案进行检验后，第一样本的检验数据不允许接收，但是可以拒收。这里判断的标准，就是看检验出的不合格（品）数 $d_1$ 是否大于或者等于 $R_{E1}$。题中第一拒收数 $R_{E1}$=2 表明，如果 $d_1 \geqslant 2$，则表示五次抽样检验方案的批产品不合格，不必对其他第二样本、第三样本、第四样本和第五样本进行检验。

第二，$d_1<R_{E1}$ 时，开展对第二样本进行检验。

在对第一样本进行检验后，如果 $d_1<R_{E1}$，检验得出的不合格（品）数为 0 或者 1，则既不能作出"合格"也不能作出"不合格"的判定，接下去只能开展对第二样本进行检验。在该例中，开展对第二样本以后的检验，都可以有据可依地作出合格与否的判定。因为，第二样本到第五样本的判定数组都不含"#"。

在本题中 $A_{C2}$=0，表示对第二样本进行检验后，第一样本、第二样本检验出的不合格（品）数之和为"0"，批产品才为合格，不必对其他第三样本、第四样本和第五样本进行检验；如果（$d_1+ d_2$）$\geqslant R_{E2}$，批产品不合格，同样不必对第三样本、第四样本和第五样本进行检验。但是，如果 $A_{C2}<$（$d_1+ d_2$）$<R_{E2}$ 时，既不能作出"合格"也不能作出"不合格"的判定，只能接着开展对第三样本进行检验。

第三，$A_{C2}<$（$d_1+d_2$）$<R_{E2}$ 时，开展对第三样本进行检验。

对第三样本量进行检验后，如果（$d_1+d_2+d_3$）$\leq A_{C3}$，批产品合格，不必对第四样本和第五样本进行检验；如果（$d_1+d_2+d_3$）$\geq R_{E3}$，批产品不合格，不必对第四样本和第五样本进行检验。但是，当 $A_{C3}<$（$d_1+d_2+d_3$）$<R_{E3}$ 时，既不能作出"合格"也不能作出"不合格"的判定时，就要继续对第四样本进行检验。

第四，当 $A_{C3}<$（$d_1+d_2+d_3$）$<R_{E3}$ 时开展对第四样本进行检验

对第四样本进行检验后，如果（$d_1+d_2+d_3+d_4$）$\leq A_{C4}$，则批产品合格，不必对第五样本进行检验；如果（$d_1+d_2+d_3+d_4$）$\geq R_{E4}$，则批产品不合格，也不必对第五样本进行检验。但是，如果 $A_{C4}<$（$d_1+d_2+d_3+d_4$）$<R_{E4}$ 时，既不能作出"合格"也不能作出"不合格"的判定，只能接着对第五样本进行检验。

第五，$A_{C4}<$（$d_1+d_2+d_3+d_4$）$<R_{E4}$ 时开展对第五样本进行检验

对第五样本量进行检验后，会出现两种判定结论的，即合格或者不合格。如果（$d_1+d_2+d_3+d_4+d_5$）$\leq A_{C5}$，批产品合格；如果（$d_1+d_2+d_3+d_4+d_5$）$\geq R_{E5}$，则批产品不合格。

以上是放宽检验五次抽样方案及开展检验后的判定全过程。

调整型五次抽样方案汇总表，见表 4.3-27。

表 4.3-27　调整型五次抽样方案汇总表

（N=800-1000，AQL=1.5，Ⅱ）

| 宽严程度 | 样本量 | 样本 | 接收数 | 拒收数 |
|---|---|---|---|---|
| 正常检验五次抽检方案 | 20 | 第一 | # | 3 |
| | 20 | 第二 | 0 | 3 |
| | 20 | 第三 | 1 | 4 |
| | 20 | 第四 | 2 | 5 |
| | 20 | 第五 | 4 | 5 |
| | 100 | 累计 | 4 | 5 |

| 宽严程度 | 样本量 | 样本 | 接收数 | 拒收数 |
|---|---|---|---|---|
| 加严检验五次<br>抽检方案 | 20 | 第一 | # | 2 |
| | 20 | 第二 | 0 | 3 |
| | 20 | 第三 | 0 | 3 |
| | 20 | 第四 | 1 | 3 |
| | 20 | 第五 | 3 | 4 |
| | 100 | 累计 | 3 | 4 |
| 放宽检验五次<br>抽检方案 | 8 | 第一 | # | 2 |
| | 8 | 第二 | 0 | 3 |
| | 8 | 第三 | 0 | 3 |
| | 8 | 第四 | 1 | 3 |
| | 8 | 第五 | 3 | 4 |
| | 40 | 累计 | 3 | 4 |

4.3.1.5.4 制定调整型一次、二次、五次抽样方案和分数接收数方案

例 4.3-12  已知产品的批量 N=200，质量标准很重要，AQL=1.5，采用特殊检验水平 S-4，要求：

（1）试做出调整型一次、二次、五次抽样方案和分数接收数方案；

（2）如果在分数接收数方案检验后不合格品数是 1 时，应如何处理？

本题要求做调整型一次、二次、五次抽样方案，即作出：

（a）正常检验一次、二次、五次抽检方案；

（b）加严检验一次、二次、五次抽检方案；

（c）放宽检验一次、二次、五次抽检方案。

在回答第二问"如果在分数接受数方案检验后不合格品数是 1 时应如何处理"，仅涉及分数接收数方案的制定。下面一一举例说明。

示例 1. 检索正常检验一次抽样方案

解：

程序 1  检索样本量字码

检索样本量字码用表 4.3-11。从表 4.3-11 中查出批量 N=200 所在行

（151 ～ 280）与特殊检验水平 S-4 所在列的相交处，得到样本量字码"E"；

程序 2　检索判定数组

检索正常检验一次抽样方案用表 4.3-12。从中找出样本量字码"E"的行与接收质量限 AQL=1.5 的列相交处，得到的是"箭头"，沿着箭头所指方向一直找到有第一个判定数组处，对应的判定数组是"0，1"，表明接收数 $A_C$=0，拒收数 $R_E$=1。

程序 3　检索样本量"n"

我们知道，样本量和判定数组"0，1"必须遵循"同行原则"。此时，继续用表 4.3-12 由判定数组"0，1"的行向左查找与样本量列相交处的数字是"8"，表明样本量 n=8。

程序 4　正常检验一次抽检方案表达式：8（0，1）。

程序 5　检验结果判定

其一，从正常检验一次抽检方案表达方式可以看出，我们要从 200 个产品的批量中随机抽取 8 个样品进行检验，如果其中的不合格（品）数 d=0，则判断该批产品合格；如果 d ≥ 1，则判断该批产品不合格。

其二，本题还提出"如果在分数接受数方案检验后不合格（品）数是 1 时，应如何处理"的问题，解决这个问题涉及到用 GB/T 2828.1 中的"关于采用分数接收数方案"。采用分数接收数方案的程序如下：

程序 6　检索分数接收数方案

程序 6 -1　检索正常检验一次抽样分数接收数方案样本量字码。

分数接收数方案样本量字码与正常检验一次抽检方案样本量字码相同，这里仍选"E"。

程序 6 -2　检索正常检验一次分数接收数

检索正常检验一次抽样方案使用表 4.3-10。查找样本量字码"E"所在行与 AQL=1.5 列相交处的数是分数"1/3"，"1/3"即是该方案的分数接收数。

程序 6 -3　检索正常检验一次分数接收数方案的样本量"n"。

由分数接收数"1/3"处向左与样本量列相交处是"13"，表明样本量

n=13。

程序 6 -4　分数接收数方案的表达式：13（1/3）。

程序 6 -5　分数接收数方案 13（1/3）含义及结果判定

（1）本题中正常检验一次抽检方案接收数处于"0，1"之间，因此允许采用分数接收数"1/3"方案；

（2）批产品固定分数接收数抽样方案规定，当样本中无不合格品时，该批是可接收的；

（3）当样本中有 2 个或 2 个以上的不合格品时，认为该批是不可接收的；

（4）当来自当前批的样本中只有 1 个不合格品时，仅当来自 2 批继续检验的样本中未发现不合格品时，才认为该批是可接收的；

（5）对接收数为 1/3 的方案要求有 2 个继续检验批被检合格，否则认为当前批是不可接收的。如果第一个被检批有 1 个不合格品，则该批不合格可接收。其中"第一个被检批"指继续检验的批中第一批检验出有一个不合格品的批，是"接收数为 1/3 的方案要求 2 个这样的继续批"的第一个检验批。

示例 2. 检索加严检验一次抽样方案

解：

程序 1　检索加严检验一次抽样方案的样本量字码

加严检验一次抽样方案样本量字码，可以直接利用正常检验一次抽样方案检索的样本量字码"E"。

程序 2　检索判定数组

在表 4.3-13 中找出样本量字码"E"的行与接收质量限 AQL=1.5 的列相交处，得到判定数组"0，1"，表明接收数 $A_c=0$，拒收数 $R_E=1$。

程序 3　检索加严检验一次抽样方案的样本量"n"

在表 4.3-13 中找出相应样本量字码"E"和判定数组"0，1"的行，找到与样本量列相交处的数字是"13"，即样本量 n=13。

程序 4　加严检验一次抽检方案表达式：13（0，1）。

程序 5 检验结果判定

从 200 个产品中抽取 13 个样品进行检验，如果其中的不合格（品）数 d=0，则判断该批产品合格；如果 d ≥ 1，则判断该批产品不合格。

程序 6 检索加严检验分数接收数方案

程序 6-1 检索加严检验一次抽检方案的分数接收数方案样本量字码。

样本量字码仍然是"E"。

程序 6-2 检索加严检验分数接收数方案判定数组。

使用表 4.3-13 检索。由样本量字码"E"向右与 AQL=1.5 列相交处是"0，1"，表明加严检验没有分数接收数方案。

示例 3. 检索放宽检验一次抽样方案

解：

程序 1 检索放宽检验一次抽样方案的样本量字码

样本量字码"E"不变。

程序 2 检索放宽检验一次抽样方案的判定数组

用表 4.3-14 检索放宽检验一次抽样方案。在表中找出样本量字码"E"的行与接收质量限 AQL=1.5 的列相交处，沿查得的"箭头"所示方向找到第一个判定数组"0，1"，表明接收数 $A_c$=0，拒收数 $R_E$=1。

程序 3 检索放宽检验一次抽样方案的样本量"n"

沿样本量字码"E"和判定数组"0，1"所在的行向左方向查找，查到样本量列对应的数字是"3"，表明样本量 n=3。这里，样本量和判定数组"0，1"也要坚持"同行原则"。

程序 4 检索出放宽检验一次抽检方案表达式：3（0，1）。

程序 5 放宽检验一次抽检方案结果判定：

从表达方式可以看出，本方案要从 200 个产品中抽取 3 个样品进行检验。如果其中的不合格（品）数 d=0，则判断该批产品合格；如果 d ≥ 1，则判断该批产品不合格。

程序 6 检索分数接收数方案

程序 6 -1 检索放宽检验一次抽检方案的分数接收数方案样本量字码

分数接收数方案样本量字码与正常检验一次抽检方案相同，仍然是"E"。

程序 6 -2 检索放宽检验一次分数接收数方案判定数组

在表 4.3-18 中，由样本量字码"E"与其右方的 AQL=1.5 的列相交处，得到分数接收数"1/5"。

程序 6 -3 检索放宽检验一次分数接收数方案的样本"n"

在分数接收数方案的判定数"1/5"处向左查找，与样本量列相交处的数字是"5"，表明放宽检验分数接收数方案的样本量 n=5。

程序 6 -4 检索得到分数接收数方案的表达式：5（1/5）。

程序 6 -5 分数接收数方案 5（1/5）含义及结果判定：

（1）本题中放宽检验一次抽检方案接收数处于"0，1"之间，且有分数接收数方案；

（2）在采用该分数接收数方案检验时，当前批中无不合格品时，该批是合格的；

（3）在采用该分数接收数方案检验时，当前批有 2 个以上不合格品时，判该批为不合格批；

（4）当前批中有 1 个不合格品时，该批合格与否要看继续检验的 4 个批是否有不合格品。接收数为 1/5 的分数接收数方案要求继续检验 4 批产品且无不合格品，才能判定当前批合格。如果继续检验的 4 批产品中的某一被检批有 1 个不合格品，则当前批仍将判为不合格。

把所得的正常、加严、放宽三个一次抽检方案和对应的分数接收数方案集合在一起，并合理运用转换规则，即构成调整型 - 分数一次抽检方案汇总表，见表 4.3-28。

表 4.3-28  调整型一次 – 分数抽检方案

（ N=200，AQL=1.5，S–4 ）

| 宽严程度 | 抽 样 方 案 | |
|---|---|---|
| | 整数 | 分数 |
| 正常 | 8（0，1） | 13（1/3） |
| 加严 | 13（0，1） | 无 |
| 放宽 | 3（0，1） | 5（1/5） |

示例 4. 检索正常检验二次抽样方案

解：

程序 1  检索样本量字码

从表 4.3-11 中查出批量 N=200 所在的行（151 ～ 280）与特殊检验水平 S-4 对应列的相交处，得到样本量字码"E"。由此可见，二次抽样方案的样本量字码与一次抽样方案的样本量字码是相同，也就是说，各次抽样方案的样本量字码是没有区别的。

程序 2  检索判定数组

检索判定数组用表 4.3-20。在该表上查找样本量字码"E"所在行与接收质量限 AQL=1.5 的列相交处是"箭头"，再沿"箭头"方向向上得到的是"※"标示。在"※"的情况下，可以使用正常检验一次抽样方案：8（0，1），或者使用下面的二次抽样方案：

$$n_1=20（A_{C1}=0，R_{E1}=2）$$
$$n_2=20（A_{C2}=1，R_{E2}=2）$$

程序 3  正常检验二次抽检方案表达方式：

其一，一次抽样方案即：8（0，1），对应的分数方案是：13（1/3）。

其二，二次抽检方案：

$$n_1=20（A_{C1}=0，R_{E1}=2）$$
$$n_2=20（A_{C2}=1，R_{E2}=2）$$

程序 4 判定规则

以二次正常抽样检查方案为例，首先对 $n_1=20$ 的第一样本进行检验，其中的不合格（品）数 $d_1=0$，表示批产品合格，予以接收，不再对第二样本量进行检验；如果 $d_1 \geq 2$，表示批产品不合格，拒收，也不再对第二样本进行检验；如果 $2 > d_1 > 0$，即第一样本中有一个不合格（品），此时尚不能作出合格与否的判定，只能对第二样本进行检验；如果（$d_1+d_2$）<1（$A_{C2}=1$），第一样本与第二样本检验的累计不合格（品）数是 1，批合格，接收；如果（$d_1+d_2$）$\geq$ 2（$R_{E2}=2$），第一样本与第二样本检验的累计不合格（品）数是 2，表明批产品不合格，拒收。

示例 5.检索加严检验二次抽样方案

解：

程序 1 检索样本量字码

样本量字码"E"不变。

程序 2 检索判定数组

用表 4.3-21 检索加严检验二次抽样方案判定数组。在该表中找出样本量字码"E"所在的行与极限质量限 AQL=1.5 的列相交处，得到判定数组是"※"标示。在"※"的情况下，可以选择：

（1）加严检验一次抽样方案，即：13（0，1）

（2）使用下面的二次抽样方案，即：

$$（A_{C1}=0，R_{E1}=2）$$
$$（A_{C2}=1，R_{E2}=2）$$

程序 3 检索加严检验二次抽检方案表达式：

一次抽样方案：13（0，1）

二次抽样方案：

$$n_1=32（A_{C1}=0，R_{E1}=2）$$
$$n_2=32（A_{C2}=1，R_{E2}=2）$$

程序 4  判定规则

（1）以二次加严检验抽样方案为例，首先对第一样本 $n_1$ 进行检验，如果检验的不合格（品）数 $d_1=0$，批合格，予以接收，不再对第二样本进行检验；如果 $d_1 \geq 2$，批不合格，拒收，也不再对第二样本量进行检验；如果对第一次样本 $n_1$ 进行检验，其中的不合格品数 $2>d_1>0$，尚不能对检验的第一样本作出合格与否的判定，只能开始对第二样本进行检验；如果检验第二样本后得出的不合格数是 $d_2$，且有（$d_1+d_2$）$\leq 1$（$Ac_2=1$），判此批合格，接收；如果（$d_1+d_2$）$\geq 2$（$R_{E2}$ =2），表明该批产品不合格，拒收。

（2）如果连续这样的五批产品被接受，则应从第六批开始转入正常检验。

（3）如果在初次加严检验的一系列连续批中，拒收批的累计数达到五批，则应暂时停止检验，直到找出原因并且得到有效的控制后方可恢复检验，但是，要从加严检验开始。

示例 6. 检索放宽检验二次抽样方案

解：

程序 1  检索样本量字码

用表 4.3-22 检索放宽检验样本量字码，得到样本量字码 "E"。

程序 2  检索判定数组

用表 4.3-22 检索放宽检验二次抽样方案。在该表中找出样本量字码 "E" 所在的行与极限质量限 AQL=1.5 的列交汇处，得到 "※" 标示。在 "※" 的情况下可以使用：

（1）放宽检验一次抽样方案

（2）使用下面适用的放宽检验二次抽样方案。

程序 3  放宽检验二次抽检方案表达式：

一次抽样方案即：3（0，1）；对应的分数方案：5（1/5）。

二次抽检方案：

$$n_1=13（A_{C1}=0，R_{E1}=2）$$

$$n_2=13（A_{C2}=1，R_{E2}=2）。$$

程序 4　判定规则

（1）采用 3（0，1）的一次抽样方案时，随机抽取 3 个样品进行检验，其中的不合格（品）d=0，该批合格，接收；如果 d ≥ 1，批不合格，拒收。

（2）在采用对应的 5（1/5）分数方案时，判定如前所述，继续检验的 4 批产品都合格，"当前批"被判为合格；如果 4 批产品检验中有 1 批不合格，即判"当前批"不合格。

（3）以二次放宽抽样检验方案为例，首先对 $n_1$ 为 13 的第一样本进行检验，其中的不合格（品）数 $d_1=0$，表示批产品合格，予以接收，不再对第二样本进行检验；如果 $d_1 \geq 2$，表示批产品不合格，拒收，也不再对第二样本进行检验；如果 $2 > d_1 > 0$，即第一样本中有 1 个不合格（品），此时尚不能作出合格与否的判定，只能对第二样本进行检验；如果检验第二样本后，（$d_1+d_2$）$\leq$ 1（$A_{C2}$=1），即第一样本与第二样本检验的累计不合格（品）数是 1，此批合格，接收；如果（$d_1+d_2$）$\geq$ 2（$R_{E2}$=2），即第一样本与第二样本检验的不合格（品）累计数是 2，表明该批产品不合格，拒收。

示例 7. 检索正常检验五次抽样方案

解：

程序 1　检索样本量字码

用表 4.3-11 检索样本量字码，也可以用一次抽样方案的样本量字码"E"。

程序 2　检索判定数组

用表 4.3-24 检索正常检验五次抽样方案。在该表中找出样本量字码"E"所在的行与接收质量限 AQL=1.5 的列相交处，得到"箭头"，沿箭头方向查得"※"。"※"表明可以"使用对应的一次抽样方案"或者"使用对应的二次抽样方案"，即：

（1）一次抽样方案：8（0，1），对应的分数接收数方案 13（1/3）

（2）二次抽样方案是：

$$n_1=20（A_{C1}=0，R_{E1}=2）$$

$$n_2=20（A_{C2}=1，R_{E2}=2）$$

示例8.检索加严检验五次抽样方案

解：

程序1  检索样本量字码

样本量字码"E"不变。

程序2  检索判定数组

用表4.3-25检索加严检验五次抽样方案的判定数组。在该表中找出样本量字码"E"所在的行与接收质量限AQL=1.5的列相交处，得到"※"标示，表明可以"使用对应的一次抽样方案"或者"使用对应的二次抽样方案"。

（1）使用对应的一次抽样方案是：13（0，1）

（2）使用对应的二次抽样方案是：

$$n_1=32（A_{C1}=0，R_{E1}=2）$$

$$n_2=32（A_{C2}=1，R_{E2}=2）$$

（3）无分数接收数方案。

示例9.检索放宽检验五次抽样方案

解：

程序1  检索样本量字码

样本量字码为"E"不变。

程序2  检索判定数组

用表4.3-26检索放宽检验五次抽样方案的判定数组。 在该表中找出样本量字码"E"所在的行与接收质量限AQL=1.5的列相交处，得到的是"箭头"，沿箭头向上是"※"。"※"表明可以"使用对应的一次抽样方案"或者"使用对应的二次抽样方案"。

（1）使用对应的一次抽样方案是：3（0，1），对应的分数接收数方案5（1/5）

（2）使用对应的二次抽样方案是：

$$n_1=13（A_{C1}=0，R_{E1}=2）$$

$$n_2=13（A_{C2}=1，R_{E2}=2）$$

把所得的调整型一次、二次、五次和分数接收数抽检方案集合在一起，并合理运用转换规则，即构成调整型 - 分数抽检方案汇总表，见表4.3-29。

**表 4.3-29　调整型一次、二次、五次和分数接收数抽检方案汇总表**

**（N=200，AQL=1.5，S-4）**

| 抽样类型 | 宽严程度 | 样本量与判定数组 | | |
|---|---|---|---|---|
| | | 调整型 | 对应一次 | 分　数 |
| 一次 | 正常 | 8（0，1） | | 13（1/3） |
| | 加严 | 13（0，1） | | 无 |
| | 放宽 | 3（0，1） | | 5（1/5） |
| 二次 | 正常 | 20　0，2　1，2 | 8（0，1） | 13（1/3） |
| | 加严 | 32　0，2　1，2 | 13（0，1） | 无 |
| | 放宽 | 13　0，2　1，2 | 3（0，1） | 5（1/5） |
| 五次 | 正常 | 20　0，2　1，2 | 8（0，1） | 13（1/3） |
| | 加严 | 32　0，2　1，2 | 13（0，1） | 无 |
| | 放宽 | 13　0，2　1，2 | 3（0，1） | 5（1/5） |

例 4.3-13　已知产品的批量 N=90，AQL=1.5，检验水平是Ⅲ，请同时做出调整型一次、二次、五次和分数接收数抽样方案。

根据题意要求需要做出：

（1）正常检验一次、二次、五次和对应的分数接收数抽检方案；

（2）加严检验一次、二次、五次和对应的分数接收数抽检方案；

（3）放宽检验一次、二次、五次和对应的分数接收数抽检方案。

下面一一举例说明。

示例 1. 检索正常检验一次抽样方案

解：

程序 1  检索样本量字码

用表 4.3-11 检索样本量字码。

从表 4.3-11 中查出批量 N=90 所在的行（51 ～ 90）与检验水平Ⅲ所在列的相交处，得到样本大小字码"F"。

程序 2  检索判定数组

用表 4.3-12 检索正常检验一次抽样方案。 在该表中找出样本量字码"F"所在的行与接收质量限 AQL=1.5 的列相交处，得到"箭头"。沿箭头方向找到第一个判定数组是"1，2"，表明接收数 $A_C=1$，$R_E=2$。

程序 3  检索样本量 n

按照样本量 n 与判定数组的同行原则， 在表 7-12 中找到与样本量列相交处的数字是"32"，表明样本量 n=32。

程序 4  正常检验一次抽样方案表达式：32（1，2）。

程序 5  分数接收数方案

程序 5-1  检索样本量字码

检索正常检验一次抽检方案的分数接收数方案样本量字码。

分数接收数方案样本量字码与正常检验一次抽检方案样本量字码相同，也是"F"。

程序 5-2  检索分数接收数

用表 4.3-10 检索正常检验分数接收数。

从样本量字码"F"向右查找与 AQL=1.5 所在列相交处的数字就是分数接收数，即"1/2"。

程序 5-3  检索样本量 n

由分数接收数方案的判定数"1/2"处向左查找，与样本量所在列相交处的数字是"20"，表明样本量 n=20。

程序 5-4  分数接收数方案的表达式：20（1/2）。

程序 5-5 分数接收数方案 20（1/2）含义及结果判定：

（1）当采用所有批固定分数接收数抽样方案时，当前批所检样本中无不合格品，认为批合格，接收；

（2）当前批样本中有 2 个或 2 个以上不合格品时，认为该批不合格，且不接收；

（3）当前批的样本中只有 1 个不合格品时，仅允许紧接着要检验的继续批样本中无不合格品时，才可判为当前批是合格批；

（4）在继续批中检验出 1 个不合格品时，这一批要作为新的"当前批"处理。

示例 2. 检索加严检验一次抽样方案

解：

程序 1 检索加严检验一次抽样方案的样本量字码

加严检验一次抽样方案样本量字码与正常检验一次抽样方案检索的样本量字码相同，确认为"F"。

程序 2 检索判定数组

用表 4.3-13 检索加严检验一次抽样方案。在表 7-13 中找出样本量字码"F"所在的行与极限质量限 AQL=1.5 所在的列相交处，该处是"箭头"。沿箭头方向找到第一个判定数组是"1，2"，标明 $A_C=1$，$R_E=2$。

程序 3 检索样本量 n

在表 4.3-13 中，按照同行原则找到样本量 n=50。

程序 4 加严检验一次抽样方案表达式：50（1，2）。

程序 5 检索分数接收数方案

程序 5-1 检索加严检验一次抽检方案的分数接收数方案样本量字码。

确认样本量字码为"F"。

程序 5-2 检索加严检验分数接收数

用表 4.3-17 检索加严检验分数接收数抽样方案。

由样本量字码"F"所在行向右查找，与 AQL=1.5 所在列相交处就是分数接收数，即"1/3"。

程序 5-3 检索加严检验一次分数接收数方案的样本量 "n"

由分数接收数方案的判定数 "1/3" 所在行向左查找，与样本量所在列相交处的数字为 "20"，表明样本量 n=20。

程序 5-4 分数接收数方案的表达式：20（1/3）。

程序 5-5 分数接收数方案 20（1/3）含义及结果判定：

（1）当采用所有批固定分数接收数抽样方案时，如果样本中无不合格品时，认为批是合格的；

（2）当样本中有 2 个以上不合格品时，判该批不合格；

（3）当来自当前批的样本中只有 1 个不合格品时，仅允许继续检验 2 批样本。如果这 2 批中无不合格品时，认为该当前批合格且可接收。同时，继续检验的这 2 批也合格；继续检验的 2 批样本中有 1 个或者 1 个以上不合格品，判当前批不合格。同时，继续检验的批如果含有 1 个不合格品，这一批应作为新的 "当前批" 处理。

示例 3. 检索放宽检验一次抽样方案

程序 1 检索放宽检验一次抽样方案的样本量字码

样本量字码仍为 "F"。

程序 2 检索放宽检验一次抽样方案的判定数组

用表 4.3-14 检索放宽检验一次抽样方案。在表 4.3-14 中找出样本量字码 "F" 所在的行与 AQL=1.5 所在的列相交处，得到 "箭头"。沿 "箭头" 方向找到第一个判定数组 "1，2"，标明 $A_C$=1，$R_E$=2。

程序 3 检索样本量 n

按照同行原则，在表 4.3-14 中找到样本量 n=20。

程序 4 放宽检验一次抽样方案表达式：20（1，2）。

程序 5 检索分数接收数方案

程序 5-1 检索放宽检验一次分数接收数方案样本量字码为 "F"。

程序 5-2 检索放宽检验分数接收数

用表 4.3-18 检索放宽检验分数接收数。

由样本量字码"F"向右，与 AQL=1.5 所在列相交处的数就是分数接收数，即"1/3"。

程序 5-3　检索放宽检验一次分数接收数方案的样本量"n"

由分数接收数"1/3"处向左方查找，与样本量所在列相交处的数字就是样本量，即样本量 n=8。

程序 5-4　分数接收数方案的表达式：8（1/3）。

程序 5-5　分数接收数方案 8（1/3）含义及结果判定：

（1）当采用所有批固定分数接收数抽样方案检验时，当前批样本中无不合格品，认为该批合格。

（2）当前批样本中有 2 个或 2 个以上不合格品时，判该批不合格。

（3）当前批的样本中只有 1 个不合格品时，仅允许继续检验 2 批样本且无不合格品时，可判为当前批是合格的。继续检验的 2 批样本中有 1 个或者 1 个以上的不合格品，判当前批不合格。同时，继续检验的含有不合格品的这一批作为新的"当前批"处理。

示例 4. 检索正常检验二次抽样方案

解：

程序 1　检索样本量字码

样本量字码仍是"F"。

程序 2　检索判定数组

检索判定数组用表 4.3-20。在该表中找出"F"与 AQL=1.5 列相交处是"箭头"。沿箭头方向向下查找，得到第一个判定数组是"$A_{C1}=0$，$R_{E1}=2$。$A_{C2}=1$，$R_{E2}=2$"。

程序 3　检索样本量 n

在表 4.3-20 中，按照 n 与判定数组同行的原则，查找到样本量列对应的数字就是第一样本量 $n_1=20$，第二样本量 $n_2=20$。表明正常检验二次抽样的两个样本量分别是 20，总样本量是 40。

程序 4 正常检验二次抽检方案表达式：

$$n_1=20（A_{C1}=0，R_{E1}=2）$$
$$n_2=20（A_{C2}=1，R_{E2}=2）$$

程序 5 判定规则

以二次正常抽样检验方案为例，首先对 $n_1=20$ 的第一样本进行检验，如果其中的不合格（品）数 $d_1=0$，表示批合格，予以接收，不再对第二样本进行检验；如果 $d_1 \geq 2$，表示批产品不合格，拒收，也不再对第二样本进行检验；如果 $2>d_1>0$，即第一样本中有一个不合格（品），此时，不能作出合格与否的判定，只能对第二样本进行检验；如果（$d_1+d_2$）$\leq 1$（$Ac_2=1$），即第一样本与第二样本检验的不合格（品）数之和是1，此批合格，接收；如果（$d_1+d_2$）$\geq R_{E2}$，即第一样本与第二样本检验的不合格(品)数之和是2，表明该批产品不合格，拒收。

示例 5. 检索加严检验二次抽样方案

解：

程序 1 检索样本量字码

样本量字码仍是"F"。

程序 2 检索判定数组

检索加严检验二次抽样方案判定数组用表 4.3-21。在该表中找出样本量字码"F"的行与接收质量限 AQL=1.5 的列相交处，得到的是"箭头"。沿"箭头"方向向下查找，得到的第一个判定数组是：$A_{C1}=0$，$R_{E1}=2$。$A_{C2}=1$，$R_{E2}=2$。

程序 3 检索样本量"n"

检索加严检验二次抽样方案时，样本量和判定数组仍然要遵循"同行原则"。此时沿判定数组 $A_{C1}=0$，$R_{E1}=2$。$A_{C2}=1$，$R_{E2}=2$ 的行向左方向查找，在与样本量"n"所在列相交处的数字即是第一样本量 $n_1=32$，第二样本量 $n_2=32$。表明加严检验二次抽样的两个样本量分别是 32，总样本量是 64。

程序 4　加严检验二次抽检方案表达式：

$$n_1=32（A_{C1}=0，R_{E1}=2）$$

$$n_2=32（A_{C2}=1，R_{E2}=2）$$

程序 5　判定规则。

首先对 $n_1$=32 的第一样本量进行检验，其中的不合格（品）数 $d_1$=0，表示批合格，予以接收，不再对第二样本进行检验；如 $d_1 \geqslant 2$，表示批产品不合格，拒收，也不再对第二样本进行检验；如果 2>$d_1$>0，即第一样本中有一个不合格（品）时，对批产品不能作出合格与否的判定，只能对第二样本进行检验；如果（$d_1+d_2$）$\leqslant 1$（$Ac_2$=1），即第一样本与第二样本检验的累计不合格（品）数是 1，此批合格，接收；如果（$d_1+d_2$）$\geqslant 2$（$R_{E2}$=2），即第一样本与第二样本累计的不合格（品）数是 2，表明该批产品不合格，拒收。

示例 6. 检索放宽检验二次抽样方案

解：

程序 1　检索样本量字码

样本量字码仍是"F"。

程序 2　检索判定数组。

检索放宽检验二次抽样方案判定数组用表 4.3-22。在该表中找出样本量字码"F"的行与接收质量限 AQL=1.5 的列相交处，得到的是"箭头"。沿"箭头"方向向下即查得第一个判定数组是：$A_{C1}$=0，$R_{E1}$=2。$A_{C2}$=1，$R_{E2}$=2。

程序 3　检索样本量"n"

检索放宽检验二次抽样方案时，样本量和判定数组也要遵循"同行原则"。此时沿判定数组 $A_{C1}$=0，$R_{E1}$=2。$A_{C2}$=1，$R_{E2}$=2 的行向左查找样本量"n"，找到与样本量列相交处的数字是"13"，表明第一样本量 $n_1$=13，第二样本量 $n_2$=13，总样本量是 26。

程序4 放宽检验二次抽检方案表达式：

$$n_1=13\ (A_{C1}=0,\ R_{E1}=2)$$

$$n_2=13\ (A_{C2}=1,\ R_{E2}=2)$$

程序5 判定规则

首先对 $n_1=13$ 的第一样本量进行检验，其中的不合格（品）数 $d_1=0$（$A_{C1}=0$），表示批产品合格，予以接收，不再对第二样本进行检验；如 $d_1 \geqslant 2$（$R_{E1}=2$），表示批不合格，拒收，也不再对第二样本进行检验；如果 $2>d_1>0$，即第一样本中有1个不合格（品）时，对批产品不能作出合格与否的判定，只能对 $n_2=13$ 的第二样本进行检验；如果（$d_1+d_2$）$\leqslant 1$（$Ac_2=1$），即第一样本与第二样本检验的累计不合格（品）数是1，此批合格，接收；如果（$d_1+d_2$）$\geqslant 2$（$R_{E2}=2$），即检验第一样本与第二样本的累计不合格（品）数是2，表明批产品不合格，拒收。

示例7. 检索正常检验五次抽样方案

解：

程序1 检索样本量字码

样本量字码"F"是相同的。

程序2 检索判定数组

检索正常检验五次抽样方案的判定数组用表4.3-24。在该表中找出样本量字码"F"的行与接收质量限 AQL=1.5 的列相交处，得到"箭头"。沿"箭头"所指方向向下遇到的第一判定数组是：

[#，2]

[0，2]

[0，2]

[0，2]

[1，2]

程序 3 检索样本量"n"

检索正常检验五次抽样方案的样本量"n"用表 4.3-23。在该表中找出五个判定数组，由这五个判定数组行向左查找与"样本量"列相交处有 5 个样本量"$n_1$"、"$n_2$"、"$n_3$"、"$n_4$"和"$n_5$"，分别等于 8，累计样本量是 40。

检索五次抽样方案的样本量时应注意两点：

第一，仍然遵循样本量和判定数组的"同行原则"；

第二，五次抽样方案的五个样本量"$n_1$"、"$n_2$"、"$n_3$"、"$n_4$"和"$n_5$"可以一次性从批量中随机抽取，也可以在前一个检验样本不能作出合格或者不合格判定结论时，再从原批量中随机抽取。这对于生产企业而言是不难做到的。因为，生产企业在没有得到批产品合格证之前，产品是不能出厂的，这一点在《产品质量法》中有明确规定。

程序 4 正常检验五次抽样方案表达式：

$n_1=8$，第一判定数组是（$A_{C1}=\#$，$R_{E1}=2$）

$n_2=8$，第二判定数组是（$A_{C2}=0$，$R_{E2}=2$）

$n_3=8$，第三判定数组是（$A_{C3}=0$，$R_{E3}=2$）

$n_4=8$，第四判定数组是（$A_{C4}=0$，$R_{E4}=2$）

$n_5=8$，第五判定数组是（$A_{C5}=1$，$R_{E5}=2$）

或者表达为：

$$[\#,\ 2]$$
$$[0,\ 2]$$
$$8\quad[0,\ 2]$$
$$[0,\ 2]$$
$$[1,\ 2]$$

程序 5 检验的判定结论

对五次抽样方案开展检验后，判定结论遵循的原则如图 4.3-10 所示。

第一，对 $n_1=8$ 的第一样本进行检验，检验得出的不合格（品）数是 $d_1$。由于对应的第一判定数组是"#，2"，其中的"#"表明对五次抽样方案进行检验之前，第一样本的检验数据不允许接收，但是可以拒收。具体拒收的依据，就是看检验出的不合格（品）数 $d_1$ 是否大于或者等于 $R_{E1}$。题中第一拒收数 $R_{E1}=2$，表明：如果 $d_1 \geq 2$，则表示五次抽样方案的批产品不合格，不必对其他第二样本、第三样本、第四样本和第五样本进行检验。

第二，$d_1 < R_{E1}$ 时，需要对第二样本进行检验。在对第一样本进行检验后，如果 $d_1 < R_{E1}$，例如检出的不合格（品）数或者不合格数是"0"或者"1"的情况，对该批既不能作出"合格"也不能作出"不合格"的判定，只能开展对第二样本进行检验。在该例中，开展对第二样本以后的检验，都有条件可以作出合格与否的判定。因为第二样本到第五样本的判定数组中都不含"#"符号。

对第二样本进行检验后，如果（$d_1+d_2$）$\leq 0$（$A_{C2}=0$），批产品合格，不必对其他第三样本、第四样本和第五样本进行检验；如果（$d_1+d_2$）$\geq 2$（$R_{E2}=2$），批产品不合格，也不必对其他第三样本、第四样本和第五样本进行检验。但是，如果 $A_{C2} <$（$d_1+d_2$）$< R_{E2}$ 时，既不能作出"合格"也不能作出"不合格"的判定，接下去只能开展对第三样本进行检验。

第三，$A_{C2} <$（$d_1+d_2$）$< R_{E2}$ 时，需要对第三样本进行检验。对第三样本进行检验后，如果（$d_1+d_2+d_3$）$\leq A_{C3}$，批产品合格，不必对其他第四样本和第五样本进行检验；如果（$d_1+d_2+d_3$）$\geq R_{C3}$，批产品不合格，不必对第四样本和第五样本进行检验。但是要说明的是，当 $A_{C3} <$（$d_1+d_2+d_3$）$< R_{E3}$ 时，既不能作出"合格"也不能作出"不合格"的判定，接下去只能开展对第四样本进行检验。

第四，$A_{C3} <$（$d_1+d_2+d_3$）$< R_{E3}$，需要对第四样本进行检验。对第四样本进行检验后，如果（$d_1+d_2+d_3+d_4$）$\leq A_{C4}$，批产品合格，不必对第五样本进行检验；如果（$d_1+d_2+d_3+d_4$）$\geq R_{E4}$，批产品不合格，不必对第五样本进行检验；但是，如果 $A_{C4} <$（$d_1+d_2+d_3+d_4$）$< R_{E4}$ 时，既不能作出"合格"也不能作出"不合格"的判定，接下去只能开展对第五样本进行检验。

第五，$A_{C4} <$（$d_1+d_2+d_3+d_4$）$< R_{E4}$ 时需要对第五样本进行检验。对第五样本进行检验后，只有两种判定结论，即合格或者不合格。如果（$d_1+d_2+d_3+d_4+d_5$）

$\leqslant A_{C5}$，批产品合格，（$d_1+d_2+d_3+d_4+d_5$）$\geqslant R_{E5}$，批产品不合格。

至此，正常检验五次抽样方案及开展检验后的判定过程如上所述。

示例 8. 加严检验五次抽样方案

解：

程序 1　检索样本量字码

样本量字码也是"F"。

程序 2　检索判定数组

检索加严检验五次抽样方案用表 4.3-25。在该表中找出样本量字码"F"的行与接收质量限 AQL=1.5 的列相交处，该处是"箭头"。沿"箭头"方向查找的第一组数据即是第一判定数组：

$$[\#,\ 2]$$
$$[0,\ 2]$$
$$[0,\ 2]$$
$$[0,\ 2]$$
$$[1,\ 2]$$

程序 3　检索样本量"n"

在表 4.3-24 中找出样本量字码"F"的行与接收质量限 AQL=1.5 的列相交处，得到五个判定数组。由这五个判定数组向左查找，找出与"样本量"列相交处的五个样本量"$n_1$"、"$n_2$"、"$n_3$"、"$n_4$"和"$n_5$"分别等于"13"。

程序 4　加严检验五次抽样方案表达式：

$n_1=13$，第一判定数组是（$A_{C1}=\#$，$R_{E1}=2$）

$n_2=13$，第二判定数组是（$A_{C2}=0$，$R_{E2}=2$）

$n_3=13$，第三判定数组是（$A_{C3}=0$，$R_{E3}=2$）

$n_4=13$，第四判定数组是（$A_{C4}=0$，$R_{E4}=2$）

$n_5=13$，第五判定数组是（$A_{C5}=1$，$R_{E5}=2$）

或者表达为：

$$[\#，2]$$
$$[0，2]$$
$$13 \quad [0，2]$$
$$[0，2]$$
$$[1，2]$$

程序 5  检验的判定结论

对加严的五次抽样方案开展检验后，判定结论遵循的原则如图 4.3-10 所示。

第一，对 $n_1$=13 的第一样本进行检验，检验得出的不合格（品）数是 $d_1$。由于对应的第一判定数组是"#，2"，其中的"#"表明对加严五次抽样方案进行检验之前，不允许接收第一样本的检验数据，但是可以拒收，具体要看检验出的不合格（品）数 $d_1$ 是否大于或者等于 $R_{E1}$。如果 $d_1 \geqslant 2$（$R_{E2}$=2），则表示五次抽样方案的批不合格，不必对第二样本、第三样本、第四样本和第五样本进行检验。

第二，$d_1 < R_{E1}$ 时，需要对第二样本进行检验。

在对第一样本进行检验后，如果 $d_1 < R_{E1}$，例如检验得出的不合格（品）数是 0 或者 1 的情况，既不能作出"合格"判定，也不能作出"不合格"的判定，只能对第二样本进行检验。在该例中，开展对第二样本以后的检验，每一次检验后都会有条件作出合格与否的判定。因为第二样本到第五样本的判定数组中都不含"#"。

对第二样本进行检验后，如果（$d_1$+$d_2$）$\leqslant A_{C2}$，批产品合格，不必对其他第三样本、第四样本和第五样本进行检验；如果（$d_1$+$d_2$）$\geqslant R_{E2}$，批产品不合格，也不必对其他第三样本、第四样本和第五样本进行检验。但是，如果 $A_{C2} <$（$d_1$+$d_2$）$< R_{E2}$ 时，就不能作出"合格"或"不合格"的判定，只能接下去开展对第三样本进行检验。

第三，$A_{C2} <$（$d_1$+$d_2$）$< R_{E2}$ 时，开展对第三样本进行检验。

对第三样本进行检验后，如果（$d_1+d_2+d_3$）≤ $A_{C3}$，批产品合格，不必对其他第四样本和第五样本进行检验；如果（$d_1+d_2+d_3$）≥ $R_{E3}$，批产品不合格，不必对第四样本和第五样本进行检验。但是，当 $A_{C3}$<（$d_1+d_2+d_3$）<$R_{E3}$ 时，既不能作出"合格"也不能作出"不合格"的判定，只能接下去开展对第四样本进行检验。

第四，$A_{C3}$<（$d_1+d_2+d_3$）<$R_{E3}$ 时，开展对第四样本进行检验。

对第四样本进行检验后，如果（$d_1+d_2+d_3+d_4$）≤ $A_{C4}$，批产品合格，不必对第五样本进行检验；如果（$d_1+d_2+d_3+d_4$）≥ $R_{E4}$，批产品不合格，没必要对第五样本进行检验。但是，当 $A_{C4}$<（$d_1+d_2+d_3+d_4$）<$R_{E4}$ 时，既不能作出"合格"也不能作出"不合格"的判定，接下去只能开展对第五样本进行检验。

第五，$A_{C4}$<（$d_1+d_2+d_3+d_4$）<$R_{E4}$ 时开展对第五样本进行检验。

对第五样本进行检验后，只有两种判定结论：合格或者不合格。如果（$d_1+d_2+d_3+d_4+d_5$）≤ $A_{C5}$，批产品合格；如果（$d_1+d_2+d_3+d_4+d_5$）≥ $R_{E5}$，批产品不合格。

至此，加严检验五次抽样方案及开展检验后的判定过程如上所述。

示例 9. 放宽检验五次抽样方案

解：

程序 1 检索样本量字码

样本量字码相同，仍然是"F"。

程序 2 检索判定数组

检索放宽检验五次抽样方案的判定数组用表 4.3-26。在该表中找出样本量字码"F"的行与接收质量限 AQL=1.5 的列相交处，得到五次抽样方案的五个判定数组：

[#，2]

[0，2]

[0，2]

[0，2]

[1，2]

程序 3  检索样本量 "n"

在表 4.3-26 中找出样本量字码 "F" 的行与接收质量限 AQL=1.5 的列相交处，得到五个判定数组。由这五个判定数组向左查找与 "样本量" 列相交处，对应的样本量 "$n_1$"、"$n_2$"、"$n_3$"、"$n_4$" 和 "$n_5$" 分别等于 "5"，即每次抽样的样本量分别是 5，累计样本量是 25。

程序 4  五次抽样方案表达式：

$n_1=5$，第一判定数组（$A_{C1}=\#$，$R_{E1}=2$）

$n_2=5$  第二判定数组（$A_{C2}=0$，$R_{E2}=2$）

$n_3=5$，第三判定数组（$A_{C3}=0$，$R_{E3}=2$）

$n_4=5$，第四判定数组（$A_{C4}=0$，$R_{E4}=2$）

$n_5=5$，第五判定数组（$A_{C5}=1$，$R_{E5}=2$）

或者表达为：

$$[\#，2]$$
$$[0，2]$$
$$5 \quad [0，2]$$
$$[0，2]$$
$$[1，2]$$

程序 5  检验的判定结论

放宽五次抽样方案检验判定结论遵循的原则如图 4.3-10 所示。

第一，对 $n_1=5$ 的第一样本进行检验，检验得出的不合格（品）数是 $d_1$。由于对应的第一判定数组是 "#，2"，该数组中的 "#" 表明在五次抽样方案进行检验之前，第一样本的检验数据不允许接收，但是可以拒收。具体判断要看检验出的不合格（品）数 $d_1$ 是否大于或者等于 $R_{E1}$（$R_{E1}=2$）。如果 $d_1 \geq 2$，则表示五次抽样方案的批产品不合格，不必对其他第二样本、第三样本、第四样本和第五样本进行检验。

第二，$d_1<R_{E1}$ 时，开展对第二样本进行检验。

在对第一样本量进行检验后，如果 $d_1<R_{E1}$，例如检验得出的不合格（品）数是 0 或者 1 的情况，既不能作出"合格"也不能作出"不合格"的判定，只能接下去开展对第二样本进行检验。在该例中，开展对第二样本以后的检验，都由条件作出合格与否的判定。因为第二样本到第五样本的判定数组中都不没有"#"标示。

在本题中 $A_{C2}=0$，表示对第二样本进行检验后，第一样本、第二样本检验出的不合格（品）数之和为"0"，批为合格，因此不必对其他第三样本、第四样本和第五样本进行检验；如果（$d_1+d_2$）$\geqslant R_{E2}$，批产品不合格，也不必对其他第三样本、第四样本和第五样本进行检验。但是，如果 $A_{C2}<$（$d_1+d_2$）$<R_{E2}$ 时，既不能作出"合格"也不能作出"不合格"的判定，只能接下去对第三样本进行检验。

第三，$A_{C2}<$（$d_1+d_2$）$<R_{E2}$ 时，开展对第三样本进行检验。

对第三样本进行检验后，如果（$d_1+d_2+d_3$）$\leqslant A_{C3}$，批产品合格，不必对其他第四样本和第五样本进行检验；如果（$d_1+d_2+d_3$）$\geqslant R_{E3}$，批产品不合格，不必对第四样本和第五样本进行检验。但是，如果检验结果出现 $A_{C3}<$（$d_1+d_2+d_3$）$<R_{E3}$ 时，既不能作出"合格"也不能作出"不合格"的判定，接下去只能开展对第四样本进行检验。

第四，$A_{C3}<$（$d_1+d_2+d_3$）$<R_{E4}$，开展对第四样本进行检验。

对第四样本量检验后，如果（$d_1+d_2+d_3+d_4$）$\leqslant A_{C4}$，批产品合格，不必对第五样本进行检验；如果（$d_1+d_2+d_3+d_4$）$\geqslant R_{E4}$，批产品不合格，不必对第五样本进行检验。但是，当 $A_{C4}<$（$d_1+d_2+d_3+d_4$）$<R_{E4}$ 时，既不能作出"合格"也不能作出"不合格"的判定定，接下去只能开展对第五样本进行检验。

第五，$A_{C4}<$（$d_1+d_2+d_3+d_4$）$<R_{E4}$ 时开展对第五样本进行检验。

对第五样本量进行检验后，只有两种判定结论：合格或者不合格。如果（$d_1+d_2+d_3+d_4+d_5$）$\leqslant A_{C5}$，批产品合格；如果（$d_1+d_2+d_3+d_4+d_5$）$\geqslant R_{E5}$，判批产品不合格。

调整型一次、二次、五次抽检方案汇总表见表 4.3-30。

**表 4.3–30　调整型一次、二次、五次抽检方案汇总表**

**（N=90，AQL=1.5，Ⅲ）**

| 抽样类型 | 宽严程度 | 样本量（判定数组） | |
|---|---|---|---|
| 一次 | 正常 | 32（1，2） | 20（1/2） |
| | 加严 | 50（1，2） | 20（1/3） |
| | 放宽 | 20（1，2） | 8（1/3） |
| 二次 | 正常 | 20（0，2） | |
| | | 20（1，2） | |
| | 加严 | 32（0，2） | |
| | | 32（1，2） | |
| | 放宽 | 13（0，2） | |
| | | 13（1，2） | |
| 五次 | 正常 | 8（#，2） | |
| | | 8（0，2） | |
| | | 8（0，2） | |
| | | 8（0，2） | |
| | | 8（1，2） | |
| | 加严 | 13（#，2） | |
| | | 13（0，2） | |
| | | 13（0，2） | |
| | | 13（0，2） | |
| | | 13（1，2） | |
| | 放宽 | 5（0，2） | |
| | | 5（0，2） | |
| | | 5（0，2） | |
| | | 5（0，2） | |
| | | 5（1，2） | |

#### 4.3.1.6 特殊说明

（1）不能追求样本量最小化

在制定抽样方案时，应从实际出发，使抽样方案设计的各个参数协调不应为减少检验工作量而单存追求小的样本量，这样做既不科学，也给产品质量检验本身设置了障碍。如果一批产品，N=100，AQL=0.04，检验水平 S-2，会得到调整型一次抽样方案如下：

由样本量字码"B"检索出：

正常检验一次抽样方案：315（0，1）

加严检验一次抽检方案：500（0，1）

放宽检验一次抽样方案：125（0，1）

（2）不协调的抽样方案带来的后果

这套抽样方案没有从实际工作出发，过度最求小样本说明：

（a）方案设计的不合理，原因是选用的 AQL 值太小，又采用特殊检验水平 S-2，这两个参数选择的不协调，使抽样检验无法进行；

（b）样本量大于批量，应整批进行 100% 的检验。在进行 100% 的检验时，判定数组应保持不变；

（c）如果本例的情况仍然要采用抽样检验，需要采取如下措施：

①调整 AQL 值，使 AQL ⩾ 0.15，抽样检验方案会协调些；

②或者调整检验水平 S-2，如调整到 S-4 或者一般检验水平。

### 4.3.2 产品周期性检验抽样

#### 4.3.2.1 基本原则

4.3.2.1.1 适用范围

GB/T 2829 周期检验计数抽样程序及表（适用于对过程稳定性的检验），规定了以不合格质量水平 RQL 为质量指标的一次、二次、五次周期检验抽样标准。是我国从事抽样技术专家自行设计的用于生产定型检验和周期检验的抽样检验标准。在我国的机械行业常常把周期检验称为型式检验，而在电子行业常常把周期检验称为例行检验。可见，型式检验或者例行检验都属于周期检验的范畴。在机械电子工业产品的生产过程中，鉴定一种产品能否适应不同环境的能力，总是用周期检验去印证产品的适应性，比较典型的周期检验是产品生产定型鉴定。比如在海南和广东地区的产品应具有耐高温、高湿和盐雾腐蚀的能力，同样的产品在我国的北方黑龙江省需要产品具有耐低温、干燥的能力。实际上，产品的这些能力是设计、制造出来的，而证明产品具备这些能力的最好办法是把产品放在这些环境中运输、储存直至开机工作。机械电子产品的型式检验或者例行检验，能够提供产品在不同环境适应性的结论。GB/T 2829 标准的内容解决了对应的型式检验或者例行检验抽样、检验及结论判定的问题。

4.3.2.1.2 周期检验与逐批检验的关系

GB/T 2829 标准规定的周期检验产品是由若干个 GB/T 2828 标准中连续批组成的。如果在技术标准或者订货合同中同时规定了周期检验与逐批检验的内容，逐批检验的产品必须在周期检验合格的基础上才能进行。对于生产过程比较稳定的产品，可以在本周期的周期检验结束前参照上周期的周期检验结果进行逐批检验，但最终必须以本周期的周期检验结果作为能否进行逐批检验的依据。对此须在产品技术标准或订货合同中作出明确规定。

4.3.2.1.3 特征

（1）属于非调整型抽样标准；

（2）使用时对批量大小可以无要求；

（3）抽检特性基于泊松分布；

（4）在进行周期检验前应对所有样本单位按逐批检验项目进行检验。这里的逐批检验项目多指"出厂检验项目"。如果发现样本有不合格的，则应以本周期正常制造的单位产品替换，并将此情况载入周期检验报告，但不作为判断周期检验合格与否的依据。

4.3.2.1.4 周期检验的主要参数

（1）RQL

①RQL 是 "Rejective Quality Level" 不合格质量水平的英文缩写。设定该参数的出发点是针对某个批中的不合格品数至少要达到某个值，就能拒收这个批，所以 RQL 是一个下限值。这里 "至少" 的含义是代表了不合格批中最少的不合格（品）数。

②RQL 的参考值如下：

第一，周期检验时：RQL=（3 ~ 5）AQL

第二，监督抽查时：RQL=（5 ~ 30）AQL

第三，经验公式

根据以往例行检验不合格的资料，粗略地估算出批（一个周期内制造的全部产品）中每百单位产品不合格品数的下限值，作为确定 RQL 的主要依据。

$$RQL_{下限值}=[d/n-1.65\sqrt{d/n（1-d/n）/n}\ ]×100 \cdots\cdots（式 4.3-7）$$

式中 n：样本量

　　　d：样本中不合格品个数

注：n ≥ 25，计算结果只适用于判别水平Ⅲ，此时，置信度在 95% 以上。

③RQL 数值特点

标准中 RQL 表列值采用 $R_{10}$ 数系等比数列 $\sqrt{10}$，共有 31 个等级。每相邻的 RQL 值约是 1.2589 倍的关系。即 $RQL_2=1.2589RQL_1$，$RQL_3=1.2589RQL_2$。所以说，在表中给出的不合格质量水平数值是优先值，若规定的不合格质量水平不是优先值，则不能用这些表中的数据。

④不合格质量水平的规定

不合格质量水平 RQL 应由使用方与生产方协商在产品技术标准或订货合同中确定。原则上按每个试验组分别规定不合格质量水平。另外，可以考虑在同一试验组中针对不同类别不合格再规定不合格质量水平，也可考虑在不同试验组之间或不同试验组相同不合格类别之间再规定不合格质量水平。

通常对 A 类规定的不合格质量水平要小于对 B 类规定的不合格质量水平，对 C 类规定的不合格质量水平要大于对 B 类规定的不合格质量水平。

（2）批质量表示方法

第一，RQL<100，可以表示不合格品百分数或者每百单位产品不合格品数；

第二，1.0<RQL<100，可以表示每百单位产品不合格数；

第三，RQL 在 100-1000 范围是 RQL 特大值，表示众多的不合格对单位产品的基本功能几乎没有影响。

（3）判别水平

DL 是判别水平。GB/2829 标准给出了三种不同的判别水平"Ⅰ、Ⅱ、Ⅲ"。其中判别水平Ⅲ能力最强，其次是判别水平Ⅱ，再次是判别水平Ⅰ。当需要判别力强且检验费用高些、经济上允许的情况下，采用判别水平Ⅲ；当需要的判别力比较强，或虽需要的判别力强但经济上却不能完全允许的情况下，采用判别水平Ⅱ；当需要的判别力不强或检验费用低的情况下，采用判别水平Ⅰ。

在选用 DL 时原则上对所有试验组规定一个统一的判别水平，在特殊情况下，可以考虑不同试验组规定不同的判别水平。

（4）检验周期的确定

检验周期可以按时间划分，也可以按产品的生产数量划分。

①时间划分检验周期

在执行产品技术标准或订货合同时，应根据该产品生产过程稳定周期的长短、试验所需时间和试验费用大小适当确定检验周期。如选择检验周期为一个月、三个月、半年、一年或二年等。

②按产品的生产数量划分检验周期

在同一产品技术标准或订货合同中，允许按照产品批量、产品生产的数量、不同的试验组规定检验周期。如每生产一批大型设备 6 台（套）为一个检验周期；每生产 1000 件为一个检验周期等。

（5）不合格的分类

按照每个试验组的具体情况将不合格区分为 A 类、B 类及 C 类三种类别。

如有必要，还可以分为三种以上。另外，在单位产品比较简单的情况下，也可以区分为两种类别的不合格，甚至不加区分类别。

（6）设计抽样方案的已知条件和未知数

（a）已知条件

①抽样方案类型

②规定不合格的分类

③RQL

④DL

（b）求未知数

$$n\,(A_1,\ R_1)$$

### 4.3.2.2 周期检验合格或不合格的判定方法

GB/T 2829 标准的抽样类型有三种，即一次、二次和五次抽样方案。判别水平相同时，不同类型抽样方案的鉴别能力基本一致。区别在于样本量不同，一次抽样方案的样本量高于二次抽样方案，二次抽样方案的平均样本量高于五次抽样方案。

（1）一次抽样方案

GB/2829 标准给出了三种能力不同的判别水平"Ⅰ、Ⅱ、Ⅲ"的一次抽样方案。如果样本中发现的不合格（品）数 $d \leqslant A_1$，则判定该批产品合格；$d > R_1$ 则判定该批产品不合格。

一次抽样方案的检验判定程序见图 4.3-8。

（2）二次抽样方案

GB/2829 标准给出了三种能力不同的判别水平"Ⅰ、Ⅱ、Ⅲ"的二次抽样方案。

首先对第一样本 $n_1$ 进行检验，如果检验的不合格品数 $d_1 \leqslant A_1$ 则判定该批合格，予以接收，不再对第二样本进行检验；如果 $d_1 > R_1$，则判定该批不合格，也不再对第二样本量进行检验；如果对第一次样本 $n_1$ 进行检验后，其中的不合格

品数 $R_1>d_1>A_1$，不能对检验的第一样本作出合格与否的判定，只能开始对第二样本进行检验；如果检验第二样本后得出的不合格数是 $d_1$，此时，要将第一样本的不合格品数 d1 和第二样本的不合格品数 $d_1$ 之和与合格界限数 $A_2$ 比对才能作出检验结果终局判定，即（$d_1+d_2$）≤ $A_2$，此批合格，接收；如果（$d_1+d_2$）≥ $R_2$，此批不合格，拒收。

二次抽样方案的检验判定程序见图 4.3-9。

（3）五次抽样方案

GB/T 2829 标准给出了三种能力不同的判别水平"Ⅰ、Ⅱ、Ⅲ"的五次抽样方案。

对五次抽样方案开展检验后，判定原则如下：

（a）首先对第一样本 $n_1$ 进行检验，如果检验的不合格品数 $d_1$ ≤ $A_1$ 则判定该批合格，予以接收，不再对第二样本进行检验；如果 $d_1>R_1$，则判定该批不合格，也不再对第二样本量进行检验；如果对第一次样本 $n_1$ 进行检验后，其中的不合格品数 $R_1>d_1>A_1$，不能对检验的第一样本作出合格与否的判定，只能开始对第二样本进行检验；

（b）如果检验第二样本后得出的不合格数是 $d_2$，此时，要将第一样本的不合格品数 $d_1$ 和第二样本的不合格品数 $d_2$ 之和与合格界限数 $Ac_2$ 比对才能作出检验结果终局判定，即（$d_1+d_2$）≤ $A_1$，此批合格，接收；如果（$d_1+d_2$）>$R_2$，此批不合格，拒收，表明该批产品不合格；如果 $R_2$>（$d_1+d_2$）>$A_2$，不能对检验的第二样本作出合格与否的判定，只能开始对第三样本进行检验。

（c）开展对第三样本进行检验。

对第三样本量进行检验后，如果（$d_1+d_2+d_3$）≤ $A_3$，批产品合格，不必对其他第四样本量和第五样本量进行检验；如果（$d_1+d_2$ $d_3$）≥ $R_3$，批产品不合格，不必对第四样本量进行检验；但是，还有一种情况，就是 $A_3$<（$d_1+d_2+d_3$）<$R_3$ 时，既不能作出"合格"也不能作出"不合格"的判定，接下去只能开展对第四样本进行检验。

（d）开展对第四样本进行检验。

对第四样本量进行检验后，如果（$d_1+d_2+d_3+d_4$）≤ $A_4$，批产品合格，不必对第五样本进行检验；如果（$d_1+d_2+d_3+d_4$）≥ $R_4$，批产品不合格，不必对第五样本量进行检验；但是，还有一种情况，就是 $A_4$<（$d_1+d_2+d_3+d_4$）<$R_4$ 时，既不能作出"合格"也不能作出"不合格"的判定，接下去只能对第五样本进行检验。

（e）开展对第五样本进行检验。

对第五样本量进行检验后，只有两种判定结论的情况，既合格或者不合格。如果（$d_1+d_2+d_3+d_4+d_5$）≤ $A_5$，批产品合格；如果（$d_1+d_2+d_3+d_4+d_5$）≥ $R_5$，批产品不合格。

据此，五次抽样检验工作结束。五次抽样方案的检验判定程序见图4.3-10。

### 4.3.2.3 周期检验合格后的处置方法

产品进行周期检验合格后，该周期检验所代表的产品经逐批检验合格的批，可整批交付使用方或暂时入库，同时允许使用方在协商的基础上向生产方就整批合格的产品提出某些附加条件。

### 4.3.2.4 周期检验不合格后的处置方法

（1）生产方要认真调查原因，并报告上级主管质量部门。

（2）若因试验设备出故障或操作上的错误造成周期检验不合格，则允许重新进行周期检验；若造成周期检验不合格的原因能马上纠正，允许用纠正不合格原因后制造的产品进行周期检验；若造成周期检验不合格的产品能通过筛选的方法剔除或可以修复。则允许用经过筛选或修复后的产品进行周期检验。

（3）如果周期检验不合格不属上述情况，那么它所代表的产品应暂停逐批检验，并将经逐批检验合格入库的产品停止交付使用方，已交付使用方的产品原则上全部退回生产方或双方协商解决，同时暂时停止该周期检验所代表的产品的正常批量生产，只有在上级主管质量部门的监督下，使用采取纠正措施后制造的产品，经周期检验合格后，才能恢复正常批量生产和逐批检验。

（4）属于国家监督性周期检验不合格的产品，也要依法进行检验结果告知程序，被抽样者仍然享有申请复检的权利。

### 4.3.2.5 周期检验后样本的处置方法

要严格区分经过周期检验的样本与未经周期检验的样本。在周期检验合格的情况下，即使按技术要求衡量经周期检验的样本是合格品。也不能作为符合产品技术标准或订货合同的合格品交付给使用方。在特殊情况下，允许对经周期检验合格的单位产品进行整修，并得到使用方的认可后，方可交付给使用方，但必须注明该产品已进行过周期检验。

当产品停止生产一个周期以上又恢复生产，或者产品的设计、结构、工艺、材料有较大变动时，必须进行周期检验。只有当周期检验合格后，才能进行正常批量生产和逐批检验。

### 4.3.2.6 应用举例

例 4.3-14 对电子元件进行例行试验，使用 GB/T 2829 标准。规定 RQL=40，DL= Ⅲ，求周期检验一次抽样方案。

解：

程序 1 确定使用一次抽样方案检索表

根据 DL= Ⅲ 和抽样类型是"一次抽样方案"条件，检索一次抽样方案使用的是表 4.3-31（GB/T 2829 标准的表 4"判别水平Ⅲ的一次抽样方案"）；

程序 2 检索一次系列抽样方案组

由 RQL=40 的列，检索一次系列判定数组"$A_C$，$R_E$"共有 6 组，分别是："0，1"；"1，2"；"2，3"；"3，4"；"4，5"和"6，7"。同时，按照判定数组和样本量"同行原则"的规定，这六个判定数组分别向左查，找"样本量"所在的列交叉的数字，就是每个判定数组对应的样本量。

检索的一次系列抽样方案如下：

（1）n=5（$A_1$=0，$R_1$=1）；

（2）n=10（$A_1$=1，$R_1$=2）；

（3）n=12（$A_1$=2，$R_1$=3）；

（4）n=16（$A_1$=3，$R_1$=4）；

（5）n=20（$A_1$=4，$R_1$=5）；

（6）n=25（$A_1$=6，$R_1$=7）。

程序 3 从检索的一次系列抽样方案中确定一个抽样方案

以上检索的六个抽样方案构成了一次系列抽样方案组。我们可以从这组六个抽样方案中，根据下列条件确定其中一个抽样方案：

第一，试验费用。

产品进行型式试验或者例行试验，一般要进行 -20℃至 +40℃的高温、低温和潮湿等项环境应力的试验。这些试验环境一般是用人工模拟的高温箱、低温箱和潮湿箱等设备进行型式试验或者例行试验。显然，费用是很高的。产品的生产企业想付出最少的费用，可以选择样本量小 抽样方案。此时应选择第一个抽样方案，即：n=4（$A_c=0$，$R_E=1$）；

第二，试验设备能力。

产品进行高温、低温和潮湿等项环境试验的设备，容积是有限的。如果进行环境试验的产品多，而设备的又不能装得下，势必造成检验周期长、试验费用高的问题；

第三，时间关系。

如果要求在最快的时间内获得型式试验或者例行试验的结论，则主要考虑设备能力，试验费用将不是问题。

综合上述情况，确定周期检验一次抽样方案为第一组方案：

$$n=5（A_1=0，R_1=1）$$

表4.3-31 "GB/T2829 表4 判别水平Ⅲ一次抽样方案"

不合格质量水平(RQL)（每格为 Ac Re）

| 样本量 | 1.0 | 1.2 | 1.5 | 2.0 | 2.5 | 3.0 | 4.0 | 5.0 | 6.5 | 8.0 | 10 | 12 | 15 | 20 | 25 | 30 | 40 | 50 | 65 | 80 | 100 | 120 | 150 | 200 | 250 | 300 | 400 | 500 | 650 | 800 | 1000 |
|---|---|---|---|---|---|---|---|---|---|---|---|---|---|---|---|---|---|---|---|---|---|---|---|---|---|---|---|---|---|---|---|
| 1 | | | | | | | | | | | | | | | | | | | | | 0 1 | 1 2 | 2 3 | 3 4 | 4 5 | 6 7 | 8 9 | 11 12 | 14 15 | 19 20 | |
| 2 | | | | | | | | | | | | | | | | | | | | 0 1 | 1 2 | 2 3 | 3 4 | 4 5 | 6 7 | 8 9 | 11 12 | 14 15 | 19 20 | | |
| 3 | | | | | | | | | | | | | | | | | | | 0 1 | 1 2 | 2 3 | 3 4 | 4 5 | 6 7 | 8 9 | 11 12 | 14 15 | 19 20 | | | |
| 4 | | | | | | | | | | | | | | | | | | 0 1 | 1 2 | 2 3 | 3 4 | 4 5 | 6 7 | 8 9 | 11 12 | 14 15 | 19 20 | | | | |
| 5 | | | | | | | | | | | | | | | | | 0 1 | 1 2 | 2 3 | 3 4 | 4 5 | 6 7 | 8 9 | 11 12 | 14 15 | 19 20 | | | | | |
| 6 | | | | | | | | | | | | | | | | 0 1 | 1 2 | 2 3 | 3 4 | 4 5 | 6 7 | 8 9 | 11 12 | 14 15 | 19 20 | | | | | | |
| 8 | | | | | | | | | | | | | | | 0 1 | 1 2 | 2 3 | 3 4 | 4 5 | 6 7 | 8 9 | 11 12 | 14 15 | 19 20 | | | | | | | |
| 10 | | | | | | | | | | | | | | 0 1 | 1 2 | 2 3 | 3 4 | 4 5 | 6 7 | 8 9 | 11 12 | 14 15 | 19 20 | | | | | | | | |
| 12 | | | | | | | | | | | | | 0 1 | 1 2 | 2 3 | 3 4 | 4 5 | 6 7 | 8 9 | 11 12 | 14 15 | 19 20 | | | | | | | | | |
| 16 | | | | | | | | | | | | 0 1 | 1 2 | 2 3 | 3 4 | 4 5 | 6 7 | 8 9 | 11 12 | 14 15 | 19 20 | | | | | | | | | | |
| 20 | | | | | | | | | | | 0 1 | 1 2 | 2 3 | 3 4 | 4 5 | 6 7 | 8 9 | 11 12 | 14 15 | 19 20 | | | | | | | | | | | |
| 25 | | | | | | | | | | 0 1 | 1 2 | 2 3 | 3 4 | 4 5 | 6 7 | 8 9 | 11 12 | 14 15 | 19 20 | | | | | | | | | | | | |
| 32 | | | | | | | | | 0 1 | 1 2 | 2 3 | 3 4 | 4 5 | 6 7 | 8 9 | 11 12 | 14 15 | 19 20 | | | | | | | | | | | | | |
| 40 | | | | | | | | 0 1 | 1 2 | 2 3 | 3 4 | 4 5 | 6 7 | 8 9 | 11 12 | 14 15 | 19 20 | | | | | | | | | | | | | | |
| 50 | | | | | | | 0 1 | 1 2 | 2 3 | 3 4 | 4 5 | 6 7 | 8 9 | 11 12 | 14 15 | 19 20 | | | | | | | | | | | | | | | |
| 65 | | | | | | 0 1 | 1 2 | 2 3 | 3 4 | 4 5 | 6 7 | 8 9 | 11 12 | 14 15 | 19 20 | | | | | | | | | | | | | | | | |
| 80 | | | | | 0 1 | 1 2 | 2 3 | 3 4 | 4 5 | 6 7 | 8 9 | 11 12 | 14 15 | 19 20 | | | | | | | | | | | | | | | | | |
| 100 | | | | 0 1 | 1 2 | 2 3 | 3 4 | 4 5 | 6 7 | 8 9 | 11 12 | 14 15 | 19 20 | | | | | | | | | | | | | | | | | | |
| 125 | | | 0 1 | 1 2 | 2 3 | 3 4 | 4 5 | 6 7 | 8 9 | 11 12 | 14 15 | 19 20 | | | | | | | | | | | | | | | | | | | |
| 160 | | 0 1 | 1 2 | 2 3 | 3 4 | 4 5 | 6 7 | 8 9 | 11 12 | 14 15 | 19 20 | | | | | | | | | | | | | | | | | | | | |
| 200 | 0 1 | 1 2 | 2 3 | 3 4 | 4 5 | 6 7 | 8 9 | 11 12 | 14 15 | 19 20 | | | | | | | | | | | | | | | | | | | | | |

例 4.3-15 对机电产品进行型式试验，使用 GB/T 2829 标准。规定 RQL=65，DL= Ⅲ，求二次抽样方案。

解：

程序 1 确定使用的二次抽样方案检索表

根据 DL= Ⅲ 和抽样类型是"二次抽样方案"条件，检索二次抽样方案使用的是表 4.3-32（GB/T 2829 标准的表 7"判别水平Ⅲ的二次抽样方案"）；

程序 2 检索二次抽样方案

由 RQL=65 的列，自上而下检索一系列二次抽样方案，但是，这里首先遇到的是"*"，"*"的含义是使用对应的一次抽样方案。

程序 3 确定检索一次抽样方案用表

此时保持 DL= Ⅲ 不变，对应检索一次抽样方案用表 4.3-31。

程序 4 检索一次抽样方案

在表 4.3-31 中，由 RQL=65 的列自上而下检索一次系列抽样方案为：

$$（1）n=3（A_1=0，R_1=1）$$

$$（2）n=6（A_1=1，R_1=2）$$

$$（3）n=8（A_1=2，R_1=3）$$

$$（4）n=10（A_1=3，R_1=4）$$

$$（5）n=12（A_1=4，R_1=5）$$

$$（6）n=16（A_1=6，R_1=7）$$

程序 5 确定一次抽样方案

综合上述情况，确定周期检验一次抽样方案为第一组方案：

$$n=6（A_1=1，R_1=2）$$

程序 6 继续检索第二套二次抽样方案

在表 4.3-32 上由 RQL=65 的列，自上而下检索一系列二次抽样方案共有 5 组，分别是：

表 4.3-32 “GB/T2829 表 7 判别水平Ⅲ二次抽样方案”

| 样本 | 样本量 | 不合格质量水平(RQL) | | | | | | | | | | | | | | | | | | | | | | | | | | | | | | |
|---|---|---|---|---|---|---|---|---|---|---|---|---|---|---|---|---|---|---|---|---|---|---|---|---|---|---|---|---|---|---|---|---|
| | | 1.0 | 1.2 | 1.5 | 2.0 | 2.5 | 3.0 | 4.0 | 5.0 | 6.5 | 8.0 | 10 | 12 | 15 | 20 | 25 | 30 | 40 | 50 | 65 | 80 | 100 | 120 | 150 | 200 | 250 | 300 | 400 | 500 | 650 | 800 | 1 000 |
| | | Ac Re | Ac Re | Ac Re | Ac Re | Ac Re | Ac Re | Ac Re | Ac Re | Ac Re | Ac Re | Ac Re | Ac Re | Ac Re | Ac Re | Ac Re | Ac Re | Ac Re | Ac Re | Ac Re | Ac Re | Ac Re | Ac Re | Ac Re | Ac Re | Ac Re | Ac Re | Ac Re | Ac Re | Ac Re | Ac Re | Ac Re |
| | | | | | | | | | | | | | | | | | | | | | | * | | | * | * | * | * | * | * | * | * |
| | | | | | | | | | | | | | | | | | | | | | * | | | * | * | * | * | * | * | * | * | * |
| | | | | | | | | | | | | | | | | | | | | * | | | * | * | * | * | * | * | * | * | * | |
| 第一 | 2 | | | | | | | | | | | | | | | | | | * | | | 0 2 | 0 3 | 1 3 | 1 5 | 3 6 | 4 7 | 6 9 | 7 11 | 10 15 | | |
| 第二 | 2 | | | | | | | | | | | | | | | | | | | | | 1 2 | 3 4 | 4 5 | 5 6 | 7 8 | 10 11 | 13 14 | 18 19 | 24 25 | | |
| 第一 | 3 | | | | | | | | | | | | | | | | | * | | | 0 2 | 0 3 | 1 3 | 1 5 | 3 6 | 4 7 | 6 9 | 7 11 | 10 15 | | | |
| 第二 | 3 | | | | | | | | | | | | | | | | | | | | 1 2 | 3 4 | 4 5 | 5 6 | 7 8 | 10 11 | 13 14 | 18 19 | 24 25 | | | |
| 第一 | 4 | | | | | | | | | | | | | | | | * | | | 0 2 | 0 3 | 1 3 | 1 5 | 3 6 | 4 7 | 6 9 | 7 11 | 10 15 | | | | |
| 第二 | 4 | | | | | | | | | | | | | | | | | | | 1 2 | 3 4 | 4 5 | 5 6 | 7 8 | 10 11 | 13 14 | 18 19 | 24 25 | | | | |
| 第一 | 5 | | | | | | | | | | | | | | | * | | | 0 2 | 0 3 | 1 3 | 1 5 | 3 6 | 4 7 | | | | | | | | |
| 第二 | 5 | | | | | | | | | | | | | | | | | | 1 2 | 3 4 | 4 5 | 5 6 | 7 8 | 10 11 | | | | | | | | |
| 第一 | 6 | | | | | | | | | | | | | | * | | | 0 2 | 0 3 | 1 3 | 1 5 | 3 6 | 4 7 | | | | | | | | | |
| 第二 | 6 | | | | | | | | | | | | | | | | | 1 2 | 3 4 | 4 5 | 5 6 | 7 8 | 10 11 | | | | | | | | | |
| 第一 | 8 | | | | | | | | | | | | | * | | | 0 2 | 0 3 | 1 3 | 1 5 | 3 6 | | | | | | | | | | | |
| 第二 | 8 | | | | | | | | | | | | | | | | 1 2 | 3 4 | 4 5 | 5 6 | 7 8 | | | | | | | | | | | |
| 第一 | 10 | | | | | | | | | | | | * | | | 0 2 | 0 3 | 1 3 | 1 5 | 3 6 | | | | | | | | | | | | |
| 第二 | 10 | | | | | | | | | | | | | | | 1 2 | 3 4 | 4 5 | 5 6 | 7 8 | | | | | | | | | | | | |
| 第一 | 12 | | | | | | | | | | | * | | | 0 2 | 0 3 | 1 3 | 1 5 | 3 6 | | | | | | | | | | | | | |
| 第二 | 12 | | | | | | | | | | | | | | 1 2 | 3 4 | 4 5 | 5 6 | 7 8 | | | | | | | | | | | | | |
| 第一 | 16 | | | | | | | | | | * | | | 0 2 | 0 3 | 1 3 | 1 5 | 3 6 | | | | | | | | | | | | | | |
| 第二 | 16 | | | | | | | | | | | | | 1 2 | 3 4 | 4 5 | 5 6 | 7 8 | | | | | | | | | | | | | | |
| 第一 | 20 | | | | | | | | | * | | | 0 2 | 0 3 | 1 3 | 1 5 | 3 6 | | | | | | | | | | | | | | | |
| 第二 | 20 | | | | | | | | | | | | 1 2 | 3 4 | 4 5 | 5 6 | 7 8 | | | | | | | | | | | | | | | |
| 第一 | 25 | | | | | | | | * | | | 0 2 | 0 3 | 1 3 | 1 5 | 3 6 | | | | | | | | | | | | | | | | |
| 第二 | 25 | | | | | | | | | | | 1 2 | 3 4 | 4 5 | 5 6 | 7 8 | | | | | | | | | | | | | | | | |
| 第一 | 32 | | | | | | | * | | | 0 2 | 0 3 | 1 3 | 1 5 | 3 6 | | | | | | | | | | | | | | | | | |
| 第二 | 32 | | | | | | | | | | 1 2 | 3 4 | 4 5 | 5 6 | 7 8 | | | | | | | | | | | | | | | | | |
| 第一 | 40 | | | | | | * | | | 0 2 | 0 3 | 1 3 | 1 5 | 3 6 | | | | | | | | | | | | | | | | | | |
| 第二 | 40 | | | | | | | | | 1 2 | 3 4 | 4 5 | 5 6 | 7 8 | | | | | | | | | | | | | | | | | | |
| 第一 | 50 | | | | | * | | | 0 2 | 0 3 | 1 3 | 1 5 | 3 6 | | | | | | | | | | | | | | | | | | | |
| 第二 | 50 | | | | | | | | 1 2 | 3 4 | 4 5 | 5 6 | 7 8 | | | | | | | | | | | | | | | | | | | |
| 第一 | 65 | | | | * | | | 0 2 | 0 3 | 1 3 | 1 5 | 3 6 | | | | | | | | | | | | | | | | | | | | |
| 第二 | 65 | | | | | | | 1 2 | 3 4 | 4 5 | 5 6 | 7 8 | | | | | | | | | | | | | | | | | | | | |
| 第一 | 80 | | | * | | | 0 2 | 0 3 | 1 3 | 1 5 | 3 6 | | | | | | | | | | | | | | | | | | | | | |
| 第二 | 80 | | | | | | 1 2 | 3 4 | 4 5 | 5 6 | 7 8 | | | | | | | | | | | | | | | | | | | | | |
| 第一 | 100 | | * | | | 0 2 | 0 3 | 1 3 | 1 5 | 3 6 | | | | | | | | | | | | | | | | | | | | | | |
| 第二 | 100 | | | | | 1 2 | 3 4 | 4 5 | 5 6 | 7 8 | | | | | | | | | | | | | | | | | | | | | | |
| 第一 | 125 | * | | | 0 2 | 0 3 | 1 3 | 1 5 | 3 6 | | | | | | | | | | | | | | | | | | | | | | | |
| 第二 | 123 | | | | 1 2 | 3 4 | 4 5 | 5 6 | 7 8 | | | | | | | | | | | | | | | | | | | | | | | |

（1）第一样本量 $n_1$=3，判定数组"0，2"，第二样本量 $n_2$=4，判定数组"1，2"；

（2）第一样本量 $n_1$=4，第一判定数组"0，3"，第二样本量 $n_2$=4，第二判定数组"3，4"；

（3）第一样本量 $n_1$=5，第一判定数组"1，3"，第二样本量 $n_2$=5，第二判定数组"4，5"；

（4）第一样本量 $n_1$=6，第一判定数组"1，5"，第二样本量 $n_2$=6，第二判定数组"5，6"；

（5）第一样本量 $n_1$=8，第一判定数组"3，6"，第二样本量 $n_2$=8，第二判定数组"7，8"。

程序 7 确定一组抽样方案

考虑综合情况，确定用第二套抽样方案：

$$n_1=4（A_1=0，R_1=3）$$
$$n_2=4（A_1=3，R_1=4）$$

例 4.3-16 对机电产品进行型式试验，使用 GB/T 2829 标准，规定 RQL=80，DL= Ⅲ，求五次抽样方案。

解：

程序 1 确定使用的五次抽样方案检索表

根据 DL= Ⅲ 和抽样类型是"五次抽样方案"的已知条件，检索五次抽样方案使用的是表 4.3-33（GB/T 2829 标准的表 10）；

程序 2 检索五次系列抽样方案

在表 4.3-33 上，由 RQL=80 的列，检索结果如下：

第一，检索到"*"表示可以使用对应的一次抽样方案

程序 2-1 检索对应的一次系列抽样方案

此时保持 DL= Ⅲ 不变，检索一次抽样方案用表 4.3-31。

程序 2-2 检索对应的一次系列抽样方案

在表 4.3-31 上，由 RQL=80 的列自上而下检索一次系列抽样方案为：

（1）n=2（$A_1$=0，$R_1$=1）；

（2）n=5（$A_1$=1，$R_1$=2）；

（3）n=6（$A_1$=2，$R_1$=3）；

（4）n=8（$A_1$=3，$R_1$=4）；

（5）n=10（$A_1$=4，$R_1$=5）；

（6）n=12（$A_1$=6，$R_1$=7）。

考虑综合情况，确定用第三组抽样方案：

n=6（$A_1$=2，$R_1$=3）。

第二，检索到"十十"表示使用对应的二次抽样方案；

程序 2-3 检索对应的二次系列抽样方案。

此时应在表 4.3-32 上，由 RQL=80 的列自上而下检索二次系列抽样方案为：

（1）$n_1$=3（$A_1$=0，$R_1$=2）

$n_2$=3（$A_2$=1，$R_2$=2）

（2）$n_1$=4（$A_1$=0，$R_1$=3）

$n_2$=4（$A_2$=3，$R_2$=4）

（3）$n_1$=5（$A_1$=1，$R_1$=3）

$n_2$=5（$A_2$=4，$R_2$=5）

（4）$n_1$=6（$A_1$=1，$R_1$=5）

$n_2$=6（$A_2$=5，$R_2$=6）

（5）$n_1$=8（$A_1$=3，$R_1$=6）

$n_2$=8（$A_2$=7，$R_2$=8）

程序 3 确定一组抽样方案

考虑综合情况，确定用第二组抽样方案：

$$n_1=4（A_1=0，R_1=3）$$

$$n_2=4（A_2=3，R_2=4）。$$

程序 4 一定要用五次抽样方案时，继续检索五次抽样方案，具体如下。

在表 4.3-33（GB/T 2829 标准的表 10）上，由 RQL=80 的列检索到五次系列抽样方案为：

$$（1）n_1=2（A_1=\#，R_1=3）$$

$$n_2=2（A_2=0，R_2=4）$$

$$n_3=2（A_3=1，R_3=5）$$

$$n_4=2（A_4=4，R_4=6）$$

$$n_5=2（A_5=5，R_5=6）$$

$$（2）n_1=3（A_1=\#，R_1=4）$$

$$n_2=3（A_2=1，R_2=6）$$

$$n_3=3（A_3=3，R_3=6）$$

$$n_4=3（A_4=6，R_4=8）$$

$$n_5=3（A_5=7，R_5=8）$$

程序 5 确定一组抽样方案

考虑综合情况，用五次抽样方案为好，所以确定用一组的五次抽样方案：

$$n_1=2（A_1=\#，R_1=3）$$

$$n_2=2（A_2=0，R_2=4）$$

$$n_3=2（A_3=1，R_3=5）$$

$$n_4=2（A_4=4，R_4=6）$$

$$n_5=2（A_5=5，R_5=6）$$

表 4.3-33 "GB/T2829 表 10 判别水平Ⅲ五次抽样方案"

不合格质量水平(RQL)

其中，#表示第一样本的检验结果不能作出批合格与否的判定，最少也要进行第二样本的检验，方能作出批合格与否的判定。

例 4.3-17　某产品 $RQL_重$=20，$RQL_轻$=30，判定数组（1，2），DL= Ⅲ，求一次抽样方案。

解：

第一，求 $RQL_重$ 一次抽样方案

程序 1 确定 $RQL_重$ 使用的一次抽样方案检索表

根据 DL= Ⅲ 和抽样类型是"一次抽样方案"的给定条件，检索一次抽样方案使用的是表 4.3-31；

程序 2 检索一次系列抽样方案

在表 4.3-31 上，由 $RQL_重$=20 的列，检索一次系列抽样方案如下：

（1）n=10（$A_1$=0，$R_1$=1）；

（2）n=20（$A_1$=1，$R_1$=2）；

（3）n=25（$A_1$=2，$R_1$=3）；

（4）n=32（$A_1$=3，$R_1$=4）；

（5）n=40（$A_1$=4，$R_1$=5）；

（6）n=50（$A_1$=6，$R_1$=7）。

程序 3 从检索的一次抽样方案组中确定一个抽样方案

以上检索的六个抽样方案构成了一次系列抽样方案组。我们可以从系列抽样方案中，根据判定数组（1，2）的条件，确定采用 n=20 （$A_1$=1，$R_1$=2）为题意要求的 $RQL_重$ 的一次抽样方案。

第二，求 $RQL_轻$ 一次抽样方案

程序 1 确定 $RQL_轻$ 使用的一次抽样方案检索表

根据 DL= Ⅲ 和抽样类型是"一次抽样方案"条件，检索一次抽样方案使用的是表 4.3-31；

程序 2 检索 $RQL_轻$ 一次系列抽样方案

在表 4.3-31 上，由 $RQL_轻$=30 的列自上而下检索一次系列抽样方案如下：

（1）n=6（$A_1$=0，$R_1$=1）；

（2）n=12（$A_1$=1，$R_1$=2）；

（3）n=16（$A_1$=2，$R_1$=3）；

（4）n=20（$A_1$=3，$R_1$=4）；

（5）n=25（$A_1$=4，$R_1$=5）；

（6）n=32（$A_1$=6，$R_1$=7）。

程序 3 从检索的一次抽样方案组中确定一个抽样方案

以上检索的六个抽样方案构成了一次抽样方案组。我们可以从这组六个抽样方案中，根据判定数组（1，2）的条件，确定采用 $n_轻$=12（$A_1$=1，$R_1$=2）为 $RQL_轻$=30 的一次抽样方案。

第三，综合考虑 $RQL_重$ 和 $RQL_轻$ 因素确定一个抽样方案

当检索出的 $RQL_重$ 对应的样本量与 $RQL_轻$ 对应的样本量不同时，处理的原则如下：

（a）由于 $RQL_重$ 的质量特性重要，所以要首先维持 $RQL_重$ 对应的样本量不变。

（b）$RQL_重$ 对应的样本量，调整 $RQL_轻$ 检索的样本量大小；将 $RQL_轻$ 检索的样本量大小 $n_轻$=12 调整到 $n_轻$=$n_重$=20，此时 $n_轻$ 对应的判定数组也将（$A_1$=1，$R_1$=2）变为与样本量 $n_轻$=20 的同行（3，4）。

（c）调整 $RQL_轻$ 样本量大小时，只能改变 $RQL_轻$ 判定数组的大小，保持 $RQL_轻$=30 不变。我们得出的结论是，原则上 $RQL_轻$ 的不合格质量水平不能改变，需要调整时，只能改变判定数组和对应的样本量。

第四，得出 $RQL_重$ 重和 $RQL_轻$ 样本量协调的抽样方案：

$$n_重=20（1，2）$$

$$n_轻=20（3，4）$$

这里，需要说明的是：从批中随机抽取 20 个样本，分别对 $RQL_重$=20 和 $RQL_轻$=30 的质量特性进行检验，每类检验结果与同类判定数组对比，分别合格则最终的检验结论才合格。如果其中有一类不合格，则最终的检验结论为不合格。

例 4.3-18 某产品质量特性重要，RQL=20，DL=Ⅲ，试验分组进行，振动、加速度等机械强度试验可以用 1 台产品，需要的潮湿设备只能放 2 台产品，要求检验费用低、检验时间快。求周期检验一次、二次、五次抽样方案。

解：

示例 1，检索一次抽样方案

程序 1　确定使用的一次抽样方案检索表

根据 DL=Ⅲ 和抽样类型是"一次抽样方案"条件，检索一次抽样方案使用的是表 4.3-31；

程序 2　检索一次系列抽样方案

由 RQL=20 的列，检索判定数组"$A_1$，$R_1$"共有 6 组，分别是："0，1"；"1，2"；"2，3"；"3，4"；"4，5"和"6，7"。同时，按照判定数组和样本量"同行原则"的规定，这六个判定数组分别向左侧查找，找到"样本量"列的数字，就是每个判定数组对应的样本量。检索的一次系列抽样方案如下：

（1）n=10（$A_1$=0，$R_1$=1）；

（2）n=20（$A_1$=1，$R_1$=2）；

（3）n=25（$A_1$=2，$R_1$=3）；

（4）n=32（$A_1$=3，$R_1$=4）；

（5）n=40（$A_1$=4，$R_1$=5）；

（6）n=50（$A_1$=6，$R_1$=7）。

程序 3　从检索的一次系列抽样方案中确定一个抽样方案

以上检索的六个抽样方案构成了一次抽样方案组。我们可以从这组六个抽样方案中，根据试验分组进行，振动、加速度等机械强度试验可以用 2 台产品，需要的潮湿设备只能放 2 台产品和要求检验费用低、时间快的具体要求，同时考虑进入环境试验的产品在常温测试时可以替换及复检样品也要抽取等综合因素，其中首次检验时，机械试验用 1 台，环境试验用 2 台共需要 3 台产品，同时考虑进入环境试验之前的产品，在常温检验时允许产品有选择性，这里有 1 台产品供常温检验时选择，所以首次检验的产品至少应有 4 台，选择最低样本量 n=10（$A_1=0$，$R_1=1$）的第一个抽样方案。这一抽样方案的数量实际上也能够满足复检的要求。

解：

检索二次抽样方案

程序 1 确定使用的二次抽样方案检索表

根据 DL= Ⅲ 和抽样类型是"二次抽样方案"条件，检索二次抽样方案使用的是表 4.3-32；

程序 2 检索二次抽样方案组

第一，检索到"*"应如何处理

由 RQL=20 的列，自上而下检索判定数组，首先检索到的是"*"，"*"表示在 RQL=20 和样本量小时，没有二次抽样方案。如果一定要选择低样本量的方案，只能使用对应的一次抽样方案：

$$n=10（A_1=0，R_1=1）。$$

这个由表 4.3-32 中"*"产生的一次抽样方案是该二次抽样方案的一部分。

第二，由 RQL=20 的列，检索下面的二次系列抽样方案：

$$（1）n_1=12（A_1=0，R_1=2），$$
$$n_2=12（A_2=1，R_2=2）；$$
$$（2）n_1=16（A_1=0，R_1=3），$$
$$n_2=16（A_2=3，R_2=4）；$$
$$（3）n_1=20（A_1=1，R_1=3），$$
$$n_2=20（A_2=4，R_2=5）；$$

$$（4）n_1=25（A_1=1，R_1=5），$$
$$n_2=25（A_2=5，R_2=6）；$$
$$（5）n_1=32（A_1=3，R_1=6），$$
$$n_2=32（A_2=7，R_2=8）；$$

这里对应的一次抽样方案为：n=10（A_1=0，R_1=1）

程序3 确定一组抽样方案

考虑综合情况，确定用第一组抽样方案：

$$n_1=12，（0，2）；$$
$$n_2=12，（1，2）。$$

示例3，检索五次抽样方案

解：

程序1确定使用的五次系列抽样方案

根据DL=Ⅲ和抽样类型是"五次抽样方案"条件，检索五次抽样方案使用的是表4.3-33；

程序2 检索五次抽样方案

在表4.3-33上，由RQL=20的列，检索共有6种情况的判定数组"A_C，R_E"供选择，首先是"*"对应的一次抽样方案：n=10（0，1）。然后检索下面的五次抽样方案。

程序3继续检索五次系列抽样方案

$$（1）n_1=5（A_1=\#，R_1=2）$$
$$n_2=5（A_2=\#，R_2=2）$$
$$n_3=5（A_3=0，R_3=2）$$
$$n_4=5（A_4=0，R_4=2）$$
$$n_5=5（A_5=2，R_5=3）$$

（2）$n_1=6$（$A_1=\#$，$R_1=2$）

　　$n_2=6$（$A_2=0$，$R_2=3$）

　　$n_3=6$（$A_3=0$，$R_3=3$）

　　$n_4=6$（$A_4=1$，$R_4=3$）

　　$n_5=6$（$A_5=3$，$R_5=4$）

（3）$n_1=8$（$A_1=\#$，$R_1=3$）

　　$n_2=8$（$A_2=0$，$R_2=3$）

　　$n_3=8$（$A_3=1$，$R_3=4$）

　　$n_4=8$（$A_4=2$，$R_4=5$）

　　$n_5=8$（$A_5=4$，$R_5=5$）

（4）$n_1=10$（$A_1=\#$，$R_1=3$）

　　$n_2=10$（$A_2=0$，$R_2=4$）

　　$n_3=10$（$A_3=1$，$R_3=5$）

　　$n_4=10$（$A_4=4$，$R_4=6$）

　　$n_5=10$（$A_5=5$，$R_5=6$）

（5）$n_1=12$（$A_1=\#$，$R_1=4$）

　　$n_2=12$（$A_2=1$，$R_2=6$）

　　$n_3=12$（$A_3=3$，$R_3=6$）

　　$n_4=12$（$A_4=6$，$R_4=8$）

　　$n_5=12$（$A_5=7$，$R_5=8$）

程序4 确定一组抽样方案

考虑综合情况，确定用第一组抽样方案：

$n_1=5$（$A_1=\#$，$R_1=2$）

$n_2=5$（$A_2=\#$，$R_2=2$）

$n_3=5$（$A_3=0$，$R_3=2$）

$$n_4=5（A_4=0，R_4=2）$$

$$n_5=5（A_5=2，R_5=3）$$

平均样本量等于 5，能够满足机械试验和环境试验的分组要求。

一次、二次、五次周期检验抽样方案见表 4.3-34。

表 4.3-34　一次、二次、五次周期检验抽样方案

| 抽样类型 | 抽样方案 |
|---|---|
| 一次抽样 | $n=10（A_1=0，R_1=1）$ |
| 二次抽样 | $n_1=12（A_1=0，R_1=2）$；<br>$n_2=12（A_2=1，R_2=2）$ |
| 五次抽样 | $n_1=5（A_1=\#，R_1=2）$<br>$n_2=5（A_2=\#，R_2=2）$<br>$n_3=5（A_3=0，R_3=2）$<br>$n_4=5（A_4=0，R_4=2）$<br>$n_5=5（A_5=2，R_5=3）$ |

## 4.3.3 随机抽样方法

### 4.3.3.1 术语和符号

（1）随机抽样方法

随机抽样方法又称抽样调查法，按照随机原则，利用随机数，从总体中抽取样本的方法。

（2）符号

$R_x$：随机数；

k：等距抽样的抽样间隔；

$R_0$：等距抽样中起始样本产品号码；

$M_1$：目标批中包含的初级单元数。单元不等于单位产品，单元可能是一个集装箱或大箱中装若干个小箱的大箱，单位产品指最小的销售包装产品个体；

$M_2$：每个初级单元中包含的单位产品数；

$m_1$：二阶抽样中初级样本量；

$m_2$：二阶抽样中二级样本量。

（3）随机数的产生

在抽样现场随机确定被抽取样本编号的方法。如随机数表法、随机掷骰子法、计算机或计算器伪随机数产生法和扑克牌法。

随机数产生方法见 GB/T 10111。此处主要以分立个体类产品为主兼顾流体和散料类产品为例，介绍随机抽样方法。

### 4.3.3.2 简单随机抽样方法

从总体中抽取 n 个抽样单元构成样本，使 n 个抽样单元所有的可能组合被抽到的概率都相等的抽样（GB/Z 31233-2014 分立个体类产品随机抽样实施指南 3.4.3.3 定义）。

简单随机抽样方法是将批产品集中存放，逐一编号，用随机数骰子等方法先确定拟抽取样品的随机号码，再将对应这些号码的产品作为样品抽取，组成检验样本的过程。

4.3.3.2.1 适用条件

第一，批产品易于顺序编号；

第二，产品易于取样；

第三，产品存放场地条件较好，易于堆码。

简单随机抽样方法是在被抽取的批产品集中存放，在易于顺序编号和取样的条件下使用。

确定总体中样品号码的方式大体有三种：古老的抓阄方法，随机数表的方法、电子随机数发生器法和掷骰子方法见图 4.3-11。该骰子由六种不同颜色的正 20 面体骰子组成。每个骰子各面上刻有 0-9 各一个数字，一般用 1～3 个骰子就可以快速获得随机数。

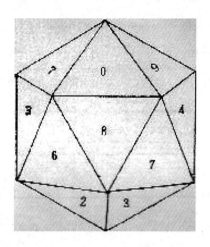

图 4.3-11 随机数骰子示意

例 4.3-19 某产品批量是 15 台，拟抽取 2 台产品进行出厂检验。请使用简单随机抽样方法对其进行抽样。

解 1：用掷骰子方法和随机数表的方法分别确定样本号码。

程序 1 对全部 15 个产品进行编号。

按 $C_{15}^2$ 排列组合自左向右、自上而下，按自然排序对每个产品编号为：1 号、2 号、3 号、4 号、5 号、6 号、7 号、8 号、9 号、10 号、11 号、12 号、13 号、14 号和 15 号。

经此排列，十五个产品有自然组合 105 种，即：（1，2），（1，3），（1，4），（1，5），（1，6），（1，7），（1，8），（1，9）（1，10），（1，11）---（14，15）这些组合的样本相互独立，不受人们的主观意愿而制约，是具有随机性质的数字。因此，15 个产品都有相同的组合概率和相同的被抽到的机会。

程序 2 确定抽取的样本号码。

用掷骰子、随机数表、抓阄的方法确定，获取样本号码时可以舍弃重复号和大于批量的数字。

程序 3 确定骰子数。

按照表 3-3 关于随机数骰子个数的选用原则，产品的批量 N=15 台是两位数，取骰子的数量 M=2，选用 2 只骰子。

程序 4 取红色、蓝色骰子正面的数字分别代表样本号码十位数和个位数。

程序 5 将红色骰子和蓝色骰子同时掷出，用两个骰子显示的数字合成的样本号码在 1～15 以内均有效，舍弃重复号和大于总体量的数字，直到掷出 2 个不重复的组合数字为止，满足 n=2。

程序 6 掷骰子。

（1）第一次掷骰子，红色骰子正面显示数字为"0"，蓝色的骰子正面显示数字为"7"，则两个骰子显示的数字合成是"07"，意味着第一次掷骰子得到的随机数字"07"在 15 之内，符合预定规则，是有效随机数字。这样我们得到第一个样本是 7 号产品；

（2）第二次掷骰子，红色骰子正面显示数字为"2"，蓝色的骰子正面显示数字为"8"，则两个骰子显示的随机数字合成是"28"。按照事先约定的舍弃重复号和大于总体量的数字原则，大于总体量的第 28 号随机组合号码无效，故舍弃。

（3）第三次掷骰子，红色骰子正面显示数字为"0"，蓝色的骰子正面显示数字为"7"，此次得到两个骰子显示的随机数合成数字是"07"，表示样本编号是"07"。该编号对应样本与第一次掷骰子获得的随机样本编号重复，根据事先约定的重复号无效原则，07 号数字无效，应舍去不算。

（4）第四次掷骰子，红色骰子正面显示数字为"1"，蓝色的骰子正面显示数字为"2"，表明此次得到随机数合成的数字是"12"。第 12 号既不属于重复号，也不属于大于总体量的数字舍去不算的数字，因此，此次获得的随机数字"12"是有效的，也表明第 12 号产品是我们应该抽取的第二个产品。

程序 7 抽取样本

由于本题中 n=2，故第一次和第四次掷骰子得到的随机样本号码 7 号、12 号是该次应随机抽检样本的样本号码。从已编号的监督总体中抽取 7 号、12 号产品，组成样本。

程序 8 包装并封存样品

将随机抽取的 7 号、12 号产品按照产品标准规定的要求进行包装，必要时贴好封条，送检。

解 2：利用随机数表的方法确定样本号码，见表 4.3-35 和表 4.3-36。

程序 1　给总体产品依次分别编 1-15 号。

程序 2　确定随机数表。

抽样人或被抽样人闭上眼睛，用笔尖随意指点随机数表的数字。事先约定，笔尖随意点到单数用表 9，笔尖随意点到双数用表 9。假设此时点到的数字是"4"，"4"是双数，表示使用随机数表 9 检索随机号码。

程序 3　根据批量 N 确定随机数表数字的位数，原则如下：

（1）当 0<N<10 时，取随机数表数字的位数是一位数；

（2）当 10 ≤ N<100 时，取随机数表数字的位数是二位数；

（3）当 100 ≤ N<1000 时，取随机数表数字的位数是三位数；

（4）当 1000 ≤ N<10000 时，取随机数表数字的位数是四位数；

（5）当 10000 ≤ N<100000 时，取随机数表数字是五位数。

根据此题 N=15，取随机数表数字的位数是二位数。

程序 4　确定随机数表起点的位置。

抽样人或被抽样人闭上眼睛，用笔尖随意点触随机数表 9 上的数字，假设点到第 9 行与第 20 列相交处的数字是"0"，即起点行是第 0 行。因为前面已经规定检索的号码由得到的起点数向右连续取出两位有效数字即为样本号码。此时，由数字"0"向右再检索一位数字，组成一个两位数的随机样本号码"06"。接下来由起点号码"06"向右继续检索的样本号码是 26，16，50，46，93，81，86，51，89，78，57，21，34，92，13。这里 06 号有效，是可以抽取样本的号码。而接下来的 26，16，50，46，93，81，86，51，89，78，57，21，34，92 号均超出批量数，故不是有效数字，舍弃。继续向右检索。看到 92 号后的数字是"13"，属于有效数字，取之。表明号码"13"是第二个样本。

程序 5　确定随机抽取样品的号码是 6 号和 13 号。

程序 6　抽取样本。

从已编号的监督总体中抽取 6 号、13 号产品组成样本。

程序 7　填好抽样单，由抽样人和被抽样单位代表在抽样单上分别签字；抽样单一般一式三份，一份交被抽样单位，一份送检，一份单位留存备查。

程序 8　将 6 号、13 号产品按照产品标准规定的要求包装，必要时贴好封条送检。

### 表 4.3–35　随机数表

| | | | | | |
|---|---|---|---|---|---|
| 1 | 03 47 43 73 86 | 36 22 47 36 61 | 46 98 63 71 62 | 03 26 16 80 45 | 60 11 14 10 95 |
| 2 | 97 74 24 67 62 | 42 31 14 57 20 | 42 53 32 37 32 | 27 07 36 07 51 | 24 51 79 89 73 |
| 3 | 16 76 62 27 66 | 56 50 26 71 07 | 32 90 79 78 53 | 13 55 38 58 59 | 88 97 54 14 10 |
| 4 | 12 56 85 99 26 | 96 96 63 27 31 | 05 03 72 93 15 | 57 12 10 14 21 | 88 26 49 81 76 |
| 5 | 55 59 56 35 64 | 38 54 82 46 22 | 31 62 43 09 90 | 06 18 44 32 53 | 23 83 01 30 30 |
| 6 | 16 22 77 94 39 | 49 54 43 54 82 | 17 37 93 23 78 | 87 35 20 96 43 | 84 26 34 91 64 |
| 7 | 84 42 17 53 31 | 57 24 55 06 88 | 77 04 74 47 67 | 21 76 33 50 26 | 83 92 12 06 76 |
| 8 | 63 01 63 78 59 | 16 35 55 67 19 | 98 10 50 71 75 | 12 86 73 58 07 | 44 39 52 38 79 |
| 9 | 33 21 12 34 29 | 78 64 56 07 82 | 52 42 07 44 38 | 15 51 00 13 42 | 99 66 02 79 54 |
| 10 | 57 60 86 32 44 | 09 47 27 96 54 | 49 17 46 09 62 | 90 52 84 77 27 | 08 02 73 43 28 |
| 11 | 18 18 07 92 46 | 44 17 16 58 09 | 79 83 86 19 62 | 06 76 50 03 10 | 55 23 64 05 05 |
| 12 | 26 62 38 97 75 | 84 16 07 44 99 | 83 11 46 32 24 | 20 14 85 88 45 | 10 93 72 88 71 |
| 13 | 23 42 40 64 74 | 82 97 77 77 81 | 07 45 32 14 08 | 32 98 94 07 72 | 93 85 79 10 75 |
| 14 | 52 36 28 19 95 | 50 92 26 11 97 | 00 56 76 31 38 | 80 22 02 53 53 | 86 60 42 04 53 |
| 15 | 37 85 94 35 12 | 83 39 50 08 30 | 42 34 07 96 88 | 54 42 06 87 98 | 35 85 29 48 39 |
| 16 | 70 29 17 12 13 | 40 33 20 38 26 | 13 89 51 03 74 | 17 76 37 13 04 | 07 74 21 19 30 |
| 17 | 56 62 18 37 35 | 96 83 50 87 75 | 97 12 25 93 47 | 70 33 24 03 54 | 97 77 46 44 80 |
| 18 | 99 49 57 22 77 | 88 42 95 45 72 | 16 64 36 16 00 | 04 43 18 66 79 | 94 77 24 21 90 |
| 19 | 16 08 15 04 72 | 33 27 14 34 09 | 45 59 34 68 49 | 12 72 07 34 45 | 99 27 72 95 14 |
| 20 | 31 16 93 32 43 | 50 27 89 87 19 | 20 15 37 00 49 | 52 85 66 60 44 | 38 68 83 11 80 |
| 21 | 68 34 30 13 70 | 55 74 30 77 40 | 44 22 78 84 26 | 04 33 46 09 52 | 68 07 97 06 57 |
| 22 | 74 57 25 65 76 | 59 29 97 68 60 | 71 91 38 67 54 | 13 58 18 24 76 | 15 54 55 95 52 |
| 23 | 27 42 37 86 53 | 48 55 90 65 72 | 96 57 69 36 10 | 96 46 92 42 45 | 97 60 49 04 91 |
| 24 | 00 39 68 29 61 | 66 37 32 20 30 | 77 84 57 03 29 | 10 15 65 04 26 | 11 04 96 67 24 |
| 25 | 29 94 98 94 24 | 68 49 69 10 82 | 53 75 91 93 30 | 34 25 20 57 27 | 40 48 73 51 92 |

| | | | | |
|---|---|---|---|---|
| 26 | 16 90 82 66 59 | 83 62 64 11 12 | 67 19 00 71 74 | 60 47 21 29 68 | 02 02 37 03 31 |
| 27 | 11 27 94 75 06 | 06 09 19 74 66 | 02 94 37 34 02 | 76 70 90 30 86 | 38 45 94 30 38 |
| 28 | 35 24 10 16 20 | 33 32 51 26 38 | 79 78 45 04 91 | 16 92 53 56 16 | 02 75 50 95 98 |
| 29 | 38 23 16 86 38 | 42 38 97 01 50 | 87 75 66 81 41 | 40 01 74 91 62 | 48 51 84 08 32 |
| 30 | 31 96 25 91 47 | 96 44 33 49 13 | 84 86 82 53 91 | 00 52 43 48 85 | 27 55 26 89 62 |
| | | | | | |
| 31 | 66 67 40 67 14 | 64 05 71 95 86 | 11 05 65 09 68 | 76 83 20 37 90 | 57 16 00 11 66 |
| 32 | 14 90 84 45 11 | 75 73 88 05 90 | 52 27 41 14 86 | 22 98 12 22 08 | 07 52 74 95 80 |
| 33 | 68 05 51 18 00 | 33 96 02 75 16 | 07 60 62 93 55 | 59 33 82 43 90 | 49 37 38 44 59 |
| 34 | 20 46 78 73 90 | 97 51 40 14 02 | 04 02 33 31 08 | 39 54 16 49 36 | 47 95 93 13 30 |
| 35 | 64 19 58 97 79 | 15 06 15 93 20 | 01 90 10 75 06 | 40 78 78 89 62 | 02 67 74 17 33 |
| Iao | | | | | |
| 36 | 05 26 93 70 60 | 22 35 85 15 13 | 92 03 51 59 77 | 59 56 78 06 83 | 52 91 05 70 74 |
| 37 | 07 97 10 88 23 | 09 98 42 99 64 | 61 71 62 99 15 | 06 51 29 16 93 | 58 05 77 09 51 |
| 38 | 68 71 86 85 85 | 54 87 66 47 54 | 73 32 08 11 12 | 44 95 92 63 16 | 29 56 24 29 48 |
| 39 | 26 99 61 65 53 | 58 37 78 80 70 | 42 10 50 67 42 | 32 17 55 85 74 | 94 44 67 16 94 |
| 40 | 14 65 52 68 75 | 87 59 36 22 41 | 26 78 63 06 55 | 13 08 27 01 50 | 15 29 39 39 43 |
| | | | | | |
| 41 | 17 53 77 58 71 | 71 41 61 50 72 | 12 41 94 96 26 | 44 95 27 36 99 | 02 96 74 30 83 |
| 42 | 90 28 59 21 19 | 23 52 23 33 12 | 96 93 02 18 39 | 07 02 18 36 07 | 25 99 32 70 23 |
| 43 | 41 23 52 55 99 | 31 04 49 69 96 | 10 47 48 45 88 | 13 41 43 89 20 | 97 17 14 49 17 |
| 44 | 60 20 50 81 69 | 31 99 73 68 68 | 35 81 33 03 76 | 24 30 12 48 60 | 18 99 10 72 34 |
| 45 | 91 25 38 05 90 | 94 58 28 41 36 | 45 87 59 03 09 | 90 35 57 29 12 | 82 62 54 65 60 |
| | | | | | |
| 46 | 34 50 57 74 37 | 98 80 33 00 91 | 09 77 93 19 82 | 74 94 80 04 04 | 45 07 31 66 49 |
| 47 | 85 22 04 39 43 | 73 81 53 94 79 | 33 62 46 86 28 | 08 31 54 46 31 | 53 94 13 38 47 |
| 48 | 09 79 13 77 48 | 73 82 97 22 21 | 05 03 27 24 83 | 72 89 44 05 60 | 35 80 39 94 88 |
| 49 | 88 75 80 18 14 | 22 95 75 42 49 | 39 32 82 22 49 | 02 48 07 70 37 | 16 04 61 67 87 |
| 50 | 90 96 23 70 00 | 99 00 03 06 90 | 55 85 78 38 36 | 94 37 30 69 32 | 90 89 00 76 33 |

表 4.3-36　随机数表

| 1 | 53 74 23 99 67 | 61 32 28 69 84 | 94 62 67 36 24 | 98 32 41 19 95 | 47 53 53 38 09 |
|---|---|---|---|---|---|
| 2 | 63 38 06 86 54 | 99 00 65 26 94 | 02 82 90 28 07 | 79 62 67 80 60 | 75 91 12 81 19 |
| 3 | 35 30 58 21 46 | 06 72 17 10 94 | 25 21 31 75 96 | 49 28 24 00 49 | 55 65 79 78 07 |
| 4 | 63 43 36 82 69 | 65 51 18 37 88 | 61 38 44 12 45 | 32 92 85 88 65 | 54 94 81 85 35 |
| 5 | 98 25 87 55 26 | 01 91 82 81 46 | 74 71 12 94 97 | 24 02 71 37 07 | 03 92 18 66 75 |
| 6 | 02 63 21 17 69 | 71 50 80 89 56 | 38 15 70 11 48 | 43 40 45 86 98 | 00 83 26 91 03 |
| 7 | 64 55 22 21 82 | 48 22 28 06 00 | 61 54 13 43 91 | 82 78 12 23 29 | 06 66 24 12 27 |
| 8 | 85 07 26 13 89 | 01 10 07 82 04 | 59 63 69 36 03 | 69 11 15 83 80 | 13 29 54 19 28 |
| 9 | 58 54 16 24 15 | 51 54 44 82 00 | 52 61 65 04 69 | 38 18 65 18 97 | 85 72 13 49 21 |
| 10 | 34 85 27 84 87 | 61 48 64 56 26 | 90 18 48 13 26 | 37 70 15 42 57 | 65 65 80 39 07 |
| 11 | 03 92 18 27 46 | 57 99 16 96 56 | 30 33 72 85 22 | 84 64 38 56 98 | 99 01 30 98 64 |
| 12 | 62 99 30 27 59 | 37 75 41 66 48 | 86 97 80 61 45 | 23 53 04 01 63 | 45 76 08 64 27 |
| 13 | 08 45 93 15 22 | 60 21 75 64 91 | 98 77 27 85 42 | 28 88 91 08 84 | 69 62 03 42 73 |
| 14 | 07 08 55 18 40 | 45 44 75 13 90 | 24 94 96 61 02 | 57 55 66 83 15 | 73 42 37 11 61 |
| 15 | 01 85 89 95 66 | 51 10 19 34 88 | 15 84 97 19 75 | 12 76 39 43 78 | 64 63 91 08 25 |
| 16 | 72 84 71 14 35 | 19 11 58 49 26 | 50 11 17 17 76 | 86 31 57 20 18 | 95 60 73 46 75 |
| 17 | 88 78 28 16 84 | 13 52 53 94 53 | 75 45 69 30 96 | 73 89 65 70 31 | 98 17 43 48 76 |
| 18 | 45 17 75 65 57 | 28 40 19 72 12 | 25 12 74 75 67 | 60 40 60 81 19 | 24 62 01 61 16 |
| 19 | 96 76 28 12 54 | 22 01 11 94 25 | 71 96 16 16 88 | 68 64 36 74 45 | 19 59 50 88 92 |
| 20 | 43 31 67 72 30 | 24 02 94 08 63 | 38 32 36 66 02 | 69 36 38 25 39 | 48 03 45 15 22 |
| 21 | 50 44 66 44 21 | 66 06 58 05 62 | 68 15 54 35 02 | 42 35 48 96 32 | 14 52 41 52 48 |
| 22 | 22 66 22 15 86 | 26 63 75 41 99 | 58 42 36 72 24 | 58 37 52 18 51 | 03 37 18 39 11 |
| 23 | 96 24 40 14 51 | 23 22 30 88 57 | 95 67 47 29 83 | 94 69 40 06 07 | 18 16 36 78 86 |
| 24 | 31 73 91 61 19 | 60 20 72 93 48 | 98 57 07 23 69 | 65 95 39 69 58 | 56 80 30 19 44 |
| 25 | 78 60 73 99 84 | 43 89 94 36 45 | 56 69 47 07 41 | 90 22 91 07 12 | 73 35 34 08 72 |

续表

| 26 | 84 37 90 61 56 | 70 10 23 98 05 | 85 11 34 76 60 | 76 48 45 34 60 | 01 64 18 39 96 |
| 27 | 36 67 10 08 23 | 93 93 36 03 86 | 99 29 76 29 81 | 33 34 91 58 93 | 63 14 52 32 52 |
| 28 | 07 28 59 07 48 | 89 64 58 89 75 | 83 85 62 27 89 | 30 14 73 56 27 | 86 63 59 80 02 |
| 29 | 10 15 83 87 60 | 79 24 31 66 56 | 21 48 24 06 93 | 91 98 94 05 49 | 01 47 59 38 00 |
| 30 | 55 19 68 97 65 | 03 73 52 16 56 | 00 53 55 90 27 | 33 42 29 38 87 | 22 13 88 83 34 |
| 31 | 53 81 29 13 39 | 35 01 20 71 34 | 62 33 74 82 14 | 53 73 19 09 03 | 56 54 29 56 93 |
| 32 | 51 86 32 68 92 | 33 98 74 66 99 | 40 14 71 94 58 | 45 94 19 38 81 | 14 44 99 81 07 |
| 33 | 35 91 70 29 13 | 80 03 54 07 27 | 96 94 78 32 66 | 50 95 52 74 33 | 13 80 55 62 54 |
| 34 | 37 71 67 95 13 | 20 02 44 95 94 | 64 85 04 05 72 | 01 32 90 76 14 | 53 89 74 60 41 |
| 35 | 93 66 13 83 27 | 92 79 64 64 72 | 28 54 96 53 84 | 48 14 52 98 94 | 56 07 93 89 30 |
| 36 | 02 96 08 45 65 | 13 05 00 41 84 | 93 07 54 72 59 | 21 45 57 09 77 | 19 48 56 27 44 |
| 37 | 49 83 43 48 35 | 82 88 33 69 96 | 72 36 04 19 76 | 47 45 15 13 60 | 82 11 08 95 97 |
| 38 | 84 60 71 62 46 | 40 80 81 30 37 | 34 39 23 05 38 | 25 15 35 71 30 | 88 12 57 21 77 |
| 39 | 18 17 30 83 71 | 44 91 14 88 47 | 89 23 30 63 15 | 56 34 20 47 89 | 99 82 93 24 98 |
| 40 | 79 69 10 61 78 | 71 32 76 95 62 | 87 00 22 58 40 | 92 54 01 75 25 | 43 11 71 99 31 |
| 41 | 75 93 36 57 83 | 56 20 14 82 11 | 74 21 97 90 65 | 96 42 68 63 86 | 74 54 13 26 94 |
| 42 | 38 30 92 29 03 | 06 28 81 39 38 | 62 25 06 84 63 | 61 29 08 93 67 | 04 32 92 08 09 |
| 43 | 51 29 50 10 34 | 31 57 75 95 80 | 51 97 02 74 77 | 76 15 48 49 44 | 18 55 63 77 09 |
| 44 | 21 31 38 86 24 | 37 79 81 53 74 | 73 24 16 10 33 | 52 83 90 94 76 | 70 47 14 54 36 |
| 45 | 29 01 23 87 88 | 58 02 39 37 67 | 42 10 14 20 92 | 16 55 23 42 45 | 54 96 09 11 06 |
| 46 | 95 33 95 22 00 | 18 74 72 00 18 | 38 79 58 69 32 | 81 76 80 26 82 | 82 80 84 25 39 |
| 47 | 90 84 60 79 80 | 24 36 59 87 38 | 82 07 53 89 35 | 96 35 23 79 18 | 05 98 90 07 35 |
| 48 | 46 40 62 98 82 | 54 97 20 56 95 | 15 74 80 08 32 | 16 46 70 50 80 | 67 72 16 42 79 |
| 49 | 20 31 89 03 43 | 38 46 82 68 72 | 32 14 82 99 70 | 80 60 47 18 97 | 63 49 30 21 80 |
| 50 | 71 59 73 05 50 | 08 22 23 71 77 | 91 01 93 20 49 | 82 96 59 26 94 | 66 39 67 68 00 |

### 4.3.3.3　等距抽样方法

4.3.3.3.1 将总体中的 N 个抽样单元按一定顺序排列，n 个样本单元由满足以下关系的单元编号组成：

$$h, h + k, h + 2k, \cdots, h + (n\text{-}1)\, k$$

其中 h 和 k 是正整数，$nk < N < n\,(k + 1)$，且 h 一般是从前 k 个整数中随机抽取的抽样。

等距抽样也称系统抽样。等距抽样的方法操作起来简单适用，对检查批的代表性比较强，对产品的系统误差反映及时，检验结果判定的风险相对较小，因此，在大批量工业化生产活动中被广泛应用。若批中的产品按一定顺序排列，在规定的范围内随机地抽取 1 个单位产品作为初始产品，然后按一套事先确定好的规则等距抽取样品。在实践中，常按一定的时间间隔或一定的产品间隔进行随机抽样的方法，比如在最初阶段的 N/n（取整数）件产品内以简单随机抽样方法决定取一个样品。然后按产品生产的顺序每隔 N/n 个产品抽取 1 个样品，直至取足整个样本量为止。当产品质量有随时间变化而变化的可能性时，等距随机抽样方法的代表性比简单随机抽样方法要好。

4.3.3.3.2 适用条件

对分立个体类产品实施等距抽样应满足：

第一，批中产品已按某一顺序自然排列并可编号；

第二，按编号提取样本产品方便；

第三，产品质量特性与顺序无明显相关性。

例 4.3-20 等距抽样方法

车间里正在生产一批机械产品，每小时生产 150 台，一天的生产量是 1050 台，如果抽取 5 台产品进行出厂检验，利用等距抽样的方法设计抽样方案。

解 1：按照生产产品的间隔抽样

程序 1 计算抽取产品的间隔：

根据批量 N=1050，样本量 n=5，抽取样本的间隔 W 为：

$$W = N/n = 1050/5 = 210$$

即：每隔 210 台产品抽取一台做样本。

程序 2　确定起点样本注意的问题

一般在最初阶段的 N/n（取整数）件产品内以简单随机抽样法确定起点样本号码。此时要避免人们习惯上总是以生产的第一台产品作为起点样本。这样一来，人们就形成一个定式，即第一台产品总会作为抽样检验的样本，这样的结论是违背随机抽样原则的。随机的本质不允许事先预测到事件的结果。至于取第一台还是第 1050 台，或两者中间的哪一台做起点样本，可以事先约定。

程序 3　采用掷骰子的方法确定起点样本

间隔数"210"可以表示 210 个产品。一般来说，起点样本应该在 1-210 号码的范围内产生，以保证随机性。此时对应 210 个产品，取三个骰子，并约定红、黄、蓝骰子分别代表个位数、十位数和百位数。假设掷出骰子显示的数字是"009"，按照事先约定的规则，就要用 9 号产品作为起点样本。

程序 4　确定抽取的样本

在确定用 9 号产品作为起点样本的基础上，每隔 210 台抽取一台，共抽取样本号码为 9、219、429、639、849 的产品组成检验样本。

程序 5　包装

将随机抽取的 5 台产品按照产品标准规定的要求进行包装，加贴封条送检。

程序 6　填写抽样单

将抽取的 5 个样品的详细情况填写在事先准备好的抽样单上。抽样单必须含有产品名称、规格、生产日期及抽样人和陪同抽样人签字。

解 2　按照生产产品的时间间隔抽样

程序 1　确定取样的间隔时间

按照工厂每日生产 1050 台产品，工人每日工作 7 小时，每日抽取 5 台产品的条件计算，1050/5=84，即平均要每隔 84 分钟抽取 1 台产品作为样本。如果考虑企业中午休息，则抽样时间顺延。另外，抽样的时间间隔可以利用随机数表或者随机数骰子随机确定。可以每隔 30 分钟、40 分钟或者 60 分钟抽取一台，只要不违背随机抽样的原则，都是可行的。

程序 2  确定起始取样时间

（1）确定起始取样时间可以采用掷骰子的方法确定。已经计算出要每隔 84 分钟（取整数 90 分钟）抽取 1 台产品作为样本，用掷骰子确定在工作 90 分钟内的时间作为应抽取第一台产品的起点时间。

（2）以分钟作为时间单位，"90"是两位数，故需要 2 只骰子。以红色骰子显示的数字作为十位数，蓝色骰子显示的数字作为个位数，"00"表示工作时间内第一个生产批中的第一台产品的生产时间。

（3）将大于 90 的数字和重复的数字舍弃。

（4）掷出骰子显示的数字是"00"，按照事先约定的规则，就要用第一台产品的生产时间作为起始取样时间。

程序 3  计算抽取样本的时间间隔及时间

（1）假设该企业每日早 8 时开始上班，做完准备工作后 9 时开始生产，则抽取第 1 个样本的时间就是早 9 时，抽取的样本就是此时生产的产品。

（2）抽取第 2 个样本的时间是早 9:00+90（分钟），即 10 时 30 分生产的一台产品。

（3）抽取第 3 个样本的时间是在早 10:30+90（分钟），即 12 时生产的一台产品。考虑 12 时 -13 时休息，抽取第 3 个样本的时间要从 12 时向后顺延 1 个小时，即 13 时抽取。

（4）抽取第 4 个样本的时间是在 13:00+90（分钟），即 13 时 30 分。

（5）抽取第 5 个样本的时间是在 13:30+90（分钟），即 15:00 时生产出的样品。

程序 4  确定抽取检验的样本

将随机抽取的 5 个样品集合，组成样本。

程序 5  将随机抽取的样本按产品标准规定的要求进行包装，封样。

程序 6  填写抽样单

在抽样单上填写样品情况，并经被抽样者确认签字。抽样单必须含有产品名称、规格、生产时间及抽样人和陪同人的姓名，送检。

#### 4.3.3.4 分层随机抽样方法

4.3.3.4.1 定义

层指总体划分成的互不重叠，以某种方式联系起来的由抽样单元组成的子集（GB/T 3358.2-2009，定义 2.2.29）。

分层抽样是指样本抽自于总体不同的层，且每个层至少有一个抽样单元入样的抽样。如果将总体按一定的原则分成若干个子总体，每个子总体也称为层。

分层随机抽样方法是指批产品由不同的子批产品（以下将子批产品简称层）组成，按照每层中产品数量与批及抽样方案中样本量的比例关系确定每层的样品量。将各层产品序列编号，用随机数骰子等方法现场确定随机数代表每层应抽取的样品号码，形成层样品，按程序将每层确定的随机数代表的号码样品抽取，集合组成检验样本的过程。

4.3.3.4.2 适用条件

第一，不同班组生产的同一种产品；

第二，同一种产品存放在不同场所；

第三，不同加工设备生产的同一种产品。

在多数情况下，批产品的质量总是有一定的离散性。在这样的情况下，如果采用简单随机抽样或等距抽样方法所抽取的样本，其代表性差一些。若采用分层随机抽样方法，对检验批的质量进行分层观察和研究是非常必要的。如果产品检查批的质量出现了较多的不合格品，这就需要详细分析研究产生的原因，找出是由于原材料、还是机械设备、工人操作、工艺上的问题等等。这样分析的本身也是分层。在这种情况下，如果原材料有问题，就把原材料作为对象，按照采购来源逐渐细致地区分层次，找出影响因素，改进产品的质量。对较大的检验批来说，若是出现的不合格品比较多，其中掺杂着各种原因，经过分层剥离和检验分析，易于作出正确的判定，及时采取措施，控制产品质量。分层法作为全面质量管理中一个重要的方法或工具，就是这个道理。

恰当分层绝非易事，但毕竟分层的方法有很多。例如，为了尽可能地减少不合格品，我们首先在时间方面分为午前和午后的层别，调查午前和午后出现不合格品的区别。如果产品有几个品种，则可能每一品种出现的不合格品的多少又各不同，所以还可按照品种区分层别，也是有效的。在各种不同的检验项目中，根据不合格品出现的不同情况，可以从中找出具有规律性的因素，把成为问题的项目进一步从问题中分层列出，就不难找出产生不合格品的原因。在多数场合下，对检查批进行层别的划分，至少应做到对使用过的各种原材料加以区别；对各种加工用的机械设备也应有区别；岗位操作人员或班组亦有不同，如以班为基础分午前班、午后班、日班、夜班等；以时间作为分层的基础，也是比较现实可行的。

例 4.3-21 装配小组的成品出现了较高的不合格品，为分析产生的原因，从检验各装配工人的成品装配质量着手，统计每个人的成品不合格品率。检查结果列入表 4.3-37。

表 4.3-37　装配不合格品数据统计表

| 操作工人 | 装配数 | 不合格品 | 不合格品率（%） |
|---|---|---|---|
| 甲 | 50 | 3 | 6.0 |
| 乙 | 40 | 2 | 5.0 |
| 丙 | 60 | 6 | 10.0 |
| 丁 | 90 | 8 | 8.9 |

表 4.3-37 的统计数据可反应出工人装配工作的实际情况。在甲、乙、丙、丁四个操作工人中，丁是一名熟练工，每天装配数量最多。甲、乙两人都是初进厂技术不熟练的新工人，他们的装配数量较少，出现问题属正常；而丁是熟练工，可能过多地凭经验而忽略了严格遵守操作规程的问题，这是他产生不合格品的主要原因。经过检查，找到原因后，大家都严格遵守操作规程，整个装配小组的不合格品百分率也迅速降了下来。我们根据产品生产班组、产品生产时间的先后、产品存放的位置，以及不同人员或不同设备所生产的产品作为一个批量组成一个产品批时，其产品质量会有一定的离散性。针对这种情况，为了抽取到有代表性的样本，可将整批产品分成若干层。这里，不同班组、不同生产时间、不同堆放的位置，以及不同人员或不同设备所生产的产品，都可以被人为地分做"层"。

分层随机抽样就是在这些不同班组、不同生产时间、不同堆放位置，以及不同人员或不同设备所生产产品的"层"中，按照一定的规则随机抽样。可见，分层随机抽样方法考虑到了更多的影响产品质量的因素，是我们常用的随机抽样方法之一。这里的层，不是上、下层两维空间概念，而是处于不同地点、不同位置或不同类产品的三维立体概念，是对"层"的广义化的理解。在生产实践中，经常有堆垛整齐、多重包装、多处存放且大而复杂的产品批。这些产品的质量相对有离散性，有轻微的差别。此时不必把批产品都集中在一起，产品可放在不同场合。这里，不同的场合即为不同的层，按照一定的规则，对不同场合的产品分配抽样比例，按照抽样比例随机抽取的样本，再合成一个抽样组，这就是分层随机抽样方法的主导思想。

可以看出，分层随机抽样就是把大的检查总体或批量，分成若干个小的总体或批量，在每个小的总体或批量中，分别抽取一定的样本量，分别抽取的样本量与若干个小的总体或批量成正比。这里，对于若干个小的总体或批量数量、相关情况不一致时，恰好与分层随机抽样方法的特点相适应。

例 4.3-22 某种产品在不同销售地点销售，甲处有 60 箱 1440 件，乙处有 75 箱 1800 件，丙处有 50 箱 1200 件，如果取该种产品 12 件进行抽样检验，如何进行抽样？

程序 1 明确抽取包装箱内产品的顺序

此产品的单位是用箱包装的"件"，首先对每层的箱编号，并事先和被抽样人约定，从箱中后排从左到右、从上到下抽样，取够 12 件为止。

程序 2 对箱分层编号

甲处产品批为第一层，编号 1 ~ 60 号，对应为第一监督总体 $N_1$；

乙处产品批为第二层，编号 1 ~ 75 号，对应为第二监督总体 $N_2$；

丙处产品批为第三层，编号 1 ~ 50 号，对应为第三监督总体 $N_3$。

程序 3 确定监督总体 N

将甲、乙、丙三层的产品组合成一批，即：$N=N_1+N_2+N_3=60+75+50=185$ 箱（4400 件）

程序 4 确定各层的抽样比例：

第一层：$n_1=n \times N_1/N=12 \times 1440/4400 \approx 3.9$（件）

因为产品只能是一个完整的且不会有小数位，所以这里的"3.9件"产品，按照4舍6入5取舍数据修约规则，近似4件产品看待。因此确定把甲处作为第一层应随机抽取4件产品。

第二层：$n_2=n \times N_2/N=12 \times 1800/4400 \approx 4.9$（件）

具体处理如前所述，把乙处作为第二层应随机抽取5件产品。

第三层：$n_3=n \times N_3/N=12 \times 1200/4400 \approx 3.2$（件）

具体处理如前所述，把丙处作为第三层应随机抽取3件产品。

程序5 核对总样本量

将甲、乙、丙三层分别获得的样本量相加，核对总样本量n：$n=n_1+n_2+n_3=4+5+3=12$件

组合的样本量n=12件，符合题中规定的要求，说明每层分配比例是合适的。

程序6 利用掷骰子方法确定甲、乙和丙三层中被抽样的包装箱号码。

（1）确定骰子数量

因为甲、乙、丙三处的监督总体均小于100箱，根据表3-3，取M=2，表示可以用2个骰子确定包装箱号码。

（2）确定包装箱号码

将三处的包装箱依次摆好，按顺序编号。抽样人员或企业陪同人员随机掷出蓝、白2只骰子，约定蓝色骰子正面显示数字为随机数的十位数，白色骰子正面显示的数字为随机数的个位数。2只骰子显示的数合成一个二位数字，就是我们需要的样本号码，即包装箱号码。假设掷出蓝色骰子显示的数字为"2"，白色骰子显示的数字为"9"，合成数字是"29"，即甲、乙、丙每层中第29号包装箱被确定为本次抽取样本的包装箱号码。

为了使确定的包装箱更具有随机性，这个过程也可按甲、乙、丙三层次分别进行3次，确定各层的包装箱号码。

程序7 确定第29号包装箱内产品编号

我们知道，要抽取的样本都分别装在各层的大包装箱里，每个大包装箱里分6摞2排，每一摞摆4件，计24件产品。现场约定，包装箱内产品按自上而下，自

左而右,自后而前的顺序编号,即1～24号,通过掷骰子随机确定本次抽取的样本号。

当然,我们也可以事先约定排序自右至左,也可以事先约定排序的其他方式。但是,产品的顺序排列必须规定。否则,抽样检验的产品一旦不合格,往往能够使产品的所有者对抽样提出异议。这样一来,实施抽样的一方就很被动。在以往的抽样活动中曾出现过产品的所有者对抽样提出不具有随机性的异议,当重新抽样时产品已经销售完毕,要重新抽取的样品又不存在,此次抽样检验就不能作出"合格"或者"不合格"的结论。

程序8确定样本号码

(1)确定骰子数

由表3-3可知,当监督总体均小于100,取M=2,表示可以用2个骰子确定样本号码。

(2)确定样本号码

抽样人员或企业陪同人员随机掷出红、蓝2只骰子,约定红色骰子正面显示数字为随机数的十位数,蓝色骰子正面显示的数字为随机数的个位数。2只骰子显示的数合成一个二位数字,就是我们需要的样本号码,即包装箱内产品号码。

第一次掷骰子,红色骰子正面显示数字为"0",蓝色的骰子正面显示数字为"7",则两个骰子显示的数字合成是"07","07"在24之内,是有效随机数字。这样我们得到第一个样本是7号。

第二次掷骰子,红色骰子正面显示数字为"2",蓝色的骰子正面显示数字为"8",则两个骰子显示的随机数字合成是"28"。对其进行处理,28除以24余4,4是有效随机数字。这样我们得到第二个样本号是4号。

第三次掷骰子,红色骰子正面显示数字为"2",蓝色的骰子正面显示数字为"2",此次得到两个骰子显示的随机数合成数字是"22",是有效随机数字。这样我们得到第三个样本号。

第四次掷骰子,红色骰子正面显示数字为"1",蓝色的骰子正面显示数字为"2",表明此次得到随机数合成的数字是"12"。第12号既不属于重复号,也不属于大于总体量的数字舍去不算的数字,因此,此次获得的随机数字"12"

也是有效数字，表明第 12 号产品是我们应该抽取的第四个样本。

第五次掷骰子，红色骰子正面显示数字为"1"，蓝色的骰子正面显示数字为"6"，表明此次得到随机数合成的数字是"16"。第 16 号既不属于重复号，也不属于大于总体量的数字舍去不算的数字，因此，此次获得的随机数字"16"也是有效数字，表明第 16 号产品是我们应该抽取的第五个样本。

本次掷骰子没有重复号。各层取得的样本号为：

第一层（甲处）：07 号，04 号，22 号和 12 号。

第二层（乙处）：07 号，04 号，22 号，12 号和 16 号。

第三层（丙处）：07 号，04 号和 22 号。

如果三层分别通过随机骰子数决定抽检的样本号，随机性会更好，更具有代表性。

程序 9 抽取样本

按确定的样本编号从甲、乙、丙三层中各抽取样品并集中包装，贴好封条。按规定填写抽样单及时送达检验机构检验。

如前所说，分层随机抽样方法，实际上就是把大的总体或检验批按不同的情况分成若干个小的总体或检查批，在每个小的总体或检验批中随机抽取小的样本量，而且这种小的样本量是与对应每个小的总体或检验批的大小成正比例的。如果将各个层中抽取的小样本量集中成总样本组，用检验各层中组合的样本量质量代表总体或检查批的产品质量。因此，在客观上存在总体或检查批产品分层的情况下，使用分层随机抽样方法是比较方便的抽样方式。

由此可见，采用分层抽样方法时，可以根据需要把样本划为两个层次或者多个层次进行分层随机抽样。第一层次把检检批产品按生产班次划分，第二层次在班内按机台或加工者划分等等。如果分层合理，则分层随机抽样方法的代表性比简单随机抽样方法略好一些。

### 4.3.3.5 二阶随机抽样方法

4.3.3.5.1 定义

如果批产品总体范围特别大，由若干个初级单元（群）组成，每个初级单元又可分成很多个次级单元，可采用二阶随机抽样方法。使用二阶随机抽样时，第一阶段抽样以所有原包装箱作为批或基本单元，先随机抽出 $m_1$ 箱作为初级单元；第二阶段再从抽到的每个 $m_1$ 初级单元中随机抽取 $m_2$ 个产品，把每个 $m_1$ 初级单元中抽取的 $m_2$ 个产品集中在一起，构成样本 $n$。二阶随机抽样的代表性和随机性，都比简单随机抽样要差些，但在现代化生产和国内外贸易中比较适用，相比其他方法可节省抽样费用，但抽样过程比较麻烦。

4.3.3.5.2 适用条件

对分立个体类产品实施二阶抽样应满足：

第一，不易对目标批中单位产品直接编号；

第二，总体可划分初级单元，且对初级单元容易编号并抽取；

第三，对初级单元中二级单元（单位产品）可编号且容易抽取。

4.3.3.5.3 限制条件

在每个被抽中的二阶初级单元中，二阶样本量一般不应超过 2，特殊情况下也可取 3。

4.3.3.5.4 抽样方法示例

（1）初级（总体）抽样单元的确定

确定目标批中的初级（总体）单元数量 $M_1$，和每个初级单元中包含的单位产品的数量 $M_2$。

（2）二阶抽样初级单元中抽取样本量的原则

确定二阶每个初级单元中所需抽取的样本量 $m_2$，$m_2$ 一般取 1 或 2，特殊情况下取 3。根据 $m_2$ 确定所需的二阶初级单元样本量 $m_1$。

$$m_1 = \left\lceil \frac{n}{m_2} \right\rceil，\text{即将} \frac{n}{m_2} \text{向上取整。}$$

$n = 13$，$m_2 = 2$ 时，$n/m_2 = 6.5$，向上取整得 7，则 $m_1 = 7$。$n = 20$，$m_2 = 2$ 时，$m_1 = n/m_2 = 10$。

（3）确定各阶抽样方法

各阶抽样一般采用简单随机抽样（见 GB/Z 31233 第 6 章）或者等距抽样（见

GB/Z 31233 第 7 章）。

例 4.3-23 某批产品中有 2000 个单位产品，每 40 个单位产品按水平 2×2 盒、高 10 层分别铺摆在 50 个集装箱中。现要从中抽取 20 个单位产品进行检验。

程序 1 确定各阶样本量

将集装箱看成一阶抽样单元，故 $M_1$=50。取 $m_2$=2，根据 $m_2$ 确定所需的二阶初级单元样本量 $m_1$。此时 n=20，$m_2$=2，则 $m_1$=n/$m_2$=20/2=10。

程序 2 选择简单随机抽样方法产生 10 个集装箱作为一阶样本（或二阶初级单元样本量 $m_1$）

（1）对 50 个集装箱编号

采用虚拟编号的形式对 50 个集装箱进行编号，编号为 1-50 号。

（2）确定现场产生 $R_x$ 工具

选用扑克牌法现场产生 $R_x$。因为总体为 50 箱，所以取 2 种花色 A、2、3、4、5、6、7、8、9、10 共 20 张扑克牌用来确定抽取的一阶样本集装箱号码。其中 A 作为 1，10 作为 0。

（3）现场产生随机数并确定一阶样本

（a）将 2 种花色的扑克牌分开放置并分别充分洗牌、切牌。确定其中一种花色的点数作为获得的随机数的十位，另一种花色的点数则作为个位；

（b）分别从两种花色中抽取 1 张扑克牌，若组成的两位数小于等于 50，则作为样本单元号码；

（c）重复上述步骤，直到获取 10 个不同的随机数 50，30，33，27，44，32，29，13，43，22；

（d）抽取 50 号、30 号、33 号、27 号、44 号、32 号、29 号、13 号、43 号、22 号集装箱构成一阶样本。

程序 3 二阶样本抽取

（1）虚拟编号

现场对 50 号、30 号、33 号、27 号、44 号、32 号、29 号、13 号、43 号、22 号集装箱，按照虚拟编号方法对每箱编号。将 10 个集装箱内的水平 2×2、高

10 层铺摆的 40 个单位产品按自上而下、从前往后、自左至右顺序编号。

（2）现场产生二阶随机数

对 50 号集装箱，从 1-40 中产生 2 个有效 $R_x$ 代表被抽取的 2 个样本产品。用一阶样本抽取过程中使用的扑克牌法产生所需的随机数 23 和 37。

程序 4 抽取二阶样本

从 50 号集装箱中抽取 23 号和 37 号产品。

对其他抽中的集装箱重复程序 3 过程，获取随机数并抽取相应的样本产品。

程序 5 样本汇集

将每个被抽中的集装箱中的二阶样本产品汇集起来组成总样本。

程序 6　填写抽样单

按照规定将样本包装，填写抽样单送检。

### 4.3.3.6　散料类产品随机抽样方法

4.3.3.6.1 概述

（1）分类

散料类产品分为粒度均匀散料和粒度不均匀散料，实际上这两种散料还分为包装散料和散装散料。常见的粒度均匀散料如化肥、洗精煤，粒度不均匀散料如原煤、矿石。不同的散料类产品，随机抽样程序相同，方法也雷同。

（2）主要抽样标准

GB 475 商品煤样采取方法

GB/T 3543.2 农作物种子检验规程 扦样

GB 5491 粮食、油料检验扦样、分样法

GB/T 6679 固体化工产品采样通则

GB/T 13732 粒度均匀散料抽样检验通则等

GB/T 14699.1 饲料采样

4.3.3.6.2 散料类产品随机抽样基本方法

（1）确定样本量

（2）确定批量

对散料类产品批量多以质量基采样。扦样代表的批量是以同种类、同批次、同等级、同货位、同车、船（仓）为一批或者一个检验单位。如中、小粒粮食和油料不超过 200 t，特大粒粮食和油料不超过 50 t；而精煤和特种工业用煤，按品种、分用户以 1000 t（±100 t，下同）为一批，其他煤按品种、部分用户以 1000 t 为一批；进出口煤按品种、分国别以交货量或一天的实际运量为一批。其他产品依相关标准或具有法律效力的规定划分批量。

4.3.3.6.3 扦样方法

（1）确定散装扦样方法

（a）抽取散装于仓房内的颗粒散料产品，按照堆形和面积的大小分区设点、分层取样。分区设点时每区面积不超过 50m²。各区设中心、四角共五个点。有两个连续区时共 8 个点，三个连续区共 11 个点。粮堆边缘的点设在距边缘 50cm 处；采用分层方法时，堆高在 2m 以下的，分上下两层；堆高在 2 ~ 3m 的，分上、中、下三层，上层在顶部向下 10 ~ 20cm 处，中层在粮堆中间，下层在距底部 20cm 处；如遇堆高在 3 ~ 5m 时，应分四层；堆高在 5m 以上酌情增加层数。

（b）扦样时按区按点，先上后下逐层进行，各点扦样量相同。

（c）颗粒特大的散料如花生果、大蚕豆、甘薯片等可以采取分区设点扒堆的方法。在若干个点的散料表面下 10 ~ 20cm 处，不加挑选地用取样铲取出具有代表性的样品。

（2）圆仓（囤）散料扦样方法

按圆仓（囤）的高度分层抽取样品。每层圆仓（囤）的直径分内（中心）、中（半径的一半处）、外（距仓边 30cm 左右）三圈。圆仓（囤）的直径在 8m 以下的，每层按内、中、外分别设 1、2、4 个点共 7 个点；直径在 8m 以上的，每层按内、中、外分别设 1、4、8 个点共 13 个点，按层按点扦样。

（3）包装散料扦样方法

（a）对角线方法

从产品堆的堆放侧面或俯视面确定对角线型随机取样点的方法如图 4.3-12，

每个点代表抽取初次样本的扦样点。

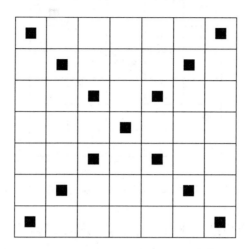

图 4.3-12　对角线扦样点示意

（b）梅花扦样点方法

从产品堆的堆放侧面或俯视面确定梅花型随机扦样点的方法如图 4.3-13，每个点代表初次样本的扦样点。

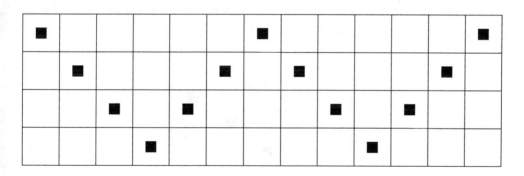

图 4.3-13　梅花扦样点示意

（4）车箱、船仓顶部采样点分布

（a）斜线 3 点分布

小颗粒散料采用的斜线 3 点分布扦样点如图 4.3-14 所示。

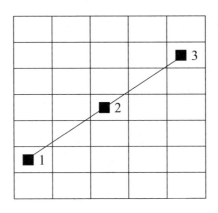

图 4.3-14　3 点分布扦样点示意

扦样点的分布和序号可以采用自右下至左上的分布，也可以现场随机确定。3 个子样布置在车皮对角线上，1、3 子样分布在距车角 1 米处，第二个子样在对角线中央。每车扦 3 个份样。

（b）斜线 5 点分布

大颗粒散料斜线 5 点分布如图 4.3-15 所示。扦样点的分布和序号可以采用自右下至左上的分布，也可以现场随机确定。5 个子样布置在车皮对角线上，1、5 子样布置在距车角 1 米处，其余 3 个子样等距分布在 1、5 两子样中间。一般按 5 点循环方式扦 1 个份样。

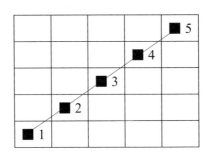

图 4.3-15　5 点分布扦样点示意

（c）对角线分布

当 1 节车皮的份样数超过 3 个或者 5 个，份样在车皮平面呈交叉的对角线分布，如图 4.3-16 所示。

（d）均匀方格分布

均匀方格分布的扦样点如图 20 所示。其编号顺序可以在现场随机确定。

| | | | | | |
|---|---|---|---|---|---|
| 1 ■ | 4 ■ | 7 ■ | 10 ■ | 13 ■ | 16 ■ |
| 2 ■ | 5 ■ | 8 ■ | 11 ■ | 14 ■ | 17 ■ |
| 3 ■ | 6 ■ | 9 ■ | 12 ■ | 15 ■ | 18 ■ |

图 4.3-16　均匀方格分布扦样点示意

（5）传送带扦样方法

利用传送带等机械输送的颗粒产品取样，按照受检产品的批量、传送时间，采取系统抽样方法，定时从传送带流动产品的终点横断面处，接取样品。

4.3.3.6.4. 确定扦样量

根据样本量和扦样点，确定每个扦样点扦取份样的数量。

4.3.3.6.5. 集样

将每个扦样点扦取的份样依此放入容器内，构成集样。

4.3.3.6.6. 缩分样

将集样充分混合均匀，缩分至需要的样本量。我们常采取四分法或者分样器法进行缩分样。

（1）四分法

将样品倒在平板上摊成正方形，然后从样品左右两边同时铲起样品约 10cm 高，对准中心同时倒落，并维持中心点不变。如此反复混合 4 ~ 5 次，再将样品摊成等厚的正方形，用分样板在样品上划两条对角线，分成四个三角形，取出其中两个对顶三角形的样品，剩下的样品再按上述方法反复分取，直至最后剩下的两个对顶三角形的样品接近抽样方案中的样本量为止。

（2）分样器法

对中小颗粒产品使用分样器进行分样。分样器由漏斗、分样格和接样斗等部件组成。分样时，将洁净的分样器放平，关闭漏斗开关，将样品从高于漏斗口约 5 cm 处倒入漏斗内。刮平样品后，打开漏斗开关，待样品流尽，轻拍分样器外壳，关闭漏斗开关，再将两个接样斗内的样品同时倒入漏斗内。重复上述方法再混合两次。以后，每次用一个接样斗内的样品按上述方法继续分样，直至一个接样斗内的样品接近抽样方案中的样本量为止。

特殊说明的是，前述所需样本量的重量应包括复检样品。

**4.3.3.6.7. 封样**

样本形成后，要立刻放入样品容器内封缄。对容器的基本要求是：不破坏封缄不可取出内装样品。

**4.3.3.6.8. 填写抽样单**

抽样人和被抽样者都在抽样单上签字。

**4.3.3.6.9. 及时检验**

封存的样品应及时检验。运送和保管的环境条件均应遵循产品标准规定。

**4.3.3.6.10 使用规范的抽样工具**

（1）扦样器

（a）抽取散装、包装的散料时，应使用不同的扦样器。包装扦样器分大颗粒扦样器、中小颗粒扦样器和粉状散料扦样器三种。散装散料扦样器分细套管扦样器、粗套管扦样器和电动吸式扦样器三种，其中电动吸式扦样器不适合杂质检验。

（b）扦样器应密闭性能良好，清洁，无污染的袋、瓶、桶等容器取样。

（2）采样铲

（a）用采样铲从颗粒较大的散料中抽取样品，铲的长和宽均应不小于被采样产品最大粒度的 2.5 ～ 3 倍。

（b）接斗在传送带上抽取颗粒产品时，接斗的开口尺寸至少为被采样产品最大粒度的 2.5 ～ 3 倍。

（c）样品容器

盛装样品的容器必须清洁，无杂物、无污染，保证不给样品检验结果带来任何影响。

例 4.3-24　某水泥厂欲抽取同一品种、同一强度等级散装硅酸盐水泥样品。该批水泥储量大约为 200 t，均匀堆放在该厂仓库卸料处，堆积高度大约为 1.8m。

（1）抽样依据

GB/T 13732《粒度均匀散料抽样检验通则》、GB/T 12573《水泥取样方法》和 GB 175《通用硅酸盐水泥》。

（2）抽样地点

该厂散装水泥成品库卸料处。

（3）检验样品数量及检验项目

GB 175《通用硅酸盐水泥》有关样品数量及检验项目规定见表 4.3-38。

表 4.3–38　样品数量及检验项目

| 序号 | 检验项目 | 依据标准 | 程度分类 | | 样品数量 |
| --- | --- | --- | --- | --- | --- |
| | | | A 类 | B 类 | |
| 1 | 三氧化硫 | GB 175 | ● | | 取样量至少 12 kG |
| 2 | 氧化镁 | | ● | | |
| 3 | 烧失量 | | ● | | |
| 4 | 不溶物 | | ● | | |
| 5 | 氯离子含量 | | ● | | |
| 6 | 凝结时间 | | ● | | |
| 7 | 安定性 | | ● | | |
| 8 | 强度 | | ● | | |

抽取同一品种、同一强度等级散装硅酸盐水泥样品 24 kg。

（4）实施抽样

（a）按照 GB/T 13732 散装散料随机抽样方法实施抽样；

（b）确定初始集样个数 $n_1=8$，每组分装数为 m=6。则需抽取分装数量为：

$n_1 \times m$=48。

（c）依据 GB 175 应从 48 个分装点抽取检验样品 12kg，还应同时抽取同批备用样品 12kg，共 24kg。因此，每个分装点采样量为 0.5kg。

（d）采样人员利用散装水泥取样器如图 4.3-17 所示，随机在水泥堆上、中、下部插入水泥一定的深度，转动取样器开关取样。随机抽取 48 个分装，每个分装 0.5kg 样品。

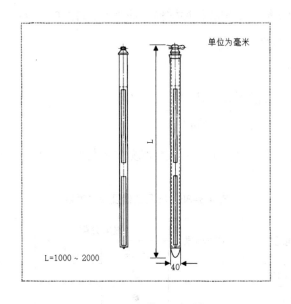

图 4.3-17　散装水泥取样器

（e）将抽得的 48 个分装随机分成 6 个分装一组，得 8 组，将同组内分装所取份样混合，获 8 个集样。

（f）将其中 4 个样品作为检验样品进行标记，剩余 4 个样品作为备用样品进行标记。

（5）产品封样，填写抽样单

（a）样品取得后贮存在洁净、干燥、防潮、密闭、不易破损并且不影响水泥性能的容器中。

（b）容器封口处粘贴封条，并标注样品信息。

（c）抽样人员填写抽样单，注明样品名称、规格、抽样日期、抽样人员、执行标准等相关信息。企业代表对抽样无异议后，抽样人员在抽样单上签字。

例 4.3-25 某单位进口一批总重量 5 万吨来自巴西的散装甘蔗原糖运我国港口。检验该批原糖高质量，我国检验检疫局在货物运抵后，迅速派遣抽样人员实施了抽样送检。

（1）抽样依据

SN/T 1398《进出境原糖检疫规程》

（2）抽样地点

运载甘蔗原糖的货轮货仓。

（3）检验样品数量及检验项目

样品数量及检验项目见表 4.3-39。

表 4.3-39　样品数量及检验项目

| 序号 | 检验项目 | 依据标准 |
|---|---|---|
| 1 | 病原菌检查 | |
| 2 | 螨类分离 | SN/T 1398 |
| 3 | 昆虫和杂草籽检查 | |

依据 SN/T 1398 规定，船舶每舱分表、中、下三层（超过 20 000 t 则增加一层）随机抽取 20 点～30 点，每点 1.5kg～2.0kg。本次抽查抽样基数为 50 000t，共分两个船舱贮存。这样抽样人员将每个船舱分四层抽取，共 160 点，每点 1.5kg。

（4）实施抽样

（a）按照 SN/T 1398《进出境原糖检疫规程》进行抽样。

（b）将船舶两个船舱分为四层，共八层，将其视为八个采样区。

（c）首先检查每个采样区样品表面，特别是边缘、潮湿和低凹部位等处是否有有害生物。如果发现有害生物，则直接判定该采样区不合格。

（d）每个采样区采用棋盘式的方法选取 20 点，货堆边缘的点设在距边缘 50 cm 处。

（e）在每个点采用抽样铲抽取样品一份，分别装入一次性样品袋，每份

1.5kg ～ 2.0kg。

（5）制备平均样品

将每份样品分别倒在白搪瓷盘中，用抽样铲充分混匀后，将样本摊平成平行四边形。以两条对角线为界将样品分成四个三角形，取其中互为对角的两个三角形作为检验样本，剩余两个三角形作为备样。

（6）产品封样，填写抽样单

（a）将检验样品和备样贮存在洁净、干燥、防潮、密闭、不易破损的样品袋中。样品袋封口处粘贴封条。贴好样品标签，并标注样品信息。

（b）抽样人员填写抽样单，注明样品名称、规格、抽样日期、抽样人员、执行标准等相关信息。核对无误后，抽样人员在抽样单上签字。

### 4.3.3.7 流体类产品随机抽样

4.3.3.7.1 说明

流体类产品包括液体和气体产品，抽样时还要考虑流体类产品的特性、容器及检验性质。流体类产品通常存放在桶、罐、钢瓶、管线或其他容器中，抽样时多采用点取样器、例行取样器、全层取样器、桶和听取样器、管线取样器、取样笼和加重的取样器等，抽样的方式常采用抽取点样、底部样、例行样、全层样、上部样、中部样、下部样、顶部样、撇取样等。

4.3.3.7.2 流体类产品随机抽样抽样程序

对于石油产品，应依据产品标准如 GB/ T4756《石油液体手工取样法》规定进行；对于石油液化气产品，应依据该产品标准和 SH/T 0233《石油液化气采样法》规定进行；对于植物油产品，应依据该产品标准 GB 5524《植物油脂检验扦样、分样法》规定进行；

总之，流体类产品特性差异大，随机抽样时不可千篇一律，要依据流体类产品标准的规定进行。

例 4.3-26　市场上加油站繁多，各类小型加油站油品质量存在质量问题。针对于此，工商行政管理部门联合质量监督部门，对油品源头生产企业进行抽查。质量监督部门化工检验所负责具体抽样工作。

（1）抽样依据

**QC/T 563《石油液体手工取样法》**

（2）抽样地点

该厂的散装汽油贮存在立式圆筒形油罐中，大约为 50 t。油罐尺寸为高 5 m，直径 3 m。

（3）确定抽样点

抽样点按罐内汽油深度分为三层。

（a）上部样在汽油液体顶表面下其深度的 1/6 液面处取样。

（b）中部样在汽油液体顶表面下其深度的 3/6 液面处取样。

（c）下部样在汽油液体顶表面下其深度的 5/6 液面处取样。

（4）实施抽样

（a）抽样人员首先确认该油池食用油储量为 358 t。按照标准携带加重取样器如图 4.3-18 所示，通过爬梯攀登到油罐顶部，打开罐口。利用液罐自带液面计，确定好上、中、下部样品取样点。

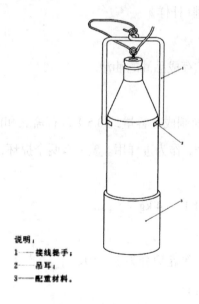

说明：
1——接线提手；
2——吊耳；
3——配重材料。

图 4.3-18  加重取样器

（b）每处取样点抽取 2 L 汽油。

（c）将抽取的集样充分混合均匀，从中取出 4 L 检验，2 L 备查。

（5）封样

样品取得后贮存在洁净、干燥的容器中。容器封口处粘贴封条，并标注样品信息。抽样人员填写抽样单，注明样品名称、规格、抽样日期、抽样人员、执行标准等相关信息。核对无误后，企业代表和抽样人员在抽样单上签字盖章。

例 4.3-27 某粮油食品有限公司是当地规模较大的食用油加工企业之一。据公司负责人介绍，他们厂主要加工食用调和油，每年产值一个多亿，产品畅销全国各地。在该厂的产品展示区，有一款初榨橄榄调和油，配料表中标示：玉米油含量 95%，橄榄油含量 5%。这种净含量 5 L 装的橄榄调和油在市场上每桶零售价大约为七八十元，然而在这里的出厂价却只有 32 元。而按照当时国际上标准油价核算，不算包装和加工费用，整桶的调和油仅原料成本就是 40 元。为此，省食品药品监督管理部门对食用油生产企业进行了抽查。

（1）抽样依据

GB/T 5524《动植物油脂 扦样》

（2）抽样地点

某粮油食品有限公司贮存成品油的油池。

（3）取样工具

扦样筒。用圆柱形铝筒制成，容量约 0.5 L，有盖底和筒塞。在盖和底的两圆心处装有同轴筒塞各一个，作为进样用。盖上有两个提环，筒塞上有一个提环，系以细绳，筒底有三足。

样品瓶：磨口瓶，容量 1 ~ 4 kg。

（4）确定抽样点

抽样点按散装油高度，等距离分为上、中、下三层。

上层距油面约 40 cm 处；

中层在油层中间；

下层距油池底板 40 cm 处。

（5）抽样数量

油池存油大约 100 t 左右。三层抽样点扦样数量比例按照 1∶8∶1 抽取。

（6）实施抽样

（a）根据 GB/T 5524，抽样基数在 500 t 以下，每层需抽取样品不少于 1.5 kg 样品。

（b）扦祥：将扦样筒关闭筒塞，沉入扦样部位后，提动筒塞上的细绳，让油进入筒内，提起样筒扦取油样。

（c）将扦取的油脂样品充分摇动，混合均匀后，分出 1 kg 作为备用样品。

（7）封样

样品取得后贮存在洁净、干燥的容器中。容器封口处粘贴封条，并标注样品信息。抽样人员填写抽样单，注明样品名称、规格、抽样日期、抽样人员、执行标准等相关信息。核对无误后，双方在抽样单上签字、盖章，加贴封条。

## 4.3.4 产品质量抽样管理

### 4.3.4.1 为双重顾客服务，满足我国高质量发展需求

长期以来，依法承担产品质量监督管理的县级以上产品质量监督管理部门和有关部门可以自行组织产品质量检验抽样，也经常委托产品质量检验机构具体实施产品质量检验的抽样。所以，受托抽样的产品质量检验机构在进行抽样活动时，面对的顾客有两个：抽样委托方和被抽样方。

抽样人员是代表各级政府部门和其他组织接触企业或商家的第一人，抽取的样本往往代表一定时期内我国或部分地区或部分领域内产品的整体情况，其检测结果是贸易双方能否成功交易、企业产品能否出厂销售、司法或仲裁案件中诉讼结果的关键。因此，抽样的随机性是样本检验结论能否代表批质量的关键。抽样受托单位应研究如何做好服务，既要管理抽样人员遵照有关抽样标准方法实现"随机抽样"，又要控制抽样人员在抽样过程中行为举止规范化。我国现有关于产品质量抽样的标准近 80 项，对随机抽样的规定并不详细，对抽样人员在抽样过程中行为举止规范化方面尚有缺失，随机抽样执行的也不到位，随意抽样仍时有发

生，部分抽样人员官本位思想严重也影响政府的形象。产品质量监督管理行业应明确规定抽样单位和抽样人员的资质要求、职责、抽样类型、服务质量要求、抽样流程、抽样质量控制和抽样服务质量改进要求，加强产品质量抽样服务管理，指导和监督各级具有抽样资质的单位和人员的抽样活动法制化、科学化，满足我国经济社会高质量发展的需求。

### 4.3.4.2 术语、定义和符号

（1）自主抽样方

依法承担产品质量监督管理的县级以上产品质量监督管理部门和有关部门可以自行组织产品质量检验抽样。

（2）抽样委托方

自主抽样方可依法委托具有检验检测资质并依法承担产品质量检验检测的技术机构实施产品质量检验抽样，委托主体称抽样委托方。抽样委托方通常包括：

a）依法承担产品质量监督管理的县级以上产品质量监督管理部门和有关部门；

b）公民、法人；

c）司法部门、仲裁机构和其他组织；

d）贸易双方等。

（3）抽样受托方

具有检验检测资质并依法承担产品质量检验检测的技术机构。

（4）被抽样方

被抽取产品样本的所有者。

（5）服务

作为供方与顾客接触中至少完成一项活动结果的产品。

服务可以包括：

——在顾客提供的有形产品（如需维修的汽车）上完成的活动；

——有形产品的交付（如在运输业中）；

——无形产品的交付（如信息传递）；

——为顾客提供的环境与氛围（如在宾馆和餐馆）。

[GB/T 3358.2-1.2.33]

（6）第一顾客

承担产品质量监督管理的县级以上市场监督管理部门和地方有关部门及司法机构，是受托抽样方的第一顾客。

（7）第二顾客

受托抽样方在生产企业或商家抽取产品样本，是受托抽样单位的最终顾客，此称为第二顾客。

（8）抽样单位

当自主抽样方和抽样受托方实施产品质量检验抽样时统称为抽样单位。

（9）抽样人员

自主抽样方和抽样受托方派出实施产品质量检验抽样的工作人员。

### 4.3.4.3 资质要求

4.3.4.3.1 抽样单位的要求

4.3.4.3.1.1 自主抽样方的要求

依法承担产品质量监督管理的县级以上地方市场监督管理部门和地方人民政府有关部门、以及司法机关或贸易双方、产品生产企业在各自的职责范围内，可依法自行组织产品质量检验抽样活动。

4.3.4.3.1.2 抽样受托方要求

（1）具有资质的法定产品质量检验机构可依法接受委托实施产品质量检验抽样，抽样活动遵照文字委托协议进行。

（2）文字委托协议应明确委托与受托单位双方的权利、义务、违约责任，包括但不限于下列内容：

a）产品名称、型号或生产期间；

b）执行标准或相应技术要求；

c）抽样方法、抽样工具、复检要求；

d）检验项目、单项或综合判定要求；

e）检验和抽样期间要求；

f）抽样目的、依据等。

4.3.4.3.1.3 属于各类监督监督检查的检验抽样委托协议还应包含下列内容：

a）组织产品质量监督检查行政机关下发的文件；

b）监督检查方案；

c）其他要求。

4.3.4.3.2 抽样人员的要求

a）抽样人员应当熟悉相关法律、法规、抽样方案标准和随机抽样方法，并经培训考核合格具有抽样资质的持证上岗人员；

b）抽样人员抽样时，应当公平、公正；

c）抽样人员填写规定的抽样文书时，应当字迹工整、清楚，容易辨认，详细记录抽样信息；

d）抽样人员应遵守委托协议有关的保密要求，不得泄露企业产品相关的商业秘密；

e）受托单位的抽样人员应当是受托检验检测机构的正式员工。

### 4.3.4.4 职责

4.3.4.4.1 抽样单位应当遵守有关法律法规和产品抽样标准，对产品抽样质量和服务质量负责，保证抽样过程科学、公正。

4.3.4.4.2 抽样单位应建立抽样人员工作标准，明确规定抽样人员的抽样活动程序、抽样方案和抽样方法确定的依据、如何使用抽样工具、抽样文书、样本封存、运输及送达等内容。

4.3.4.4.3 抽样单位负责承担产品抽样人员的技术培训，对抽样人员定期进行抽样业务考核。

4.3.4.4.4 对抽样人员进行技术培训主要内容包括：

a）国家法律、法规、规章对产品质量抽样的规定；

b）有关抽样理论、抽样程序和抽样流程等抽样技术基础知识的应用；

c）熟练掌握连续批、孤立批和周期检验类抽样标准，会制定对应的产品抽样方案；

d）熟练掌握分立个体、流体、散料和材料类产品抽样方法标准，会选择、会使用对应的随机抽样方法和随机数表、随机数骰子等工具；

e）熟练掌握在流通领域中"具有先验质量信息情形的商品质量监督抽样检验程序"等抽样方法、抽样方案和评价程序的标准；

f）含专利类特殊产品标准的抽样等。

4.3.4.4.5 抽样人员违反规定要求错误抽样，产生了危害后果的，抽样单位应承担相应责任，具体如下：

a）抽取样本型号、规格错误的；

b）抽样方法错误的；

c）抽样产品在正常检验期内就超过保质期的；

d）自送产品到检验机构样本损坏、丢失的；

e）样本经包装、封样后无故调换的；

f）抽取样品超过检验的合理需要；

G）无正当抽样依据抽取样本的。

4.3.4.4.6 抽样单位派出的抽样人员违反前款规定由于错误抽样产生了危害后果的，应找出原因，采取改正措施。

### 4.3.4.5 产品质量检验抽样类型

4.3.4.5.1 抽样种类

4.3.4.5.1.1 政府部门监督抽查抽样，包括：

a）国家监督抽查抽样；

b）地方监督抽查抽样；

4.3.4.5.1.2 其他类型的产品质量抽样

a）法人委托产品检验抽样；

b）公民委托产品检验抽样；

c）司法机关和仲裁单位委托的产品检验抽样；

d）其他组织委托的产品检验抽样。

4.3.4.5.2 涉及抽样方法

凡属用产品的样本质量推断批质量的检验抽样均采用随机抽样方法，本文中所涉及的抽样方法均属于随机抽样。

4.3.4.5.3 抽样检验目的

4.3.4.5.3.1 用样本的检验结论推断批质量是否不合格

流通领域进行商品质量监督时，在具有先验质量信息情形的商品质量监督检验抽样目的是判定某一监督总体是否不符合某一或多项质量要求。其全部限定条件如下：

a）流通领域进行商品质量监督时，发现有质量问题线索或发生反映质量问题较多的商品；

b）判定某一监督总体是否不符合某一或多项质量要求；

c）被监督的产品属于可能危及人体健康和人身、财产安全的重要商品，或者消费者或者有关组织反映、知情人举报、监督发现有质量问题等具有先验质量信息的散料或分立个体类商品。

4.3.4.5.3.2 用样本的质量推断批质量是否合格

除 4.3.4.5.3.1 项外，涉及的所有其他产品检验抽样的目的均属于用样本的检验结果推断批质量是否合格的抽样检验目的类型。

4.3.4.5.3.3 属于各类监督性质的检验抽样，还要在同批产品中同时随机抽取复检用样本。复检样本应独立存放，标示应清晰。

### 4.3.4.6 服务质量要求

4.3.4.6.1 抽样时限履约率 ≥ 95%。

4.3.4.6.2 抽样依据标准更新率 100%。

4.3.4.6.3 抽样单使用缺陷率 ≤ 0.5%。

4.3.4.6.4 随机抽样率达 100%。

4.3.4.6.5 抽样流程的执行率达 100%。

4.3.4.6.6 双重顾客满意度达 80%。

4.3.4.6.7 顾客建议、意见、投诉后 15 个工作日内应处理。

4.3.4.6.8 抽样人员使用文明用语、不使用服务忌语率达到 100%。

4.3.4.6.8.1 文明用语

a）到达被抽样单位时，应主动使用"您好！我们是受 XXX 单位委托来抽取 XXXX 检验样品的，请贵单位给与配合"的见面语；

b）服务对象咨询业务时，应说"好，您的问题我来解答。"

c）当工作出现差错时，应说"对不起或非常抱歉，是我失误，耽误您时间啦"；"欢迎您多提宝贵意见"。

d）当服务对象提出意见或建议时，应回答："谢谢，欢迎您的监督和帮助"；受到服务对象表扬时，应回答："谢谢，这是我们应该做的"。

e）当抽样结束即将离开时，应主动使用"再见，欢迎您将意见留给我们，便于我们改进服务"的告别语。

4.3.4.6.8.2 服务忌语

a）抽样过程中不得说"你们不懂，就听我的吧"。

b）到下班时间了不得说："快点快点，慢慢腾腾地"。

c）涉及抽样技术时不得说"这是规定，你懂不懂，我有啥办法"。

d）工作中出现差错时不得说"我就这样了，你能把我怎么样"、"你去投诉好了"、"有意见找领导反映"。

4.3.4.6.9 抽样人员到达产品所在单位后，首先应对被抽样单位人员说"您好！后，再表明身份和来意及依据。

4.3.4.6.10 抽样人员对被抽样者说话应平和，有问有答，涉及抽样方案和随机抽样方法应说明依据的标准。

4.3.4.6.11 抽样人员不得借抽样机会收受、索要、购买被抽样方的产品和财物等违法违纪的行为。

4.3.4.6.12 抽样人员不得向被抽样方承诺有关产品检验结果相关信息等内容。

### 4.3.4.7 抽样服务流程

抽样单位按照抽样来源组织抽样活动过程中，应规定产品质量抽样服务流程，组织抽样人员学习并按照抽样服务流程进行抽样活动。产品抽样服务流程见

图 4.3-19。

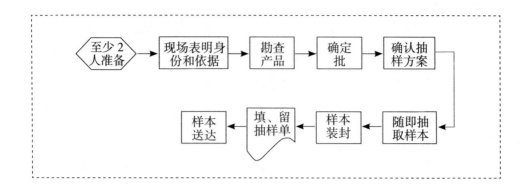

图 4.3-19　产品抽样服务流程

### 4.3.4.8 抽样质量控制

4.3.4.8.1 抽样单位应建立抽样人员学习制度

抽样单位应制定抽样人员学习计划，按计划组织抽样人员学习，不断提升抽样人员技术业务水平。

4.3.4.8.2 网上公示抽样单位联系方式

抽样单位应当在网上公示抽样单位名称、地点、联系电话和接待电话。

4.3.4.8.3 建立顾客关系管理系统

4.3.4.8.3.1 主要内容

a）识别顾客需求；

b）建立顾客意见、建议和投诉渠道，明确负责人、处理程序和方法；

c）收到抽样服务问题应及时改进，并反馈给顾客；

d）定期测量顾客对抽样活动的感知质量，持续了解问题所在，提高顾客忠诚度。

4.3.4.8.3.2 达到的要求

a）透明的建议、意见、投诉管理系统；

b）便利的建议、意见、投诉管理渠道；

c）公平合理的建议、意见、投诉处置；

d）积极的改进态度和有效的改进措施。

4.3.4.8.3.3 顾客建议、意见、投诉处理流程

建立顾客建议、意见、投诉处理流程，规范处理顾客。建议、意见、投诉处理流程见图4.3.20。

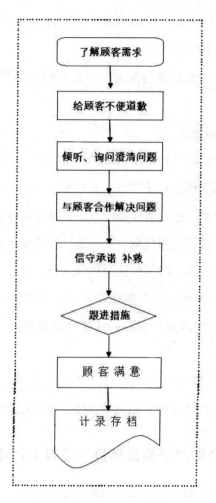

图 4.3-20 顾客建议、意见、投诉处理流程

4.3.4.8.4 对顾客建档立卡

抽样单位对所有顾客均应建档立卡，不定期向顾客发放反馈意见卡，主动获得顾客对抽样单位和抽样人员服务情况的反馈意见。

4.3.4.8.5 抽样单位建立抽样人员综合考核制度

抽样单位应当建立抽样人员综合考核制度,采取日常考核与年终考核相结合、顾客评价与考评小组评议相结合的方法进行量化测评。

4.3.4.8.6 考核结果的使用

a)制定抽样人员考核结果的奖惩制度,并将接受惩罚的考核结果向所在单位、抽样委托方和被抽样单位通报;

b)年度考核结果向人事部门备案,作为抽样人员表彰、奖励、晋级的重要依据。

### 4.3.4.9 服务质量改进

4.3.4.9.1 抽样单位应按照 PDCA 循环的质量管理方法不断提高产品抽样的工作质量,提高抽样人员随机抽样技能和服务水平。

4.3.4.9.2 监督检查类产品的抽样委托方应对每次抽样活动和服务质量考核中发现的问题及时汇总,传递到责任单位;实施抽样的受托方应根据委托方提出的问题及时调整抽样计划,第一时间传达至抽样人员。必要时可进行整改。

4.3.4.9.3 实施抽样的受托方实施整改时,应在规定时限内完成整改工作,提出整改措施;对成熟的改进内容应形成抽样服务规范,便于指导后续的抽样工作。

4.3.4.9.4 受托抽样单位将了解的抽样活动的问题所在,坚持持续改进,不断提高抽样服务质量,实现法定要求和科学抽样,达到顾客满意。

## 4.3.5 N ≤ 250 时产品质量核查(监督)计数抽样方案的制定

当核查监督的总体(批)产品 N ≤ 250 时,随机抽样技术的应用可依据 GB/T2828.11-2008《计数抽样检验程序第 11 部分:小总体声称质量水平的评定程序》制定抽样方案,解决了包括流通领域产品质量核查(监督)的实际需求。核查(监督)人员将现场产品的数量与数理统计原理相结合,可快速制定出科学的抽样方案。有了抽样方案再选择合适的随机抽样方法,可有效地完成核查(监督)检验抽样工作。

#### 4.3.5.1 应用原则

（1）目的：着眼于核查（监督）总体是否不符合声称质量水平，用于核查、评审、监督时制定核查（监督）批产品的计数抽样方案，是用样本核查（监督）总体。

（2）抽检方案概率：检索本标准表中值的抽样方案基于超几何分布式计算得来的抽检特性概率（函数）值，若样本不合格，以95%的概率确认该批产品不合格。

（3）条件

a）核查（监督）总体 $10 \leqslant N \leqslant 250$ 时，选用 GB/T2828.11 标准。

b）核查（监督）总体 N>250 时，选用 GB/T 2828.4 标准。

c）当 N<10 时，可将 $N_1+N_2+\cdots+N_X$ 组合达到 $N_组 \geqslant 10$，做抽样方案。

（4）救济措施：核查（监督）结论不合格时被核查（监督）方可依法申请复验、复检。

（5）符号

n：样本量

N：总体或批量

L：不合格品限定数

d：样本中不合格（品）数

D：总体或批量中不合格（品）数

AQL：接收质量限（可看作产品的不合格品率）

DQL：声称质量水平，是总体（批）中允许不合格品数的上限值。

$N_组$：组合的总体或批量

#### 4.3.5.2 抽样方案和判定

（1）抽样方案表示（n；L）

（2）判定规则 从总体中抽取 n 件样本，检验后得到样本中的不合格品数为 d；如果 $d \leqslant L$ 判核查（监督）通过；d>L 判核查（监督）不合格。

（3）批质量表示方法

该标准以不合格品数为批质量表示方法，属于计件型抽样检验范畴。

（4）主要参数的选用

a）确定核查（监督）总体 N。做抽样方案时如果实际 N 不在表 B.1 或表 B.2 的优选范围内，N 应向相临大一点的 N 值优选。如现场 N=23 时，本标准表中值依据 GB/T 321 的优选值为 25，取总体（批量）N=25 再检索抽样方案。

b）检验水平取"表 B.1"（见表 4.3-40）或"表 B.2"（见表 4.3-41）二张表之一。表 B.2 比表 B.1 的 n 大，对应等级高些。

表 4.3-40 "GB/T2828.11 表 B.1"（摘录）

### 表 B.1 第 0 检验水平的抽样方案表
#### L＝0

| DQL ＼ n ＼ N | 10 | 15 | 20 | 25 | 30 | 35 | 40 | 45 | 50 | 60 | 70 | 80 | 90 | 100 | 110 | 120 | 130~250 |
|---|---|---|---|---|---|---|---|---|---|---|---|---|---|---|---|---|---|
| 1 | ⇒ | ⇒ | 1 | 1 | 1 | 2 | 2 | 2 | 2 | 3 | 3 | 4 | 4 | 5 | 5 | 6 | 略 |
| 2 | | | | | ⇑ | 1 | 1 | 1 | 1 | 2 | 2 | 2 | 2 | 2 | 3 | 3 | |
| 3 | | | | | | | ⇑ | ⇑ | 1 | 1 | 1 | ⇓ | ⇑ | 2 | 2 | 2 | |
| 4 | | | | | | | | | | ⇑ | 1 | 1 | 1 | 1 | ⇓ | ⇑ | |
| 5 | | | | | | | | | | | ⇑ | ⇑ | 1 | 1 | 1 | 1 | |

表 4.3-41 "GB/T2828.11 表 B.2"（摘录）

### 表 B.2 第 Ⅰ 检验水平的抽样方案表
### $L=1$

| DQL \ n | N=10 | 15 | 20 | 25 | 30 | 35 | 40 | 45 | 50 | 60 | 70 | 80 | 90 | 100 | 110 | 120 | 130~250 |
|---|---|---|---|---|---|---|---|---|---|---|---|---|---|---|---|---|---|
| 2 | 3 | 4 | 5 | 6 | 7 | 8 | 9 | 10 | 11 | 14 | 16 | 18 | 19 | 21 | 25 | 25 | |
| 3 | 2 | ⇓ | 3 | 4 | 5 | 6 | 6 | 7 | 9 | 10 | 11 | 13 | 14 | 15 | 16 | | |
| 4 | | 2 | ⇓ | 4 | 3 | 4 | 6 | 6 | 6 | 8 | 9 | 10 | 11 | 12 | | | |
| 5 | | | 2 | 3 | ⇑ | 4 | 5 | 5 | 5 | 6 | 8 | 7 | 8 | 9 | 10 | | |
| 6 | | | | 2 | ⇓ | ⇑ | 3 | 3 | ⇓ | 4 | 5 | 5 | 6 | 7 | 7 | 8 | |
| 7 | | | | ⇑ | 2 | 2 | 3 | 3 | 3 | ⇑ | 4 | 5 | 5 | 6 | 6 | 7 | 略 |
| 8 | | | | ⇑ | ⇑ | 2 | ⇑ | | | 3 | ⇑ | 4 | ⇑ | 5 | 5 | 6 | |
| 9 | | | | | | 2 | 2 | | | 3 | 3 | 4 | 4 | 4 | 5 | | |
| 10 | | | | | | 2 | 2 | | | 3 | 3 | ⇓ | 4 | 4 | 5 | | |
| 11 | | | | | | | ⇑ | ⇑ | 2 | 3 | 3 | ⇓ | 4 | 4 | 4 | | |
| 12 | | | | | | | | | 2 | | 3 | 3 | 3 | ⇓ | 4 | 4 | |
| 13 | | | | | | | | | | ⇓ | ⇓ | 3 | 3 | 3 | 4 | 4 | |
| 14 | | | | | | | | | 2 | ⇓ | ⇑ | | 3 | ⇓ | 4 | | |
| 15 | | | | | | | | | | 2 | | | 3 | 3 | 3 | | |

①一般 DQL 的取值比规定 AQL 值略高的数值，即：DQL ≥ AQL。

②依据近期积累的产品退货率、返修率、不合格品率等经验确定。

③行业、区域核查（监督）方案规定，核查（监督）活动依据积累结果确定 DQL 值。

（5）表 B.1 或表 B.2 的确定

a）希望 n 小，选择表 B.1，n 的范围在 1 ~ 12，对应的 L=0；

b）对样本量 n 无要求或者希望检验水平高些，选择表 B.2，n 的范围在 2 ~ 60，对应的 L=1。

（6）错判风险受控

每一组抽样方案（n；L）都对应给出用超几何分布式计算的错判风险值约在 5% 以内，显然是比较低的，说明应用该标准进行核查（监督）错判风险是受控的。

（7）获得抽样方案的经验方法

在实际核查（监督）工作中，还可利用反查表获得抽样方案。根据现场实际的批量产品 N，核查（监督）方征求被抽样方"期望样本量大或小"？如果期望样本量"大"时表 B.2，期望样本量"小"时用表 B.1，可在现场反查表得抽样方案（n；L）。利用该标准的表中值检索抽样方案，错判风险也是受控的。

### 4.3.5.3 应用举例

例 1 涉嫌一批彩色电视机有质量问题，查得库存 35 台，被监督方产品标准规定不合格品率在 1.5，设计的抽样方案如何呢？

解：程序 1 N=35，可取使 DQL 比不合格品率 1.5 高一些，取 DQL=2，L=0。这样如果核查（监督）不合格时被监督方也不会有意见。

程序 2 由 L=0，选"表 B.1"查得抽样方案（1；0）。

程序 3 结果判定：d≤0，判核查（监督）总体通过；d>0，判核查（监督）总体不合格。

程序 4 方案的通过概率

抽样方案的通过概率检索：由 N=35、实际 D=2 时，查表 D.6（见表 4.3-42）得到核查（监督）总体通过概率为 0.9429，即 94.29%.

表 4.3-42 "GB/T2828.11 表 D.6"（摘录）

表 D.6 $N=35$ 时核查抽样方案 $P_a(D)$ 值表

| n | | 1 | 2 | 2 | 3 | 4 | 5 | 8 | n | | 1 | 2 | 2 | 3 | 4 | 5 | 8 |
|---|---|---|---|---|---|---|---|---|---|---|---|---|---|---|---|---|---|
| L | | 0 | 0 | 1 | 1 | 1 | 1 | 1 | L | | 0 | 0 | 1 | 1 | 1 | 1 | 1 |
| D | 1 | 0.9714 | 0.9429 | 1 | 1 | 1 | 1 | 1 | D | 12 | 0.6571 | 0.4252 | 0.8891 | 0.7345 | 0.5750 | 0.4310 | 0.1458 |
| | 2 | 0.9429 | 0.8874 | 0.9983 | 0.9950 | 0.9899 | 0.9832 | 0.9529 | | 14 | 0.6000 | 0.3529 | 0.8471 | 0.6524 | 0.4699 | 0.3208 | 0.0778 |
| | 3 | 0.9143 | 0.8336 | 0.9950 | 0.9852 | 0.9710 | 0.9526 | 0.8759 | | 16 | 0.5429 | 0.2874 | 0.7983 | 0.5661 | 0.3701 | 0.2269 | 0.0375 |
| | 4 | 0.8867 | 0.7815 | 0.9890 | 0.9710 | 0.9443 | 0.9111 | 0.7821 | | 18 | 0.4857 | 0.2286 | 0.7429 | 0.4779 | 0.2792 | 0.1510 | 0.0159 |
| | 5 | 0.8571 | 0.7311 | 0.9830 | 0.9526 | 0.9111 | 0.8610 | 0.6812 | | 20 | 0.4286 | 0.1765 | 0.6807 | 0.3904 | 0.1999 | 0.0933 | 0.0057 |
| | 6 | 0.8286 | 0.6824 | 0.9748 | 0.9305 | 0.8723 | 0.8043 | 0.5802 | | 22 | 0.3714 | 0.1311 | 0.6118 | 0.3059 | 0.1338 | 0.0524 | 0.0017 |
| | 7 | 0.8000 | 0.6353 | 0.9647 | 0.9048 | 0.8290 | 0.7442 | 0.4842 | | 24 | 0.3143 | 0.0924 | 0.5361 | 0.2269 | 0.0819 | 0.0258 | 0.0003 |
| | 8 | 0.7714 | 0.5893 | 0.9529 | 0.8759 | 0.7821 | 0.6812 | 0.3962 | | 26 | 0.2571 | 0.0605 | 0.4538 | 0.1558 | 0.0441 | 0.0105 | 0.0000 |
| | 9 | 0.7429 | 0.5462 | 0.9395 | 0.8442 | 0.7324 | 0.6171 | 0.3179 | | 28 | 0.2000 | 0.0353 | 0.3647 | 0.0952 | 0.0194 | 0.0031 | NA |
| | 10 | 0.7143 | 0.5042 | 0.9244 | 0.8098 | 0.6802 | 0.5533 | 0.2502 | | | | | | | | | |

程序 5 统计解释

第一，从通过概率分析可知，当 35 件产品中有 2 件不合格品（D=2）时，从 35 件产品中抽取 1 件是合格品的概率为 94.29%，抽到不合格品的概率为 1-0.9429=0.571，即 5.71%。5.71% 也是该方案的错判风险。

第二，用样本量较小的抽样方案判核查（监督）抽查通过，并不认为该核查（监督）总体是合格总体，只能说未发现该核查（监督）总体是不合格总体，像医院检查病时的"未见异常"一样。

### 4.3.5.4　当 DQL=0 时的特殊说明

如果规定监督总体是中不允许有不合格品，即 DQL=0 时用（1；0）方案，对于任意 n<N 都是合理的，表示对于任意抽样方法也都是合理的。抽样时可以根据物理、生物等检测项目，专挑毛病抽样。只要找出总体中的 1 个不合格单位产品，就可以判定该核查（监督）总体（批）为不合格总体（批）。

### 4.3.5.5　N<10 的特殊处理

（1）引入组合的方法

在核查（监督）总体 N<10 的情况下，可以采用引入组合的方法，使组合后的组合总体 $N_{组}$ 大于或者等于 10，就可以使用 GB/T2828.11 标准中查表得出抽样方案了。

（2）不组合的后果

即使百检，也由于无科学的判定界限而无法判定给出结论。

（3）组合的原则

参与组合的产品必须是同类产品。如对于电机产品而言，可以是同厂家不同型号的电机，也可以是不同厂家的电机，均可以参加组合，形成新的电机核查（监督）总体 $N_{组}$。只要使 $N_{组} \geq 10$，就可以在 GB/T2828.11 标准中查表得到抽样方案。

例 2. 对分立个体类型的电机产品进行执法检查时，甲店有 5 台，$N_1$=5 台；乙店有 7 台，$N_2$=7 台；丙店有 4 台，$N_3$=4 台。若 L=1，DQL=4，求抽样方案、核查（监督）通过概率 Pa 和抽检功效。

程序 1 组合

参与组合的产品必须是同类产品。对于电机产品而言，可以是同厂家不同型号的电机，也可以是不同厂家的电机，均可以参加组合，形成新的核查（监督）

总体 N。只要使 N ≥ 10，就可以在 GB/T2828.11 标准中查表得出抽样方案（n，L）。

得到新的监督总体 $N_{组}$：$N_{组}=N_1+N_2+N_3=5+7+4=16$ 台。

程序 2 检索抽样方案：

根据 $N_{组}=16$ 台，L=1，从表 B.2 中查得：

方案：（2；1）

程序 3 核查（监督）通过概率 Pa：

根据 DQL=4，N=16 查表 D.3：

Pa=0.9684

表示核查（监督）总体判为通过的概率 Pa=96.84%。

## 4.3.6  N>250 时产品质量核查（监督）计数抽样方案的制定

当 N>250 时，核查（监督）批产品随机抽样技术的应用可依据 GB/T2828.4-2008《计数抽样检验程序第 4 部分：声称质量水平的评定程序》制定抽样方案，再选择合适的随机抽样方法，快捷的完成核查（监督）检验抽样工作。

### 4.3.6.1 应用原则

（1）属于核查（监督）型计数抽样检验标准；

（2）适用范围：

a）N>250；

b）N<250 时，或 N/n>10 时，检索的抽样方案是近似的。应选择 GB/T2828.11 规定的方法做抽样方案。

（3）该标准与 GB/T2828.11 标准配套使用；

（4）批质量表示方法  以不合格品百分数（每百单位产品不合格数）为批质量表示方法；

（5）抽样方案表达方式（n；L），其中 L 为不合格判定数；

（6）判定规则 从总体中抽取 n 件样本，检验后得到样本中的不合格品数为 d；如果 d ≤ L 判核查（监督）通过；d>L 判核查（监督）不合格；

（7）反查表得到抽样方案  根据 DQL、LQR 水平，可反查表得（n；L），是比较实用的。

（8）术语定义和符号

本书 4.3.5.1 的（5）除 DQL 外界定的及下列术语、定义和符号适用本文：

声称质量水平（DQL）：是总体（批）中允许不合格品百分数的上限值。

质量水平：核查总体中的实际不合格品百分数。

质量比：核查总体的实际质量水平与声称质量水平的比值。

极限质量比（LQR）：将错误判定核查总体抽检合格的风险限定在某一较小值（本标准规定在 10%）时质量比的值。

极限质量比（LQR）水平：极限质量比的等级。本标准将其定为 LQR 水平"0、Ⅰ、Ⅱ、Ⅲ"对应表 2～表 5 共 4 个等级方案，检索出的样本量越来越大，显然极限质量比水平是越来越高。

### 4.3.6.2 声称质量水平 DQL 确定原则

（1）用现有标准或者规范性文件规定的 AQL 值代替；

可将标准或者国家有关规定的 AQL 值作为核查（监督）质量水平。若标准或者国家有关规定没有具体的 AQL 值，由行业标准或者地方产品质量管理部门给出；

（2）通过 AQL 值确定

原则上取：DQL ≥ AQL。

### 4.3.6.3 错判风险的控制

（1）标准给出的数据错判风险控制约 5%；

（2）本标准表值是用二项分布式计算的，表中数据精度是比较高的。

例 1 给定参数：DQL=1，LQR 水平为Ⅰ，检索抽样方案。

解：程序 1：检索表 1 得抽样方案（32；1）

程序 2：由方案（32；1）和"LQR 水平Ⅰ方案"，查表 3 确定极限质量比 LQR 值。查表 3 得：LQR=11.6；对应的风险 4.1。

程序 3：统计解释

如果实际上 LQR=11.6 是 DQL 的 11.6 倍，则实际的不合格品率是 11.6%，此抽样方案错判该核查总体抽检不合格的概率（风险）是 4.1% 。

例 2 在行政执法中对 282 台产品进行核查抽检，规定 DQL=0.4、LQR 水平为Ⅲ 。

解：程序 1：检索抽样方案：查表 1 得抽样方案（315；3）；

程序 2：检索极限质量比 LQR 值

由 "LQR 水平Ⅲ方案" 对应的是表 5。查表 5 由 DQL=0.4 得极限质量比 LQR=5.27。

程序 3 检索把合格总体判不合格的概率（风险）

查表 5 得错判合格的核查（监督）总体抽检不合格的概率（风险）是 3.9。

### 4.3.6.4 获得抽样方案的经验方法

在实际核查（监督）工作中，还可利用反查表获得抽样方案。根据现场实际的 DQL，核查(监督)方征求被抽样方"期望样本量大或小"？按照 4 个等级"LQR 水平 0 方案"、"LQR 水平Ⅰ方案"、"LQR 水平Ⅱ方案"和"LQR 水平Ⅲ方案"越来越严的规则，期望样本量"大"则首选"LQR 水平Ⅲ方案"，期望样本量"小"则首选"LQR 水平 0 方案"。没有期望时通常选"LQR 水平Ⅰ方案"或"LQR 水平Ⅱ方案"，可在表 1 至表 5 中反查表得抽样方案（n；L）。利用该标准的表中值检索抽样方案，错判风险也是受控的。

## 4.3.7 网络抽样

网络抽样是伴随着网络经营平台而出现的新型抽样形式，是由抽样单位在网络上实施的抽样活动。网络抽样的委托方，既可以是依法承担产品质量监督管理的县级以上市场监督管理部门和有关部门，也可以是贸易双方、公民、法人和其他依法成立的机构、组织，被抽样方涉及被抽取销售产品样本的电子商务经营者和网络交易第三方平台。由于网络抽样是通过网络进行，抽样人员不能实地操作，因此网络抽样的随机性不能按照传统概念和要求进行衡量。

抽样单位对电子商务经营者销售本行政区域内的生产者生产的产品和本行政区域内的电子商务经营者销售的产品进行抽样时，以消费者的名义买样，并履行信息记载和告知义务，抽样数量应当满足检验需求和备样需求，抽样过程中应遵守抽样纪律。

抽样单位应当印制用于网络抽样活动的抽样单，内容至少包括：

a）网络交易第三方平台信息；

b）被抽样单位的入网经营者信息；

c）被抽取样品的信息；

d）被抽取样品的生产者信息；

e）抽样单位信息；（抽样人员应当通过截图、拍照或者录像的方式记录被抽样销售者信息、样品网页展示）；

f）抽样单位的订单、支付记录信息；

g）抽样人员的签字；

h）网络购买样品实际到货时间、实际状态等查验信息。

# 4.4 检验产品

## 4.4.1 检验产品的目的

### 4.4.1.1 概述

虽然科学技术在迅速发展，产品生产的机械化、自动化程度越来越高，产品质量检验却始终伴随着生产节奏和质量控制一刻不停。我们知道对产品质量采取逐个检验的方法，已远远不能适应现代化大生产的需要。质量控制的重要措施之一是产品检验，产品检验的作用是使不合格的原材料不投产，不合格的零部件不转入下道工序，不合格的产品不出厂，这是工业化大生产进行质量控制的主要目的。在生产过程中，对批量小的产品尚可采取逐个检验的办法，但对于批量大、结构复杂或要进行破坏性试验的产品，采取逐个检验的办法显然是行不通的。如何做到即能把住质量关，又能以较低的检验费用、较少的人力和时间，在坚持客观严谨的基础上把产品质量检验工作做到最好，这是现代工业生产中亟待解决的问题。人们通过长期的实践，逐步摸索、总结出一套对产品不必进行逐一检验，只抽取其中一部分产品进行检验，就能科学、准确地判定一批产品的质量，这就是产品的随机抽样检验方法。这里的随机含义是指一批产品中每个产品都有同样的机会作为样本进行抽样检验。目前，随机抽样检验方法已广泛用于社会各行业的生产领域，其中包括从科学研究到生产，从尖端科学到我们的日常生活，但应用最为普遍的还是工业生产中的统计控制和产品质量的检验。如原材料检验、工序检验、零部件检验、出厂检验和流通领域产品质量的监督检验等。抽样和检验方法已成为质量检验工作者不可缺少的"工具"之一。

《产品质量法》明确规定，产品具有合格证方能出厂，以证明产品是符合该产品标准的合格品。产品是否符合标准由产品检验的结论而定。产品质量的检验包括全数检验或者抽样检验两种类型。对某些产品的质量特征检验是属于破坏性的，例如检查炮弹、枪弹的性能，测定电池或日光灯管的耐用寿命，测定燃煤或燃气、液态燃料的热含量，检验金属材料或金属制品焊接点的抗拉强度等等。对产品性能的检验过程，在某种程度上也是对该产品形体的破坏过程。所以，不可能将产品一一加以检验。在判定产品是否合格的过程中，除对少数产品百分之百检验外，还要对大批量生产的产品进行随机抽样检验。我们现在的行政执法、监督抽查及国家对重点产品的日常质量监督检验，都离不开对产品的抽样检验，以判定产品的质量状况。生产任何一种产品，客观上都存在合格、不合格的情况，控制不合格品是生产经营活动中质量控制的主要任务之一。在现代化大生产活动中，一条整机生产线可以日产成百上千台电视机、电冰箱，一条元、器件生产线可以日产几万乃至几十万到上百万个产品。此时，如果对产品进行100%的检验，无论从人力、物力、财力或者时间上都是难以做到的；另一方面，由于大规模机械化生产，产品质量控制的好，质量的离散性小，产品质量具有较好的一致性，不需要100%的检验。

生产过程的质量问题，虽然大都是随机事件，但都是由其内在联系所决定的，研究大量随机事件就可得出规律性的东西。因此，人们发现了从生产的同批次产品中抽取部分产品进行检验，用以推断出总体的质量状况。特别是西方发达国家结合现代化大生产的实际，发明了随机抽样检验这一技术。我们研究抽样，目的是针对被检验的一批产品，这里的"批"被称为批量或者总体，利用数理统计原理，从总体中抽取部分产品作为样本，对样本进行检验，用样本的检验结果推断批的质量。显然，我们只有合理抽取样本，正确运用统计方法处理数据，才能真实反映出批产品质量的客观事实，得出可靠的判定结论。对不同批次的产品，不仅要设计出科学的抽样方案，确定适宜的样本量 n 和合格判定界限数 Ac 两个重要参数，还要选择抽取样本的随机抽样方法，使样本的质量对该批产品具有代表性。这里，样本量 n 关系到抽样的经济性，同时也关系到抽样检验结果判定的准确性。确定 n 的大小常常是抽样检验结果的经济性与准确性平衡的关键环节。

在检验过程中，判定产品合格与否的依据是技术法规、标准或合同规定。因此，检验就是产品的质量情况与技术法规、标准或合同规定的符合性评定过程，是典型的合格评定活动。比如说，为尽快得到大型或贵重产品检验结果的判定结论，人们也习惯用序贯型随机抽样检验。经过一次、二次或多次抽样，一旦可以作出接收或拒收的决定时就终止检验，这种检验也称之为截尾序贯检验。在序贯型检验抽样的情况下，当被检验的样本个数达到事先规定的数目时仍没有作出接收或者拒收决定的，则终止检验，并依据另一个事先确定的规则作出合格与否的判定。

国际上对随机抽样已颁布实施了 ISO2859.1-ISO2859.4 系列标准。该系列标准作为供需双方共同遵循的规则，在实际应用中很有效，曾经指导了发达国家早期的军火生产检验、日常工业产品检验及其他批量生产的产品检验，为现代工业的产业化发展发挥了历史性作用。我国工业产品抽样技术基本上是从采用国际标准开始的，应该说我国工业生产领域产品抽样技术的起点是比较高的。我们检验的作用不单单是找出不良品与合格品，还要把相应数据活用到工程管理和设计当中去。

### 4.4.1.2 对批产品检验要解决以下三个问题

第一，制定抽样方案。抽几个样本，即样本量 n 值为多大才是检验的合理需要，这要通过设计科学抽样方案来确定。

第二，确定抽样方法。对于一批产品，随机抽取哪些产品作为样本，要按照随机抽样方法进行。常用的随机抽样方法包括简单随机抽样方法、系统随机抽样方法、分层随机抽样方法和整群随机抽样方法。这些方法还需要与 GB/T10111《利用随机数骰子进行随机抽样的方法》和 GB/Z31233《分立个体类产品随机抽样方法实施指南》、随机数表和电子随机数抽样器等方法配合进行随机抽样。不管用何种方法，只要保证抽样的随机性都是法律所允许的。

第三，随机抽样样本进行检验后，给出"合格"或"不合格"的检验判定，用样本的判定结论推断批产品或者总体的质量状况。

### 4.4.1.3 随机抽样检验的分类

按照随机抽样的性质，我们把其分为计数型随机抽样检验和计量型随机抽样检验两类。产品质量特性的指标值包含计数值和计量值来表示。计数值在数轴上呈离散分布状态，计量值在数轴上则是连续分布的，我们通过一定方式可以将计量值转化为计数值。在生产实际中经常会遇到一个产品具有多个质量特性的情况，产品的这些特性既可以用计数值表示，也可以用计量值来表示，还可以部分用计数值、部分用计量值来表示。由计数值导出的质量指标，例如不合格品率或每百单位产品不合格数等，虽不都是整数形式，但它们在数轴上是呈离散分布状态的，在抽样体系中也属于计数型抽样检验的范畴。

（1）计数型抽样检验

计数型抽样检验分如下二种：

（a）计点型抽样检验

描述一米布或一个铸件产品表面的质量，一般用一米布上的疵点数、一个铸件产品表面的气孔数或砂眼数表达。这就是我们通常用的"计点检验值"描述产品质量不合格数的方法，检验过程称为计点型抽样检验。

（b）计件型抽样检验

在人们的生产活动中，经常存在着某些单位产品的质量特征不能用定量的方法表述，例如冰箱外壳表面的漆层有剥落，就可以认为其外观质量不合格。有许多单位产品，其外观检验不能用定量的数值来衡量，只能定性地用数字或文字表述为单位产品是合格品或不合格品，我们把用"计件检验值"描述产品质量不合格品数的方法称为计件型抽样检验。长期以来，人们把"计件检验方法"和"计点检验方法"统称为计数方法。计数方法有一个重要特点：它表示的数据是不连续的，数据是以离散的整数状态出现的，也就是说计数型抽样检验方法所提供的数据没有小数。例如，检验出一米棉布上有 6 个疵点，一个铸件产品表面有 2 个砂眼，不能说一米棉布上检验出 6.2 个疵点，一个铸件产品表面检验出 2.6 个砂眼。

（2）计量型抽样检验

许多产品的质量要用连续数量来表示，如棉纱的强度，钢材的化学成份，电灯泡的寿命等，这些数值都是衡量产品质量的连续量。使用连续量来定量地度量产品质量的方法，称为计量型检验，也称为计量型抽样检验。例如，测量交流电的电压是 250.6V，供暖系统提供的温度是摄氏 20.6 度，这是符合生活实际的。计量型抽样检验的特点是：

（a）由数轴上有限或者无限范围内的无限个点组成的数值体系中的任何一个数称计量值。如尺寸、强度、寿命等指标参数就属于计量值，它们可以是有限或者无限区间内的任何一个数值。

（b）包括能取有限个或者无限个整数值和带有小数位的小数值。

（c）计量型抽样检验，其含义是表示一个抽样检验过程。在这个过程中使用连续量表示产品质量特性。例如：

（d）某批次中所有单位产品某特征的平均值。例如电灯泡的平均使用寿命，机械产品的长度特性，电子产品的耗电量等。

（e）某批次中所有单位产品的某特征的标准离差，例如炮弹炮口速度的标准离差等。

（f）某批次中所有单位产品的某特征变异系数（即标准离差与平均值的比值），例如棉纱的支数不匀率等。

（3）计量型检验与计数型检验的区别

按照产品的特征，对于产品具有数值特征项目进行的检验叫做计量型检验。而对于仅仅按产品的质量特征数量将产品区分为合格（品）数的检验叫做计数型检验。在产品的质量管理中，常常存在着计量检验与计数检验混淆的情况。计量型检验与计数型检验的区别，在于计量型检验方法得出的数据是一组连续变量，而计数型检验方法得出的数据是一组离散数据。也就是说计量的数据可以有小数位，而计数型检验不允许也不可能有小数位。我们把计量型检验和计数型检验的特点分别说明如下：

（a）计量型检验的特点

①计量型检验能提供更多的产品质量量化信息

我们随机抽取较少的检验样本，通过计量检验来判断产品的质量情况。如果测定同样批量的产品样本，计量型检验结果的可靠性比计数型检验结果的可靠性要好。如果对每一个产品的尺寸进行计量值测定，要比对产品的质量特征仅仅表述为合格或不合格更为准确。可见，计量型检验能够提供更多、更详细的产品质量信息。

②有时产品的某些质量特性通过计数方式检验能够足以满足要求，例如当需要把产品区别为好的、不好的或者合格、不合格的时候，也有可能把产品的某些质量特征转变为计量测定的方式。尤其当产品的某些质量特征是产生不合格的主要根源时，就要采用计量型检验取代计数型检验。例如，某一产品有20个质量特征，其中仅有二个特征是很重要的，也是导致产品质量能否过关的关键所在。在这种情况下，即使其中的18个质量特征运用计数型检验方式，但对剩下的2个很重要的质量特征应采用计量型检验。

③产品的某些性能可由具体的数值来表示。计量型检验就是将实际检验的数值与标准给定的界限数相比较，能直观地得出符合性判定结论，即"合格"或者"不合格"。

④计量检验带来的测定误差是固定的，易于控制。

在计量型检验中，检验的误差主要包括仪器固有的系统误差和测量者的测量操作误差，易于显示和控制。

（b）计数型检验的特点

①计数型检验更能快速直观判定产品"合格"或者"不合格"，不仅手续简便，检验费用也低。

②对于一种产品具有多种质量特性的情况，往往通过一次检验就能作出产品检验批是否合格的结论。

③对计数型检验来说，一般不需要借鉴以往的经验即可选择一个合适的检验方案。因此，在一般情况下，负责产品质量检验的工作人员宁可采用抽取较多的单位产品进行计数检验，也不愿采用抽取较少单位产品进行计量型检验。

④如果某种产品仅能区分为好的和坏的，也就是"合格"或"不合格"而没有别的选择的话，那么只能采用计数型检验的方法。

### 4.4.1.4 克服百分比抽样

历史上，人们一度习惯于用百分比抽样的方法进行检验。由于百分比抽样带来大批严、小批松的错误，且无理论依据，已经被科学的随机抽样所代替。

（1）单百分比抽样

这里所讲的百分比抽样检验，就是从每批产品中按百分比抽取一定量的样本，做合格或不合格的检验。这种方法不论产品的批量大小，均按同一个百分比抽取样本，而样本中允许的不合格品数却是相同的，称这方法为单百分比抽样。

（2）百分比抽样

该方法要事先对批量确定一个抽样的百分数，例如5％或10%。然后在每批产品中按照该比例抽取样本进行检验。只有当这些样本中没有缺陷时，该批产品才被接受。否则采取加倍抽样复检。复检的样本中，若再发现不合格品或缺陷时，就判该批产品不合格。抽取样本的方法通常不做规定，而且抽取5%或10%作为样本，不允许出现一件不合格品。这种要求实际上很难做到。这种方法对批量大小不同的产品也提供了不同程度的质量保护作用。因而，生产方为使产品质

403

量检验顺利通过关卡，采取大批化小批的方法提交检验，使检验通过的概率大幅增加。例如：甲厂有 100 个产品交付乙商店，双方商定按 4% 抽样，结果发现 1 个不合格（品），100 个产品全部拒收。第二天甲厂将这批产品分两批送来，上午 50 个，下午交 50 个，仍按 4% 抽样检验。上午抽样 2 个产品都合格被收下，下午抽 2 个产品检验后发现有 1 个不合格（品），拒收。这说明百分比抽检是一种对大批严、小批松的落后抽样方法。

（3）双百分比抽样

双百分比抽样是百分比抽检的另一种形式，其抽样方法中部分与上面所述的单百分比抽样方法相同，所不同之处在于不合格判定数随样本的大小成比例的变化。在双百分比抽检中，其样本中允许有不合格品，但随着批量加大，样本成比例增大，允许不合格数也按比例增加。例如，从 1000 个产品中抽取 100 个进行检查，允许的不合格品数 $Ac \leq 1$；当批量 N=10000 时，N=1000，$Ac \leq 10$，从这些数值上看，似乎比单百分比抽样合理一点，但是缺少科学的依据，已被科学的随机抽样方法所代替。

### 4.4.1.5 综合分析

第一，总的说来，对产品的质量检验采用计数型检验的更便捷。但对产品检验技术复杂、检验过程对产品具有破坏性或者产品本身很贵重及检验费用太高时，希望尽量减少检验产品的数量，采用计量型检验的方法比较适宜。

第二，我们在日常抽样检验工作中，对批量产品抽样检验时常常有计量型检验与计数型检验并存的情况。有时候，计数型检验和计量型检验可以交替运用或综合运用，效果会更好。

第三，随着经济的发展，科技的进步，特别是现代化生产程度的日益提高，随机抽样检验技术不仅融入了批量生产的所有产品之中，也融入了国际贸易活动之中。我国成为 WTO 的正式成员以来，我们必须按 WTO/TBT 协定即技术性贸易壁垒协定的要求开展随机抽样和检验工作。TBT 协定附件 1《本协定中的术语及其定义》中明确规定："合格评定程序特别包括：'抽样、检验和检查；审核、验证和合格保证'"。显然，不重视抽样检验技术，就难以更好地组织生产、进行销售，更难以在世界贸易中应对发达国家利用检验技术形成的技术壁垒。实际上，抽样、检验和检查是合格评定的主要内容，也是我们国家在参与国际贸易活动中必须遵守的技术法规之一。质量检验的类别包括进货检验、工序检验和成品检验。企业应制定各类检验的"检验指导书"，明确规定检验的依据和判定依据、检验程序、检验方法、使用的检验仪器设备、检验工具和统一的检验记录表。

## 4.4.2 进货检验

进货检验包括对原材料、外协件、外购件的检验。进货检验常进行首件检验和对批产品的检验。

### 4.4.2.1 首件或首批检验

（1）目的

首件或首批检验是对首次供应的产品进行的检验。因为历史上无供货的记载，对新供货的产品质量没有建立档案，就要做首件检验或首批小批量检验，以确认供货单位产品的质量水平。

（2）首件或首批检验要求

（a）首次供货；

（b）停产后恢复生产；

（c）生产场地或厂址发生变化；

（d）设计或工艺发生大的变化；

（e）首件或首批检验的样品由供货单位提供，并应代表批量供货的产品质量状况。

### 4.4.2.2 进货抽样检验

（1）对于生产企业而言每日都在生产产品，就需要供应商连续供应配套的外购件、外协件，无论是一级供应商还是二级供应商，生产企业都有权对提供的产品进行检验。预防不合格产品流入生产线，同时将检验的质量数据用于客户档案。

（2）对批进货检验常采用随机抽样的方法进行，一般按照 GB/T 2828.1 规定要求，制定出抽样方案"n（Ac；Re）"；再根据进货产品存放状态，选择合适的随机抽样方法抽取样品后，实施进货产品质量检验。如对原材料实施进货检验应明确规定：

（a）检验方式按照零件图纸抽检。

（b）封存样品：按照封存样品对比外观、颜色、标识、防错位置检验。

（c）检验设备：放大镜、卡尺、千分尺等。

（d）抽检频次：按照进货检验指导书执行。

（e）进货检验不合格品控制：发现不合格品，首先标识隔离到原材料不合格品区，填写原材料质量问题反馈单，质量归口部门追踪处理结果，并验证处理是否有效。

（3）对配套的外购件、外协件进行成批进货检验时，一般将其按对产品质量的影响程度分类进行检验：

（a）影响关键质量特性的，逐批按照外购、外协件产品标准进行随机抽样检验。

（b）影响重要质量特性的，不必逐批检验，根据平时掌握的质量状况采用逐批或隔批的方式，依据合同或外购、外协件产品标准进行随机抽样检验。

（c）影响一般质量特性的，每季、每年进行 1-2 次随机抽样检验。平时对每批外购、外协件产品应索要出厂检验报告、产品合格证及法律法规和强制性标准规定的资格证明标识，如汽车玻璃 CCC 认证标识等。

## 4.4.3 工序检验

### 4.4.3.1 工序检验作用

工序检验以产品质量检验为主，同时对检验的数据还要对工序能力进行确认。

（1）通常对工序加工的产品质量的检验由工序质检员具体实施，是对生产过程控制工序质量最直接的方法。通过工序检验能及时发现不良品是否转入下道工序，可防止同样的不合格品再发生。

（2）正常情况下工序质检员对工序生产产品检验的数据，随时都反馈给工序管理车间，一旦出现超过工序规定的不良品控制限，或者系统性异常，将分析原因，甚至重新核算工序能力指数，采取措施进一步控制工序生产能力。

#### 4.4.3.2 工序检验类型

（1）检验主体

工序检验的主体分为自检和专职检验员检验。

（a）自检

这里的自检指的是操作者对子加工的首件产品的自检，首件产品自检条件如下：

①每班上班或换班后加工出第一件或第一批产品；

②设备调整后加工出第一件或第一批产品；

③更换工装、磨具加工出第一件或第一批产品；

④加工方法变化加工出第一件或第一批产品。

（b）末件自检

为防止产品形成过程的磨具、工装磨损影响产品质量，有时也可对班产或加工的最后一个或一批产品的末件自检，给下一班次的操作者提供质量数据。末件自检一旦发现缺陷产品后，下一班次的操作者可及时修复磨具、工装，使工序能力得以保证。

首、末件产品自检记录表参见表4.4-1。

#### 表4.4-1　首、末件产品自检记录表

| 零件名称： | 工段： | 检验时间　年　月　日　时　分 |
|---|---|---|
| 质量特性：35±0.15 | 检验方法：测量 | 检验工具：游标卡尺 |
| 检验数据： | 处理：①转入下工序；②修理/再加工；③其他 | |
| 操作者： | 说明： | |
| 复验人： | 复验结果： | |

（c）专职检验员检验

①复查首件、末件检验的产品质量特性，在检验合格后的首件上打固定标记。

②巡检 检验员对加工人员工作场地加工好的工件进行现场巡检，复核其与图纸、工艺文件的符合性。如发现有缺陷，则应对上次巡检后全部工件的有关特性参数进行复核。

③对具有控制图的工序管理点，定期抽检工件质量特性参数，复核点子是否在控制线以内。如出现异常，及时对工序管理提出整改意见，直到工序能力指数达到标准要求。

④督促生产车间将检验过的工件分类存放在固定位置，并标注"合格品区"、"返修品区"和"废品区"标记，监督这些特定区域的产品存放是否正确，避免返修品、废品与合格产品混淆。

## 4.4.4 成品检验

成品是指企业生产的最终在市场上销售的产品。在生产过程中形成的最终产品需要生产线下线后入库，按照产品标准检验规则的规定，产品在入库前应当进行的成品质量检验，经检验合格批的产品方能入成品库出厂销售。

### 4.4.4.1 成品检验项目

按照产品标准的检验规则规定的检验项目进行成品检验。成品检验一般包括出厂检验、型式检验和交收检验。电子行业习惯将电子类产品的型式检验称为例行检验。

### 4.4.4.2 出厂检验

（1）出厂检验项目

生产线形成的最终成品是否具备使用功能，质量特性是否符合产品标准的规定，产品下线后是经过成品检验的数据是否符合标准规定进行判定的。通常检验的项目仅是产品标准规定的关键性技术参数，有些整机类产品常温检验的质量特性随产品编号存档，有的随产品发货。出厂检验项目主要包括：

（a）外观是否有明显缺陷；

（b）与使用功能有关的质量特性；

（c）与人体健康人身财产安全的质量特性；

（2）出厂检验的环境条件

产品出厂检验是在常温环境下进行，通常的常温环境条件的依据是产品标准规定，主要涉及温度、湿度和气压要求，都应一一记录在产品出厂检验原始记录和检验报告上。常温检验的产品正常销售。

（3）出厂检验使用的仪器、工装

出厂检验使用的仪器、工装应定期校准，需要计量检定的应符合相应规定。

（4）出厂检验原始记录

企业应根据产品的特点印制规范统一的出厂检验原始记录单和检验报告。原始记录单应由质量检验归口部门存档。

（5）检验报告

出厂检验报告是对顾客和社会公布的规范性文件，具有法律效力。格式应统一、规范。封面格式参见表4.4-2。其他格式和内容应参照DB22/T 2697-2017《检验报告管理规范》的要求，至少应包含的内容如下：

（a）标题；

（b）产品名称、规格、型号或批号；

（c）检验检测的地点；

（d）依据的质量标准和检验检测的方法标准；

（e）检验产品状态描述；

（f）检验人、记录人和检验报告的批准签发人签字；

（g）检验结果的测量单位；

（h）检验报告上具有唯一性标识和每一页上的清晰标识，以确保能够识别该页是属于检验报告的一部分；

（i）检验结论；

（j）每份出厂检验报告应设流水编号；

（k）检验报告的格式应统一，具有检验结论并发出的检验报告应加盖检验专用章。

（1）封尾：在检验项目最后一栏下面，填写"以下空白"封尾。如果检验项目为满页，不需加"以下空白"封尾。

（6）对含抽样结果在内的检验报告，还应包括下列内容：

（a）抽样日期、批量、生产日期；

（b）抽取样品的清晰标识；

（c）抽样地点，必要时可包括简图、草图或照片；

（d）所用抽样计划和程序的说明；

（e）抽样过程中，可能影响检测结果的环境条件在检验报告中加以说明。

（7）检验结果表述

（a）需要用数值表述的检验结果，应符合 GB/T 8170 的规定；

（b）文字表述应简明、准确，并与技术要求相呼应；

（c）用符号或缩略语表示的，须在备注栏注明符号和缩略语的含义；

（d）如检测结果为"未检出"，应给出检出限；

（e）检验结果用图片、图表等形式表示时，应在检验结果栏内说明"见第×页"；

（f）如有分包项目，应在备注栏中注明"分包"字样；

（g）如有偏离情况，应在备注栏中注明"偏离"字样；

（h）如有使用非标准情况，应在备注栏中注明"非标准方法"字样。

（8）检验报告有错误

发现已发出的出厂检验报告有错误，应及时更正，并将原来的追回。更正的检验报告不另行编号，在原报告编号后加识别号"G"，并在报告备注栏注明"原××××检验报告作废"，必要时应说明更改原因。

（9）出厂检验合格证

凡独立销售的单位产品或每批产品经出厂检验合格后，都应随产品挂、贴"检验合格证"。检验合格证的印制应统一、规范。

（10）对检验报告进行监督管理

应定期对检验报告进行监督管理，可参照 DB22/T 1840-2013《技术机构检验/检定报告监督质量水平管理规范》进行。

表 4.4-2 检验报告封面格式

（选择项）（CMA 章或 CMAF 章）（CAL 章）（CNAS 章）

# 检 验 报 告

NO：（检 验 报 告 编 号）

产品名称：_____

生产时间：_____

批　　量：_____

检验类别：_____

检验结论：_____

检验人：　　　　　　记录人：

签发人：　　　　　　年　月　日

## 产品质量检验检测机构名称（公章）

### 4.4.5 周期检验

（1）周期检验也称型式检验，在电子行业还称为例行试验。周期检验的基本原则、适用范围和抽样方案参见本书 4.3.2。周期检验是指人为的高温、低温、潮热、道路不平等极限环境条件对产品施加环境应力后，对产品性能指标进行的检验。

（2）周期检验的环境条件依靠设备产生，如高温箱模仿南方的酷热，低温箱模仿北方的寒冷，潮热箱模仿南方夏季的潮热气候，盐雾箱模仿南方夏季海边气候，冲击台和振动台模仿运输途中汽车、火车、轮船、飞机的颠簸等条件对产品造成的各种应力加速度，对产品质量的影响程度。产品抗各种应力加速度的能力主要是由产品设计、生产选材、加工质量决定的，因此，周期检验是全面检验产品的必要形式。一般在产品或关键零部件定型投产时一定进行周期检验；同时，每隔半年、一年的周期也要进行一次周期检验；有时在产品加工设备和环境有重大变化时，生产的产品也要做周期检验，这些要求在产品标准中应有明确的规定。

（3）周期检验的产品是由日常一批一批的产品组成，周期检验报告可以代表本批产品出厂检验报告。

（4）经周期检验的产品，材料和器件受环境应力的影响较大，内在质量会有一定程度的变化，一般不做正常销售，可进行降价处理。

### 4.4.6 交收检验

交收检验是指生产方向顾客交产品的检验，对于顾客而言是从生产方接收产品的检验。交收检验的依据是合同约定，因此不是所有的产品都需要交收检验。在合同没明确约定做交收检验时，产品出厂检验可以看做是交收检验。

### 4.4.7 对检测实验室要求

#### 4.4.7.1 基本条件

进行检验检测 / 校准活动的机构可以是具有独立法人的机构，也可以是法律实体，还可以是法律实体中被明确界定的一部分。检验机构是法律实体的，需对实验室活动承担法律责任。进行检验检测／校准活动的法律实体应先取得营业执照、机构代码证并办理税务登记。

建立检验检测／校准实验室在专业上涉及到化学、化工、材料学、物理学、生物学、植物学、微生物学、电学、建筑学、医学等多个学科，需配备给水、排水、通风、排风、强电、弱电、空调、消防、废气废液处理、供气系统等复杂设备，北方还需要铺设供暖系统，同时还要考虑环保、安全、消防、可持续发展等诸多因素，是一个复杂的系统工程。

### 4.4.7.2 基建规划和整体布局

正确实施实验室建设，首先要进行实验室的工艺设计，然后在满足实验室工艺要求的前提下，进行实验室土建设计。这时，应充分考虑：

（1）实验室整体平面规划

（a）实验室的分区是否充分且合理，各区之间是否存在干扰或交叉污染的可能；

（b）净层高应满足各种管线装配的要求。

（2）通风空调系统

安装通风系统时主要考虑风井的位置、大小、数量、产生的气压变化是否对人员、设备、实验室工艺产生影响；

可配置中央空调系统，试验室采取分区、分时段的管控模式。中央空调的室内外管线应布局合理。

（3）供气系统

有条件的话可建立独立的供气室，并设置气路吹扫、排空、泄露报警、紧急切断、强排风、防火防爆等装置。

（4）电气系统

（a）强电

①每个独立的仪器间配备房间终端配电箱，不得与其它插座串联；

②根据整楼、楼层之间、功能间的统计，设定设备用电参数，确定不间断电

413

源功率和电流参数；

③地面或接近地面的插口应具有一定的防水功能，布设时应尽量接近所供电设备，以减少地面走线。

（b）弱电

应配备足够的网络通讯端口和电话接口，主要通道和重点位置需安装监控。

（5）仪器设备是否能正常使用。

（6）特殊要求

特殊使用用途的房间，如恒温恒湿室、无菌室、精密仪器室、厂房等，应按照相关要求设计。

（7）消防、安全、环保要求。

实验室应及时取得消防、安全、环保及其他相关管理部门的许可。

### 4.4.7.3 按照实功能对实验室房间进行布局

（1）基础实验室

以常规试验操作为主，应有足够的面积，配备通风橱、操作台、独立于生活用水的上下水管道。

（2）大型仪器室

色谱、光谱、质谱等仪器设备应有专门的房间放置及操作使用，应有独立的排风装置；一些体积大、重量大、风险高、精密度高、对环境要求苛刻的设备也应有独立的房间用于放置、操作使用、排污。

（3）小型仪器室

配备工作台及电源，放置体积小、重量轻的小型仪器设备。工作台应有足够面积以用于仪器的操作。

（4）样品前处理室

应配备操作台、通风橱、独立排风及上下水装置。

（5）洗消室

应配备清洗池、操作台、纯水设备、独立上下水。

（6）天平室

应配备工作台，必要时还应配备独立的大理石防震天平台和温湿度控制装置。

（7）药品室

应配备常规药品柜、冷冻和冷藏所需的冰箱冰柜，使用易制毒试剂和其它危险品试剂、参考物质的，需具备严格保存的条件且有专人管理。室内应具备良好的通风条件和防火防爆设施。

（8）样品室

应有充分的空间，用以将样品分不同区域存放。若同时具备检测食品类和非食品类的资质，应将食品类和非食品类样品隔离存放。应配样品架、冷冻和冷藏所需的冰箱冰柜，室内应通风良好，必要时可配备空调。

（9）办公及休息区

有条件时，办公及休息区应与实验区分开。

（10）报告室

有需要的检验检测/校准实验室可单独设立报告室，配备足够的电脑、打印机等办公设备，专门用来负责报告的核对、打印、装订。

（11）接待室

用于接待业务委托、客户咨询、文件的接受和发送等事宜。应配备足够的电脑、打印机等办公设备。

（12）其他

除了上述区域外，检验检测/校准实验室还可根据自身需要和实际情况规划出会议室、多功能媒体室、食堂、电梯井、地下实验室等区域。

### 4.4.7.4　软条件

（1）建立体系文件

应制定用于管理实验室日常运行的体系文件，包括但不限于质量手册、程序文件、作业指导书、记录表格。

（2）配备人员

（a）独立运行的检验检测/校准实验室应具备对实验室全权负责的管理层

和独立的财务机制。管理层的构成中除了法人代表外，还应有质量负责人、足够数量的技术负责人、工艺负责人及其他高级管理人员；

（b）从事检验检测／校准工作的人员应是满足相应岗位上岗要求的人员。人员上岗前应进行培训，经考核合格后持证上岗。从事特殊产品的检验检测／校准活动的专业技术人员和管理人员还应符合相关法律、行政法规的规定要求；

（c）技术主管、授权签字人应具有工程师以上（含工程师）技术职称或同等能力，熟悉业务，经考核合格后上岗；

（d）建立人员档案和技术档案，由专人负责管理。

（3）配备设备

实验室应根据业务范围配备满足检验检测／校准要求的设备和设施，有抽样活动的还应配备相关配套设备设施，如便携式工具、防尘防静电设备、用于现场研磨或粉碎的设备等。应保留所有设备和设施的购置清单、各类票据、说明书，建立设备档案，由专人负责管理。用于检验检测／校准的工具和设备应经检定或校准后再投入使用。

### 4.4.7.5 进行计量认证

（1）计量认证的法定要求

《中华人民共和国计量法》第二十二条规定："为社会提供公正数据的产品质量检验机构，必须经省级以上人民政府计量行政部门对其计量检定、测试能力和可靠性考核合格"。国务院颁布的《中华人民共和国计量法实施细则》第二十九条规定"为社会提供公证数据的产品质量检验机构，必须经省级以上人民政府计量行政部门计量认证。国家对产品质量检验机构建立了计量认证管理制度。

（2）计量认证的内容

计量认证的主要内容包括：

（a）计量检定、测试设备的配备及其 准确度、量程等技术指标，必须与检验的项目相适应，其性能必须稳定可靠并经检验或校准合格；

（b）计量检定、测试设备的工作环境，包括温度、湿度、防尘、防震、防腐蚀、抗干扰等条件，均应适应其工作的需要并满足产品质量检验的要求；

（c）使用计量检定、测试设备的人员，应具备必要的专业知识和实际经验，其操作技能必须考核合格；

（d）有保证量值统一、准确的措施及检测数据公正可靠的管理制度。

例 4.4-1 建立食品检验机构

（1）办理营业执照、机构代码证、税务登记。

（2）该机构拟对食品中各类理化指标、卫生指标、微生物、食品添加剂、农药残留、药物残留、污染物、非法添加物展开检测工作，为此划分出大型仪器室、小型仪器室、微生物室、理化室、前处理室、称量室、药品存放室、参考物质存放室、样品处理室、储样室、洗涮室、办公室、接待室、多功能室。经充分考虑，选择使用租赁场地的方式来满足实验室土建要求。

（3）该检验机构需配备必要的设备和设施有：

（a）需配备的设备有质谱仪、色谱仪、光谱仪、PCR、浊度仪、测氮仪、酸碱滴定仪、二氧化碳测定仪、烟点仪、折光仪、电子天平、各类气体发生器、离心机、浓缩仪、烘箱、马弗炉、冷冻设备、多级纯水制备设备、研磨机、粉碎机、榨汁机、搅拌机、电脑、打印机、设备工作所需软件；

（b）需配备的设施有通风橱、万向节、监控、防火防爆、P2 实验室和办公设施等。

（4）办理消防、安全、环保许可。

（5）招收员工。

（6）制定质量手册、程序文件、作业指导书、原始记录、各类表格、各种工作计划。

（7）申请计量认证，通过后可开展工作。

# 参考资料

刘殿襄 李本兴编著《质量管理技术咨询讲义》机械工业出版社

严圣武主编《质量控制》北京工业学院出版社

《质量控制手册》编译组编 上海科学技术文献出版社

李春田《标准化概论（第四版）【M】》北京技术标准出版社

陈运涛编著《质量管理》清华大学出版社 北京交通大学出版社

冯士雍 倪加勋 邹国华编著《抽样调查理论与方法》中国统计出版社

杨军 丁文兴 马小兵 赵宇 编著《统计质量控制》中国质检出版社 中国标准出版社

六西格玛 DMAIC 常用工具手册编委会《六西格玛 DMAIC 常用工具手册》中国标准出版社

《检验行业服务标准体系研究》（吉质监标函 [2017]28 号）计划编号 BZKY1703

国务院 2011—2020 年质量发展纲要

国家质检总局管理司 清华大学中国企业研究中心《中国顾客满意指数指南》中国标准出版社

汤万金 咸奎桐 郑兆红 康 键著《顾客满意测评理论与应用》中国计量出版社

上海质量管理科学研究院编著 邓绩 蒋曙东主编《顾客满意的测量分析与改进》中国标准出版社

GB/T 19000《质量管理体系 基础和术语》中国标准出版社

GB/T 19580《卓越绩效评价准则》中国标准出版社

418

GB/Z 19579《卓越绩效评价准则实施指南》中国标准出版社

GB/T 17989.1《控制图 第 1 部分：通用指南》中国标准出版社

GB/T 17989.2《控制图 第 2 部分：常规控制图》中国标准出版社

GB/T 17989.8《控制图 第 8 部分：短周期和小批量控制图》中国标准出版社

GB/T 2828.1《计数抽样检验程序 第 1 部分：按接收质量限（AQL）检索的逐批检验抽样计划》中国标准出版社

GB/T2828.4《 计数抽样检验程序第 4 部分：声称质量水平的评定程序》 中国标准出版社

GB/T 2828.11《计数抽样检验程序第 11 部分：小总体声称质量水平的评定程序》中国标准出版社

GB/T 2829《周期检验计数抽样程序及表（适用于对过程稳定性的检验）》中国标准出版社

GB/T 19022《计量管理体系》中国标准出版社

GB/T 3358.1《统计学词汇及符号 第 1 部分：一般统计术语与用于概率的术语》中国标准出版社

GB/T 3358.2《统计学词汇及符号 第 2 部分：应用统计》中国标准出版社

GB/T 4754《国民经济行业分类》中国标准出版社

GB/T 8170《数据修约规则与极限数值的表示和判定》中国标准出版社

GB/T 10111《随机数的产生及其在产品质量抽样检验中的应用程序》中国标准出版社

GB/T 1.1 《标准化工作导则 第一部分：标准化文件的结构和起草规则》中国标准出版社

GB/T 13016《标准体系表编制原则和要求》中国标准出版社

GB/T 13017《企业标准体系表编制指南》中国标准出版社

GB/T 15624《服务标准化工作指南》中国标准出版社

GB/T 19038《顾客满意测评模型和方法指南》中国标准出版社

CAS 103《顾客满意指数测评标准》

GB/T 19012《质量管理 顾客满意 组织处理投诉指南》中国标准出版社

GB/T 15496《企业标准体系 要求》中国标准出版社

GB/T 15497《企业标准体系 技术标准体系》中国标准出版社

GB/T 15496《企业标准体系 管理标准和工作标准体系》中国标准出版社

GB/T 19273《企业标准体系 评价与改进》中国标准出版社

GB/T 24421.1《服务企业组织标准化工作指南 第 1 部分：基本要求》中国标准出版社

GB/T 24421.2《服务企业组织标准化工作指南 第 2 部分：标准体系》中国标准出版社

GB/T 24421.3《服务企业组织标准化工作指南 第 3 部分：标准编写》中国标准出版社

GB/T 24421.4《服务企业组织标准化工作指南 第 4 部分：标准实施及评价》中国标准出版社

GB/Z 31233《分立个体类产品随机抽样实施指南》中国标准出版社

GB/T 20000.1《标准化工作指南第 2 部分：标准化和相关活动的通用术语》中国标准出版社

GB/T 27025-2008Idt ISO/IEC17025:2017《检测和校准实验室能力认可准则》中国标准出版社

GB/T 3101《有关量单位和符号一般规则》

GB/T 3102《量和单位》

GB/T 15834《标点符号用法》

DB22/T 1840-2013《技术机构检验 / 检定报告监督质量水平管理规范》

DB22/T 1951《现场抽样管理规范》

DB22/T 1952-2013《检验抽样样品管理规范》

DB22/T 2698-2017《检验机构现场 7S 管理规范》

DB22/T 2697-2017《检验报告管理规范》

QC 小组基础教材 < 二次修订版 > 中国质量协会编著 中国社会出版社